자본주의와 자발적 예속
- 스피노자와 마르크스의 욕망과 정념의 사회학 -

Capitalisme, désir et servitude – Marx et Spinoza

Frédéric Lordon

La fabrique éditions

2010

프레데리크 로르동 저
현동균 번역 및 역주

일러두기

- 원문 중, 중요한 개념은 「 」를 이용하여 표시하였다.
- 저서 명칭은 『 』로 표시하였다.
- 각 개념이 처음 등장할 때는 소괄호 ( ) 안에 작은 폰트로 원어를 동시에 기재하였는데, 구분을 위하여 불어, 그리스어, 라틴어 혹은 독어의 경우 이탤릭체로 표기하였다. 단, 영어와 불어의 알파벳이 동일하거나 유사한 경우, 그리고 학문적으로 이미 영어로 정착되어 친숙화된 단어들은 불어를 표기함이 없이 영어로만 표시하였다 (예: labour, labour power, money capital, stock, flow, collinearity 등). 또한 필요한 경우 한자어를 같이 추가하였다.
- 주석 중, 역자의 주석은 별도로 [역주]라고 표기하였고, 그러한 표시가 없는 경우는 원주(原註)이다.
- 필요에 따라 독자의 이해를 돕기 위하여 역자가 필요한 문장을 보충하기도 하였는데, 그러한 부분은 중괄호 [ ] 안에 표기하였다.
- 참고문헌은 독자의 편의를 위하여 한국어 번역본이 존재하거나 영어판이 존재하는 경우 원서의 프랑스어 참고문헌을 대신하였다.
- 번역서의 경우 독자들은 정확한 의미를 파악하기 위하여 어떠한 한국어 번역어의 원어가 어떠한 것인지 궁금하게 생각하는 경우가 많이 생기고, 그러한 경우 일일이 원서를 찾아서 대조하는 것은 불가능하거나 혹은 상당한 시간적 어려움이 생긴다. 그러한 수고를 덜기 위하여 본서의 색인에는 주요한 개념에 대하여서는 프랑스어 원어와 프랑스어에 익숙하지 못한 분들을 위하여 영어 번역어를 동시에 수록하였다.

Capitalisme, désir et servitude. Marx et Spinoza by Frédéric Lordon

Copyright © La fabrique éditions, 2008.

All rights reserved.

This Korean edition was published by ZININZIN in 2024 by arrangement with La fabrique éditions through Hobak Agency.

이 책은 (주)호박에이전시를 통한

저작권자와의 독점계약으로 진인진에서 출간되었습니다.

저작권법에 의해 한국 내에서 보호를 받는 저작물이므로 무단전재와 복제를 금합니다.

영문판 책 소개 (Verso)

왜 사람들은 타인을 위하여 일하는가. 로르동 교수의 핵심적인 주장은 어쩌면 너무나도 단순한 이 질문으로부터 시작된다. 일찍이 마르크스는 특히 당시 노동자들이 일에 열정적으로 몰두하는 어쩌면 야릇한 광경을 목격하면서 이 질문에 대하여 단지 부분적인 대답만을 제시한 바 있다. 하지만 로르동 교수는 스피노자의 인류학에 근거하여, 고용관계에 있어서 「정서」(情緒 affect)와 「정념」(情念 passion)이[1] 가지는 근원적인 역할을 파헤치면서, 자본주의에 있어서 「착취」는 스피노자가 말한 인간의 본원적인 「욕망」(desire)을 이용하고 재구성함에 의하여 가능하다는 것을 설파하고 있다.

로르동 교수는 스피노자의 『윤리학』을 철저히 유물론적 관점에서 재해석함으로써 「의지」의 자율성, 혹은 개인이 독립적 결정의 주체라는 신화가 가지는 허구를 드러내고, 그러한 인식을 바탕으로 자본주의의 「착취」로부터 진정한 정치적인 자유와 해방을 성취할 수 있도록 시도하고 있다. 본 저서 『자본주의와 자발적 예속』은 자본주의 및 그 자본주의의 「초월성」을 현대 노동관계에서의 경험을 토대로 재해석하고 있는 과감한 시도이다.

일본어판 소개 (아마존)

마르크스의 구조 분석과 스피노자의 「정념」의 철학을 이론적으로 결합하여, 노예제로 탈바꿈한 현대의 신자유주의 사회에서 나타나는 소위 「자발적 예속」이라는 미스터리를 규명한다. 유럽에서 열광적 지지!

---

[1] 「정서」, 「정념」, 「욕망」 등의 단어는 스피노자 철학에서 사용되는 철학적 용어로서, 일상적인 단어의 의미가 아니다. 이에 대하여서는 역자의 용어 설명을 참고 바람.

최첨단 자본주의론.

서평 『르몽드 紙』
이 야심차고도 명쾌한 저술은, 자본주의의 기본적 구성 틀에 대한 논의를 재점화하고자 한다.

저자

프레데리크 로르동(Frédéric Lordon)은 프랑스의 대표적인 진보 경제학자 겸 정치철학자로서, 현재 프랑스 국립 사회과학 연구소(CNRS)의 연구담당 이사로 재직 중이며, 파리 과학인문학 대학교의 사회과학 고등연구원(Ecole des Hautes Etudes en Sciences Sociales)의 교수로도 재직한 바 있다. 그는 사회과학 고등연구원에서 프랑스 '조절학파'의 창시자로 알려진 진보 경제학자인 로베르 브와에(Robert Boyer)교수 문하에서 경제학 박사학위를 취득하였다.

그는 현재 스피노자의 철학을 마르크스 이론에 접목시켜 소위「정념의 구조주의」라고 불리는, 사회과학의 새로운 이론적 틀을 수립하고자 전념하고 있다.

동시에 그는 현재 프랑스에서 가장 첨예한 주목을 받는 정치경제학자 겸 행동주의자이며, 최근 세계 금융 위기, 유럽 채무 위기에 대한 저작을 연달아 세상에 발표하고 있는 세계금융 구조분석의 전문가이다. 그의 발언과 저서는 언제나 대중매체에 큰 화제를 불러일으켜 왔는데, 예를 들어, "은행을 국유화하고 주식시장을 폐쇄하여야 한다", "국제금융자본의 손에서 자국의 금융 주권을 되찾아야 한다", "그리스 위기에서 벗어나 세계화로" 등의 급진적 발언은 최근 미국 및 유럽에서 확대되고 있는 소위『분노한 자들』(사회 불평등에 대한 항의 운동, 긴축 재정에의 저항 운동을 지지하는 그룹)의 열광적인 지지를 받고 있으며, 또한 불의와 불평등에 분노하는 시민들이 광장에 모여 "무엇을, 어떻게 할 것인가"에 대하여서 밤샘 토론하는 프랑스 철야시위운동(Nuit Debout)에도 중요한 영향을 끼치고 있다. 그리고 최근에는 피케티(Thomas Piketty)와의 우호적 논쟁을 통하여, 피케티의 베스트셀러인『21세기 자본』에서의「자본」의 개념에 대한 철학적, 사회학적 비판을 한 바 있다.

최근의 주요 저서들은 다음과 같다.

- 없이 사는 생?: 제도, 경찰, 화폐, 노동(2019)(*Vivre sans ?: Institutions, police, argent, travail…*)
- 아나키의 조건(2018)(*La condition anarchique – L'Ordre philosophique*)
- 정치의 정서(2016)(*Les Affects de la politique – Débats*)
- 그리스는 끝났다. 유로화의 연대기(2015)(*On acheve bien les grecs: chroniques de l'Euro – liens qui liberent-le monde diplomatique*)
- 주권: 정치체제의 구조와 정서(2015)(*Imperium: Structures et affects des corps politiques*)
- 결함: 유럽의 통화와 민주적 주권'(2014)(*La malfacon: monnaie europeenne et souverainete democratique – liens qui liberent-le monde diplomatique*)
- 정서적 사회: 정념의 구조주의(2013)(*La Société des affects. Pour un structuralisme des passions – L'Ordre philosophique*)

역자: 현동균

역자는 서울대학교 경제학과를 졸업한 후 영국 런던정치경제대학 및 케임브리지대학의 메그나드 데사이(Meghnad Desai) 경, 로손(Robert Rowthorn) 교수, 그리고 포스트 케인지언 경제학계의 거장 제프리 하코트(Geoffrey Harcourt) 교수 문하에서 정치경제학 및 포스트 케인지언 경제학을 수학하였으며, 포스트 케인지언 및 제도학파의 시각에서 투자이론, 화폐이론 등에 대한 다수의 논문을 해외의 저명한 저널에 영문으로 발표하였다. 가장 최근 논문으로는 포스트 케인지언 시각에서 투자의 금융 제약과 금융 주기 문제를 다룬 『A financial frontier model with bankers' susceptibility under uncertainty』(Metroeconomica – Wiley), 화폐와 권력의 문제에 대한 사회 철학적 분석을 담은 『A Theoretical Socio-economic Investigation into the Nature of Power in Money』(2021)가 있으며, 기타 논문으로는 『A Theory of the determination of Interest Mark-Up』(2020), 『Bank's Lending and Bank's Profit Frontier』(2020) 등이 있다. 한국어 역서로는 『케인즈 경제학을 찾아서』(마크 헤이스 저), 『포스트 케인지언 경제학에의 초대』(존 킹 저), 『권력의 법칙』(프리드리히 폰 비저 저), 『화폐, 계급, 사회』(빌헬름 게를로프 저), 그리고 저술로는 『앨리스의 이상한 나라 경제학 퇴치 가이드 – 정치인과 대중을 위한 새경제학 여행』이 있으며, 영문 역서로는 『Sacred Money』(신성화폐, Bernhard Laum), 『The State Theory of Money』(국정화폐론, G.F. Knapp), 그리고 『The Theory of Money』(화폐론, Friedrich von Wieser)가 있다.

저자는 또한 현재 일본, 홍콩, 태국, 인도네시아 등에서 사무소를 운영하는 금융 자문회사 Emerging Asia Capital Partners의 파트너로 근무하고 있으며, 과거 약 30년간 해외 대형 투자은행에서 인프라, 에너지, 전력 및 자원 사업의 사업개발 및 금융자문에 종사하였다. 최근에는 러시아 및 동구권 최대 투자은행인 러시아 국영 대외무역은행(VTB Capital)

의 싱가포르 지점에서 아시아 지역 투자은행 부문 대표를 역임하면서 아시아와 러시아/CIS 지역 간 인프라, 에너지 등의 합작 대형 사업의 개발 금융, 프로젝트 금융 및 직접투자 등을 자문하였고, 그 이전에는 ABN AMRO 은행 홍콩 지점에서 동북아시아 에너지 및 광물자원 분야 대표 및 씨티그룹(Citigroup-Salomon Smith Barney) 홍콩의 아시아 지역 본부에서 투자은행 부문 부사장을 역임하며, 프로젝트 금융, 개발 금융, 기업인수합병, 직접투자 및 장기 자본조달 분야를 자문하였다. 또한 러시아 정부 소유 극동개발펀드의 고문과, 금융 이외의 실물 분야에서는 세계 최대의 철도 회사인 러시아국영철도(RZD)의 아시아 지역 철도 및 항만 개발 사업의 고문을 역임한 바 있다.

저자는 상아탑 내의 학자들과는 달리, 현재 글로벌 금융시장에서의 과거 30년간의 경험, 경제학 지식, 그리고 사회 철학적 지식을 결합하여 여러 저술 및 연구활동을 하고 있다.

목차

역자 서문 ··· xiii
서문 ·· 3
　원저의 서문 ·· 3
　일본어판 서문(2012) ····································· 11

I. 무엇인가를 하고, 무엇인가를 시키고 싶은 욕망 ············· 19

§1. 스스로 무언가를 하고 싶은 욕망 ······················ 21
§2. 타인에게 무언가를 시키고 싶은 욕망:
　　주도(主導)와 예속편입(隷屬編入) ····················· 23
§3. 이익, 욕망 그리고 동원 ····························· 26
§4. 벌거벗은 삶과 돈 ··································· 30
§5. 관계로서의 '화폐', 욕망으로서의 '돈' ················· 33
§6. 자발적 예속은 존재하지 않는다 ······················ 37
§7. 화폐 주도권의 비대칭성 ····························· 44
§8. 모든 단계에 있어서의 지배 ·························· 49
§9. 주위의 압력과 폭력의 재부상 – 주주에 의한 구속과 경쟁 ···· 54
§10. 기쁨을 느끼게 하는 동원과 상품에 의한 소외 ·········· 59
§11. 직선 정렬(整列)로서의 예속편입(隷屬編入) ············ 66
§12. 공포의 강화 ······································· 75
§13. 유동성–자본주의의 지배적 욕망인 '환상적 사실' ········ 78
§14. 전제(專制)와 공포 ································· 83

II. 사람을 '기꺼이' 노동시키는 방법 ······················ 91

§15. 내재적으로 즐거운 정념 ···························· 93
§16. 합의의 아포리아 ··································· 99

§17. 기쁨을 가져다 주는 예속 ······················· 111
§18. 자발적인 기쁨의 재발흥(再發興) ················· 119
§19. 주인에 대한 사랑 ···························· 128
§20. 소명이라는 이미지 ··························· 135
§21. 정신을 소유한다는 전체주의 ···················· 141
§22. '대리 여자 친구 서비스' ('은혜의 눈물'을 바친 뒤에) ··· 145
§23. 예속편입된 욕망의 측정 불가해한 수수께끼 ········· 148
§24. 내면성도 없고 따라서 내면화도 없다 ·············· 154
§25. 욕망의 구성주의(構成主義)가 당면한 위험들 ········ 160
§26. 자본주의에 대한 숙명적 사랑 ··················· 167
§27. 겉으로는 즐거운 정념, 속은 슬픈 정념 ············ 172

III. 지배와 해방 ································ 179
§28. 합의라는 용어를 통하여 지배를 이해하다 ·········· 181
§29. 욕망의 분배와 상상에 의한 무력감 ··············· 187
§30. 정념의 착취 ······························· 193
§31. 공산주의인가 전체주의인가
　　 (자본주의의 궁극적 종착지로서의 전체주의) ········ 207
§32. 그렇다면 '공동결사기업주의'? ··················· 212
§33. 모반의 정념 ······························· 225
§34. '직각'이 될 것 ······························ 232
§35. 탈고착화 (소외와 탈소외에 대한 비판) ············ 236
§36. 불만의 역사 – 계급적 풍경의 혼란과 재구성 ········ 242
§37. 공산주의, 욕망 그리고 예속 ···················· 248
§38. '인간적' 삶 ································ 256

역자 용어해설 267
　(1) 스피노자의 『윤리학』의 주요 개념의 정의(定義) 267
　　A. 「물체」(body, 라틴어 *corpus*) 267
　　B. 「변용」(變容 *affection*) 혹은 「감응」(感應)(라틴어 *affectio*) 267
　　C. 「정서」(情緒 *affect*) 혹은 「정동」(情動)
　　　라틴어로는 *affectus* 혹은 *adfectus*) 268
　　D. 「정념」(情念 *passion*) 269
　　E. 「코나투스」(라틴어 *conatus*) 269
　　F. 「욕망」(*désir*, desire)(라틴어로 *cupidita*) 270
　　G. 「기쁨」과 「슬픔」 271
　(2) 「권력」, 「힘」, 그리고 「지배」 272
　　A. 권력과 힘 272
　　B. 「지배」 273
　(3) 자기변용과 다중의 힘 275
　(4) 부르디외의 중요한 철학 개념에 대하여 278
　　A. 아비투스(*habitus*) 278
　　B. 필드(*champ*) 279
　　C. 상징폭력(*violence symbolique*)과 상징권력(*pouvoir symbolique*) 280
　　　a. 「상징폭력」(*violence symbolique*) 280
　　　b. 「상징권력」(*pouvoir symbolique*) 280
　　D. 상징자본(*capital symbolique*) 281
　　E. 일루지오(*illusio*) 282
　(5) 엘리아스의 「의존관계의 사슬」(*chaînes de dépendance*) 282
　(6) 에피스테메(*epistēmē*) 283

참고 서적 285
색인 295

역자 서문

본서는 프랑스 제도주의 마르크스주의자 내지는 조절학파(école de la régulation)에 속하는 프레데리크 로르동(Frédéric Lordon)의 *Capitalisme, désir et servitude – Marx et Spinoza*(2010)의 완역으로서 필요에 따라 역자가 주석을 첨가하여 출판하게 되었다. 로르동 교수는 프랑스의 대표적 진보 경제학자 겸 정치철학자이다.

본서를 번역하고자 한 계기는 역자가 권력 현상과 화폐를 연결하려는 연구에서 비롯되었다. 특히 권력 현상을 이해함에 있어서 스피노자에서 출발하려는 두 권의 저서가 역자의 시선을 사로 잡았는데, 그 한 권은 본서이고, 다른 한 권은 이미 한국어로 번역하여 역자가 출판한 바 있는, 오스트리아 경제학파의 창시자 3인방 중의 한 사람인 폰 비저의 『권력의 법칙』이다.

현재 생존하여 있는 로르동 교수와 그가 출생하기 전인 1926년에 작고한 폰 비저 간에는 전혀 교류가 있을 수도 없었고, 로르동 교수의 저술에는 폰 비저에 대한 언급이 전혀 없었음에도 불구하고, 두 사람의 출발점은 스피노자로 일치하기에 양자의 기본 철학은 거의 정확히 일치한다. 즉, 두 사람 모두와 스피노자에 있어서 '권력'은 궁극적으로 '인간의 정서'에 대한 「지배」이다. 무기 그 자체가 권력이 아니라, 무기에서 나오는 공포, 그리고 그 무기를 운영하는 군대에 대한 정신적 지배가 권력이고, 더욱 고차원적인 권력은 강압을 느끼지 못하게 하고 '자발적'으로 복종하게 하는 '힘'이다. 그러한 권력은 다중이 가진 '힘' 내지는 「기」(氣 énergie)를 자신을 위하여 「유용」(流用 appropriation)하는 능력이기에 그 원천은 결국 '다중의 힘'이다. 예를 들자면, 전제군주는 자신에 반란하는 자들을 제거하기 위하여 결국 군대 혹은 대중과도 같은 다중의 힘을 이용한다. 즉, 전제군주의 권력의 원천은 국민이 가진 '힘'인데, 전제군주는 그 '힘'을 재차 다중을 억압하기 위하여 「유용」하는 것이다. 이러한 측면에서 볼 때, 권력에 대한 현대적 담론에 있어서 출발점이 되는 스티븐 루크스(Steven Lukes)의 권력론에 등장하는, 인간의 의식을 「지배」하는 소위 '3차원적 권력', 그리고 부르디외와 푸코의 권력론과 접목이 된다.

단, 로르동 교수의 본서는 권력 현상에 대한 '미시적' 분석으로서 현대의 자본주의 기업, 즉, '자본'하에서 임노동자가 어떻게 권력의 「지배」를 받는가에 대한 정교한 분석이라면, 전술한 폰 비저의 저서는 일반적인 지도자와 추종자 내지는 대중 간의 권력현상을 분석하고, 그것을 역사적, 통시적으로 적용하여, 비저가 저술한 1926년까지의 인간 역사를 권력의 운행으로 분석하는 '거시적 관점'이라는 점에 차이가 있다. 그러한 면에서 양자는 크게 상호 보완적이다.

이러한 방식으로 권력 현상을 보았을 때, 자본가와 임노동자의 관계를 어떠한 '물적인 대상'을 둘러싼 투쟁으로 보는 종래의 마르크스주의적 시각에 대한 근본적인 수정을 하게 된다. 통상적인 해석은 '노동의 산물'인 '잉여가치'가 노동에게 귀속되는 것이 아니라 자본에게 귀속되는 것으로서의 '착취', 그리고 자신의 노동의 산물로부터의 '소외'를 설명한다. 이러한 논의에 있어서는 '노동의 가치' 내지는 '잉여가치'가 '객관적'으로 '실재'한다는, 일종의 '실재론적 가치론'이 전제되어야만 한다. 그리고 권력은 단순히 타자에 속한 어떠한 '물적인 대상'을 권력자의 이해를 위하여 빼앗는 현상으로만 분석될 위험이 존재한다.

이러한 실재론적인 가치론에 대하여서는 여러가지 논란이 존재하는 바, 일단의 프랑스 제도주의 마르크스주의자들, 포스트 케인지언, 혹은 비교조적 마르크스주의자들은 종래의 노동가치론에 입각한 실재론적 가치론을 부정한다. 그렇다면 '착취' 내지는 '소외'라는 마르크스주의의 기본 이념들을 어떻게 설명할 수 있을까 하는 난제가 남는다. 이에 대한 해법을 로르동 교수는 스피노자에서 찾고 있다. '착취'는 단순히 어떠한 물적 대상을 빼앗는 것이 아니라, '코나투스', 즉, 「피지배자」

가 가진, 아직 '방향'이 정하여지지 않은 생의 에너지를 「지배자」 자신이 「욕망」하는 방향으로 「재정렬화」시키는 것이다. 그럼으로써, 「지배자」가 「욕망」하는 방향으로 「피지배자」가 일하도록 하는 것이다. '소외'는 어떠한 '물적 대상'의 소유권을 빼앗기는 것이 아니라, 궁극적으로는 타인의 코나투스의 방향성이 자신의 것으로 착각되어 타인의 코나투스에 정렬되어짐에서 발생한다. 이러한 스피노자적 시각에 근거할 때, 현대 자본주의에서 보여지는 현상들, 즉, 「합의」에 의한 '자발적' 노동이 설명될 수 있다. 「피지배자」가 「지배자」의 코나투스의 방향성을 자신의 것으로 간주한다는 것은, 「피지배자」가 「주인」을 위하여 일하면서 「슬픔」이 아닌 「기쁨」의 「정념」을 느낄 수 있고 그의 노동은 「합의」에 의한 것임을 의미한다. 즉, 스스로 착취되고 있다거나, 혹은 소외의 감정을 느끼지 못하는 소위 '자발적 예속'의 상태에 놓이게 된다는 것이다. 이로써 마르크스주의에 있어서의 아포리아로 남아 있는, 임노동자들 특히 중간관리자들이 이제는 자본의 편에 서서 자본을 위해 봉사하게 되는 현상을 설명할 수 있는 길이 열린다.

그렇다면 이렇듯 새롭게 해석된 착취와 소외를 어떻게 극복할 수 있을 것인가. 결론적으로 역자의 의견을 말하자면 그 답은 다분히 열려 있다. 로르동 교수는 진정한 해방을 이루기 위하여서는 우선적으로 과거 혁명의 '위대한 밤'이라는 낭만성에서 탈피하여야 한다고 이야기한다. 그러한 낭만적 혁명의 밤에 뒤이어 찾아온 것이 결국 로베스피에르와 스탈린의 공포정치가 아니었던가. 저자에 의하면 그러한 혁명의 밤 뒤에도 지배와 피지배는 엄연히 존재하며, 그러한 관계가 혁명 후에는 완전히 종식되는 것을 기대한 것이 마르크스가 범한 가장 큰 인류학적 오류이다. 본문에서 저자가 이야기하는 한 가지 방안인, 구성원들 모두의 공평한 권력 배분, 결정 그리고 그에 의하여 공동의 목표로 향하여 가는 형태의 '공동결사기업'이라는 형태도 결국 궁극적인 답은 제시하지 못한다. 그럼에도 불구하고 그 조직 내에서조차 저자가 말하는 소위

'정념의 착취'는 남아 있을 수 있기 때문이다. 모두가 올바른 이성에 의하여 인도될 수 있는 사회는 어찌 보면 비현실적인 환상이다.

하지만 다중이 궁극적인 자기 결정성을 가진다는 목표는, 그것이 아무리 완전하게 도달할 수 없는 목표라고 할지라도 우리가 나아갈 방향을 지시한다는 면에서 그 자체로 중요한 것이며 그러한 목표가 있음으로써 우리는 보다 '자기 결정적'인 방향으로 전진할 수 있다. 로르동 교수의 이 같은 이야기는 어떠한 절대적인 기준을 바라는 독자들, 또 다른 혁명의 밤을 기대하는 독자들을 실망시킬 수 있다. 하지만, 재차 강조하지만 낭만적인 혁명의 환상에서 벗어나야만 한다.

이 같은 결론은 어찌 보면 본 역자가 모두(冒頭)에 강조하였던 것처럼, 미시적인 분석을 하고 있는 본서와 깊은 상호 연관성을 가지는, 권력의 거시론이라는 측면에서의 폰 비저의 '권력의 법칙'에서 말하고자 한 메시지와 밀접히 연결된다. 비저는 대중의 '도야(陶冶)'가 진정한 민주주의로 향하는 가장 중요한 시금석이라고 강조하였고, 그렇지 못한 경우 민주주의를 가장한 또 다른 형태의 지배-피지배 관계인 파시즘 혹은 우연히 등장한 우민 선동정치가의 먹이가 될 수 있음을 경고한 바 있다. 또한 비저는 대중의 도야에 근거할 때만 비로소 어느 조직이건 상존할 수밖에 없는 지배자들의 권력 남용을 견제할 수 있고 그럼으로써 진정한 민주주의에 한 발자국 더 다가설 수 있다고 설파하였다. 그리하여 비저의 결론과 로르동 교수의 결론은 서로 일맥상통한다. 그런데 비저가 말하는 대중의 도야, 그리고 로르동이 이야기한 진정한 이성에 의하여 인도되는 사회로 향하는 길은 사실 멀고도 험난한 여정이다. 하지만 우리는 그렇다고 여기서 포기할 수는 없다. 우리가 걷는 한 발자국은 또 다른 길로 인도하고 그러다 보면 멀게만 보이던 산은 어느새 가까이 다가설 수도 있다.

***

참고로 저자에게 지대한 영향을 미친 스피노자 및 부르디외의 철학에 대한 기초적인 이해에 기반하여 본서를 읽는 경우 독자들이 본서를 보다 수월히 이해할 수 있다는 생각하에 간단한 역자의 용어해설을 첨부하였으니 도움이 되기를 바란다.

원저에는 색인이 포함되지 않았으나, 사용된 개념들의 통일적 사용을 기하고 독자들이 쉽게 그 의미들을 찾아볼 수 있도록 비교적 자세한 색인을 첨부하였는데, 특히 해당되는 프랑스어 원어와, 프랑스어에 익숙하지 않은 독자들을 위하여 해당 영어 번역어도 추가하였다. 많은 개념들의 번역에 있어서 해당 한국어 번역어가 존재하지 않거나 혹은 혼동을 일으킬 수 있는 여지가 있고, 역자가 선정한 번역어도 완전하지 못한 경우가 있을 수 있는 바, 그때는 독자들이 색인에 나와 있는 해당 원어를 확인하는 경우 그 의미를 이해함에 크게 도움이 될 것으로 생각된다.

본서 번역의 초고는 전북대학교 원용찬 명예교수님, 그리고 경성대학교 최진배 명예교수님, 그리고 더컬럼니스트 문준용 편집인께서 검토하시고 친절한 조언을 하여 주셨기에 세 분 모두에게 감사드린다. 또한 어려운 시기임에도 불구하고 이 책을 기획하여 주신 진인진 출판사의 김태진 사장님과 편집부 일동의 노고에도 감사드린다.

이 책을 노동 현장에서의 삶을 개선하기 위하여 몸바쳐 희생하신 모든 분들과, 작년 12월에 작고하신 역자의 스승이셨던 '따뜻한 경제학자' 변형윤 선생님의 영전에 바친다.

2023년 12월
역자 현동균

자본주의와 자발적 예속

−스피노자와 마르크스의 욕망과 정념의 사회학−

프레데리크 로르동

Capitalisme, désir et servitude – Marx et Spinoza

Frédéric Lordon

왈라스: 파쥬씨, 그뿐만이 아니에요. 회사에는 어떠한 지향성이라는 것이 있는 것이고, 그것에 의하여 직원들의 생각이 어떠한 특정한 정하여진 방향으로 향할 수 있는 것이겠지요. 회사와 새로 고용하는 직원과의 관계는 사랑에 의한 결혼과도 같다고 하면 틀림없어요.

미셸 비나베르(Michel Vinaver), 『구직』(La Demande d'emploi)

우리는 기업도 하나의 영혼을 가졌다고 들어왔다. 그런데 확실히 그것은 세상에서 가장 끔찍한 소식이다.

들뢰즈(Gilles Deleuze), 『통제사회에 대한 후기』(Pourparlers)

사람들의 마음을 그들의 혀를 통제하는 것만큼 쉽게 지배할 수 있다면, 모든 지배자는 확실히 안전하게 군림할 수 있으며, 또한 그 어디에도 억압적인 권력은 있을 수 없다. 왜냐하면, 그때는 모든 신민 각자는 그들의 지배자들의 마음을 따라 삶을 영위할 것이며, 또한 참과 거짓, 선과 악, 정의와 부정의 등의 그 모든 것을 그 지배자들의 결정에 따라서만 판단할 것이기 때문이다. 하지만, (...) 한 인간의 정신을 타인의 권리의 관할하에 절대적으로 속박하는 것은 불가능하다. 왜냐하면 어떠한 누구도 그가 부여받은, 자유롭게 생각하거나 혹은 어떠한 문제에 대하여서라도 자유로이 판단을 내리는 자연적 권리나 능력을 타인에게 양도할 수는 없는 것이며, 또한 그렇게 강제될 수도 없는 것이기 때문이다. 이러한 사실 때문에 신민의 정신을 장악하려는 국가는 억압적이라고 말할 수밖에 없다.

스피노자, 『신학-정치론』(Teleological-Political Treatise)

서문

원저의 서문

자본주의는 계속하여 의문시되어 왔다. 자본주의의 풍경이 때때로 혐오스럽지만 않았다면, 우리들은 자본주의가 자신의 명시적인 이념적 기준이 되는 사상 체계의 주요 '신조'를 그렇게까지 짓밟는 대담한 연출을 하고 있다는 사실에 놀라움을 금치 못하였을 것이다. 칸트의 도식을 인용하자면 자유주의 사상의 근간은 "자신 스스로나 혹은 타인이건, 모든 인간을 대할 때 언제나 항상 목적으로 취급하고, 단순한 수단으로는 절대로 취급하지 말라고 요구하는 것"이다.[2] 하지만 여기서 독특한 변증법적인 반전이 일어나게 된다. 그 반전이란 자본주의가 비밀스럽게 [인간을] 도구화하기 위하여 필요하다. 즉, 그것은 "어떠한 자는 자유롭게 타인을 목적을 위한 도구로서 사용하고, 반면 그때의 타인은 스스로가 수단으로서 남들에 의하여 사용되는 것을 [자유로이] 허락하는 것이 바로 자유의 핵심"이라는 주장이다. 이러한 두 종류의 서로 다른 자유의 개념이 만나는 접점에 바로 「임노동」이라는 것이 위치한다.

에티엔느 드 라 보에티(Étienne de La Boétie)는 사람들이 예속(servitude)에 습관화됨에 따라서 어떻게 바로 그 예속 상태를 망각하게 되는가를 우리에게 상기시켜 준다.[3] 사람들이 「예속화」에 의하여 야기되는 불행을 단지 '잊어버리기' 때문이 아니다. 그 「예속화」의 비극을 자신이 선택할 수 없는 어떠한 운명으로, 혹은 궁극적으로는 자신이 그에 순응하여야만 하는 일종의 생활방식으로 받아들이기 때문이다. 「예속화」(asservisse-

---

[2] Kant(1993: 36).

[3] La Boétie(2012), 에티엔 드 라 보에티(2014).

ment)가 성공적이기 위하여서는, 예속의 슬픈 「정서」(情緒 *affect*)[4]와 「예속화」되어 있다는 의식 사이의 연결이 끊어져야만 한다. 하지만 그 「예속화」에 대한 명료한 인식만이 그러한 상황에 대하여 거역하게 만들어 줄 수 있다. 우리는 라 보에티의 경고를 유념하여야만 한다. 그렇게 하여야만 자본주의가 강요하는 단단한 예속의 핵으로 들어가 그 핵을 둘러싼 깊은 외피가 실상 경악스러운 사실임에도 불구하고 우리에게는 무감각하게 느껴진다는 것을 인식할 수 있다: 그 핵심은 우리가 '「주도자」(主導者 *patron*)'라고 부르고 있는 일부 소수의 사람들은 그들 자신이 「욕망」[5]하는 바를 많은 사람들이 마치 자신들의 것처럼 여기게 하고 그에 의하여 일을 하도록 하는 능력을 가지고 있다는 사실이다.[6]

다시 성찰하여 보면 기묘하게 느껴지는 이러한 「권력」(*pouvoir*)은[7] 그들 고용주에 원래부터 존재하였던 어떠한 것인가? 마르크스가 이미 밝힌 바, 그렇지 않다는 것을 우리는 안다. 즉, 그 「권력」은 사회구조상의 어떠한 특정한 설정에서 비롯되는 결과물이다. 즉, 생산수단 및 생산물로부터의 「임노동자」의 「이중적 소외」(二重的疎外 *double séparation*)[8]라는 「임노동관계」(*rapport salarial*)의 결과물이다. 그러나, 이러한 구조는 자본주의 조직의 내부에서 일어나는 것들을 모두 설명하여 주지는 못한다. 그러기 위하여서는 다분히 노동 심리학이나 사회학적 영역의 탐구가 필요

---

[4] [역주] 스피노자의 용어. 역자 용어해설 참고(268쪽).

[5] [역주] 스피노자의 용어. 역자 용어해설 참고(269쪽).

[6] [역주] 비저는 이를 '소수의 법칙'이라고 명명하였는데, 이 법칙은 비저의 권력론에 있어서 핵심개념이다(비저 2023/1926).

[7] [역주] 스피노자의 용어. 역자 용어해설 참고(272쪽).

[8] [역주] 「이중적 소외」는, 노동자가 생산 수단의 소유로부터 「소외」되는 것과, 자신이 창조한 생산물의 소유로부터 「소외」되는 것을 뜻한다.

하다. 하지만 본 저서는 그러한 분야에 어떠한 직접적인 학문적 공헌을 하기 위하여 쓰인 것은 아니다. 오히려 그러한 분야에 참고가 될 수 있도록 본 저서는 보다 개념적인 제안을 제시하려 한다. 그것은 관계들의 「구조주의」와 「정념」(情念 passion)[9]의 인류학을 결합하는 것, 즉 마르크스와 스피노자를 결합하는 것이다.

그 두 사람은 각자의 평론가들에 힘입어 간접적으로나마 확실히 서로 교우하여 왔다. 비록 그 두 사람의 사상이 완전히 일치하지는 않지만 상호 유사성은 많다. 어떠한 경우에 있어서는 그 유사성이 충분히 강력하다고 할 수 있다. 따라서 그 둘을 같은 선상에서 이야기한다는 것은 결코 비상식적인 이야기 같지는 않다. 단지 잠시 우리가 역설적이라고 여길 수 있는 것은, 시간적으로 비록 마르크스가 스피노자 이후에 태어났다고 하더라도 스피노자는 마르크스가 채우지 못한 공백을 보완할 수 있다는 점이다. 왜냐하면, 자본주의에서 노동자를 「동원」(mobilisation)하는 구조를 파악한다고 하더라도, 그것이 바로 그 구조들을 움직이게 하는 동력원에 대하여 설명하여 주지는 않기 때문이다. 즉, 구체적으로 그 구조들을 효율적으로 만드는 것, 다시 말하자면 유령이 아니라 그 기계의 엔진이 무엇인가 하는 것에 대하여 이야기하여 주지 않는다. 스피노자의 대답은 그것이 바로 「정서」(情緖 affect)라는 것이다.

'사회적 삶(la vie sociale)'은, 어떠한 「집단적 정념의 삶」(la vie passionnelle collective)이라는 것의 또 다른 이름이다. 물론 그것들은 제도적 형태를 취하면서 출현하며, 그것들 간에도 상당히 큰 차이가 나타난다. 그러한 차이에도 불구하고 그 내부에서는 「정서」와 「욕망」이라는 동인들이 가장 중요한 인자로서 지속적으로 작용하고 있다.

그러한 「정서」와 「욕망」이라는 인자들의 내면에 깊숙이 존재하는 구조적 특성들을 인식하기 위하여서는 기존 임노동문제를 「정념」이라는

---

[9] [역주] 스피노자의 용어. 역자 용어해설 참고(269쪽).

관점에서 재조명할 것을 필요로 한다. 즉, 어떻게 하여 자본을 소유하고 있는 소수가 그들을 위하여 「노동력」을 가지고 있는 다수가 일할 수 있도록 성공적으로 조직하며, 그리고 어떠한 「동원체제」(*régime de mobilisation*)하에서 그것이 가능한 것인가를 이해하여야만 한다. 또한 그럼으로써, 서로 별개로 존재하는, 다음과 같은 여러 가지의 일면 서로 연결되지 않은 것 같은 사실들 간에 어떠한 공통분모를 발견할 수 있도록 하여 준다: 즉, 피고용자들은 생존을 위하여 노동의 현장에 출근하며, 그들이 소비자로서 느끼는 「기쁨」은 그들의 노고에 대한 어느 정도의 보상으로 작용하고, 어떠한 이들은 깨어 있는 모든 시간 동안 내내 노동을 하면서 동시에 만족을 느끼고, 어떠한 다른 이들은 속하여 있는 회사의 운영에 헌신적으로 참여한다. 그런데 그들 중 누군가는 어느 날 갑자기 이에 대하여 반발하며, 극단적인 경우 창 밖으로 자신의 몸을 투신하기도 한다.

현대의 자본주의가 마르크스의 시대에 비하여 보다 많은 「정념」의 군상들을 보다 더 풍부하고 극명하게 보여준다는 사실을 부정할 수는 없다. 자본과 노동이라는 두 가지 큰 기둥 간의 상호 반목만을 그 이론의 중심에 위치시켜온 마르크스주의는 이러한 현대사회의 극명한 사실들을 오랜 동안 인지하지 못하여 왔고, 따라서 그로 인하여 수많은 깃털들을 상실할 수밖에 없었다.[10] 특히, 중간 관리자층은 기묘한 위치에 놓여 있는데, 그들은 현실적으로는 「임노동자」의 위치에 존재하지만, 상징적으로는 자본가의 위치에 놓여 있다.[11] 이러한 중간 관리자가 역

---

[10] [역주] 원문 표현대로 번역한 것. '*Laisser des plumes*'. 고대 프랑스어 표현으로, 깃털이 뽑힌 가금류, 즉 손해를 본 상태를 의미한다. 새들끼리 서로 싸우면 깃털이 많이 빠져 손해를 입는 모양을 비유한 것.

[11] 마르크스 이론은 이 문제에 대한 논의를 현저히 재개하였는데, 특히, Gérard Duménil와 Dominique Lévy는 명시적으로 「관리의 가설」(*hypothèse du*

사적으로 성장함에 따라서 기존의 이분법적인 계급 구분의 시각은 그 타당성을 현저히 상실하였다. 그런데 그 신자유주의라는 설정하에서의 자본주의는 오히려 비인간적인 형태의 강제성을 가지는 기구로 퇴행하는 모순을 내포하고 있는데, 자본주의는 그러한 모순을 간과한 채 이 중간 관리자들이야말로 자본주의가 창조하고 싶어하는 바로 그 '만족을 느끼는 노동자'의 전형으로 여긴다. 따라서 [마르크스주의가 종래에 사용하여 왔던] 「지배」(domination)라는 개념이 바로 이러한 모순적인 사실들에 의하여 도전을 받아온 것은 부인할 수 없다. 단순하게 말하자면, 그 「지배」라는 개념은 바로 이 **행복한 「피지배자들」**의 존재라는 광경에 의하여 혼란스러워 질 수 있다.

무수히 많은 연구들이 이러한 역설에 주목하고 있는데, 이는 피에르 부르디외(Pierre Bourdieu)에 의하여 영향받은 사회학적 전통에서 특히 두드러진다. 그들은 「지배」와 「합의」(合意 consentement)라는 두 가지 개념이 교차하는 지점을 「상징폭력」[12]이라는 개념으로써 설명하고 있다. 그럼에도 불구하고 '자본주의자들의 「지배」'라는 개념적인 영역은 아직도 많은 부분에 있어서 연구과제로 남아 있다. 일단, 피고용자들이 직접적으로 거의 강제적인 협박에 의하여 일하는 경우는 논외로 하자. 특히 많은 피고용자들이 단순히 그들에 주어진 일에 적응하는 것뿐만 아니라, 그것들에 대하여 거의 불평을 하지 않고 그리고 종종 진정한 만족을 느끼는 것처럼 보여질 때 우리는 어떻게 이러한 「지배」라는 개념을 이해하여야 하는가. 그러나, 「피지배」 자체를 행복으로 느끼고 따라서 「피지배」의 상태를 잊어버린다는 것은, 어쩌면 가장 역사가 오래되고도

---

cadrisme)을 개진하였다. Duménil et al.(2003) 및 Bidet et al.(2007)를 참고할 것.

[12] [역주] 피에르 부르디외와 「상징폭력」에 관하여서는 역자 용어해설(280쪽) 및 Bourdieu(1979/77) 참고.

가장 효율적인 「지배」의 기술이다. 새로운 생산 형태가 요구하는 바에 따라 자본주의는 이전의 쇠 멍에를 이용한 명백한 「지배」의 모습을 탈피하고 보다 정교한 통제의 관행을 수립하여 이제는 그 얼굴을 감추면서 「지배」를 달성하는 궤도에 있다.

물론, 사회학적 연구는 이러한 「합의」가 가지는 악폐나, 혹은 그 「합의」라는 것의 드러나 보이지 않는 배후를 캐왔지만, 반면 「합의」라는 것이 의미하는 것은 무엇인가라는 가장 우선적인 질문을 던지지는 않았다. 하지만 이 질문이 가장 선결되는 질문이다. 왜냐하면, 이 질문에 대한 답을 소홀히 하는 경우, 그 「합의」라는 사실이 존재하는 그 사실 자체만으로써 「착취」(exploitation), 「소외」(aliénation) 그리고 「지배」(domination)라고 하는, 마르크스주의 비평의 가장 근본적인 지적 기반으로 굳게 믿어온 중요한 제 개념들 자체를 모호하게 만들 위험이 존재하기 때문이다. 즉, 이러한 중요한 마르크스주의의 제 개념들은 새로이 등장한 '동기부여적 관리체계」(managériales qui motivent)'라는, 노동의 성취감, 자아실현 등을 수반하는, 이제는 노동자들조차도 때때로 지지하는 것처럼 보이는 새로운 경향에 의하여 무력화될 수밖에 없다. 따라서 보다 설득력이 있는 개념의 부재하에서 우리는 그저 「자발적 예속」(servitude volontaire)이라는 어쩌면 아주 상투적인 표현만을 지속적으로 사용할 수밖에 없게 된다. 하지만 「자발」과 「예속」이라는 서로 모순적인 단어를 결합한 「자발적 예속」이라는 모순적인 개념은 사실 중요한 의미를 내포한다. 그렇지만 그 개념은 단지 시적인 은유만에 그칠 수 있는 결함을 지니고 있기에, 시적 은유를 벗어나 이론화될 때야만 비로소 그 함의가 명백히 드러날 수 있다.

피고용인들이 일에 「동원」되면서 느끼는 감정의 다양한 양태들, 즉, 헌신적으로 일에 몰두하거나, 또는 불평하면서도 자신의 「노동력」을 바치도록 요구받을 때 그에 대하여 모호하게나마 심리적으로 저항을 하든지, 혹은 적극적으로 반발하는 것 등은, 원래 자신의 것이 아니었던 계획 내지는 「욕망」의 실현을 위하여 일에 참여하도록 피고용인으로서 정서화된, 즉 '결정되어진' 다양한 모습들이다.

그러한 모습들과 자본주의에 있어 타인에 봉사하기 위하여 일자리로 모집되어진다는 그 신비스러움은, 자신의 「욕망」, 타인의 행위의 「힘」(*puissance*), 그리고 「임노동관계」의 구조에 의하여 생성되는 「정서들」이라는, 세 가지의 근본적인 삼각관계의 접점에 위치하여 있다. 스피노자의 「정념」의 인류학과 마르크스의 임노동 이론이 만나는 접점이 바로 여기에 있는 것이고, 그러한 만남에 의하여 「착취」와 「소외」라는 개념들을 다시 고찰할 수 있게 되며, 궁극적으로는 자본주의에 대한 비평과 분석을 동시에 시도하는 담론을 다시 진지하게 개진하여 그로써 결국 자본주의를 극복하는 희망의 계기가 될 수 있다.

일본어판 서문(2012)

포스트 근대사회의 '노예제'로서의 신자유주의 – 자본에 의한 「실질적 포획」은 어떻게 기능하고 있는가?

(참고로 본 서문은 일본어판에 실린 일본어 번역문을 중역한 것이며, 저자가 작성한 원문은 구할 수 없었다. 따라서 일본어로 번역된 일부 개념어의 정확한 의미는 파악하기 어렵고 부자연스러운 부분이 다소 존재하기에 독자들의 양해를 구한다 – 역자).

21세기 자본주의와 스피노자

21세기의 자본주의를 말하기 위하여서 17세기 철학자의 저작을 참고하는 것이 도대체 어떠한 의미가 있는 것일까? 아마도 말할 수 있는 한 가지는, 뛰어난 저작들은 모두 시간과의 싸움에서 결코 패배하지 않는다는 것이며, 시간에 속박되지 않는 그러한 비동시대성, 반대로 말하자면 '영원'한 동시대성에 의하여 빛나기 때문이다. 그러나, 그 저작들에 나타나는 제 개념들은 그것이 사용되었던 시대에는 존재하지 않았던 대상으로까지 확장될 수 있다는 점을 분명히 하려면, 그러한 제 개념이 가지고 있는 잠재력을 다른 방법으로 검증하여 볼 필요가 있다.

예를 들어 스피노자의 『국가론』(the Political Treatise)에 대하여 이야기하자면, 그 책은 원래 특수한 정치체제에 대하여 고찰한 철학서임에도 불구하고 그곳에서 '사회적 제도'에 대한 완전하다고 하여도 좋을 정도의 보편적인 이론을 읽을 수 있다. 스피노자 저작이 가지는 이론적 힘이 글로벌 자본주의의 문제들에까지 미친다는 것은 대단히 놀라운 것으로 여겨질 수 있다. 스피노자는 암스테르담이 17세기 최첨단 자본주의의 중심지였던 그 당시 구 네덜란드 북부 7개 주에 거주하면서 그 저술들을 저작하였다고 말하여 보았자 그다지 큰 의미가 없다. 사실 그의 책 가운데 경제적 문제를 언급한 것은 거의 없다. 그나마 있다고 하더라도, 군주제 국가나 과두 체제의 국가 등의 각 정체와 부합하는 소유의 체제에 대한 다소의 고찰, 혹은 『윤리학』 제4부의 부록에서 화폐에 관하여 언급한 부분이 있을 정도뿐인데, 그것만으로는 스피노자의 '정치경제학'이라고 부를 수 있는 정도는 아니다.

스피노자의 저작에서 경제학까지 미치는 매우 큰 일반성—더욱이 내용 없는 일반성이 아닌—을 가지고 있는 여러 개념이 보여지는 것은 그 저작 자체가 갖는 힘에 의한다. 그 중에서도 「코나투스」(자활보전노력)라는 개념에서 그러한 힘을 체현하고 있다. 「코나투스」란 어떠한 대상을 추구하는 「욕망」으로서의 감정을 불러일으키는 자발적이고 총체적인 힘의 도약이며, 따라서 그것은 어느 시대에 있어서도 가능한 한의 무한한 작용을 하는 것이라고 생각할 수 있다. 이 「코나투스」의 활동을 통하여 인간은 시대에 따라 영광이나 구제, 혹은 화폐자산 등을 추구하는 「욕망」의 거시적 구성체를 이루어 왔음은 오랜 역사를 통하여 증명되고 있다. 이러한 「욕망」의 대상이 때로는 모순을 내포하면서 자의적으로 연속되어왔음을 볼 때, 「코나투스」의 힘의 전개의 확대가 얼마나 강력한가를 짐작할 수 있다.

자본주의는 이러한 힘, 즉 「욕망」의 도약이 스스로를 해방(*émancipation*)시켜 나아가는 모습을 압도적인 양상으로 보여 주는 사례이다. 즉 자본주의는 누군가에게는 이윤을 축적하는 「욕망」에 의하여, 또 다른 사람에게는 소비에 대한 열정을 위하여 자신을 희생하는 「욕망」에 의하여 기능한다. 그렇기 때문에, 잘 알려져 있듯이 들뢰즈(Gilles Deleuze)와 과타리(Félix Guattari)는 자본주의를 사회구성체 안에서도 특별한 의미를 가지는 것으로 자리매김하였다.

무엇이 「코나투스」의 에너지를 아낌없는 지출과 은둔자적 금욕이 아니라 화폐의 축적으로 몰고 가는가? 이것은 「사회체」가 자신에 대하여 행하는 역사적 작업, 다시 말하여 「사회체」라는 「다중의 힘」이 가진 자동적인 「감응작용」(感應作用 *affectaction*)에 의한 것이다. 대중은 자신들이 집합적으로 생성시키는 상상 세계를 끊임없이 새로운 방향으로 발전시키고, 그「욕망」의 체제를 바꾸고, 구래의 대상을 버리면서 새로운 대상을 선택한다. 이「정념」의 작용은「정서」를 생산하는 구조를 만들어 낸다. 이리하여「정서」는 구조를 만드는 동시에 구조에 의하여 만들어진다. 이는 사회과학을 '「정서」의 과학'으로 원리적으로 재정의할 것을 요청한다. 혹은 더 정확히 말하면, 단순한 '「정서」의 과학'이라기보다는 「정서」를 만들어 내는 구조 (그리고 구조화된「정서」)의 과학, 말하자면「정념의 구조주의」이다.

마르크스의 '구조'와 스피노자의「정서」를 이론적으로 결합하다.
현대는 이러한 식의 제안에 걸맞은 시대이다. 왜냐하면 새로운 지적 상황이 형성되고 있기 때문이다. 사회과학과 철학을 오랫동안 갈라놓았던 불신과 원한의 깊은 골이 이제는 봉합되는 국면을 맞고 있다. 철학자들은 막연한 주석의 끝없는 나열에 지쳐 있고 또한 심각한 위기라는 시대적 요청도 있어 강력한 개념들로 무장하여야 한다고 생각하기에 이르렀다. 그리고 사회=역사적인 세계의 대상으로 그리한 개념들을 바꾸자는 생각을 시작하였다. 이 움직임 중 가장 앞선 것이 마르크스주의 철학자임은 결코 놀라운 일이 아니다. 한편, '사회과학자'는, 그들이 구조주의적 이론주의의 지나치게 경도되었던 바를 떨쳐버리려고 채용한 '경험주의적 전환'의 한계를 느끼기 시작하고 있다. 오랫동안 방치되어 온 개념적 작업의 결여를 통감하기 시작하고 있으며 버려져 있던 경계를 다시 찾을 수 있는 준비가 되어 있다. 개념을 가지면서 대상을 가지지 않는 '철학자'와, 대상을 가지면서 개념을 가지지 않는 '사회과학자'가 서로 합류하기 위한 만반의 태세가 갖추어지고 있다고 감히 과장을 보태어 말하여 두자. 철학적 이론으로 무장된 사회과학을 위한 공간이 열리고 있는 것이다. 예를 들어 스피노자주의적 사회과학이 바로 그것이다.

이러한 방향이 (모순투성이의) '스피노자주의적 탈무드학'과 같은 것에 몰입하는 것을 탐탁하지 않게 생각한다는 것은 두말할 필요도 없다. ('스피노자주의적 탈무드학'은 모든 것에 대하여 모든 것을 말하는 것을 단지 '저작' 그 자체에 방치하고 있다).

스피노자주의적 철학의 힘은 아무리 크다고 하여도 그것을 당초의 영역에서 밖으로 끌어 내고 사회과학이 한 세기 이상 축적하여온 지식의 대상을 자신의 새로운 대상으로 포섭하려는 경우 그 자체로는 충분한 힘을 발휘하지 못한다. 그러나 모든 잠재력과도 마찬가지로 스피노자적 잠재력은 다른 잠재력과 결합함으로써 전에 없던 참신한 합성의 힘으로 나타난다. 스피노자와 뒤르켕(Émile Durkheim), 스피노자와 모스(Marcel Mauss), 스피노자와 부르디외(Pierre Bourdieu) 등과 같은 조합이 그것이다.

이 책에서는 스피노자와 마르크스의 조합이 주된 테마이다. 왜 마르크스인가? 여기서의 주제가 자본주의이고 이 주제는 마르크스 없이는 다룰 수 없기 때문이다. 그러나 마르크스만에 머물러 있을 수도 없다. 왜냐하면 마르크스는 주체의 휴머니즘과 절연하면서 관계와 구조를 먼저 그 대상으로 삼아야 하였기 때문이다. 그리고 그 대가로 「정서」의 문제를 망각하게 되었다. 사회과학, 적어도 전체론을 지향하는 사회과학은 오랫동안 구조가 가지는 실질적인 힘을 우선적으로 강조하기 위하여 개인이라는 것을 초월하고 기피할 수밖에 없던 변증법의 덫에 갇혀 있었다.

사회과학은 개인이라는, 우리 자신이 지고의 주체라는 환상에서 우리를 해방시켰지만, 동시에 개인이라는 것을 망각함으로써 구조에 깃들어 있는 에너지, 이른바 구조를 '살게 하는' 특이적 신체의 에너지라는 관점을 잃어버리게 하였다. 이 특이한 신체의 에너지는 어느 특수한 조건하에서는 구조를 「변용」시키거나 사멸시키기도 한다. 이 에너지는 「코나투스」의 에너지, 즉, 구조를 재활성화하고 때로는 구조를 재기동시키기도 하는 「욕망」의 잠재력으로서의 에너지이다. 「구조」는 지배적인 것으로서 군림하여 재생산되는 것이어도 어디까지나 '정서'의 장소'이다. 적어도 자본주의의 「구조」는 대부분의 다른 「구조」와도 마찬가지로 그러하다.

얼마나 현재 「실질적 포획」이 기능하고 있는가?

자본주의 기업은 가장 작은 단위에서 그것을 구현한다. 따라서 기업에서의 「정서적」 생활에 눈을 돌려야 한다. 기업에서 사람들의 「정서적」 생활은 신체의 규모에 맞는 장소에 머물며 신체에 구체적으로 작용을 미치는 실질적 존재일 뿐이다. 따라서 「정념」과 「정서」의 스피노자적 사상 속에서 「구성적」으로 편입된 개체로서의 특수성을 잃어버려서는 안 된다. 기업에서의 「정서적」 신체는 개체화된, 따라서 특수적인 신체이며, '지금 여기서' 작용한다. 그러나 인간 「정서」 작용의 최종적인 기능원리는 전체적 혹은 부분적으로, 거시적이고 사회적인 규모의 관계와 구조 속에서 찾아야 한다는 점도 잊어서는 안 된다. 즉, 우리는 이론적인 사슬의 이 두 끝을 항상 붙잡고 있어야 한다.

이러한 의미에서 기업은 글로벌 자본주의 구조의 국지적 표현으로 간주될 수 있다. 기업을 통하여 자본주의의 역사적 변용, 그 연속적 형상의 변화뿐 아니라 그것이 가져오는 인간생활에 대한 직접적인 영향을 읽어낼 수 있다. 마르크스가 보던, 감옥과 같은 자본주의와 현대 기업 사이에 어떠한 공통성이 있을까? 물론 어느 쪽이든 「임노동관계」를 「지배」하는 구조적인 단단한 핵이 존재하고 그것이 노동자의 박탈과 궁핍의 상태를 조직하고 있다. 그러나 그 점을 제외하면, 양자는 이 「임노동관계」라고 하는 공통적 관계의 역사적 변화가 가져온 차이에 의하여 크게 차이가 난다. 왜냐하면 이 관계는 2차적으로 규정되는 것이기도 하고, 따라서 역사가 가져올 현실의 상황에 좌우되는 것이기도 하기 때문이다. 19세기의 공장과 21세기의 기업 내에서 동일한 일이 행하여지지 않는 것은 분명하다.

그러나 현대 기업들은 언뜻 보기보다 인간적으로 보인다. 하지만 그렇다고 하여도 종업원들을 전면적으로 소유하고, 그들을 자신의 목표에 보다 온화하게나마 완전히「예속」시키려는「기도」를 포기하고 있는 것은 아니다. 일을 마치고 귀가하는 노동자들은 그들이 그것을 자각하는가의 여부를 떠나 실제로는 기업으로부터 해방되어 있지 않다. 노동자들은 단지 살아 숨 쉬는 것만으로도 지식과 경험과 태도를 축적하고 있기 때문에 기업들은 자신의 이익을 위하여 그들을 최대한 이용하고자 하기 때문이다.

임금 노동의 자율적 관리 같은 현대경영주의적인 말 바꾸기에 현혹돼서는 안 된다. 자기 실현이란 거짓 약속이고, 사실은 일종의「착취」의 계속이다. 삶의 잠재력을 박탈하는 수단은 극단적으로 세련돼 왔다. 그 수단 모두가 임금 노동자들의「정서적」생활을 채우기 위하여「동원」된다. 그곳에서 작동하고 있는 것은「욕망」의 체제를 재구축하고 회사의 이익을 위하여 임금 노동자의 행동적 잠재력을 통째로「동원」하려 한다. 네오푸코적인 사고의 흐름은 현대 자본주의의 이러한 경향성을 주체화 과정의 카테고리를 이용하여 파악한다.[13] 마르크스는 이를 이미 「실질적 포획」(reale subsumtion)이라고 명명하고 있었다.[14] 그러나 그것이 "어떻게 기능하고 있는가?"에 대하여서는 그는 말하지 않았다. 하지만 그것은「욕망」과「정념」에 의하여서 작동한다.

오늘날 자본주의 기업이 체현하고 있는 것은, 마침내 완성된「실질적 포획」이다. 즉, 자본축적의 논리를 위하여 인간의 전 생활을 종속시키는 것, 그것은 임금 노동자 정신의 완전한 식민지화, 노동자의「정서」

---

[13] 예를 들어 Dardot et al.(2009)을 참조할 것.

[14] 「실질적 포획」: 자본에 있어서 장애가 되는 요소를 배제하고, 자본에 편리한 대로 만들어「노동력」등을 자본의 논리에 포섭하는 것.「실질적 포획」의 결과 사람들은 자본주의적 규율과「욕망」을 자명한 일로 받아들이게 된다.

나 행동적 잠재력을 모두 「동원」하려는 「기도」이다.

우리는 이 삶 자체에 편입되어 있는 전면화에 대하여 사고하기 위한 개념적 수단을 손에 넣지 않으면 안 된다. 이 「욕망」과 「정서」로 이루어진 원재료를 가장 잘 다룰 수 있는 것은 아마도 스피노자주의일 것이다.

이러한 점에서 우리가 왜 마르크스와 스피노자를 결합하는지 이해할 수 있다. 그것은 「실질적 포획」이 무엇인가를, 즉 현실화된 자본주의의 조건과 실태를 고찰하기 위함이다.

I. 무엇인가를 하고, 무엇인가를 시키고 싶은 욕망

§1. 스스로 무언가를 하고 싶은 욕망

스피노자는 "모든 사물은, 스스로의 힘이 미치는 한, 자신의 존재 안에서 지속하려고 노력한다"[15]라고 주장하며, 그 노력을 「코나투스」(conatus)라고 이름 붙였다. 그러나 이 공식 그 자체로서는 그에 담긴 심원한 미스터리를 쉽게 이해하기는 힘들다. 이 공식을 처음 접하는 사람은 '자기의 존재 안에서 지속한다'는 것은 무엇을 수반한다는 것인지, 그리고 어떠한 구체적 행동 내지는 원인 행위가 요구되는지, 그곳에서 어떠한 관찰 가능한 현상이 도출되는지를 쉽게 상상할 수 없다. 그러나, 스피노자는 그 주장을 쉽게 이해하기 위하여 모든 필요한 요소들을 제시하고 있는데, 그 요소들에 의하여 그 주장의 모든 원리뿐만 아니라 모든 것, **모든 개별 사물**에서 그 원리가 작용하고 있다는 사실을 파악할 수 있게 하여준다. 왜냐하면 「코나투스」는 존재하려는 역동(force)이기 때문이다. 그것은 말하자면 신체에 깃들어 신체를 움직이는 근원적 「기」(氣 énergie)이다. 「코나투스」란 신체를 움직이는 원리이다. 존재한다는 것은 행동하는 것이며, 이 「기」를 전개하는 것이다.

그렇다면 이 「기」는 어디에서 오는 것일까? 이 질문에 대하여 충분히 답변하기 위하여서는 존재론적인 논의에 들어가야만 한다. 하지만, 본 저술은 인간에 관하여만 다루기 때문에 「코나투스」의 「기」란 '생(生

---

[15] 스피노자『윤리학』제 3부 정리 6.

[역주] 라틴어로는 "*Unaquæque res, quantum in se est, in suo esse perseverare conatur*". 이 문구는 「코나투스」라고 불리는데, 스피노자의 철학에서 어쩌면 가장 널리 인용되는 중요한 문구이다. '자신의 존재 안에서 지속하려는 노력'이란, 자신의 동일성과 본질을 유지하려고 노력한다는 것이고, 그 노력은 활동 또는 힘으로 나타난다. 그 같은 노력이 곧 「코나투스」이다. 역자 용어해설 참고(269쪽).

vie)'이라고 말하면 충분하다. 물론 정확히 말하자면 이 대답은 반만 사실이고, 나머지 반은 다분히 논쟁적인 것이기는 하다. 따라서 스피노자에게 좀 더 가까이 다가서는 대답은 그것은 「욕망」의 「기」라는 것이다. 존재한다는 것은 「욕망」하는 존재가 되는 것이다. 존재하는 것은 「욕망」한다는 것인데, 즉, 스스로의 「욕망」의 대상을 추구하기 위하여 스스로를 움직인다는 것이다. 자신의 존재를 지속하기 위한 노력을 유발(*effectuation*)하는 것으로서의 「욕망」과 신체를 움직이기 위한 제 설정(*mise*)과의 상호 연계가 「코나투스」라는 개념으로 종합적으로 표현될 수 있다. 「코나투스」의 어원은 라틴어 '*conor*'라는 동사인데, 이는 무엇을 시작하기 위하여 「기도」(企圖 *entreprendre*)[16]한다는 의미를 가장 일반화시킨 말이다. 역시 르네상스의 물리학에서 차용한 「추동력」(推動力 *impetus*)이라는 단어와도 유사하게 「코나투스」는 정지된 것을 움직이게 하는 「충동」(*impulsion*)이며, 신체를 흔들어서 어떠한 목적을 추구하도록 움직이게 하는 근원적인 「기」이다. 각 사회의 역사는, 그 안에서 가능한 「기도들」의 범위, 즉 그 사회가 정당하다고 간주하는 「욕망」의 대상들의 범위를 제정하거나 혹은 제약하여 왔다. 일반적으로 「코나투스」가 지니고 있는 무엇인가를 「기도」하는 자유란, 무엇인가를 「욕망」하고 그 「욕망」의 추구를 위하여 돌진하는 자유다. 그렇기 때문에 사회가 부과하는 어떠한 제약들을 제외하고는, 그 자유는 일종의 선험적(先驗的 *a priori*)으로 명백한 것이다. 물질적 재화 생산의 정당성을 강조하면서 구체적으

---

[16] [역주] 이는 어떠한 것을 추구하여 실제로 착수함을 의미한다. 주의할 점은, 원문에서 사용되는 단어인 *entreprendre*(enterprise)는 이중적 의미를 가지고 있어서, 어떠한 때에는 '기업'을 의미하기도 하고 다른 경우는 「기도」(企圖)를 의미하기도 하며, 어떠한 경우에는 두 가지를 동시에 의미하기도 한다는 점이다. 본 번역에서는 그 의미 차이를 가급적 명확히 하였다. 참고로 영어 번역은 undertake이다.

로 자본주의적인 의미에서의 '「기도의 자유」'를 축소시키는 어떠한 규제에도 반대하는 기업가들의 탄원은 그러한 자신들만의 「코나투스」에 근거한 것이라고 할 수 있다. "나는 사회적 분업 원칙에 따른 「욕망」을 가지고 있을 뿐인데, 왜 그 「욕망」을 추구하는 것을 방해받는가"하고 말하면서 기업가는 '「기도」의 자유'를 표방하며 항의하는데, 이것은 단지 그들의 「코나투스」가 내는 충동적 목소리에 다름아닙니다. 각자 개인의 존재론적 구성, 즉 각자가 사전적으로 존재하고 있으며 활동적인 「욕망」을 가지고 있다는 점에서 생각하여 볼 때, 물론 어떠한 제약은 있겠지만 이러한 [기도의] 자유가 있다는 점을 부정하기는 어렵다.

§2. 타인에게 무언가를 시키고 싶은 욕망: 주도(主導)와 예속편입(隸屬編入)

그러나 이러한 기업가의 자유는, 기업가 자신들의 「욕망」을 추구하기 위하여 타인의 「활동력」(*puissance*)들을 「예속편입」(隸屬編入 *enrôlement*)[17] 시키는, 타인의 입장에서는 (원래의 본성이 아니라는 의미에서) 결코 선험적일 수는 없는 자유이다. 그런데, 노동의 분업은 그 가정에 있어서 집단적(*collective*)으로 (어원적으로 엄밀하게 볼 때는 '협동적(*collaborative*)'으로) 물질을 생산하고자 하는 「욕망」을 추구하는 인간의 욕심과 결합되어 있다. 이때 「임노동관계」(*rapport salarial*)가 탄생하게 된다. 「임노동관계」는 분업에 의한 「이중적 소외」라는 구조적으로 결정된 사실들과 어떠한 개인이 스스로의 「기도」를 실현하기 위하여 타인을 「예속

---

[17] [역주] 「예속편입」(隸屬編入 *enrôlement*)은 자기의 것이 아닌 것을 자신의 통제하에 예속시킨다는 의미이다. 영어 번역은 'enlisting'이라는 단어를 사용하였다. 단순히 편입시키는 것이 아니라, 통제하는 의미도 있음을 강조하기 위하여 「예속편입」이라는 단어로 번역하였다.

편입」할 수 있도록 제정된 법적 체계의 총체이다. 즉, 그것은 「예속편입」의 관계이다. 타인의 「활동력」(puissance)들을 기업가 자신의 사업적 「욕망」의 추구 속에 「예속편입」시키는 것, 이것이 바로 「임노동관계」의 본질이다. 그런데 「기도」라는 것의 일반적인 모습에서나 혹은 기업 특히 자본주의적 생산 기업 자신이라는 특수한 형태에 있어서도 모두 어떠한 「욕망」의 실현은 본래 타인에게 일을 시키지 않고 혼자만 하는 경우에만 정당성을 가질 수 있고, 그때의 그 책임 또한 그 개인이 지는 것이다. 기업가의 목소리는 본질적으로 "나는 무엇인가를 하고 싶다"는 것으로 환원된다. 그러한 경우, "그래요. 그렇게 마음대로 하세요, 단 할 수 있으면 자신 혼자서 하세요"라고 대답할 수 있다. 그런데, 만약 혼자 스스로만 할 수 없다면 완전히 다른 문제에 봉착한다. 기업가 스스로가 무엇을 하고 싶어하는 「욕망」이 정당하다고 하여서, 타자에게 무엇을 시키고 싶은 「욕망」까지도 정당하다고 말할 수는 없다. 그리하여 타인의 협력을 요구하는 기업의 야심적인 「기도」는 그 형태에 있어서 전적으로 새로운 질문들을 던지게 된다. 이것은 '집단적 생산 과정'을 조직화하는 과정에 사람들이 정치적으로 참여할 수 있는가 하는 문제이며, 동시에 이러한 공동 활동에서 생산되는 생산물을 일을 시키는 자들이 「유용」(流用 appropriation)하는 문제, 다시 말하면 지배적 위치의 「욕망」의 주체가 타인의 노력을 「포획」(captation)[18]하는 문제이다.

따라서 「포획」이라는 관점에서 볼 때, 「예속편입」은 가장 일반적인

---

[18] [역주] 불어 원문이나, 영어 번역본에서 사용되는 단어는 *captation* 또는 capture이다. 타인에게 내재되어 있는 생명력, 스피노자에 의하면 타인의 「코나투스」라는 것을 자신의 「욕망」을 실현시키기 위하여 이용하는 것을 의미한다. 유사한 용어로 「착취」(搾取)라는 단어도 번역어로서 고려할 수 있지만, 이는 불공정하게 남의 것을 빼앗는다는, 다분히 가치판단의 의미가 강하며, 마르크스주의자들이 「잉여가치」의 「유용」(流用)에 관

범주이며,「임노동관계」는 그「예속편입」의 단지 한 가지 특수한 경우이다. 이때 포섭하는 행동을 포섭되는 대상의 관계에 따라 명명할 수도 있는데,「지배적」위치의「욕망」의 주체가 자신의「기도」를 위하여「예속편입」된 자의「활동력」을「동원」하는 관계를 일반적으로 지칭하기 위하여 우리는「주도」(主導 patronat)[19]라는 용어를 사용할 수 있다.[20] 그렇

하여 널리 사용되고 있는 의미를 가지고 있으며 또한 본서에서 그렇게 널리 사용하고 있기에 구분할 필요가 있다. 또는「점유」(占有)라는 용어는 주로 '물질적'인 대상을 소유한다는 의미가 강하다. 사실 가장 정확한 번역은 '가져다 쓴다'는 의미의「취용」(取用)인데, 일반인에게는 익숙한 말이 아니다. 일본어판 번역에서는「포획」(捕獲)으로 표현되어 있으나, 어감상「포획」은 사로잡는다는 의미만 강하여 적절한 표현은 아니다. 그럼에도 불구하고 본 번역에서는「포획」이라는 친숙한 표현을 쓰되, 단순히「포획」을 하는 것뿐만 아니라, 그럼으로써 이용한다는 의미가 같이 포함되어 있다는 점을 유념할 필요가 있다.

[19] [역주] 프랑스어에서는 *salariat*와 *patronat*은 모두 고용되어 있거나 혹은 사업을 경영하는 상황 내지는 기관을 각각 의미할 수 있다. 동시에 그 때 관계되어 있는 당사자들, 즉, 노동자나 기업주를 의미하기도 한다. 하지만 본 저서에서의 용법은, 단순히 금전적인 사업에서 대가를 지불하고 타인을 이용하는 '고용'이라는 의미보다는 주동적인 처지가 되어 이끈다는 보다 넓은 의미를 가진「주도」(主導)의 의미에 가깝다. 따라서, 번역상, 자본주의하에서의「주도」는「고용」이라는 종래의 단어를 사용하되, 보다 넓은 의미를 지칭할 때만은「주도」라는 용어를 사용하겠다. 영어의 번역은 보스 노릇을 한다는 의미의 bossing이다. 일본어 번역에서는「경영」이라는 용어를 사용하였는데, 이 용어의 사전적(辭典的) 의미는 계획을 세워서 사업을 하여 나가는 것이고, 남을 굳이 '사용'한다는 의미는 없기에 타당하지 않다고 여겨진다.

[20] [역주] 용어들이 다소 혼동스럽지만 정리하자면, 일반적으로 관계를 나

기에, 정복에 임하는 전장의 장군, 십자군 여정에 참여하는 십자군 지휘자, 주권의 「힘」(puissance)을 가진 군주 (주권은 사실은 군주의 것이 아니라 대중의 것이지만), 그리고, 이윤과 사업적 야망을 꿈꾸는 자본주의 기업의 경영자는 모두 「주도」를 하고 있다. 따라서 아주 일반적인 차원에서 「주도」는 「포획」인 것이며, 사실 이와 유사한 현상은 자본주의적 「착취」와는 다른 영역에서도 오늘날 널리 볼 수 있는 모습이다. 예를 들어 NGO의 지도자는 그 산하에서 행동하는 활동가들의 활동의 결과물에 대한 주된 소유자이며, 대학 교수층은 조교들의 활동의 산물을 자기 것으로 「포획」하고, 예술가가 그의 조수들의 활동의 산물을 「포획」하는 등의 현상은 자본주의적 금전적 이익과는 무관한 어떠한 목표를 추구하고 있는 모습인데, 이렇듯 금전적 이익과 무관함에도 불구하고 그들 모두는 일반적인 「주도자」의 특수한 어떠한 한 모습이다. 또한 그들은 자신들의 「지배적 욕망」(désir-maître)[21]에 봉사하기 위하여 「예속편입」된 예속자들의 노력인 「코나투스」의 결과물을 포획하는 「포획자」(captateur)들이다.

§3. 이익, 욕망 그리고 동원

「포획」은 「포획」을 하려는 자의 이해를 위하여 사람들이 자신들의 신체를 움직인다는 것을 전제로 한다. 원래는 자신들의 것이 아닌 타인의 「욕망」의 실현을 위하여 사람들이 열심히 활동한다는 것은 참으로 기묘한 일이라서 그렇게 사람들을 「동원」할 수 있게 하는 것이 「포획」

타내는 경우, 그 일반성의 차원에서 볼 때, '「주도」 ⊃ 「예속편입」 ⊃ 「임노동관계」 (혹은 고용)'의 관계가 성립한다. 그러한 관계를 유지하는 수단으로서는 '「포획」 ⊃ (자본주의적) 「착취」'의 관계가 성립한다.

21 [역주]「지배적 욕망」(désir-maître)은 들뢰즈의 용어.

을 위한 중대한 구성상의 관심사이다. 고용-피고용 관계하에 대부분 우리의 삶이 놓여 있는데, 그 관계는 세상에 편재하여 친숙한 것이며 이미 습관화되어 있다. 따라서 그러한 습관화가 가지는 역동(*force*)에 의하여 사람들이 그들로 하여금 타인을 위하여 일을 하도록 하게끔 하는 모종의 거대한 사회적 설정을 모르고 지나치게 만든다. 그런데, 이러한 「예속편입」의 관계는 형식적인 면에서는 추상적이지만, 그 내용이나 구조에 있어서는 특수한 다양한 형태로 나타나게 된다: 자본주의적 경영자는 스스로 고유의 경영 '방법'을 가지고 있고, 그것은 사회 개혁 운동을 하는 조직의 운영자나 대학의 운영자들이 가지고 있는 방법과는 전혀 다르다. 즉 자본주의적 경영자에게 무엇보다도 중요한 것은 돈이다. 그러나 이것은 너무도 자명하여 진부하게 느껴지는가?

그것은 아주 진부한 사실이겠지만, 일견 그 진부한 경험적 사실 속에 심오한 의미가 숨겨져 있다. 자본주의적 경영자는 그 특수성에도 불구하고 다른 어떠한 종류의 사례보다도 자본주의적 「주도」가 무엇에 의거하여 기능하는지를 잘 보여주고 있다. 자본주의적 경영자는 자신의 「이익」 즉 「욕망」에 따라 움직인다. 여기서 스피노자의 말을 패러프레이즈할 수 있다: "「욕망」은 곧 「이익」에 귀착한다(*interesse sive appetitus*)". 하지만 이와 같은 등식을 누구나 좋아하지는 않는다.[22] 혹은 이 등식이 시

---

[22] 특히 MAUSS(사회과학에 있어서의 반 효용주의 운동으로서, 기관지인 『Revue du MAUSS』를 간행)에 속한 이론가들은 인간은 이해관계만으로 사는 존재가 아니라 이타주의적이며 욕심이 없는 「기부적 인간」(*homo donator*)의 모습도 가지고 있음을 증명하려 한다. 이 논의에 대하여서는 Lordon(2006a), Falafil(2006)을 참고할 것. 위 논문들은 다음 잡지에 게재됨: '*De l'anti-utilitarisme. Anniversaire, bilan et controversies*'(반 효용주의조류(潮流): 연차 기념 비평 및 논쟁들). Revue du MAUSS semestrielle(반기 MAUSS 비평) 27호(2006).

사하는 결과를 모든 사람이 좋아하지는 않는다. 무상 기부에 의미를 두는 사람들의 주장은,「욕망」하는 것을 인간의 본질로 상정하면 인간의 행동의 모든 것이 이기심의 발로로 귀착되게 되고 진정한 관계가 갖는 따뜻함이나 고귀한 감정의 의미는 없어진다는 것이다.

그런데, 이 같은 주장은 사실 전부이거나 무(無)이다: 스스로가 일체의 자아를 부정하겠다는 순수한 이타주의 정신을 끝까지 고집하는 경우에는 무(無)이며, 반면 모든「이익」을 효용주의적 계산에만 의지하여 이해하려는 환원론에 대하여서만 거부할 수 있다면 전부이다.「이익」은 만족을 얻는 것이며, 즉「욕망」의 대상의 다른 이름이다. 그리고 그곳에는 무한한 다양성이 있다. 모든 사람이 어떠한 종류이건 자신의「욕망」을 추구하고 있음을 부정할 수 있을까? 어떻게 단순한 '경제적'「이익」이 아닌 다른 종류의「욕망」의 대상에 대한「이익」또한 없다고 할 수 있겠는가? 선물 속에도 그 선물을 받는 사람이「인정」(認定)하여 주는 것을 받는「이익」에 대한 바람이 있으며, 애정 표시 속에도 상대도 마찬가지로 그렇게 하여 줌으로써 얻는「이익」에 대한 바람이 있으며, 따사로운 행동 속에도 그 행동으로부터 얻는「이익」에 대한 바람이 있고, 자기의 훌륭하고 자비로운 행동은 그로 인한 일종의 상징적인「이익」에 대한 바람이 있다는 것을 부정할 수 있을까? 이러한 것들은 '단순한' 통상적인 숫자 놀음과는 다르지만, 일종의 다른 종류의 수지 타산 계산의 일종은 아닐까? 이러한 것들은 다른 종류의「욕망」이며, 특별히 강력하며 스스로의 황홀감(enchantement)을 추구하는「욕망」이다. 그런데, 이러한「이익」을 거부하는 방향으로 계속 자신을 몰고 간다면, 그것은 마치 무상(無償)의 정신을 존중하는 사람들이 원래 맞서 싸우려고 하였던 효용주의적 환원론의 희생양으로 끝나는 결과를 초래할 수 있다. 그들은 얼음처럼 차가운 계산을 배제하려는 숭고한 임무하에,「이익」이라는 단어는 단지 경제 이론이나 효용주의 철학에서 그들의 적들이 그 용어를 사용한다는 이유에서 그들의 적들이 사용하는 용어로 규정한다. 그렇게 '이익'을 한정시켜 버림으로써, 두 가지 종류의 비용을 지불하여야만 한다. 즉, 효용주의적 환원주의를 「고착화」시켜버리고, 그럼으로써, 절대로 버리면 안 되는 보다 큰 잠재력을 가지고 있는 중요한 개념을 포기하게 된다.[23] 어떠한 개인이 걸어가는 길이 그 어떠한 것이든, 심지어 잠재적으로나마 생각할 수 있는 타인의 존재를 불가피하게 거쳐야만 하는 길이더라도, 자신의 존재를 유지시키려는 노력 내지는 「욕망」은 결국 필히 그 개인 혼자만이 추구하는 것이기에, 그 자신이 추구하는 「욕망」의 형태가 남에게 베풀거나 남에게 주의를 기울이는 것일지라도 이때 그 자신은 반드시 그러한 행동에서 '「이익」을 가진다'고 말할 수밖에 없다.

「욕망」은 온갖 다양한 종류의 「이익」이라는 모습으로 나타나는데, 그 「이익들」을 스스로 의식하는 정도와 그것을 달성하는 전략은 다양하다. 이에는 가장 명백하고도 스스로 밖으로 드러내는 경제적 「이익」, 회계 화폐 단위로 표시되는, 일종의 [시간성을 가지고 있다는 의미에서] 역사적으로 정의되어 표현되는 「이익」, 그리고 가장 덜 물질적인 「이익」으로서의 도덕적, 상징적, 그리고 심리적인 「이익」까지도 포함한다. 그런데 자본주의의 사회적 제 관계는 단순한 경제주의적 차원보다 훨씬 더 커다란 「이익」을 이러한 여러 다양한 차원의 「이익」의 범주에서 끌어낸다. 그러나, 그렇다고 하여도 그러한 다양한 관계들에 대한 어떠한 개념적으로 통합적인 설명을 하지 못하는 것은 아니다. 그러한 통합적 설명을 하기 위하여서는 어떠한 '통합하게' 만드는 개념이 필요한데, 예를 들면 그것이 「코나투스」이다. 그것은 모든 「이익」의 기저에 존재하는 「욕망」하는 역동(*force*)이며, 또한 모든 예속 관계의 기저에 깔려 있는 「이익」을 추구하는 「욕망」이다.

---

[23] Lordon(2006b)을 참고.

§4. 벌거벗은 삶과 돈

그러나 자본주의는 그것을 구성하는 모든 「욕망들」 중, 돈을 가장 먼저 내세운다. 혹은 「벌거벗은 삶」(*la vie nue*), 즉, [자신들의 생존을 위한 물질적] 재생산만을 위한 삶을 우선으로 한다. 분업으로 탈(脫)중앙화된 경제 속에서 물질적 재생산은 돈을 거쳐 이뤄진다. 그러나 자본주의가 이 매개체를 아무것도 없는 공기 중에서 갑자기 만들어낸 것은 아니다. 분업과 그것이 어느 수준을 넘어가면서 심화되기 시작한 화폐를 이용한 교환은 이미 수세기 동안이나 느린 진화의 역사가 있었다. 자본주의는 이 오랜 기간을 거쳐 겹겹이 층을 쌓아가며 진화되어온 시장을 계승하고 있다. 하지만, 자본주의는 개인적 혹은 집단적인 소규모의 자주적 생산의 가능성을 원천적으로 차단하고 물질적 「타율성」(*hétéronomie*)을 전대미문의 단계로까지 끌어올리는 것에 의하여서만 비로소 도약을 하기 시작하였다. 자본주의 가능성의 조건은 노동의 시장적 분업, 즉 시장기능에 의하여 노동을 전면적으로 분업화시키는 것이다. 특히, 마르크스와 폴라니(Karl Polanyi)는 프롤레타리아화의 조건이 공유지의 폐쇄, 즉 인클로저운동(enclosure)에 의하여 만들어졌음을 충분히 증명하고 있다. 이로 인하여 인간의 완전한 궁핍화가 조직화되었고, 인간 자신의 차별화되지 않은 「노동력」을 파는 것만이 자신의 생존을 위한 유일한 가능성이 되었던 것이었다.

번거롭다고 하더라도 우리는 이러한 자명한 사실들을 환기시켜야만 한다. 그러나 현대에 있어서의 제조 산업은 '노동의 풍요화', '참여경영', '임무의 자율화', 또한 '자기실현' 등의 모토를 내세우기 때문에, 「임노동관계」상의 가장 중요한 진리, 즉 한쪽이 다른 한쪽의 (노동의) 「물질적 재생산」의 조건을 소유하는 관계이며, 그것이 모든 것들의 부동 불변의 조건이라는 사실을 쉽게 잊게 하여 준다. 따라서 이에 대한 언급을 하지 않을 수 없다.

「임노동관계」는 '돈이라는 매개체'를, (노동의) 「물질적 재생산」이라는 가장 근본적인 「기저적 욕망」(désir basal)을 충족시키기 위하여 통과하여야만 하는 「강제적 통과점」(point de passage obligé; obligatory point of passage 혹은 OPP) 혹은 「독점적 통과점」(point de passage exclusif)으로 만듦으로서만 가능하다.[24]

많은 「임노동자」가 계속 경험하고 있듯이, 자본주의적 「임노동관계」가 자신의 무대장치를 치장하기 위하여 차례차례로 설치하여 놓을 수 있었던 모든 '계획'들은 일의 현장에 더욱 교묘한 장치들을 가설한다. 승진, 사회적 지위 획득, '자기실현의 달성' 등이 그 장치들이다. 이것들은 단순히 「임노동관계」에 관한 문제만이 아니라 노동자의 '사회화'의 사안이다. 그런데 그것들은 절대적 물질적 의존관계라는 불멸의 배경, 즉 삶을 다시금 발가벗기는 야만적인 배경만을 남기고 언제라도 무너질 가능성이 있다.

돈이라는 매개가 불가피한 「강제적 통과점」이라면, 돈을 제공하는 자에 대한 의존은 애당초부터 그 (노동의) 「물질적 재생산」을 위한 가장 근본적인 요건으로서 그 (노동의) 물질적 재생산을 위한 삶의 방법들에 깊이 뿌리 박혀 있다. 그런데 자본주의 경제에 있어서는 돈의 공급자는 단 둘밖에 없다. 즉 고용주와 금융(자본)가이다. 임금 노동자에게 있어서는 돈의 공급자는 고용주일 뿐이다 – 물론 나중에는 은행가

---

[24] [역주] 프랑스 사회학자 미셸 칼롱(Michel Callon)이 발표한 핵심적 논문(Callon 1986)에 나오는 개념으로, 최초에 모든 행위자들의 관심이나 사고가 수렴하는 주제나 목적 등을 일컫는데, 이로 인하여 행위자들 간의 네트워킹이 성립되기 시작한다. 이러한 위치를 통제하거나 독점하는 것은 힘의 원천이 된다. 이 개념은 Actor Network Theory의 핵심적 개념 중의 하나이다. 이러한 「강제적 통과점」(obligatory point of passage; OPP)이 '사회적 권력'으로 기능하는 바에 대한 논의는 Clegg(1989: 202-207)를 참고.

가 [소비자 금융을 통하여] 돈을 빌려 주는 경우도 있지만, 그것은 주변적인 경우에 지나지 않는데, 그 경우는 미리 정하여진 월급에 비례하는 상환 변제 능력이 존재하는지 여부에 의존한다. 어찌하였든 노동자는 최종적으로 물질적「타율성」에 얽매이기 때문에, 즉 스스로를「노동력」으로서 (그리고 살기 위하여) 재생산하는 요건을 자신 스스로 충족시킬 수 없기 때문에, 따라서 시장에서의 노동 분업을 받아들일 수밖에 없기 때문에 돈에 대한 접근가능성은 절대적인 중요성을 갖게 되어, 다른 거의 모든「욕망」을 좌우하는 가장 우선적인「욕망」의 대상이 된다.

스피노자의 경제적 현상에 대한 기술은 많지 않은데, 그 중에 다음과 같이 언급하고 있는 부분이 있다:

> 돈은 모든 재화가 응축된 것이다.
> 원인으로서의 돈이라는 개념을 수반하지 않는 어떠한 종류의「기쁨」도 거의 상상할 수 없는 것이기에, 돈의 이미지는 대중의 정신을 전적으로 점거한다.[25]

스피노자가 돈에 대하여 날카로이 비판하고 있다고 하여서 그가 화폐 교환에 의하여 지배되는 공동의 운명을 부정하고 있다고는 생각하지 말자.[26] 스피노자는 철학을 하기 전에 안경 렌즈를 갈아서 생계를 유지하였다. 스피노자는 경제적 힘의 절정기에 있었던 네덜란드 공화국의 시민으로서, 집단적「욕망」과「집단적 정서」의 체계상의 어떠한 종류의 변화가 노동의 분업을 심화시키고 상업주의에 입각한 물질적 재생산의 조직화를 이끌 수 있는지를 잘 이해할 수 있는 최적의 장소에 살고 있

---

[25] 스피노자『윤리학』제4부 부록28.

[26] 화폐 교환을 수반하는 물질적 재생산이 필수적이라는 이 '공동의 운명'을 인식하는 자세와, 정신이 전면적으로 돈의 이미지에 점거된 '속물적'인 자세는 차원이 서로 다른 것으로 구별하여야 한다.

었다. '모든 재화의 응축'격인, 그리고 모든 물질적 삶의 방식들을 거의 독점적으로 매개하는 돈은, 모든 「욕망」 위의 「초욕망」(超欲望 *métadésir*)의 대상, 즉 모든 다른 경제적 「욕망」이 통과하는 「강제적 통과점」으로 군림하게 되어 왔다.

§5. 관계로서의 '화폐', 욕망으로서의 '돈'

차제에 돈을 일컫는 두 용어, 즉, 「화폐」(*monnaie*)와[27] 「돈」(*argent*) 간의 개념적 구별을 해두어야 한다. 이 두 단어는 통상 당연하게 같은 것으로 파악되고 있고, 이를 나누어 생각하는 것이 어떠한 쓸모가 있는지 누구나 궁금할 것이다. 하지만 같은 대상에 대하여 왜 두 가지 단어가 있을까? 이 어휘의 차이를 최초로 진지하게 검토한 페피타 울드-아메드(Pepita Ould-Ahmed)는 그것은 학문적인 전문 영역 간의 다른 사용 용도에서 유래한다고 지적하고 있다. 인류학자(와 사회학자)는 「돈」이라는 말을 사용하고 경제학자는 「화폐」라는 말을 사용한다는 것인데, 결국 그것은 근본적으로 동일한 대상에 대한 어떠한 시각 차이를 반영하는 것이라는 것이다.[28] 그러나 이 분석을 조금 더 연장하여 이 시각 차이를 개념화하고, 「화폐」를 어떠한 사회관계의 명칭으로 하고, 「돈」은 그 관

---

[27] [역주] 통상적으로 「통화」로 번역되는 경우가 있으나, 본 번역에서는 보다 넓은 의미로 「화폐」라고 번역한다. 「통화」와 「화폐」의 차이에 대하여서는 사실 학자마다 의견이 다른 것이 현실이다. 역자가 준거로 삼는 「통화」의 정의는, 막스 베버를 인용하자면 "통화기관의 제정에 의하여 그 통화기관이 관할하는 지역 내에서 지불 수단으로 무제한적으로 받아들여지는 화폐"이다(Weber 2019: 162).

[28] Ould-Ahmed(2008).

계에서 발생하는 「욕망」의 명칭으로 삼을 수도 있다.

미셸 아글리에타(Michel Aglietta)와 앙드레 오를레앙(André Orléan)의 저작의 결정적 기여는[29] 화폐의 실재에 대한 시각과 (즉, 내재적 가치) 기능적 시각 (즉, 편리한 교환 수단)을 부정하고, 화폐를 사회적 관계라는 측면에서 본 것인데, 화폐는 제도적으로 보호되는 것이며, '자본'이라는 사회관계가 가지고 있는 복잡성과도 유사한 사회관계로 본 것이다. 화폐는 그 자체로서 「가치」가 있는 것이 아니라, 「가치」의 '오퍼레이터'이다. 화폐는 근본적으로 그것이 실재적인 무제약적 「권력」(pouvoir)을 가지고 있다는 집단적 믿음의 결과로서 성립되었다. 왜냐하면 각 개인이 화폐라는 심벌을 받아들이는 것은 남들도 마찬가지로 이를 받아들인다는 믿음이 있기 때문이다. 화폐는 근본적으로 어떠한 「내재적 가치」도 가지지 않기 때문에 실제로는 완전히 자의적이지만, 그럼에도 불구하고 모두가 받아들이는 어떠한 심벌이 된 것이야말로 화폐를 둘러싼 문제의 핵심이다. 따라서 우리는 오랫동안 '금속 페티시즘(fétichisme métallique)'에[30] 의하여 은폐되어온, 본질적으로 자의적인 화폐의 속성을 드

---

[29] Aglietta et al.(1982, 1998, 2002).

[30] [역주] 진정한 화폐는 금, 은과 같은 귀금속으로서, 어떠한 내재적인 가치를 가지고 있다는 믿음을 말하며, '금속화폐주의'라고도 한다. 마르크스의 화폐이론도 금에 포함된 추상적 노동의 양이 화폐의 가치를 규정한다고 말하고 있는 점에서 이러한 '금속 페티시즘'의 비판에서 자유로울 수 없다. 참고로, 이러한 '금속화폐주의'에 대한 반론으로 등장한 것이 크납(G.F. Knapp 2023/1926)의 '표권주의(chartalism)'인데, 그에 의하면 화폐의 가치는 그것의 소재적 가치와는 무관하다. 또한 금과 은이 화폐로 사용된 것은 그것이 가지고 있는 내재적인 성질에 의한 것이 아니라, 다분히 종교적인 의식에서 비롯된 것이며, 일례로 19세기까지 내려오던 금과 은의 교환 비율은 달과 화성 등의 천체의 움직임의 주기

러내 보여야만 한다. 그리고 화폐는 그 외형상의 모습을 떠나서 근원적으로 관계적인 차원에 속하는 것, 즉 전 사회에 걸친 사회적 관계나 다름없음을 알아야만 한다. 화폐라는 제도는 '사회관계에 대한 인식과 신뢰의 공유'에 기반을 둔 사회관계를 생산하고 재생산하는 것 이외의 기능을 가지고 있지 않다.[31] 그러면서 이 사회관계는 어떠한 심벌 안에 가둬져서 화폐라는 형태로 널리 받아들일 수 있는 지불 수단으로서 확립된다. 화폐는 이 관계에 의하여서만 생산되고 재생산될 수 있는 것이며, 또한 이 관계에 의하여서만 파괴될 수 있다. 그러므로 화폐는 단순히 단지 두 사람 간의 양방향적인 상호작용의 관계로 환원되는 것이 아니라 공동체 전체에 걸친 주권적 역동(*force*)으로 군림하며 공동체 전체의 집합적인 힘(*puissance*)을 어떠한 방식으로 표현하는 것이다.[32]

그에 반하여, 돈은 화폐를 **주체 측에서** 파악한 것이다. 화폐가 사회관계로서의 지불수단이라면, 돈은 「욕망」의 대상으로서의 화폐이다 – 그것은 "모든 재화가 응축된 것"이며, 따라서 "원인으로서의 돈의 관념을

와 관계가 있다는 등, 화폐의 종교적 기원설에 대하여서는 고전적 저작 Laum(2023/1924)을 참고.

[31] 화폐에 대한 신뢰의 형태와 그 제도적 골격에 대하여서는 Théret(2007)을 참조.

[32] 공동체의 힘의 표현으로서의 화폐의 「주권성」이라는 생각에 대하여서는 Lordon & Orléan(2008) 참고.

[역주] 이 중요한 논문에 대한 요약은 역자 용어해설(3. 275쪽)참고. 유사한 생각은 이미 마르셀 모스에 의하여 개진되었고(Mauss 1914), 이후 프랑스 조절학파 학자들에 의하여 개진되었는데, 이에 관하여서는 Aglietta(2018), Cartelier(2018), Orléan(2014), Alary et al.(2020) 등을 참고할 것. 또한 유사한 생각은 오스트리아 학파의 폰 비저(Wieser 2023/1927)에 의하여서도 개진된 바 있다.

수반하지 않는 「기쁨」은 없다". 돈은 「욕망」의 형태를 취한 화폐적 사회 관계의 주관적 표현이다. 사회관계는 화폐라는 기호가 공통적으로 받아들여지도록 하고, 따라서 그것은 개개인의 관점에서 볼 때 「욕망」의 대상이다. 혹은 「초욕망」의 대상이라고 하여도 좋다. 왜냐하면, 이 특수한 대상은 모든 '물질적인 「욕망」의 대상'에로의 접근을 가능하게 하는 일반적인 등가물로서의 기능을 담당하고 있기 때문이다. 따라서 상품에 의하여 구조화된 「욕망」의 경제에 가장 강력한 견인력을 부여하기 위하여서는 사회관계와 그 모든 제도적 틀의 기능이 필요하다. 이렇듯 화폐와 돈을 따로따로 분석하면, 그것의 차이성과 상호 보완성을 찾을 수 있다. 한편에는 '집단적 신앙=신뢰'를 생산하는 사회적, 제도적 메커니즘이 있고 다른 한편에 개인적 「욕망」이라는 「놀라움」(sidération)이 있다. 그리고 한쪽을 다른쪽 관점에서 보고 비평할 것이 아니라 아마도 이 양쪽 관점을 동시에 파악하면서 화폐라는 대상의 전체상을 파악하여야 한다. 그것은 부르디외가 객관주의인가 혹은 주관주의인가의 양자택일을 거부한 것과도[33] 바로 같은 맥락이다. 전자는 행동 주체들을 단순히 수동적 인자로만 간주하여 무시하면서 구조만을 파악하려고 하며, 후자는 살아왔던 개개인의 경험이 가지는 의미만을 중시하여 구조를 소홀히 한다. 그럼으로써 양자 모두, 개인적 심리 속에서의 그리고 그 개인적 심리에 의하여 만들어지는 구조들의 표현, 다시 말하면 주체 속에서 성향(disposition), 「욕망」, 믿음, 그리고 「정서」라는 형태로 구현하는 구조를 생각할 수 없게 된다.

---

[33] Bourdieu(1987)

[역주] 이러한 부르디외의 객관성과 주관성의 통합에 관한 논의는 Bourdieu(1979/77)을 참고할 것.

§6. 자발적 예속은 존재하지 않는다[34]

'돈'이라는 「욕망」의 대상에 대한 의존은 임노동의 「예속편입」을 바위처럼 견고한 것으로 만든다. 그것은 모든 노동계약 뒤에 존재하는 가장 거대한 동기이며, 동시에 고용주와 피고용자 모두에게 잘 알려진 위협의 원천이다. '무엇에 봉사하는' 「임노동자」의 신체를 움직이려면 「코나투스」로서의 「욕망」을 돈이라는 대상에 고정시켜 「기」를 끌어낼 필요가 있는데, 그 돈의 자본주의적 구조하에서는 고용주를 그 돈의 유일한 제공자로 확립한다. 「지배」라는 것의 첫 번째 의미가 경제주체가 스스로의 「욕망」의 대상에 도달하기 위하여서는 타인을 참고 받아들여야 한다는 것이라면 「임노동관계」는 「지배」의 관계임이 명백하다.

한편으로는 「지배」의 강도는 「피지배자」의 「욕망」의 강도에 직접 비례하는 것이고, 그 열쇠를 쥐고 있는 것은 「지배자」일 뿐이다. 다른 한편으로는 돈이 서열상으로 상위의 「욕망」 = 「이익」의 대상이 되고 비물질적인 것도 포함한 다른 모든 「욕망」의 추구를 조건짓게 된다. 「원시적 축적」은 근원적인 물질적 「타율성」이라는 구조적 조건을 낳았고, 그 후 자본주의는 더욱 그 경향을 심화시켜 왔다:

> 모든 역사에 있어서, 모든 인간 존재의 첫째 전제가 되는 것은 다름 아니라 '인간이 역사를 만들 수' 있기 위하여서는 살 수 있어야 한다는 것이다. 그러나 살기 위하여서는 우선 가지고, 마시고, 먹고, 살고, 옷을 입어야 하고, 그밖에 필요한 것도 있다.[35]

---

[34] [역주] 본 절의 내용은 스피노자 철학에 대한 기본 개념에 대한 지식이 없이는 이해하기 쉽지 않으니, 역자의 용어해설 1을 참고할 것(본서267쪽 이하).

[35] Karl Marx & Friedrich Engels(1846/1998: 47).

자본주의적 노동의 분업에 기초한 화폐경제에서는 돈에 대한「욕망」이상으로 강력한 것은 없으며, 따라서「임노동관계」에의「예속편입」이상으로 강력한 영향력을 가지는 것도 없다.

「자발적 예속」이라는 생각을 반박하려면 이 자명한 사실로 공공연하게 회귀하여야만 한다.「자발적 예속」이란 말은 모순적 어법이지만, 이 현대라는 시대에서의「임노동관계」와 최근의 가장 우려스럽게 느껴지는 [대중]조작(操作)의 진행을 읽어 내는 열쇠가 될 것이다.

과연 라 보에티(La Boétie)의 테제는 현대에 그대로 들어맞는 것일까? 만약 적용된다면 이 주제는 현대 개인주의 사상의 자양분이 된 주관적 형이상학의 모든 아포리아(aporia)를 선구적으로 응축하고 있는 주제의 공식이라는 점에서 놀라운 것이라고도 할 수 있다. 뿐만 아니라 그것은 개인의 자기 자신과 관련된 자발적인 실천적 방법도 시사하고 있다. 즉 주체로서의 개인은 자율적인「자유의지」(libre-arbitre)를 가진 존재이며, 그 행위는 자신의 고유한 의지의 결과라고 믿는 것이다.

개인이 해방을 충분히 갈망한다면 노예 상태에 빠질 수 없고, 따라서 만약 예속 상태에 빠질 수 있다면 그것은 그의 해방을 갈망하는「의지」가 결여되었음을 의미하며, 따라서 그의 예속은 이 명제의 대우명제(對偶命題 a contrario)에 의할 때 자발적이다.[36] 이러한 주관성의 형이상학하에서는「자발적 예속」은 해결 불가능한 수수께끼로 계속 존재한다. 어떻게 사람은 이렇듯 사악하고도 바람직하지 않은 상태를 원할 수 있을까? 이 수수께끼를 풀지 않는 한 자유에 대한 희구는 충족되지 못하고 어떠한 설명할 수 없는 이유로 존속하면서 긴장을 야기시키는데, 이때 이러한「자발적 예속」의 상태를 폐지하기 위하여서는 오로지 각자의 의식이 스스로 각성할 것을 호소하는 길이 유일할 것이고, 정치적으로 의존

---

[36] [역주] 즉, p: '해방을 갈구 → 노예상태 불가능'이 참이라면, 그것의 대우명제(對偶命題)인 q: '노예상태 → 해방의지 결여'도 참이라는 이야기이다.

할 길은 없어진다.[37] 그러한 의식의 각성이라는 방법은 그 자체로 꼭 나쁜 방법은 아니지만, 그 자유에 대한 희구가 충족되지 못하게 하는 원인은 설명할 길이 없다. 어떠한 (물질적=생물적 존재의 지속을 추구하는 개개인의 돈에 대한) 「욕망」을 「포획」하는 것에 의존하여 성립되는 「임노동관계」는, 현실적으로 「예속」이 「욕망」의 필연성과 강도에 있어서 어떻게 작동하는가를 다른 모든 「지배」 관계에 비하여 가장 적나라한 모습으로 보여준다. 이 지점에서 우리가 「자발적 예속」이라는 개념을 재조명하며 고찰하기 위하여서는, 우선 우리 모두가 전적으로 우리 「욕망」의 주인이라는 사실에서 출발하지 않으면 안 된다. 이러한 관점에서 보면, 「임노동관계」는 개인의 자유로운 선택과는 전혀 무관하게 군림하는 「욕망」도 존재함을 보여 주는 좋은 사례이다. 그렇지 않다면 이 「자발적 예속」이라는 것을, 인질로 잡혀서 (인질로 잡힌 것이 그 자신이거나 혹은 자신의 「욕망」이거나) 인질범이 관자놀이에 권총을 겨누면서 협박할 때 죽지 않기 위한 강력한 「욕망」의 충동하에서 무엇이든지 다하겠다는 자가 말하는 것도 자발적이라고 주장하는 것과 같은 차원에서 말하여야만 한다. 「임노동관계」의 경우 「욕망」을 설정(*configure*)하고 「욕망」을 달성하기 위한 방법을 미리 규정하는 것은 사회구조이며 결국 자본주의적 생산관계이다. 근원적인 물질적 「타율성」의 구조 속에서 물질적-생물적으로 계속 살고 싶다는 「욕망」은, 임금노동에 대한 「욕망」의 형태로 나타나는 돈에 대한 「욕망」으로 귀착된다.

그러나 「임노동관계」의 예는 그와 연관된 「욕망」의 「타율성」을 인식하기 위하여서는 도움이 되나, 만일 그 특수성 속에만 주목한다면[38] 그 반대의 효과를 야기한다. 스피노자 이상으로 「욕망」의 「타율성」을 절대

---

[37] [역주] 즉 공동행동 내지는 집단행동을 통하여 해결할 방법은 없어진다.

[38] [역주] 즉, 그것의 배후에 존재하는 보편적 원칙을 간과한다면.

보편적인 것으로 수립하려고 노력한 사람은 없었다. 고유한 「선욕망」(先欲望 désir ante)의 역동(force)이자 '인간의 본질 그 자체'인[39] 「코나투스」는 존재론적으로 말하자면 순수 충동(élan)이지만 그 방향은 정하여진 것이 아니다.[40] 로랑 보브(Laurent Bove)의 개념을 차용하여 말한다면, 그것은 「목적없는 욕망」(désir sans objet)'이다.[41] 「욕망」에 있어서 추구하여야 할 대상은 곧바로 찾아오지만(!), 모든 것은 외부로부터 먼저 지정되어지는 것이다. 왜냐하면 「욕망」은, 사물과의 만남, 그 만남에 대한 기억, 그리고 그러한 사건들을 이용하여 정교하게 만들어지는 모든 조합 – 즉, 스피노자가 「변용」(affection)[42]이라고 이름 붙인 작용에 의하여서 성립되기 때문이다. 스피노자의 「정서」의 첫 번째 정의에 따르면 「욕망」은 인간의 본질 그 자체인데, 어떠한 종류의 「변용」을 계기로 「욕망」은 무엇인가를 하게끔 결정되어지는 것이라고 여겨지기 때문이다. 이 표현은 「존재를 지속함」(persévérance dans l'être)'이라는 표현과 마찬가지로 모호하기만 하다. 그러나 이 표현은 바로 귀담아 들어야 할 중요한 점을 말하고 있다. 즉, 인간의 본질은 「활동력」(puissance)이며, 그것은 인간의 류(類)에 고유한 것이다. 그러므로 그것은 「자율적」(intransitive) 성격을[43] 가

---

[39] 스피노자『윤리학』제3부 정의1

[40] [역주] 이 방향이 정하여지지 않은 코나투스라는 명제는 본서에서 가장 중요한 개념 중의 하나이다. 이에 대하여서는 본서 67쪽 이하에서 자세한 설명이 나온다.

[41] Bove(2006).

[42] [역주] 역자 용어해설 참고(267쪽).

[43] [역주] 「자율적」(intransitive)이라고 함은, 문법에 비유하여 말하자면 어떠한 행위가 '목적격'을 가지지 않는, 즉 '목적이 되는 대상' 때문에 움직이는 것이 아닌 것임을 의미한다. 그 반대는 「타율적」(transitive)인데, 이는

지는 것이며 「욕망」의 순수한 역동(force)이지만, 스스로 무엇을 「욕망」하는지 아직 알지 못하기 때문에 선행하는 어떠한 「변용」으로부터 어떠한 영향을 받음에 의하여서만 그 방향을 정하고 활동을 할 수 있다. 선행하는 어떠한 「변용」이란 「욕망」 앞에 나타나서 「욕망」을 수정하는 것, 즉, 어떠한 「변용」이란 「욕망」에 방향과 구체적으로 작용하여야 할 대상을 지시하는 것이다.

이러한 생각은 통상 선행적으로 이미 존재하는 바람직한 어떠한 것에 의하여[44] 견인되는 힘(traction)으로 파악되는 종래의 「욕망」의 개념을 근본적으로 뒤집을 수 있다. 「코나투스」가 밀기 때문에 우리는 우리의 노력을 어떠한 사물에 바치고, 그 사물을 「욕망」의 대상으로 확립한다.[45] 그리고 이러한 노력을 하는 것은 전적으로 「정서」의 작용에 의하여 결정되어 있다. 이때 그 어떠한 「변용」이란 것은 내 앞에 발생하여 [감각에 포착되는[46]] 어떠한 것이고, 「정서」란 그 「변용」의 결과인 것으로서 슬프거나 기쁘거나 한 것이며, 그에 따라서 어떠한 것을 하는 「욕망」이 생긴다. 예를 들어, 도망치거나, 파괴하거나, 추구하거나 하는 그러한 것들이 발생한다. 「욕망의 삶」(la vie du désir)이란, 이러한 가장 기본적인 것들의 연쇄 작용에 의하여 구체화된다. 즉, 「욕망의 삶」은 많은 경우 기억과 「연상」(association)의 상호작용에 구체화된다. 왜냐하면 귀결되는 「변용」이나 「정서」는 그곳에서 흔적을 남기기 때문이다.[47] 그리고

어떠한 목적의 대상에 의하여 좌우되는 것임을 의미한다.

[44] [역주] 즉, 「욕망」의 대상이 이미 선험적으로 결정되어 있는 것은 아니라는 의미.

[45] 스피노자 『윤리학』 제3부 정리9 주석.

[46] [역주] 명확히 하기 위하여 역자가 첨가한 부분.

[47] 흔적을 남기는 신체, 즉, 기억을 조력하기 위하여 흔적(vestigia)을 간직하

그 흔적은 크든 작든 깊이를 가지며 다시 꺼내 쓸 수 있는 것이며, 따라서 옛날에 경험하였던 「기쁨」이나 「슬픔」은 연결되어 있는 다른 대상으로 전염되고, 그 다른 대상들을 새로운 「욕망」의 대상으로 만든다.[48] 스완(Swann)이 오데뜨(Odette)를 사랑하는 것은 순전히 보티첼리(Botticelli)의 프레스코화에서 보이는 미묘한 살색을 그녀가 떠올리게 하기 때문이 아닐까.[49] 하지만 이같이 「욕망」이 「연상」이나 추억에 의하여 어떠한 한 대상에서 다른 대상으로 이행되는 경우 이외의 또 다른 경우에 있어서는, 「욕망」은 여러 개체 사이에서 순환하면서 그들 간에 서로를 충동시키기에 상대방의 「욕망」을 불러일으킨다.[50] 이러한 과정은 엄밀히 볼 때 양자 간의 관계가 아니라 본질적으로 사회라는 매개체를 거치면서 일어나는 일이다. 그리고 그러한 사회적 매개체를 거치면서 다양한 종류의 상호 간에 경쟁하는 「욕망들」이 생겨난다. 이를테면 이렇다: "그가 사랑하기 때문에 나도 사랑한다". 혹은 "그가 사랑한다면 나는 덜 사랑하거나 더 사랑한다". "그가 좋아하는 바로 그 이유 때문에 나는 혐오한

    는 신체의 중요성과, 흔적이 「정서」의 생활에서 가지는 인과성에 대하여서 로렌초 빈시게라(Vinciguerra, Lorenzo 2005)를 참고할 것.

[48] 스피노자 『윤리학』 제3부 정리15 따름정리:
    우리가 어떠한 것에 의하여 사랑하거나 증오 등의 「정서」를 가지고 있던 그 순간 [그것이 직접적인 원인이 아님에도 불구하고] 관상하고 있던 다른 대상에서도 그러한 사랑과 증오를 느낀다.

[49] [역주] 마르셀 프루스트의 『잃어버린 시간을 찾아서』에 나오는 주인공들. 스완이 오데뜨를 사랑하게 되는 계기는 미모에 매혹되는 등의 진부한 계기가 아니라 다른 연상에 의한 것인데, 오데뜨를 보면 스완 자신이 좋아하는 화가인 보티첼리의 딸 제포라이 모습을 연상하기 때문에 오데뜨가 자신이 싫어하는 타입의 여자라는 사실을 망각하게 된다.

[50] 스피노자 『윤리학』 제3부 정리27.

다". (주지하다시피 어떠한 사회적 그룹의 취향은 다른 사회적 그룹에서 보면 악취미로 보일 수 있다. 따라서 한쪽은 지속하고 싶다는「욕망」을 가지고, 다른 한쪽은 회피하고 싶다는「욕망」을 갖는 것 등이 그 예이다).

그러나「정념적 삶」의 이러한 무한한 복잡 다양성 그 자체는 스피노자에 의하면 즉자(卽者)적인 사건들이며,[51] 이 경우 강조하여야 할 가장 중요한 점은「욕망」과「정서」가 심오한「타율성」을 가지고 있다는 점이다. 그것들은 과거 및 현재의 만남, 기억되거나 연결되어 있으며 혹은 모방하려고 하는 당시의 기분(disposition) 등, 자신의 전기적(傳記的)인 과거의 발자취에 따라 형성된 결과물이다. 특히 자율적인「의지」에 의한 것 또는 주체적인 컨트롤이나 자유로운 자기결정 등의 차원에 상응하는 것은 절대 하나도 없다는 것이다.「정념적 삶」은 인간 위에 부과되어 있고, 좋거나 싫거나 인간을 속박하며 기쁘거나 슬픈 만남의 우연과 결부되어 있기에, 인간에게는 이에 대한 최종적인 답변이나 혹은 실질적인 원인에 대한 이해가 결여될 수밖에 없다. 물론 스피노자는『윤리학』을 저술하여 해방의 궤도를 모색하였지만 결국 어떠한 결정적 해결에도 이르지 못하였다.[52] 사실 이 문제에서 해방된 사람은 거의 없다 – 과연 우리가 그러한 사람을 한 번이라도 마주친 적이 있었을까.『윤리학』의 제4부 '공동의 운명'에서 스피노자는 어떠한 모호함도 없는 단호한 어조로써 '인간의 예속 혹은「정서의 역동」'에 대하여 이야기하고 있다. 즉 그의 '서언'의 첫 문장은 이렇다:

> 나는 인간의 예속이라는 것을 그가「정서」를 통제하고 억제함에 있어서 가지는 무능력의 결과라고 정의한다. 인간은「정서」에 종속되면 자기 자신에 속하는 것이 아니라 운에 속하게 되기 때문이다.

---

[51] Matheron(1988).

[52] Sévérac(2005b).

만남의 우연적 차원과 이러한 만남(즉,「변용」)으로부터 결과를 만들어 내도록 하는 '「정서적 삶의 법칙」(lois de la vie affective)'은 인간으로 하여금 「정념」을 가진 로봇이 되게 한다.

물론 「자유의지」를 중심으로 인간이 주체적인(sovereign) 자기통제를 가지고 있다고 생각하는 개인주의적-주관주의적 사상은 이러한 '철저한 「타율성」'의 심판을 전면적으로(en bloc) 그리고 전력을 다하여 뿌리치려 한다. 그리고 이미 일찍이 라 보에티에 의하여 예견된 것처럼 [따라서 오늘 날의 생각에도 반영되어 있듯이] 이러한 거부야말로 「자발적 예속」이라는 개념으로 이미 표현되어 있다. 왜냐하면, 육체적인 제약이라는 자명한 속박을 제외하고는, 사람은 다소 정도의 차이는 있지만 '원하는' 것에 끌리기 마련이다. 왜냐하면, 아무리 신비롭게 그 자신에 [원하지 않는 것을 추구하려는] 「의지」가 남아 있도록 되어 있다고 하더라도 자신 스스로 속박을 청하지는 않을 것이기 때문이다. 스피노자는 이러한 해결 불가능한 아포리아에 반대하여 전혀 다른 「소외」(疎外)의 메커니즘을 제시한다. 즉 진정한 쇠사슬은 우리의 「정서」이고, 우리의 「욕망」이라고 본다. 스피노자에 의하면, 「자발적 예속」은 존재하지 않는다. 단지 「정념적 예속」(servitude passionnelle)만이 존재한다. 더구나 이 「정념적 예속」은 보편적으로 존재한다.

§7. 화폐 주도권의 비대칭성

물질적-생물학적 생존의 필요성은 인간을 불가피하게 속박하거나 혹은 강제(corvée)할 수밖에 없다. 따라서 이러한 필요성은 「욕망」의 표출 및 전달과 통상적으로 관련되어 있는 [감정상의] 기조와는 양립할 수 없다. 하지만 이러한 사실은 인간의 일상 경험에 근거한 생각에 어떠한 한계가 존재한다는 것만을 보여 주지, 개념적으로 말하자면 결코 「욕망」의 대상 범주에서 이러한 [물질적-생물학적 생존의] 필요성을 빼지는 못한다.[53] 우리는 우리의 재생산에 필요하다고 여겨지는 대상을 얻기 위하여 분투한다. 이러한 사실은 이들 대상들이 충분하지 못할 때 (심각한 공급부족이나 큰 자연재해 등에 의하여) 인간이 얼마나 열심히 그것을 얻기 위하여 악전고투하는지, 그리고 심지어는 폭력까지도 행사하는 가를 지켜보면 충분히 납득할 수 있다. 따라서, 임노동의 「예속편입」의 가장 핵심에는 바로 이러한 가장 **「기저적 욕망」**이 있다.[54] 고용주는 자본주의의 사회적 구조 속에서 돈의 공급자라는 위치를 차지하므로, 다른 모든 「욕망」보다 서열적으로 상위에 있는 「기저적 욕망」, 즉 생존을 보전하려는 「욕망」을 관할하는 열쇠를 쥐고 있으며, 정의(定義)상 다른 모든 「욕망」 또한 고용주 자신에게 의존하게 하고 있다.

반대로 고용주 자신도 「욕망」의 대상으로서 노동자가 가지고 있는 「노동력」(labor-power)이[55] 필요하다고 할 수 있으니, 그보다 훨씬 노사 상호 간의 전략적 의존성은 대칭적이라고 반론할 수 있다. 그러나 고용주가 요구하는 것은 어떠한 특정 노동자의 「노동력」이라기보다는 **'불특정'** 「노동력」이다. 왜냐하면 고용주의 수와 피고용자의 수적인 불균형으로 인하여 (생산이 집단적인 것이기 때문에) 고용주는 다수의 노동

---

[53] [역주] 이 문장은 다소 난해하게 보이는데, 요는 아무리 우리가 경험에 근거하여 우리의 「욕망」이 자유롭다고 생각하더라도 「욕망」은 결국 물질적-생물학적 생존의 필요성에 의하여 제약된다는 것.

[54] [역주] 「기저적 욕망」이라고 칭한 이유는 비록 무의식적이라고는 하여도 그러한 생존을 지속하기 위한 욕망이 모든 의식적 욕망의 기저에 깔려 있다는 이야기이다.

[55] [역주] 마르크스가 말한 「노동력」과 「노동」과의 차이점에 주목할 필요가 있다. 자본가는 노동시장에서 교환의 대상으로서 「노동력」을 구매하고, 노동자로 하여금 「노동」을 하게 한다. 후자의 「노동」이 창출하는 가치와 「노동력」의 가치와의 차이가 바로 잉여가치를 창출하는 원천이다.

§7. 화폐 주도권의 비대칭성

자 중에서 적어도 같은 능력을 가진「노동력」을 쉽게 상호 대체 가능하기 때문이다. 고용주가 보기에 '이'「노동력」은 '저'「노동력」과 동등하게 여겨질 뿐이다. 이러한 대체 가능성으로 인하여 고용주는 고용가능한 불특정 다수의 노동자들 중에서「노동력」을 선발할 수 있게 된다. 이러한 대체가능성이 자본과 노동의 상호의존적인 관계하에서 다소나마 존재하는 형식적 대칭성의 균형을 무너뜨리는 첫 번째 요소이다. 두 번째 요소는 자본과 노동이 각기 상대방이 없이도 스스로의 존재를 지속할 수 있는 능력의 차이이다. 이 양자 중 각자 추구하는「욕망」의 대상의 획득을 더 길게 미룰 수 있는 쪽이 다른쪽을 지배할 수 있다. 그런데「임노동관계」에서 생기는 노동자들의 '반란(révolte)'은 드물고, 또한 있다고 하더라도 그것들이 불안정하다는 사실이 간접적으로 증명하듯, 기다릴 수 있는 시간을 더 가진 것은 자본 쪽이다. 반면, 노동자 개인들의「노동력」은 생존을 위하여 하루하루 재생산되어야 한다. 돈에 대한 접근이 막힌다면 그들은 당장 결정적으로 영향을 받게 되고, 그에 대한 대항은 임금을 둘러싼 연대의 조직화를 통하여서만 가능할 수 있다. 따라서, 어떠한 생산을 하기 위하여서는 형식적으로는 자본의 공급자와「노동력」의 공급자는 서로를 필요로 하는 것이 사실이지만, 자본주의의 사회적 구조에 의하여 규정되는, 그들 간의 관계에서 비롯되는 전반적인 현실적인 전략적 상황은 최초의 [형식적] 상호의존적 대칭성을 왜곡하고, 의존 관계로 변형시키며, 그것을 결국「지배」관계로 바꾼다.

   자본주의의 사회적 구조 속에서 자본가와 임금 노동자에 대한 돈의 분배에 관하여 말하자면, 그것은 [시간적으로] 원래상황으로 거슬러 올라가 생각하여야 하는데, 여기서도 돈에 대한 접근의 전략적 문제가 부상한다.「임노동자들」에게 돈을 제공하는 자본가는 그들 자신도 필요한 돈의 공급자를 찾아야 한다. 게다가 그 액수는 훨씬 크다. 왜냐하면, 그들은 생산의 전 공정을 위한 자금을 생산이 개시되기 전에 먼저 융통하지 않으면 안 되기 때문이다 (운전 자금의[56] 필요성).

자본가에게 돈의 공급자는 은행이다. 그러나 은행은 제한된 금액의 대출밖에 공급하지 않는다. 즉, 이미 축적된 자본가의 자기 자본액을 기초로 하여 가능한 대출금액을 산정한다. 잠재적 자본가 후보자들 중 실제로 자본가가 되는 것은 최초 필요한 자기자본을 먼저 모을 수 있는 능력을 가진 자이다. 그러나, 「노동력」밖에 가지지 않고, 「노동력」을 판 이후에야 돈을 얻을 수밖에 없는 사람들은, 사업 전에 미리 돈을 출자할 수 있는 능력을 가진 사람만이 참여할 수 있는 경쟁에서 아예 최초부터 배제되고 따라서 '후보'조차 될 수 없기에, 이 '후보'라는 단어를 모두에게 다 적용하는 것은 부적절하다. 금융이라는 단어를 어떠한 한 주체가 (일시적으로나마) 스스로 당장 버는 것 이상을 투자할 수 있게 하는 메커니즘의 총체로 파악한다면, 잠재 자본가 후보로서의 자격 요건은 임금 노동에 의존하지 않는 자금조달 능력이 있는가의 여하에 달려 있다.

양자 간의 근원적인 차이는 어디에 있는가. 임금 노동자 입장에서의 돈에의 접근은, 일종의 플로우(flow)라는 형태를 취하는데,[57] 즉 단기간 자기의 「노동력」을 재생산하기 위하여 필요한 만큼의 돈에만 접근할 수 있고, 그 금액조차도 제한된 단기간을 넘어서는 시간적 지평까지 견딜 수 있는 금액은 아니다. 반면, 금융으로서의 돈에 대한 접근은 일종

---

[56] [역주] 엄밀하게 말하자면, 운전자금뿐 아니라, 최초의 설비투자 자금도 필요하다. 저자가 운전자금을 이야기할 때는 후자도 포함되는 것으로 생각한 듯하다.

[57] [역주] 이 '플로우'(flow)와 '스톡'(stock)이라는 개념은 주로 경제학에서 사용되는데, '플로우'는 어떠한 주어진 일정한 기간 동안의 흐름의 합 (예를 들어, 연간 강수량)이고 '스톡'은 어떠한 한 시점에서 존재하는 양 (예를 들어 12월31일 현재 호수에 저장된 물의 양)을 의미한다.

의 스톡(stock)개념으로서, 지속 가능한 자기 「가치증식」(valorisation)을 통하여 (자본은 잉여금을 만들 능력이 있기 때문에 스스로 증식한다) [사업을 개시하기 위하여 필요한] 축적의 임계점을 넘어서는 것을 지향한다. 따라서 자본가는 단순히 돈에 접근할 수 있는 것이 아니라 「화폐 자본」(capital-argent)에[58] 특권적으로 접근할 수 있다.

영화 『400번의 구타』의[59] 주인공 앙투완 드와넬은 가족이나 학교와 절연한 뒤 스스로의 [생존의] 물질적 재생산 수단을 찾으며 잠시 사업의 세계에 몸을 던진다. 그리고 가출한 그의 친구들에게 자본가가 되기 위한 걸림돌을 다음과 같이 선명하게 요약한다. "그것은 처음에 돈을 가지고 있는지 없는지의 문제다". 이 언급은 전략적인 면에서 돈에의 접근이 가장 중요한 위치를 점하고 있다는 것을 강조한 종합적인 명제이다. 그런데, 자본가로서의 돈에의 접근이란 화폐를 「화폐 자본」이라는 스톡의 형태로 미리 (처음에) 가지고 있는 것이 결정적인 조건이다. 「노동력」의 보수로서 나중에 손에 넣어 스스로를 재생산하기 위하여서 쓰일 뿐인, 즉, 앞을 내다볼 수 없는 돈으로는 어떻게 할 수 없다. 사업을 위하여서는 이러한 자본 스톡을 우선적으로 먼저 소유하는 것이 가지는 중대한 필요성을 자각한 앙투완 드와넬은, 자신이 무일푼이기 때문에 자기 친구 아버지의 가구를 훔쳐 그것을 「화폐 자본」으로 바꾸려

---

[58] [역주] 마르크스의 유명한 자본의 순환 공식인 M(화폐) → C(상품=노동력+생산수단) → M'(화폐) 상 처음 시작하는 M은 다름아닌 이 「화폐 자본」으로서 이미 산업 생산에 투입하기로 결정된 화폐이다. 그런데, 이 「화폐 자본」이 되기 이전에 존재하는 화폐는 목적이 정하여지지 않은 순수한 형태의 화폐로서 「화폐자본」과는 구별되는 단순한 화폐이다.

[59] [역주] 원제 『Les Quatre Cents Coups』(4백번의 구타). '할 수 있는 모든 어리석은 짓을 한다'는 뜻이다. 프랑스 영화감독 프랑수아 트뤼포(François Truffaut)의 첫 장편 영화이다. 1959년 개봉.

한다. 그리하여 직관적으로「본원적 자본축적」(accumulation primitive)과 도둑질을 연결시킨다. 그러면서 그는 여기서 자신의 실제적인 상황과 연결시켜 (우리에게 폭로하는 형식을 취하면서)「본원적 자본축적」의 본래적인 불법적 성격을 적나라하게 발견하게 된다.

이를 동의 반복적인 혹은 탄도역학적인 메타포로 말한다면, 사업이라는 로켓을 발사하기 위하여서는 발사 장치가 필요하다. 즉 최초의 금액이 (에네르기로서의 초기 자본이) 탈출 속도에 해당하는 임계점 돌파를 가능하게 하여야 한다. 개인들이 자본가가 되려는「욕망」을 추구할 경우, 각 개인 간에 자본가가 될 수 있는 사회적 능력상의 근원적인 불평등관계가 바로 여기서 생긴다. 처음부터 스톡 형태의 돈을 소유함으로서「주도권」(initiative)을 가질 수 있는 사람들만이 자본가의 길을 걸을 수 있고, 자신들이 추구하는 바를 자신들의 물질적 재생산과 연결시킬 수 있으며, 어떠한 경우에는 소위 '운'과도 연결시킬 수도 있다. 다른 이들은 가장「기저적 욕망」[단순히 생존을 연명하고자 하는「욕망」]의 지평에 묶인 채, 자신의 단순한 재생산이라는 중력의 무게에 의하여 밑으로 잡아당겨지고 있다. 그런데 그「기저적 욕망」이란 사실 다른 모든 것들의 가장 기본적인 전제조건이지만, 그 자체로의 가치는 무(無)라고 여겨지는데, 그것은 다른 가치있고 성취할 만한 것들을 추구하기 위한「욕망들」을 위한 단순한 전제조건에 불과하기 때문이다. 개인들의 입장에서 보았을 때,「욕망들」의 진정한 위계는 이러한 아주 단순한「기저적 욕망」이 충족된 바로 그 지점 이후부터 비로소 시작된다. 그리고 이「기저적 욕망」의 충족을 위하여 사회가 제공할 수 있는 유일한 해결책은「임노동관계」에 노동자 자신 스스로를「예속편입」시키는 길일 뿐이다.

§8. 모든 단계에 있어서의 지배

그러나「지배」의 상황은 마르크스가 분석한 양극적 대립관계가 시사하는 것보다 복잡하여져 왔고 기업구조는 노동 분업의 심화와 내부적인 특수화로 인하여 변화하여 왔다. 따라서 한편으로는 소유자 겸 경영자 그리고 다른 한편으로는 현장 감독의 지휘하에 있던 다수의 노동자 간의 종래의 대립은 이제 보다 많은 서열층을 가진 조직 구조들로 대치되었다. 명령의 서열체계상의 계열들은 중간 관리층을 보다 많이 포함하여 가는데, 그 중간층으로 인하여 종래의「일차적 지배」(domination principal)관계는 무수한「이차적 지배」(domination secondaire)관계로 분화된다. 그리하여 계열의 각각의 차원에서 경제 주체들은「지배자」이면서 동시에「피지배자」인 양면적 성격을 가지는「임노동관계」를 경험하는데, 그곳에서는 각자는 명령을 함과 동시에 명령을 받기 때문이다. 그리하여 한 명의「지배자」와 (혹은 소수의「지배자」와) 다수의「피지배자」가 대립한다고 하는 전형적인 대립 관계 형태는 무너지고,「지배」는 서열화되고 중첩된 일종의 연속적인 단계적 차이를 보이는「지배」의 형태로 폭발적으로 분화한다.

라 보에티의 테제가 자신의 저술의 제목인『자발적 복종』[60]보다 훨씬 가치가 있다면 그 이유는 이러한 메커니즘을 가장 잘 표현하고 있기 때문이다. 왜냐하면 서서히 진행되는 습관화라는 과정을 통하여 오히려 복종을 정상적인 것으로 여기면서 사람들이 살아가게끔 하는 예속의「아비투스」(habitus)를[61] 언급하면서, 라 보에티는 무엇보다도 개인들이 개별적으로 그 자신의 이익에 얽매이는 의존적인 계열의 기능을 강조하고 있기 때문이다. 군주를 중심으로 한 동심원적 예속 고리는 사회적 서열 체계의 가장 낮은 곳까지 연속된다. 그리고 그 계열을 따라 어쩌면 그 체계의 핵심적 요소인 우대나 혜택은 하강하여 가는데, 위의 서열에 있어서는 그 우대 혹은 혜택들은 보다 상징적이고 실존적인 의

---

[60] [역주] La Boétie(1576), 라 보에티(2014).

[61] [역주] 역자 용어해설 278쪽 참고.

미가 강하고, 낮은 계층으로 갈수록 보다 물질적 성격이 강하여진다. 따라서 라 보에티가 보여주고 있는 것은 「예속의 서열적 구조」(*structure hiérarchique de la servitude*)인데, 그것이 어떠한 '개별적인 「의지」'에 의하여 전복될 수 있을 가능성은 없어 보인다. 왜냐하면 이러한 각각의 단계에서는 그 단계에서의 특정한 「지배자」 자신은 자기의 상위자에게 「지배」 당하고 있고 또한 그 상위 의존성이 크기 때문에, 자신의 「피지배자」에 대하여서 보다 「지배」의 강도를 높여야 하는 절실함을 느끼기 때문이다. 라 보에티에서의 사회의 이미지는 우대나 혜택을 부여하는 궁극적 원천으로서의 군주에게 수렴하고 그 밑의 모든 단계에서는 이익과 「욕망」이 작용하여 유지되는 것이다. 그와 비교하여서 말하자면 대기업은 사람들의 의존 정도가 점진적인 단계성을 이루며 임노동자 다수의 「정념적 예속」을 구조화하는 서열층으로 이루어져 있다고 할 수 있다. 개개인은 각자 무엇인가를 바라지만, 그들이 원하는 것은 그 '상위자의 승인하'에서라는 조건이 붙여져 있고, 그 상위자 자신은 자신의 소망을 실현하기 위하여 자신의 부하를 예속시키려고 한다. 이렇게 하여서 「의존관계의 사슬」은 상승하여 가며 반대로 「도구화」(*instrumentalisation*)의 계열은 하강하여 간다.

노르베르트 엘리아스(Norbert Elias)는 그 자신의 독창적인 방식으로 어떠한 의미에서 라 보에티의 계승자라고 할 수 있다.[62] 어찌되었건 「의존관계의 사슬」(*chaînes de dépendance*)[63]이라는 생각은 엘리아스의 사상 속에서 핵심적 위치를 차지하고 있다. 이러한 「의존관계의 사슬」의 연장과 강화(intensification), 다시 말하여 노동 분업의 심화와 사회생활의 밀집

---

[62] [역주] Elias(2000); 엘리아스(2002).

[63] [역주] 노르베르트 엘리아스와 「의존관계의 사슬」에 대하여서는 역자 용어해설 282쪽 참고.

화로 인하여, 개개인의 행동을 규제하고 개개인의 폭력적인 분노의 표출을 억제시키며 그들에게 자제 및 계산의 정신을 심어줄 필요성이 대두된 것이었다. 그러한 「의존관계의 사슬」에서 스스로를 멋지게 끊어버리는 것은 결국 자신이 생존하기 위하여 원하는 재화들과 단절되는 가장 확실한 방법이다. 왜냐하면, 그것은 이러한 재화를 얻기 위하여 필히 거쳐야만 할 많은 사람들과의 연결의 단절을 동시에 의미하는 것이기 때문이다.

현대에 있어서 '상호 간의 타협'과 「이시점 간 조정」(異時點間調整 arbitrage intertemporel)'은[64] 광범위하게 서서히 진행되면서 사회에 편재되어가는 행동 방식들인데, 이는 「전략적 매개」(médiations stratégiques)의 범위가 늘어남에 따라 새롭게 특징화되어지는 '관계들의 맥락(contexte relationnel)'들을 학습함으로서 가능하게 된다. 「전략적 매개」란 이 경우 「욕망」하는 주체로부터 「욕망」의 대상까지의 도정(途程)이 점점 더 간접적으로 변하게 되면서 대두되는 필요성을 의미한다. 그 도정은 점점 더 많은 매개체를 거치게 되는데, 그때 우리는 그 매개체들 각자에 대하여 존중하거나 혹은 신경을 써야만 한다.[65] 단 이 같은 '「전략」'이라는 개념을

---

[64] [역주] 원문의 의미가 다소 모호한 부분인데, 사회가 고도화됨에 따라서 인간 간의 연결 사슬이 길고 복잡하여진다는 문맥상, 주체들 상호간의 타협이 필요하고, 또한 노력을 투자하는 시점과 「욕망」의 충족의 시점 간에 불일치가 생겨서 이것의 배분 및 조정이 필요하다는 의미로 해석하여 번역하였다. 불어 원문은 'Le compromis et l'arbitrage intertemporel'으로 되어 있다. 참고로 이때 사용되는 「이시점간」(異時點間 intertemporel)이라는 용어는 경제학적인 용어인데, 주로 개인의 효용을 극대화하기 위하여 다른 시간적 시점 간에 생산 혹은 소비를 배분하는 방식을 일컫는다 (예: 현재 소비할 것인가 아니면 저축 및 투자를 하여 미래에 소비할 것인가의 결정).

[65] [역주] 이것은 「결합태」라는 엘리아스의 개념과 연관된다. 역자 용어해

생각할 때, 그것이 단지 의식적인 계산에 의한 결과에만 그치지 않는다는 점에 주의하여야 한다.

「욕망」하는 목적에 도달하기 위하여 거쳐야 할 사슬 모양으로 연결되어 있는 행동의 총체를 '「전략」(*stratégie*)'이라고 부른다고 하더라도, 이 사슬 모양의 연결이 더 이상 '의식적'인 사고에 의한 것이 아니라 준(準)자동적으로 작동되는, 이미 철저히 체화되어 있는(體化 *incorporée*) 일을 하는 방식에 의하여 만들어진 결과라는 것을 반드시 인정해야 한다. 이것이 바로 부르디외가 「아비투스」[66]라고 이름 붙인 것이기도 하다. 따라서 '전략적'인 것이란 보다 근원적으로 말한다면 '**「욕망의 논리」**(*logique du désir*)' 바로 그 자체로, 그것이 어떠한 설정된 계산이나 또는 「정서」에 의한 행동의 결과이든지[67] 상관없이, 「욕망」이 자신의 도정을 따라가는 방법들의 집합이라는 방식으로 이해하여야 한다.

그리고 스피노자주의적인 행동 철학은 고도의 계산성을 가정하고 있는 행동 결정 모델과 근본적으로 구분된다고 하더라도, 로랑 보브가 '코나투스의 전략'(*stratégies du conatus*)'[68]에 대하여 말하였을 때 모순적이지는 않았다. (스피노자의 철학은 보브적인 해석을 극히 특수한 경우로서도 충분히 포섭할 수 있는 것이며, 피상적으로 스피노자 철학을 읽으면 착각하는 것과는 달리 보브적인 스피노자 읽기는 스피노자의 「정념적 삶」의 종합적 논리와 전혀 모순되지 않는다).

설 282쪽 참고.

[66] [역주] 「아비투스」에 대한 역자 용어해설 278쪽 참고.

[67] 계산과 「정서」를 이분법적인 것으로 생각하는 사고의 오류에 대하여서는 Lordon(2010c)을 참고할 것.

[68] Bove(1996).

§9. 주위의 압력과 폭력의 재부상 – 주주에 의한 구속과 경쟁

임금 노동의 서열상 구조는 주위 환경으로부터의 압력에 매우 민감하며, 어떠한 특정한 「지배」 관계의 강도는 외부적 환경 제약의 강도에 따라 달라진다. 우선, 설명을 위하여 이때 '외부'라는 것을 서열의 계열상 가장 정점에서 발생하는 압력으로 상정하여 보자. 정상에서의 압력의 강도가 증가함에 따라, 그 강도의 증가는 그 밑에 존재하는 서열 구조를 따라 폭포처럼 강하되고, 따라서 그 이하의 모든 층들은 연속적으로 긴장상태에 놓이게 된다. 그때 각층에 위치하고 있는 자들은 자신이 놓여 있는 그 층에서 자신이 가지는 우위를 유지하려는 「욕망」을 가지고 있고, 따라서 그를 위하여서는 불가피하게 자기보다 상위에 존재하는 층에서 요구하는 지령을 달성하기 위하여 추가적으로 노력을 경주하여야만 한다. 이때 위에서 오는 명령은 그 조직구조의 두께를 거치면서 전달됨과 동시에 두려움의 「정서」도 전파한다. 그 「정서」란, 스피노자가 말하는 "미래나 과거에 존재하는 어떠한 것으로부터 유래하는 변덕스러운 「슬픔」이며, 그것의 결과는 어느 정도 우리에게 불확실한 것"[69]이다. 두려움과 희망은 그 구성상 항상 「욕망」의 배후에 존재하고 있다. 그것은 우리가 직접적으로는 접촉할 수 없고, 「욕망」하는 순간부터 대상을 획득하기까지의 시간적 거리가 존재함에 기인하는 (경제주체의 관점에서 보면) '필연적'인 불확실성의 세계이다. 이 「욕망」의 시간적 긴장은 「욕망」을 추구함에 있어서 두 가지 다른 「정념」의 색채를 더한다 (이것은 스피노자가 「정신의 유동」(流動 fluctuatio animi)이라고 부르는 것이다). 왜냐하면, (획득한다는) 희망이라고 하는 즐거운 「정념」은, (논리적으로 볼 때 놓칠 수 있다는) 두려움의 슬픈 「정념」과 공존하고 있기 때문이다. 개개인이 자신의 「욕망」을 추구할 때의 외부적 조건

---

[69] 스피노자『윤리학』제3부 '정서'의 정의 13.

은 이러한 동시적으로 공존하는 희망과 두려움이라는 두 요소의 균형 관계를 결정하고 또한 자신이 노력을 경주하는 순간에 자신을 「지배」 하는 「정념」의 톤도 결정한다. 「임노동관계」에서 상대방에 대하여 우월 하고자 하는 「욕망」은, 그 우위의 달성을 위한 전략들의 확률적 가능성 이 작아지는 경우 두려움으로 바뀌면서 자신을 휩싸게 된다. 예를 들어 설정한 단기 목표가 현실적으로 점점 더 요원하여지는 경우가 이에 해 당한다. 이미 존재하고 있고 유지하여야만 하는 「욕망」의 정도는 이미 고정적으로 정하여져 있는데 – 임금 노동자에게 있어서 어느 정도의 돈 에 대한 접근은 항상 가장 절실한 것이고, 따라서 절대로 그것을 포기 할 수는 없다 – 그 「욕망」을 실현하기 위한 조건이 점점 더 어려워지는 경우, 두려움의 「슬픈 정서」(*affects tristes*)가 주요한 톤이 되는 긴장상태를 유발한다. 그러나 모든 「슬픈 정서」와도 마찬가지로 이 두려움이 섞인 「슬픈 정서」는 그 「슬픈 정서」에서 벗어날 수 있도록 하는 어떠한 종류 의 추가적인 활동을 「코나투스」로부터 끌어낸다. 스피노자는 이렇게 말 한다:

> 「슬픔」이 클수록 인간이 그 「슬픔」에 대하여 맞서 싸우려는 「활동력」 (*puissance*)은 커진다.[70]

이러한 「정념」은 「임노동관계」에서의 「예속편입」의 일반적 구조와 그 「임노동관계」가 수행되는 형태라는 양면적 모습에 의하여 결정된다. 「피지배자」 자신의 기분상 좋건 싫건 상관없이 이때 「피지배자」의 「정 념」은 자신이 놓여 있는 상태에 순응하도록 요구하는데, 결국 그것은 자신을 「지배」하는 「지배자」의 「욕망」의 종류와 강도를 헤아려서 그것 들을 만족시켜주기 위하여 노력하도록 자신에게 지시한다. 그런데 이 에 더하여 자기 자신의 「욕망」을 달성하기 위하여서는 타자를 「지배」하

---

[70] 스피노자 『윤리학』 제3부 「정서」의 정리37 증명.

고 「도구화」함이 수행된다는 일반적인 맥락을 고려할 때, 「코나투스」의 에네르기(puissance)의 활동들이 강화됨에 따라 단지 자신에 대하여서 환경에 순응할 것을 강조하는 것에 그치지 않고, 그 「피지배자」에서도 마찬가지로 각자가 「지배」할 수 있고 「도구화」할 수 있는 또 다른 제3자인 타자에 대하여 행사하는 폭력의 수준이 필연적으로 증가하게 한다.

이익 극대화를 위한 주주의 압력, 즉 기존의 포디즘적 자본주의에서 통상적으로 요구하는 수준과는[71] 비교할 수 없이 높은 자본 투자 수익률을 달성하라는 위에서의 요구는, 조직 안에서 폭력의 전파와 그로 인한 임노동적 「의존관계의 사슬」(chaînes de dépendance)상의 긴장을 야기시키는 교과서적 예라고 할 수 있다. 순수히 양적으로 잔혹할 만큼 급격하게 단기 목표치들이 인상되었을 때 그로 인하여 상대를 「도구화」하는 강도가 증가하거나 혹은 내재적 폭력성의 발현이 증가하게 된다. 노동 분업이 서열적으로 조직화되어 있고 의존적이기에, 그 「의존관계의 사슬」 한쪽 끝부터 다른쪽 끝에 걸쳐 자극이 전달되며, 경제적 이윤 추출이라는 목적이 그 자극의 강도에 따라 구체적 폭력으로 전환된다. 금융적 수익 달성을 명령하는 「욕망」은 위에서 아래까지 모든 층에 있어서 단기적 목표 내지는 단기적 「욕망」의 형태로 다시 표현되어 위로부터 아래로 전달되고, 반대로 획득되어진 노력의 산물은 아래에서부터 위로 움직이면서 전체의 생산성 향상이라는 목표를 위하여 합산되며, 결국 주주들에 지불될 이익으로 환원된다. 위로부터의 추진력을 아래로 전달할 때 발생 가능한 전달 라인상에서의 전달 손실률을 줄이고 그 추진력이 조직의 깊은 층을 횡단하면서 원래 가지고 있던 「동원」할 수

---

[71] [역주] 이 경우, 이 「포디즘적」이라는 형용사는, 「포디즘적」 축적 체제라는 의미로 이해하여야 한다. 이 개념은 프랑스 「조절학파」 이론에 의하여 제창되었다. Boyer(2002)를 참조. 수정 보완판의 번역서는 부아예(2017)를 참고할 것.

있는「권력」(pouvoir)을 유지할 수 있는 정도는 결국 그 조직의 내적인 편성 구조와 외적인 요소들, [즉 주주들이 가지고 있는] 우선적 결정권(優先的決定權 surdétermination)이라는 두 가지 요소 모두에 달려 있다. 그 두 가지는 모두 어떠한 결과를 기대하거나, 실패하였을 때 처벌의 정도를 높이고 따라서 결국은 두려움을 높이는 목적을 때때로 가지고 있는데, 따라서 결국은 개인들이 전달되어진 사명에 부응하여 전개하면서 행동하는 에네르기(puissance)를 향상시키는 목적을 가진다. 이리하여 예를 들어 집단적인 저항을 원천 차단하고「임노동자」를 도망칠 곳 없는 개인적 감시체제 아래에 두며 (개인에 대한 리포팅 등을 통하여), 동시에 과다히 책정된 목표를 부과하거나, 내적인 경쟁을 조장하거나, 혹은 개인들을 강등이나 업무 배제 등의 협박으로 불안하게 만드는 등의 경영 개혁이 행하여지거나 한다.

또 이에 덧붙여 모든 생존을 위한 투쟁을 더욱 첨예화시키는 외부와의 경쟁이라는 맥락이 이 같은 결과들에 첨가되기도 한다. 기업은 외부에서 보았을 때는 하나의 총체로서 보이고, 그 자신 스스로를 유지하기 위하여서 다른 경쟁자와 싸우는 것인데, 이러한 싸움에 있어서 특히 가장 우선적으로 간주되는 것은 지도자들의 자신의 이익을 지키는 것이다. 따라서 이러한 이익을 추구하는「욕망」이 선도적인 역할을 하게 되는데, 그에 따라서 내부 직원들을 부과되는「동원」의 강도를 높여서 경쟁회사들로부터의 공격으로부터 스스로를 방어한다. 또한 기업은 이러한 외부적인 경쟁 요소를 구실 삼아 자신의「지배」하에 있는 다른 기업들, 예들 들어 하청업체들도 구속을 한다. 기업 내부에는 직원들을 통제하는 서열적 체계가 있는 것처럼, 외부의 이러한 기업들과도 일종의 경제적 의존성에 기초한 기업 간의 위계 서열이 있기 마련이다. 그런데 이러한 하도급 관계에 있어서 존재하는 일종의 폭력적 지배 관계는 여타 다른 경제적 관계만큼 폭력적인데, 이와 같은 사실은 거대한 몇 개의 대기업에 의존하여 생존할 수밖에 없는 하청 회사의 관리자들이라면 경험에 의하여 너무도 잘 알고 있는 사실이다. 「임노동관계」는 관습법에 근거한 계약과 단절하면서 독특한 자신만의 계약법적인 체계를 발전시켜 왔고 그에 의존하고 있다. 이와는 달리, 하도급 관계는 순수한 시장 관계에 의존하는 관계인데, 이것이 만약 경쟁이라는 환경하에 긴장 상태에 놓여지는 경우 각 회사들은 중요한 고객과의 계약관계를 지속시키는 것이 가장 중요한 과제이기 때문에 그를 위하여 불가피하게 하도급 업체에게 폭력을 행사할 수밖에 없다. 이러한 사례는 결국 「코나투스」는 자신의 존재를 지속시키려는 노력이라는 것을 전형적으로 예시한 것이라고 할 수 있다. 이러한 조직들은 사라지지 않기 위하여 싸운다. 그것은 그러한 여러 조직이 생존을 위하여 경주하는 노력의 강도에 좌우되지만, 실제로 조직의 핵심은 어떠한 무엇보다도 그 조직의 최고 지도자들의 「코나투스」에 달려 있다.

내적 폭력은 외적 폭력으로 바뀌고, 또 반대로 외적 폭력은 내적 폭력으로 이행한다. 강력한 외부적인 경쟁에 처한 조직들은 한편으로는 이러한 외부적 압력을 내부적인 「동원」과 연결시키는데, 내부적 직원들을 압박하여 자체 생산성 등을 제고하는 방식으로 외부적인 요소들과의 경쟁에 대처한다. 다른 한편으로는 직원들의 입장에서는 내부적인 스트레스 상태를 돌리기 위한 좋은 방법이 있는데, 예를 들면 회사의 구매부서의 경우 하청업체나 공급업자들을 비틀어서 압박하고, 그럼으로써 자체의 생산성 향상을 도모한다. 좋은 보상을 받고 은퇴한, 따라서 이제는 자유롭게 발언할 수 있는 어떠한 중소기업의 전 경영자의 증언은 경청할 만하다.[72] 기업이 사용하는 효과적인 방법 중의 하나는, 구매부서에서 공급자들을 압박할 때 가급적 갓 고용된 젊은 직원에게 임무를 부여한다. 그들은 젊은 혈기에 넘쳐 과격하게 공급업체를 압박하면서 더 쉽게 경제적 폭력을 휘두를 수 있다. 그럼으로써 심지어는 공

---

[72] Gilles Perret의 다큐멘터리: Perret(2006).

급업자로 하여금 생산에서의 이윤이 없어지는 정도까지 가격을 후려치는데, 그 청년들이 공급업체를 압박하는 어조는 듣는 사람으로 하여금 트라우마를 일으키게 할 정도로 야만적인 것이다. 그러나 오늘날 대형 소매업체의 하청업체들이나 혹은 식량산업에서 소규모 농민들이 직면하는 고통을 모르는 사람은 없을 듯하다. 이러한 상황에서는 개인이든 집단이든 의존관계 속에 놓여 있는데, 이렇듯 생존을 위한 이익을 방어하여야 하는 사람들―기업에게 있어서는 경제적으로 사업을 지속하는 것이며, 「임노동자」에게는 안정적인 고용이 확보되는 것―은 그들의 생존을 위하여 요구되는 노력의 대부분을 외부화시켜서, 다른 한편으로 그들에게 의존하는 모든 사람들에게는 온갖 수단으로 압력을 이전시키지 않을 수 없게 된다. 이러한 모든 구조적 요건은―주주에 의한 구속, 경쟁, 노동시장의 규제완화, 조직의 경영 개혁 등―결과적으로 행동 주체의 「정념」이 놓여 있는 상황이나 이들이 자기 자신의 「욕망」의 대상을 위하여 싸우는 노력의 강도를 바꾸는 결과를 초래하게 된다. 따라서 폭력은 기업 내부적이거나 혹은 기업 간에 존재하는 「의존관계의 사슬」이라는 연쇄 사슬을 따라 확산되는데, 각 주체들이 당면하는 문제들도 심화되는 주변 압력의 결과로서 과격성을 띠기 때문에 그러한 확산이 야기된다. 그리고, 이때 행사되어지는 폭력의 강도는 느껴지는 폭력의 강도와 어김없이 비례하기 마련이다.

§10. 기쁨을 느끼게 하는 동원과 상품에 의한 소외

반면 우리가 당면한 질문이 「동원」에 관한 것, 즉, 문자 그대로 몸을 움직이도록 하는 것이 무엇인가, 혹은 특정한 강도로 「코나투스」의 「기」를 사용하여 이러저러한 일을 하도록 만드는 것이 무엇인가라는 질문이라면, 자본주의의 「정념적」 풍경은 지금까지 분석하여 온 것에 비하여 훨씬 다양하고 복잡하다는 것을 먼저 인정함에서 출발하여야만 한다. 그 자본주의적 풍경이 가지는「정서」의 다양성을 모두 파악한다는 것은 단지 학문적 분석을 수행하는 자가 당연히 하여야만 하는 도덕적 자세에 대한 문제가 아니라, 자본주의를 지속시키고 있는 원인의 이해를 파악하여야만 한다는 중대한 목적이 있기 때문이다. 왜냐하면 자본주의 또한 '그 자신의 존재 속에 계속 있으려고 하는' (놀라운) 경향성을 나타내고 있다고 말하지 않으면 안 될 것이기 때문이다.「임노동자」가 자본주의 사회구조가 부과하는「예속편입」에 오히려 관심을 가지고 집착하고, 심화되는 생산성 상승 요구에 스스로 양보하는 것은 단순히 이들「임노동자」에 대한 물리적 강제나 혹은 조직적인 폭력 때문이 아니라 그들이 그곳에서 때로는 어떠한 이득을 얻을 수 있다는 생각을 가지고 있다는 것, 즉「기쁨」을 누릴 기회를 찾았기 때문이기도 하다.

이러한 설명 속에는 당연히「기저적 욕망」의 충족이 첫 번째 중요한 요소로 고려되어야만 한다. 노동분업에 기초한 화폐경제 속에서는「기저적 욕망」이란「임노동자」자신의 생존을 위한 물질적 재생산을 위하여 필요한 돈에 접근하려는「욕망」이다. 임금 획득에서 얻는「기쁨」은 물론 습관화되면 그「기쁨」이 줄어들고, 또한 고된 노동이라고 하는 반대급부를 수반하지만, 그럼에도 불구하고 임금을 받는다는 것 그 자체는「임노동관계」에 있어서 즐거운 시간이다. 이때 어떠한 분석적인 태도를 가지고 이「기쁨」이라는 개념에 대하여 냉정하게 파악하여야 한다. 즉 그곳에서 황홀감이나 충족감 혹은 환희와 결부된 관념 등을 제거하고 생각하여야 한다.「기쁨」의 강도는 다양하다. 그것은 때로는 극히 평범한 것에 결합된 지극히 낮은 강도의 것으로도 나타난다. 혹은 그것은 크고 복잡한「정서」안에서 눈에 띄지 않을 만큼 애매하고 작은 부분으로 나타나기도 한다. 끓어오르는 감정과 열광이라는 요소를「기쁨」으로부터 제거하고 생각하여 보면,「기쁨」의 원천에는「기저적 욕망」의 충족을 가능하게 하는 돈의 획득이 있다고 할 수 있다. 이렇게 국한시켜 말하자면 그것은 자신의 생명을 부지하기 위하여 노예가 되었을 때 그러한 상황이 「기쁨」을 불러일으킨다고 말하는 것과 같은 오류에 빠질 수 있다. 그런데 자본주의가 오랜 동안 존속할 수 있는 한 가지 중요한 원인은 「임노동관계」하에서도 「정념적」 다양성을 풍부하게 할 수 있었기 때문이다. 특히 이것은 또 다른 형태의 보다 명백한 「기쁨」의 계기를 도입한 것인데, 이 점에 있어서 가장 잘 알려진 것이 소비의 성장이다. 임노동에 대한 의존관계를 지속시켜온 모든 요인 중에서 가장 강력하게 작용하는 것은 아마도 특별한 「정서」를 수반하는, '시장으로부터의 소외'이다. 인간 생활 전반에 비하자면 이것은 물론 좁은 영역에 한정되는 것이지만, 시장에서 상품화된 대상의 종류가 폭발적으로 증가함에 따라서 「욕망」은 그 「욕망」을 적용할 대상들을 무한히 확장시킬 수 있게 된다.[73] "사람들에게는 돈이라는 생각이 원인이 아닌 다른 어떠한 종류의 「기쁨」도 상상할 수 없다"라는 스피노자의 명제는 사실 대중적 소비의 단계에서만 충분한 의미를 가지기에, 그 명제가 성립되기 위하여서는 대중적 소비 단계에 우선 도달하여야만 한다. 따라서 이 대중적 소비를 대변하는 포디즘(Fordism)시대에 들어서는 자본주의는 지극히 교묘하게도 다양한 종류의 상품을 폭넓게 제공함과 동시에 그를 구매하기 위한 사람들의 구매력도 동시에 공급함으로서 「욕망」의 재편을 일으킨다. 이러한 재편에 의하여서 "(돈의) 이미지가 대중의 정신을 완전하게 점거"[74]하게 된다.

「욕망」의 [상품에의] 「고착화」(*fixation*)를 가져오는 전례 없는 힘(*puissance*)으로서의 상품은 인간들의 임노동에의 의존적 성격을 더 높은 경지로 높여준다. 그러나 그곳에는 돈의 획득이라는 즐거운 「정서」가 깔려 있다. 따라서 이러한 상품의 전례 없는 규모로의 전개는 자본주의의 가장 큰 성공요인으로 꼽힌다. 이때 자본주의가 가지는 「코나투스적」인 힘의

---

[73] 스피노자『윤리학』제4부 부록 28.

[74] 전게서.

존재는, 그에 의하여 자본주의가 자신이 계속 존속하기 위한 조건을 스스로 만들어 내고 있다는 사실에 의하여 입증된다. 프랑스「조절학파」(école de la régulation)이론이 주장하는 포디즘[75]이라는 개념에서 잘 요약되어 있는 바, 역사적 구조변화를 통하여 이제는「임노동자」가 광범위하게 상품에 접할 수 있게 되었다. 그때 상품이라는 대상에 대한「임노동자들」의「욕망」이 가지는 모든 힘이「포획」(captation)됨으로써, 그들로 하여금 자본주의를 전복시키고자 하는 일종의 생각을 포기하게끔 만들었다. 그곳에서 소비자로서 모습과「임노동자」로서의 모습을 서로 분리시키고, 개개인을 소비자로서 스스로의 모습에 더욱 더 집착하게 만들며, 반면 노동자로서의 모습은 오히려 부차적인 것으로 간주하도록 유도하는, 기성 질서를 옹호하는 그러한 간교한 주장들을 우리는 간파하여야만 한다. 노동시간의 연장에서부터 (따라서 상점이 일요일에도 문을 열 수 있게 한다), (물가를 떨어뜨리는) 탈규제화를 통한 경쟁의 강화에 이르기까지의 현대의「임노동관계」상의 모든 변형들은, 이러한 소비의 '기쁜 정서」(affect joyeux)'에 호소하고「임노동자」자신을 오로지 소비자로만 투영하도록 유도함으로써 스스로를 정당화하고 있다. 유럽연합의 등장은 사회보장법을 공정거래법으로 대체하면서 이 전략을 최고의 완성도로 높였다. 즉, 여러 개인들이 가장 큰 혜택을 받을 수 있게 되고 진정 사람들의 복지 함양을 위하여 도움이 되는 유일한 길은 공정거래법이라고 천명되었는데,[76] 사실 이때 유일하게 염두에 둔 것은 각

---

[75] Boyer(2002).

[76] 이 상황을 프랑스에서는 아주 흔히 오해하고 있다. 아마도 그 오해의 원인은 자국의 상황과 겹쳐서 생각하기 때문일 것이다. 하지만, 독일에서 탄생한 소위 사회시장경제(Die sozialen Marktwirtschaft)라는 것은 유럽연합의 이론적 기반을 제공하였는데, 그 핵심은 사회보장 장치를 실제로 개발하는 것과는 거리가 멀고, 경쟁을 자극시켜서 소비자의 후생을 증가시

개인에게 소비자로서의 사회적 정체성을 부여하는 것뿐이었다. 이 귀결을 역사적 관점 속에서 파악할 필요가 있으며, 결국 이는 포디즘의 '역사적 승리'와 연관되어야만 한다. 포디즘에 의하여 「임노동자」는 그 본래의 모습에서부터 소비자의 모습으로 격상된 것이며, 따라서 주류 사회과학 이론상에서는 결국은 소비자로의 모습이 노동자의 모습을 완전히 대체하게 된다. 그런데 어느 의미에서는 개인들의 심리상태도 그렇게 바뀌었다. 어떠한 때는 많은 개인들에게 있어서는 「임노동자」로서의 모습과 소비자로서의 모습은 놀라울 정도로 자신 내의 별개의 구획

킨다는 목표에 있다. "이러한 소비자 지향성은 실제로 '시장경제'라는 틀이 제공하는 사회적 서비스와 동일한 것이다"라고, 루드비히 에르하르트(Ludwig Erhard)(†)의 고문이자, 독일 질서자유주의(ordoliberalism)(‡)의 사상가인 알프레드 뮐러 아르막(Müller-Armack)(§)은 서술하고 있다. 이 질서자유주의는 유럽연합체의 지적 기반이다. 위는 다음에서 인용: Tietmeyer(1999). 또한 Denord et al.(2009)도 참고.

[역주](†) 루드비히 에르하르트(Ludwig Erhard 1897-1977): 독일 전 수상이자 경제학자. 전후 독일경제 회복에 큰 기여를 하였다는 평가를 받음. 그가 지지한 '사회적 시장경제'란, 시장에서의 자유경쟁이 근간이고, 국가는 사회질서의 유지에만 필요하다는 이론인데, 알프레드 뮐러 아르막이 이론적 기반을 제공하였다.

(‡) 질서자유주의(ordoliberalism): 독일 경제학자 발터 오이켄(Walter Eucken)에 의하여 이론적 기초가 수립된, 독일에서 독특하게 발전시켜온 시장경제 옹호 이론이다. *Ordo*는 질서(order)라는 뜻의 라틴어이다. 모든 경제활동은 개인의 자유에 근거한 시장경제에 일임하고, 국가는 경쟁을 위한 질서유지, 특히 반독점과 물가 안정만 책임지라는 것이 골자이다.

(§) 뮐러-아르막(Alfred Müller-Armack): 에르하르트의 정책에 이론적 기반을 제공. 오이켄의 질서자유주의 토대 위에 강력한 사회보장제도를 첨가시켰다.

에 존재하고 있다. 임금 노동과 그의 소비의 대상 간을 연결하는 사슬은 너무도 멀고 복잡하기 때문에 모두의 의식 속에서는 이러한 연계를 굳이 염두에 두지 않으려는 것이 당연하다. 또한 소비로부터 얻어 내는 만족과, 그것을 충족하기 위하여 「임노동자」로서 추가적으로 예속의 시간을 보내야하는 고통을 연관 지으려는 사람은 많지 않다. 특히, 자신이 소비하는 대상은 다른 어떠한 「임노동자」가 생산한 것인데, 그 다른 「임노동자」는 익명성을 가지고 있고 너무도 요원한 곳에 있는 어떠한 타자이므로, 그 어떠한 제품을 생산하는 다른 노동자가 짊어지는 고통의 멍에는 소비자인 개인들의 의식에는 반향(反響)되어 울리지 않는다.

따라서 상업적 「욕망」의 전 시스템은 (마케팅, 미디어, 광고, 소비 관행의 전파 메커니즘 등) 개개인을 자본주의의 중심적 관계 체제에 더욱 더 복속시킨다. 이 경우, 이제 「임노동관계」는 단순히 노동자 자신의 물질적 재생산을 위한 해결 수단일 뿐만이 아니라, 획득의 「욕구」를 자극시키는 대상이 이제는 무한히 확대됨으로써 더욱 더 매력적인 것이 되어버린 것이다. 이렇듯 다양한 상품을 만끽할 수 있다는 「즐거운 소외」(aliénation joyeuse)는 매우 심화되어 「슬픈 정서」까지도 기꺼이 받아들이게 된다. 예를 들어 갈구하는 제품이 평소의 소득으로는 손에 닿지 않을 때, 미래의 「임노동관계」에서 발생할 소득에 근거하여 빚을 상환하는 조건으로 은행에서 차입하여 제품을 구입하는 경우가 이에 해당하는데, 이러한 차입으로 인하여 임노동에의 의존성은 배가된다. 잘 알려진 것처럼, 젊은이들이 집을 사기 위하여 얻는 대출보다도 더 강력히 임노동을 '사회화'시키는 것은 없다. 그들은 대출을 상환하기 위하여 향후 최소 20년간은 「임노동관계」에 묶여 있어야만 한다…(비록 나중에 환멸을 느낄 수 있을지언정) 이 같은 풍요가 매력을 발산하면서 '진정한 사회주의'라는 이념을 거부하게 하고, 「욕망」은 반짝이는 상품에 유혹당하여 자본주의를 유지하는 방향을 향하여 개종(改宗)하는 것들을 생각하여 본다면, 이러한 [상품에로의] 「욕망」의 「고착화」가 가지는 격렬함의 강도를 이해할 수 있다. 그리고 어떠한 개인이 자신 단독으로는 어떻게 보면 자발적으로 스스로를 「축소」(décroissance)[77]하려고 시도하더라도 과연 그것이 장기적으로 「정념」에 부응하는지는 의심스럽다. 왜냐하면 그는 상품들이 넘쳐나는 이웃집의 광경을 자연스레 목격하게 되고, 따라서 모방하고자 하는 「욕구」에 의하여 그의 내부는 충동질당하기 마련이다.[78] 이 장에서의 의도는 그 같은 「축소」의 기로(岐路)로 접어드는 것이 불가능하다고 강조하는 것은 결코 아니다. 단지, 「정념」에 부합하는 (엄격한) 조건하에서만 어떠한 것은 가능한 것이고 필연적인 것이 된다. 그러기 위하여서는 우선적으로 우리의 「구상」(構想)의 힘에 근거하여,[79] 즉 「정서」와 「욕망」에 근거하여 세상에 대한 「해석학적」(解釋學 herméneutique)[80] 재구성을 시도하여야만 한다.

---

[77] [역주] 적절한 단어 선택이 힘들어 부득이 「축소」라고 번역하였다. 그 뜻은 예를 들어 물질적인 희구를 억제하는 금욕적인 생활을 하는 등의, 남들은 앞서 나아가는데 (남들이 보기에는) 자기는 뒷걸음치는 모양을 의미한다.

[78] 스피노자 『윤리학』 제3부 정리27.

[79] [역주] 원문 표현은 *imaginaire*이다. 이 표현은 단순히 실재가 아닌 것을 '상상'하여 만들어 낸다고 하는 의미가 아니다. 「구상」이란 그것을 실현시킨다는 전제하에 머릿속으로 원하는 것을 그려내는 것을 의미한다. '「구상」의 힘'이란 그렇게끔 할 수 있게 하는 힘이다.

[80] [역주] 원문은 단순히 '이해'하여야 한다는 표현을 하지 않고, 「해석학」이라는 다소 어려운 용어를 굳이 사용하였다. 이는 '이해'를 위한 일종의 체계를 수립하고자 하는 의도를 반영하는 것이다. 철학적 「해석학」이란 신전에서의 오라클이나 성경 등, 인간의 지성을 초월하는 것을 인간의 지성이 파악할 수 있도록 전환시켜주는 방법론이다. 현대적으로 볼 때, 상징, 기호, 언어, 의미 등의 언어적 및 비언어적인 모든 차원의 것들도 그 대상에 포함시킨다.

§11. 직선 정렬(整列)로서의 예속편입(隷屬編入)

「정념」은 임노동을 「동원」할 수 있도록 구조적으로 설정되는데, 그때 구조라는 것은 역사라는 흐름 속에 침전되어 있는 것이기 때문에 그러한 설정 역시 역사적 변형을 겪지 않을 수 없다. 그리하여 **'배고픔의 자극'**에 의한 최초의 「동원체제」, 즉 마르크스가 분석한 물질적-생물적 재생산을 갈구하는 「기저적 욕망」을 **'뼛속'**까지 발동시켰던 과거의 체제는, 이제 소비 대상에 대한 광범위한 확장과 상품적인 「즐거운 소외」에 근거한 포디즘의 「동원체제」에게 그 자리를 물려주게 되었다. 그런데 임노동을 「예속편입」시키는 새로운 경영기법이 등장하게 되고, 또 그러한 경영기법들이 「착취」하는 대상인 '정서적 감수성'(*affective susceptibilities*)'이 새로운 모습으로 나타나면서, 그 결과로서 그 체제 또한 깊은 변화를 겪을 수밖에 없다고 여겨진다. 「임노동자」의 「정념적」 처지는 그 결과로서 현저히 풍부하여지는데, 그리하여 종래에 그들이 가졌던 반자본주의적 비평의 양상들을 좌초시키고, 더 나아가 소위 「자발적 예속」이라는 아포리아(*aporia*)에 빠지게 된다.

 기업 내의 서열 구조를 통한 의존관계가 회절(回折 diffraction)됨에 따라 자본주의적 「지배」의 최초의 풍경은 현저하게 희석되었다. 원래는 「임노동자」에 불과하였지만 이제는 고용주로부터 「권력」을 위임받은 현장감독(*contremaitre*)들은 그러한 변화에서 나타난 일종의 사생아로서, 자본과 노동의 직접적 대립이라는 가장 단순하고도 전형적인 형태의 노사관계 형태들을 뒤흔들었다. 조직 내에서 분업이 심화됨에 따라, 이러한 혼동스러운 상황은 만연하게 되었고, 반대로 심지어는 기업의 최고 간부까지도 「임노동자」 대열에 합류하게 되었다. 이러한 어려움은 마르크스주의 이론에 의하여서도 일찍부터 지적되었지만 이에 대한 충분한 해답을 찾지는 못하였다. 그것은 아마도 물음을 올바르게 재설정하지 못하였기 때문이다. 즉 「임노동자」 중에서 자본과 동침을 하는 자가 왜

출현하였는가, 혹은 그들이 왜 자본 편에서 보조를 취하려는가 하는 것이 근본적으로 제기되는 질문이다. 「임노동자」가 그들의 상품적 「욕망」의 대상을 구매 획득하기 위하여 스스로 움직일 때 적어도 그들의 동기는 자신만의 유일한 이득을 위한 것임은 분명하다. 하지만, 이들이 능동적으로 그리고 어떠한 때에는 즐겁게 자본과 협력관계에 들어 간다는 것, 따라서 자본을 위하여 의도적으로 봉사한다는 것은 쉽게 이해될 수 없는 수수께끼이다. 어찌되었건, 이것은 자본주의적 경영이라는 입장에서 보았을 때, 다른 힘(puissance)을 「예속편입」시키는 또 다른 힘(puissance)이라는 면을 보여주고 있으며, 그럼으로써 최고의 성공적인 업적이다.

일반적으로 「동원」은 대체로 동일 선상에 「공선화」(共線化 colinéarisation)[81] 시킨다는 것이다. 즉 「예속편입」된 자의 「욕망」을 「주인」(maître)의 「욕망」에 부응하여 일직선 방향으로 「정렬」(整列 alignement)시킨다. 바꿔 말하자면 다음과 같다. 즉, 「예속편입」시켜야 할 「피지배자」의 「코나투스」가 일정한 강도를 가진 활력이라고 가정할 때, 그것에 '올바른' 방향성을 부여하는 것, 즉, 「지배자」인 「주도」하는 자의 (개인이거나 조직이거나) 「코나투스」가 가리키는 방향을 따르게 하는 것의 문제이다. 따라서 이렇듯 '방향'과 「정렬」의 문제라면, 물리학에서의 벡터를 이용한 은유가 적절할 수 있다.

아래에서는[82] 이 같은 벡터라는 개념을 이용하여 '은유적'으로 「주

---

[81] [역주] 본 저서에 자주 등장하는 개념이다. 같은 선상에 위치시킨다는 것이다. 필요에 따라서는 「정렬화」로 번역하기도 하였는데, 두 개념은 같은 의미이다.

[82] [역주] 이 장에서 지금부터 (그림1)까지의 물리학적 설명 부분은 다소 혼동스러울 수 있는 원문의 순서와 표현을 따르지 않고, 독자의 이해의 편의를 돕기 위하여 역자가 재배열하고 필요한 설명을 가감하였다.

인」과 노예의 「욕망」 간의 관계를 설명하기로 한다. 일반적으로 물리학에서 '벡터'란 어떠한 물체 V의 방향과 그 운동의 크기를 동시에 나타내며, 화살표를 이용하여 $\vec{V}$로 표시하고, 그때 그 크기의 양을 '스칼라'라고 부르며 수학의 절대값 부호를 빌려서 $|\vec{V}|$로 표기한다. 이 값은 당연히 양의 실수(實數)이다. 다음 쪽의 (그림1)[83]에서 D는 「주인」이 가지는 「욕망」의 「코나투스」, d는 노예가 가지는 「욕망」의 「코나투스」, 그리고 $\vec{D}$와 $\vec{d}$는 방향과 크기를 포함하는 그것들의 벡터를 나타내고, $|\vec{D}|$와 $|\vec{d}|$는 스칼라로 표시된 그것들의 강도를 표시한다고 하자. 두 사람의 「코나투스」는 각각 다른 방향을 향하여 보고 있다. 그림에서는 두 사람의 「코나투스」가 완전히 같은 방향을 바라보고 있다면 (그림1)에서의 α의 각도는 0°가 되고, 반대로 그 각도가 커질수록 그 두 「코나투스」는 서로 다른쪽을 보게 된다. 그 각이 작을수록 어느 정도 두 「코나투스」가 보는 방향은 엇비슷하게 된다. 즉 「정렬」의 정도가 보다 커진다.

이때 순전히 편의를 위하여 직관적인 설명을 하자면, 어떠한 「코나투스」의 다른 「코나투스」에의 「예속편입」은, 이 두 벡터를 곱하는 격인 「내적」(內積 inner product)으로서 비유하고자 한다. 「내적」의 결과는 스칼라, 즉 숫자로 나타나고, 물리학에서는 「내적」을 부호 '•'로 표시하는데,[84] 잘 알려진 「내적」의 공식은,[85] '$\vec{d} \cdot \vec{D} = |\vec{d}| \times |\vec{D}| \times \cos\alpha$' 이다. 이 값은 두 벡터의 강도와 두 벡터 간의 각도 α의 코사인 값에 의하여 결정된다. 그림에서 명백히 볼 수 있듯이 $\cos\alpha = \frac{|d_1|}{|d|}$ 이므로,

---

[83] [역주] 원문의 그림을 보다 쉽게 이해할 수 있도록 역자가 다시 표현한 그림이다.

[84] [역주] 「외적」을 나타내는 경우 통상적인 곱셈 표시 '×'를 사용한다.

[85] [역주] 혹시 오래되어서 개념이 혼란스러운 분들은 고등학교 이과 계열 수학 교과서나 유튜브 등의 온라인 강의를 참고할 것을 권한다.

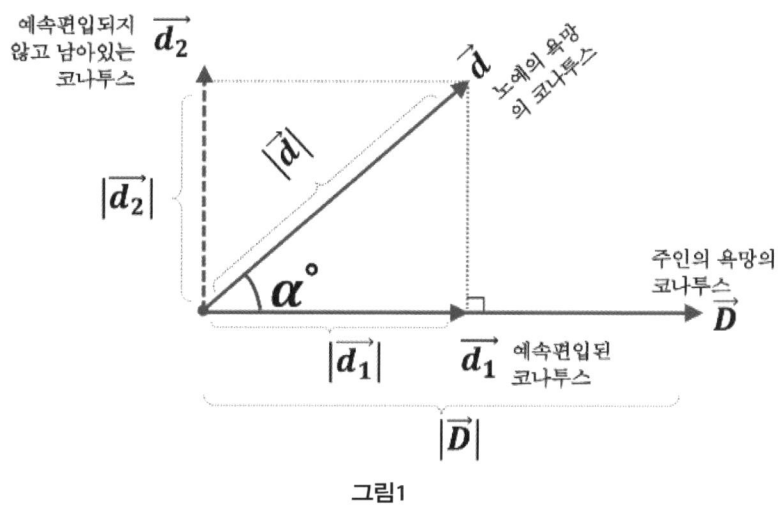

그림1

$|\vec{d}| \times \cos \alpha = |\vec{d_1}|$이다. 따라서 두 벡터의 「내적」은, 「주인」의 「코나투스」 $|\vec{D}|$의 크기에 $|\vec{d_1}|$을 곱한 것, 즉, '$\vec{d} \cdot \vec{D} = |\vec{D}| \times |\vec{d_1}|$'이 된다.[86] 즉, 노예가 가진 전체 「코나투스」의 양 $|\vec{d}|$중에서 $|\vec{d_1}|$이라는 크기만큼이 「주인」에게는 가용한 것이 되고, 그 값이 「주인」의 「욕망」의 「코나투스」에 곱하여진다. 그런데, 비유하자면 이때 $\vec{d_1}$이란 다름아닌 노예의 「욕망」의 「코나투스」 $\vec{d}$이 「주인」의 「욕망」의 「코나투스」 위로 투영된 것, 즉, 예를 들자면 위에서 빛을 쏘는 경우 그 $\vec{D}$의 위로 비추어진 $\vec{d}$의 그림자이다. (반면 (그림1)에서 $\vec{d_2}$는 노예 자신이 계속 간직하고 있는 부분이다). 두 「코나투스」의 방향이 어긋날수록,[87] 따라서 α가 커질수록 그 그림자는 짧아지고, 따라서 $|\vec{d_1}|$은 작아지겠고, 결국 그 곱인 「내적」도 감소한다. 만약 그 각도가 직각인 경우, 그 값은 0이 된다.[88] 즉, 직각

---

[86] [역주] $\vec{d} \cdot \vec{D} = |\vec{D}| \times |\vec{d}| \times \cos \alpha$. 이때 $|\vec{d}| \times \cos \alpha = |\vec{d_1}|$이므로 $\vec{d} \cdot \vec{D} = |\vec{D}| \times |\vec{d_1}|$

[87] [역주] 즉, 주인과 노예 간의 동상이몽의 정도가 클수록.

[88] [역주] 반대로 그 값이 90도를 넘어서는 순간 노예의 반란이 시작된다.

인 경우는「주인」은 노예의「코나투스」를 자신의「욕망」의 달성을 위하여 전혀「예속편입」시킬 수 없는 상태가 된다. 그리고 만일 그 각도가 0이라면, 노예의「코나투스」의 크기 전부인 $|\vec{d}|$가「주인」의「욕망」을 위하여「예속편입」된다. 여기서 각도의 코사인 값은 두 벡터가 완전히 같은 방향으로「정렬」되지 못함에서 유래하는, 즉,「주인」과 노예가 각각 다른 방향을 바라보고 있음에서 유래하는, 따라서「주인」이 노예로부터「포획」할 수 있는「코나투스」를 감소시키는 요인이다.[89]

「욕망」의 다양한 대상들이 펼쳐진 다차원적 공간에서는 개별적「코나투스」벡터는 '자발적으로(spontaneously)',[90] 자신의 좌표상의 위치, 즉

---

[89] [역주] 위의 설명은 이공계 전공자가 아니면 쉽게 이해할 수 없을 수도 있다. 따라서 그러한 독자들을 위하여 역자가 제시하는 직관적 설명은 다음과 같다. 그림에서 볼 때, 위로부터 노예의「욕망」의「코나투스」$\vec{d}$으로 빛을 비춘다고 하자. 그러한 경우「주인」의「욕망」의「코나투스」$\vec{D}$위로 (즉 그림의 x축위로) 드리워진 그림자의 길이만큼이 주인에게「포획」되는 부분이며, 오른쪽으로부터 빛을 투영하여 y축 위로 그림자가 생길 때, 그 그림자의 길이만큼은 노예 자신에게 남아 있는「코나투스」이다. 즉 노예의「욕망」의「코나투스」$\vec{d}$은 x축과 y축에 드리운 그림자로 분해되는데, 이때 x축에 드리운 그림자만큼은「주인」의「욕망」의「코나투스」에 포섭된 부분이고, y축에 드리운 그림자는 노예 자신에게 여전히 남아 있는 부분이다. 이때 각도 α가 벌어지면 그만큼「주인」에게 포섭되는 부분이 적어지고 많은 부분이 노예 자신에게 남아 있게 된다. 본서 후반부에 '직각이 되라'는 표현이 등장하는 데, 이는 이 각도 α를 벌려서 자신에게 코나투스가 더 많이 남아 있게 하라는 의미이다.

[90] '자발적'이라는 단어를 따옴표로 표시한 이유는, 실제로 완전한 자발성이 있다는 이유가 아니라, 이 단어는 단지 언어상의 편의를 위한 것임을 나타내기 위함이다. 사실 각 개인들은 자신들의「욕망」의 완전한「주인」이

그것이 각기 향하는 다양한 방향과 다양한 노력의 강도를 결정한다. 이러한 사실에서 각각은 [「주인」의 「코나투스」의 방향과 어긋나는 정도를 표시하는] 각도 α를 발생시킨다. 이 각도 α는 구조적인 제약을 (특히 임노동 자신의 물질적 재생산이라는 필수적 제약을) 반영하면서, 각기 특정한 경향으로 (즉 특정한 방향을 향하여) 움직이는 것을 나타내며, 이때 그 힘 중 어느 정도가 「주인」의 「코나투스」 벡터 $\vec{D}$에 「포획」되는지, 그리고 어느 만큼이 남아서 자신을 위하여 간직되는지를 보여준다. 각도 α는 개인적 「코나투스」의 「비껴남」(clinamen)[91]인데, 기업의 목표로부터 자발적으로 「비껴남」이며, 「주인」의 「욕망」과도 비껴나는 지속적인 이질성(heterogeneity)이고, 이때 그 싸인(sine)의 값으로서 (그림 1에서 수직선 '$\vec{d_2}$'에 대응함) 나타나는, 「주인」에게 「포획」되지 않는 부분이다. 그에 반하여, 각도 α를 줄이는 것, 「정렬」을 일자로 완벽하게 하는 것, 이것들은 물론 자본주의인 경영자들이 가지는 고정관념이지만, 그것은 자본주의자들에 한하지 않고 보다 광범위하게 적용되어지는, 「주도자들」 일반의 고정관념이기도 하다. 즉 그것은 「지배」하는 자, 혹은 「예속편입」하려는 자의 바로 그 「욕망」의 모습이며, 그들이 「지배」 운영하는 조직이 어떠한 것인가에 상관없이 적용된다. 「정렬」하도록 협박하는 관념은, 「예속편입」되는 타자의 힘(puissance)을 자기의 힘(puissance)의 충실한 연장(延長)

아니며, 그 「욕망들」은 수동적인 「정서」에 의하여 일정부분 외부에서 주어지는 것이라고 할 수 있다. 「코나투스」 벡터의 방향성에 관한 법칙에는 항상 이러한 「타율성」이 존재하는 것이며, 따라서 이 '자발성'이라는 것도 일정부분 외부적으로 결정되어지는 것이다.

91 [역주] 우리말로는 '편위(偏位)'로 번역되어지기도 한다. 에피쿠로스 철학에 의하면, 자유 낙하하는 원자들이 직선하강에서 비껴나는 예측 불가능한 요동을 가지며, 따라서 이것에 의하여 살아 있는 것들이 세상에서 일정한 「자유의지」를 소유하게 된다. 마르크스의 박사학위 논문의 주요 소재이기도 하다.

으로 만듦을 추구하는 「욕망」 이외의 어떠한 것도 아니다. 이 같은 경향은 특히 소규모 자본주의적 기업에서 유달리 두드러지는데, 그러한 기업에서의 경영자는 종업원과 일상적으로 접촉하여 그들을 감시하며, 노동자들의 생산량, 노동의 질, 그리고 속도에 대하여 일일이 잔소리를 하는데, 이들은 노동자들에게서 스스로를 발견하고 그들을 자신의 연장(延長)으로 보며, 따라서 자신의 「욕망」을 직접 종업원에게 투영하는 것이다. 하지만 그들은 자신의 「욕망」이 그들 경영자 자신들이 자신의 상상 속에서 날조한 그 노동자들에게는 받아들여지지 않을 수도 있다는 것을 이해하지 못한다. 그 경영자들의 「욕망」은 일종의 「초욕망」이고, 자신의 또 다른 자아일 뿐이다. 이 「초욕망」은 「예속편입」된 자의 「욕망들」을 「주인」 자신의 「욕망」의 추구를 위하여 「정렬」시키고자 하는 것이며, 이것은 「피지배자」의 「욕망」과 「주인」의 「욕망」을 완전히 소통시키고자 하는 「욕망」이며, 나 이외의 다른 사람도 나와 같다는 환상이다. 「예속편입」된 자와의 완전한 융합은 아닐지라도, 「예속편입」되어지는 자를 「예속편입」시키는 자 안에 흡수한다는 환상을 만들어 내는 그러한 직접적인 대면의 기회는 대기업에서는 찾아보기 힘들다고 하더라도, 교화적인 표어 등과 같은 것들을 통하여 비슷한 장치들은 유지되고 있다. 예를 들어 최고 경영자는 자신에 대하여서도 엄격한 만큼 다른 사람에게도 그렇게 요구한다. 그런데, 이것은 자신의 「코나투스」에 의거한 자기중심적인 일방적인 격언에 눈이 먼 것에 불과한데, 그 「자기중심성」(*égocentrisme*)은 그럼에도 불구하고 그 자신만의 「욕망」을 남에게 투영하여 「지배자」의 「욕망」을 도덕적 미덕으로 바꾸려고 하는 것이며, 타인 또한 그 「지배자」의 「욕망」을 자신들의 것으로 만들 것을 표명하고 있다.

    이렇듯 기하학적으로 표현될 수 있는 「정렬」하려는 노력을 일상 언어상에서도 표현할 수 있는 것처럼, 우리의 일상적인 언어 습관상, 어떠한 「지배적 욕망」에게 「지시자」(指示者 *directeurs*)라는 명칭을 부여할 수도 있다. 이 명칭의 의미는 사실 이 단어의 문자상의 뜻 그 자체이다. 즉 그 사람들은 「피지배자들」의 「코나투스」의 벡터를 어떠한 방향으로 향하게끔 유도하는 자들이다. 굶주림에 대한 자극과 광범위한 소비에 대한 약속은 「예속편입」되는 「코나투스」를 자본주의적 경영자인 「코나투스」의 벡터와 같은 방향으로 「정렬」시키는 두 가지 중요한 요소들이다. 그런데 이 두 가지 모두 완전한 「정렬화」라는 이상에는 도달하지 못하였다고 여겨진다. 왜냐하면 자본주의는 과거 수십 년 동안 '방법을 변경할' 필요를 느껴왔기 때문이다. 방법을 바꾸려 함은 우선 야망을 바꾸기 때문이라고 말할 수 있다. 지금까지 감내하여온 각도 α의 수준을 더 이상 허용할 수 없다고 판단한 것이다. 신자유주의기업은 종래의 α가 너무 크다고 판단하였으며, 이제는 $\alpha = 0$이라는 이상을 설정하기를 원하게 되었다. 이 $\alpha = 0$이라는 이상은, 개인을 기업에 봉사하기 위하여 '완벽히' 「동원」하게끔 하려는 많은 조직사회학상의 연구 프로젝트라는 형태로 여실히 드러난다.

  이러한 전면적인 「예속편입」에 대한 「욕망」은 대체적으로 우선 자본주의의 구조에 있어서의 주요한 두 가지 구조 변혁에서 찾을 수 있다. 하나는 주주의 「권력」(*pouvoir*)을[92] 급부상시킨 금융상의 변혁[93] 및 또 하나는 재화와 서비스 시장에 있어서의 경쟁에 관한 규제의 완화이다. 이 두 가지는 상호 간에 시너지를 발휘하여 자본과 노동 간의 힘(*force*)의 균형에 있어서 후자에게 불리하게 이끌었다. 그러한 한에 있어서 자본

---

[92] 이러한 변혁의 성질과 역사에 대하여서는 이하의 저작을 참고할 것: Lordon(2002) 그리고 Lordon(2003).

[93] [역주] 이 같은 추세는 소위 「금융화」(*financialisation*)라고 불린다. 「금융화」에 대한 논의는 포스트 케인지언 경제학에서 최근 주요하게 논의되어 왔는데, 특히 주주와 관리자와의 이해상충의 문제에 대한 논의는 다음을 참조할 것: Stockhammer(2004), Dallery(2009), Rabinovich(2021).

은 이제 그것에 대항하는 어떠한 실질적인 힘의 저항을 받지 않고도 모든 것을 쟁취할 수 있게끔 권한을 부여받았다고 느끼게 되었다. 이러한 주주에 의하여 통제되는 자본의 헤게모니의 성장에 대한 실증적 측정은 지난 수 십 년간 사회에서 발생하는 부가가치에 대한 자본의 청구가 증가하여 왔다는 사실로서 보여질 수 있는데, 그것들은 다음의 두 가지 항목으로 측정 가능하다. 즉 GDP에서 배당금이 차지하는 비중[94]에서 직접적으로 추정하거나, 혹은, CAC40 지수를 구성하는 기업[95]에서 요구되는 자기자본 수익률(ROE)에서 간접적으로 추정될 수 있다.[96]

또 다른 전개의 양상은 두 가지의 생산적 활동상의 변형에서 찾아볼 수 있다. 첫째, 서비스 산업의 경우 종사하는 노동자들에 있어서는 고객 관계 유지와 훌륭한 서비스의 자세 면에 있어서의 능력이 요구되며, 둘째, 경쟁 전략에 있어서는 그 가장 핵심적인 무기가 되어 버린 혁신을 유지하기 위하여 「창조성」이라는 형태가 아주 중요히 부각이 된다. 이러한 새로운 임무 부여는 일의 성격을 단정적으로 명확히 규정하여 지시하는 형태로 주어지는 것이 아니기 때문에 종래의 포디즘적 기업에서 요구하던 사항과는 단절을 나타내어 보여준다. 포디즘적 기업에서는 일이란 명료하게 어떠한 특정 과제에 한하여 정하여져 있고, 따라서 그것들을 완수하기 위하여 「동원」되어야 할 「활동력」의 양은 상당히 명료하게 정하여져 있다. 따라서, 그 '일 이외의 시간'은 「임노동자」 자신의 것으로 즐길 수 있다. 하지만 [신자유주의기업에서는] 생산성 제고와

---

[94] GDP에서 배당금이 차지하는 비율은 프랑스의 경우 1982년 3.2%에서 2007년 8.7%로 증가하였다. Cette et al.(2009)을 참고.

[95] [역주] CAC40지수는 프랑스의 주요 주식을 기초로 하여 산정하고, 기준점은 1987년 12월 31일로 지수 1,000에서 시작하였다.

[96] 이 수익률은 1990년대 초에는 단지 작은 몇 퍼센트에 지나지 않았으나, 오늘날 일반적으로 20%를 상회하게 되었다.

특히 더욱 높아지는 금융적 수익률 목표를 달성하기 위한 끊임없는 압박과 그리고 반면 불명확하게 규정된 일의 성격이라는 두 가지 요소가 동시에 작용하여,「임노동자」는 전 시간 봉사 체제로 진입할 것을 요구받게 되며, 또한 그들 스스로가 일에 대하여 무제한적으로 충성하도록 요구받는다.[97] 신자유주의기업들은「포디즘적」인 생산처럼 수행하여야 할 행동 과제들이 명확히 정하여져 있지 않기 때문에, 그 [구체적인 과제] 대신 어떠한 행동을 유발하도록 하는「욕망」이나 마음가짐에 따르라고 할 수밖에 없다. 단순한「포디즘적」인 구체적 행동에 대한 요구가 아닌, 이제는 행동을 유발하는 마음가짐이라는 차원으로 그 요구는 한 단계 격상되고, 따라서 노동자에게 기대되는 행동의 영역은 과거처럼 한정된 것이 아니라 상당한 정도로 넓어진 것이며, 이상적으로는 무한한 것이 되어 버린다. 그리고 그렇게 함으로써 기업은 경쟁이 심화되는 아주 불안정한 환경에서 살아남기 위하여 정당화되어야만 하는 유연성을 확보하게 된다.

§12. 공포의 강화

신자유주의적 자본주의는「양적 포획」에(la captation quantitative) 있어서도 (즉, 증가되는 국민총생산에서의 배당금의 비율, 혹은 투자수익률),「질적 포획」(la captation qualitative)에 있어서도 (즉,「임노동자」의「동원」), 무한한 정신착란(délire)에 빠져 있다. 그러한 무한성은 자본주의적「코나투스」의 개념 자체에 이미 포함되어 있기에, 길항력(拮抗力 countervailing force)에 의한 외부로부터의 규제가 없으면 그 경제적 힘(puissance)은 무

---

[97] 임금 노동자의 전면적인 자기 투입을 요구하는 신자유주의기업의 계획에 대하여서는 특히 다음 저서 참조: Dardot et al.(2009), Gauléjac(2004), Dujarier(2006), Durand et al.(2006), Guilhaume(2009).

한한 자기 증식을 하고자 하기 때문에서 비롯된 것이다. 따라서 자본의 정신착란적 무한성은 전략적 징후이며 다양한 힘(force)들 간의 역학관계의 광경, 특히 현재에 있어서 길항력의 상태를 나타내는 지표이고, 더 정확하게 말하자면 그것은 '길항력의 부재'의 지표이다. 따라서 자본주의적「코나투스」가 무한히 스스로의 우위를 점하여 나가는 것은 놀랄 일이 아니다. 그에 적대하는 보다 우월한 어떠한 힘이 굴복시키지 않는 한 자본주의적「코나투스」가 이 무한한 전진을 멈추는 일은 없을 것이다. 이 역학(force)관계의 정경은 자본주의의 현대적 설정의 광경 이외에는 아무것도 아니다. 왜냐하면, 오로지 그 자본주의의 구조와 그 안에서의 행동 주체의 위치 설정만이「권력」(pouvoir)자원의 배분을 결정하기 때문이다. (참고로 여기서「권력」이라는 말을 쓰는 것은 다소 유식하게 들리는 관념적인 개념만은 절대로 아니다. 왜냐하면 이 개념은, 전적으로 '관계'라는 것이 가져오는 영향에 대하여 중요한 실재적인 의미를 부여하기 때문이다). 자본주의의 형태를 구분하는 두 가지 양상, 즉 포디즘에서 신자유주의로 이행함에 있어서는 어쨌든 자본-노동 관계상의 균형 관계는 현저하게 변하게 된다.「포디즘적」상황에 있어서는 무역장벽이 존재하였기에 [수입상품 등에 의하여 촉발되지 않는 한] 경쟁은 그다지 심화되어 있지 않았고, 산업 거점의 국외 이전은 직접투자에 대한 통제 때문에 거의 불가능하였다. 주주에 의한 압력은 거의 존재하지 않았는데, 이는 주식 시세의 정체, 주식의 상호교차 소유에 의한 적대적 인수합병 시도의 어려움, 그리고 자본의 국제 이동의 통제 등에 기인한다. 경제정책의 중심점은 상대적으로 내수 중심적인 성장의 지향과 고용 문제였다. 그러나, 그에 반하여 현재의 설정은 재화나 서비스 시장의 자유화를 수반하며, 지극히 이질적인 기준에 입각한 사회-생산적 시스템들의 상호 간의 경쟁 압력을 가중시킨다. 직접 투자가 자유화되어 모든 국외 이전이 허용되며, 주주에 의한 압박은 심화되고 경제정책의 주요 초점은 물가상승의 억제가 된다. 이렇듯 하나의 설정에서 다른 설정으로의 이행에 있어서 자본과 노동 간의 힘(*puissance*)의 관계는 일변한다. 포디즘 이후의 현대적 설정에서는 노동은 자본의 이윤 극대화를 위한 무제한적인 추구를 억제하였던 모든 장벽이 차례차례로 무너지는 것을 목격하게 된다. 이러한 새로운 조건하에서는, 자본이 새로운 설정 속에서 향유할 수 있는 전략적 우위를 이용하여 최대한의 이익을 끌어 내려고 하는 것은 너무도 당연한 것이 아닌가? (더욱이 이러한 새로운 설정은 바로 자본이 요구하여 스스로 쟁취한 것이기에). 따라서, 당연한 이야기지만, 자본은 강력한 저항에 만나지 않는 한 계속 행진을 한다.

아주 일반적인 사례라고 볼 수는 없지만, 아래에 제시할 자본의 행진에 대한 몇 가지 극단적인 예들은 그 극단성에도 불구하고 시사하는 점이 많다. 특히, 과거에는 눈치를 보며 움츠리고 있었던 모든 것들이 이제는 자유로이 용인되는, 일종의 도취감에 휩싸인 '용인'의 감정적 분위기들을 적나라하게 보여준다. (그리고 도대체 용인받을 수 있을지 어떨지 하고 고민하는 생각 자체가 아예 사라졌다고 하여도 좋다). 프랑스에서는 적자의 이유가 아니라 수익이 '충분히' 나지 않는다는 이유로 회사가 공장을 이전시키는데, 이때 300유로의 월급을 준다고 제안하면서 해고된「임노동자들」에게 헝가리나 루마니아로 전근하라는 등, 단순히 립 서비스 차원에서 그들에게 일종의 도덕적 의무를 다하는 것처럼 포장하는 것은 여론을 경악시키는 처사임에는 분명하지만, 자본은 그럼에도 불구하고 개의하지 않는다. '불명예'라는 그 꼬리표에는 아무 힘도 없기 때문에 그저 가볍고 시니컬한 태도로 무시하면 되는 대수롭지 않은 위험이다. 불명예라는 것을 가볍게 간주한다는 것 자체는 자본이 가지는 절대적 우위에 근거한 어떠한 전략적인 상황을 대변하는 다소 유치한 표현에 불과하다. 그러나 그것은 동시에 도발과 오만의 발로이기도 하다. 그리고 이는 자본이 스스로의 힘(*puissance*)을 가지고 있다는 것을 과시하는 거의 정확한 징표라고 할 수 있다. 그러나 이러한 극단

§12. 공포의 강화

적인 에피소드의 기저에는 「지배」의 일상화라는 모습들이 스스로를 드러내지 않고 존재하며, 그리고 특히 「코나투스」의 「일직선 정렬화」가 실천되고 또 강화되고 있음을 간과하여서는 안 된다. 이 「정렬화」는 외부적 압력에 의하여 '필연화'되고 (사실 그러한 압력에 의하여 모든 것이 용인되는 상황이기에), 따라서 과거에는 조금이라도 잔류하여 자기 것으로 남아 있었던 「임노동자」의 「코나투스」조차도 더 이상은 허락하지 않을 수 있게 되며, 이상적으로는 「임노동자」의 「코나투스」가 「주인」의 것과 일직선으로 「정렬」되어 「예속편입」되도록 추구된다. 물론, 이 과다한 「일직선 정렬화」는 부분적으로는 공포를 활용한 급진적인 경영자의 통제방법에서 유래한다. 모든 경제 구조와 그 경제구조들로 인하여 생성되는 대량 실업이라는 요소 등의 모든 요소에 의하여 이러한 공포에 의한 통제가 더 용이하여진다. 회사의 국외 이전, 감원, 그리고 결국은 실업이라는 것 등의 지속적인 위협 등은, 「임노동관계」, 화폐에 대한 의존성, 자신의 물질적 삶을 재생산하기 위하여 필요불가결한 조건을 상실할 수 있다는 공포 등에서 유래하는 일차적인 「정서들」을 단순히 악용하는 것들이다. 그런데, 그러한 위협들은 그 이전의 어느 때보다 높은 강도로까지 높여져 공포를 통하여 노동자들을 수탈하고 추가적으로 예속시키며 생산적으로 「동원」한다. 토마 쿠트로(Thomas Coutrot)는 이러한 역설적 형식을 「강제된 협력」(coopération forcée)이라고 지칭하였다.[98]

§13. 유동성–자본주의의 지배적 욕망인 '환상적 사실'

사업의 세계에서의 규범이 변화됨에 따라서 해고나 혹은 완곡하게 표현하자면 '인원조정' 내지는 '사회계획'이 (그 말의 단어상 의미와 실제 의미의 차이가 우리를 잠시 경악시킬 수 있는데) 어쩌면 자연스러운

---

[98] Coutrot (1998).

경영상의 관행처럼 되어 버렸고, 따라서 임노동이라는 측면에서는 위협의 가장 전형적인 형태인 실업자가 될 수 있다는 공포감의 「정서」 내지는 임노동의 물질적 재생산에 대한 위협은 최고도의 강도에 도달하였다. 본래적인 도덕은 더 이상 존재하지 않으며, 행동 주체의 미덕은 단지 그들이 관심을 가지는 영역과 얼마나 근접하는가에 따라 결정될 뿐이다. 즉, 어떠한 행동이 직접적인 이익을 가져오는 것인가,[99] 혹은 그것의 비용이 크지 않은가 여부에 따라 결정될 뿐이다. 따라서 포디즘 하에서는 해고를 자제하는 것이 일종의 도덕적 규범으로 나타났다면, 그것은 포디즘을 둘러싼 상황의 구조가 일자리의 조정 등을 통한 인원적인 조정을 할 필요가 없게끔 할 수 있는 충분한 안정성을 유지하였고, 따라서 경영자는 해고가 없이 충분한 고용상태를 유지할 수 있는 훌륭한 제스처를 할 수 있었기 때문이었다.

어떠한 의미에서도 도덕적 '의도'의 산물이 아니었음에도 불구하고 이러한 [포디즘적] 고용 체제는 거의 도덕적 규범으로 간주될 수 있었다. 이러한 체제하에서는 「임노동자」의 물질적 재생산 조건을 박탈하는 등의 방법을 순전히 경제적 전략상의 목적을 달성하기 위하여 사용한다는 것, 그리고 심지어는 그것을 노사 간의 일반적인 힘의 균형을 인위적으로 조작하기 위하여 남용하는 지렛대로 사용한다는 것은 아주 가혹한 방법으로 간주되었다. 물론 「포디즘적」 경영자도 상황에 '불만'을 가진 「임노동자」를 해고하여 그들이 '나갈 문'을 보여 주는 것이 당연하다. 하지만, 노동시장이 전성기에 놓여 있고 또 사람들이 쉽게 다른 직장을 찾을 수 있다는 사실은 해고라는 것이 가지는 실제적 위협을 줄였다. 따라서 경제적인 안정감이라는 것이 누구나 생각하는 일종의 도덕적 규범이 되었고, 「임노동자」를 물질적 빈궁으로 몰아넣는 것은 실재

---

[99] 하지만 이때의 이익이라는 것은 단순히 금전적인 것에만 제한되는 것은 아니라는 것을 지적하고자 한다.

적으로도 도덕적으로도 불가능하였다.

그러나 어떠한 이에게는 '사실'로, 또 다른 이에게는 '살아가는 규범'으로 잘못 이해되어 공존하는 이러한 상태는 어느 순간 붕괴되고 만다. 즉, 그러한 붕괴는 경제적 구조가 변화하고, 규제완화가 확산되어 그러한 것들이 기업들에게는 새로운 압력으로 작용할 때 일시에 표면화되는데, 이 새로운 압력을 기업은 자본과 노동의 역학관계를 바꾸는 전략적 가능성으로 역이용한다. 신자유주의적 변혁과 그 고유의 조정 프로그램이 가져온 새로운 '사태'는 규범과의 단절을 의미하게 된다. 지금까지 대중의 눈에는 금기로 여겨졌던, 따라서 위험스러운 시도라고 여겨졌던 해고는 더 이상 그렇게 보여지지 않게 된다. 도덕적 규범으로 통하던 낡은 규범을 붕괴시킴으로써 임노동의 물질적 재생산에 대한 야만적인 협박이 일상화되고, 그것이 일반적인 관행이 되며 결국은 새로운 규범이 된다. 그러나 이러한 새로운 상황은, 이제는 한쪽이 모든 카드를 들고 있고 다른 한쪽은 한 장도 카드가 없는 노골적인 불균형의 역학관계를 대변함에 지나지 않는, 현실적이면서 동시에 비도덕적인 규범이 된다. 자본이 가지는 「권력」(*pouvoir*)은 임노동이 가진 「활동력」(*puissance*)을 기업으로 끌어당기면서, 동시에 위협이라는 「슬픈 정서」를 부과하는데, 어제까지는 움츠려 숨어 있다가 오늘은 풀려나온 「주인」의 「욕망」은 더 이상 다른 어떠한 것에 의하여서도 억제되지 않고, 이제는 자신이 일방적으로 타인에게 자신의 「권력」을 행사하는 상태가 됨을 의미한다. 다시 부연하자면, 이러한 종류의 폭정은 탈규제화된 경제구조들이라는 새로운 상황에서 그것이 가진 충분한 잠재력을 발휘할 수 있는 조건을 발견한다. 그러나, 패러다임이라고까지도 부를 수 있는 그러한 새로운 모델은 무엇보다도, 특수한 형태의 「주인」의 「욕망」, 즉 「유동성」(流動性 *liquidité*)이라는 형태를 가진 금융자본이다.

언제든지 투자된 자산형태에서부터 떠날 수 있는 선택권으로 이해되는 「유동성」은, 거래 상대방을 (즉, 그 자산의 구매자를) 언제든지 찾을 수 있다는 확실성과, 큰 가격의 변동이 없이 필요하면 그 소유권을 시장에서 언제든지 매각할 수 있도록 시장의 거래규모가 크다는 두 가지 조건에 의하여 가능하며, 따라서, 이「유동성」은 재무적 투자자들에게는 완벽한「가역성」(可逆性 réversibilité)을 보장한다. 투자하는 입장에서는 그것은 최소한의「약조」(約條 engagement)만을 보여 주는 형태라고 할 수 있으며, 통상적으로 산업에 투자할 때는 투자한 자금이 상당히 오랜 기간 동안 발이 묶일 수밖에 없는 상황과는 현저히 대비된다. 즉, 금융자산의 (주식 등) 소유권이라는 형태로「유동성」을 가지고 있는 것은 언제든지 즉각 그것들을 단순히 매각이라는 형태로서 환금화시킬 수 있음을 의미한다. 그렇기 때문에「유동성」이라는 단어 하나로 금융시장에서의 자산과 그 자산의 등가물로서 언제든지 환원될 수 있는 화폐 모두를 동시에 지칭할 수 있다. 따라서 금융자산의「유동성」은 이중의 패러다임을 갖는 것으로 나타난다. 그것은 한편으로 돈에 대한 접근성, 일반적 등가성(一般的等價性 équivalent général), 그리고 시장에서의「초욕망」의 대상으로 기능하는 것임과 동시에, 다른 한편으로 완전한「가역성」의 모델이다. 케인즈는 이러한「유동성」의 근본적인 반(反)사회성을 지적하였는데,[100] 그「유동성」은 어떠한 것에도, 그리고 어떠한 형태의 지속적인「약조」도 거부하는, 모든 가능한 선택지를 영원히 개방된 상태로 유지하려는, 그리고 결국 **타자를 절대로 고려하지 않는**, 욕망을 좇는 욕망이다.「약조」는 언제든지 취소할 수 있음을 알기 때문에「약조」하고, 투자에서 언제든지 손을 뺄 수 있다는 보장하에만 투자를 하고, 언제든지 변덕에 따라 해고할 수 있다고 생각하면서 고용을 하는 이러한「욕망」의 완전한「신축성」(flexibilité)은, 극단까지 치닫는 개인주의가 빚어낸 '환상적 사실」(le fantasme)[101]이며, 이 시대 전체가 만들어 내

---

[100] 이 점에 관하여서는 Orléan(2000)을 참조.

[101] [역주] 원문은 *fantasme*(fantasy)인데 번역하기 애매한 단어이다. 단순히

는 그러한 '환상과 사실의 접점(le point d'imaginaire)'이라고 하지 않을 수 없다. 과거에는 자산시장에 한정되었고 그것도 지극히 특수한 소유 형태 중 하나에 불과하였던 유동적인 자산의 형태들은 이제는 거역할 수 없는 힘으로 자본주의 사회의 전체에 만연하게 되었고, 따라서 자신들의 「주도적 욕망으로서의 욕망」(désir comme désir-maître)'을 주장하는 위치에 있는 자들만을 위하여 명백히 우선적으로 봉사하게 되었다. 물론 금융시장들에서 보여지는 그러한 「가역성」 및 「신축성」에 버금가는 것은 없겠지만, 그리고 노동시장은 당연히 그러한 금융시장에 비할 수 없겠지만, 모든 시장에 있어서 「유동성」은 이제 가장 중요한 고려사항이 되었고, 따라서 「주인」의 「욕망」으로 하여금 가능한 한 전력으로 그 「유동성」의 이상(理想)을 달성하기 위한 구조적 변혁을 추구하게끔 하였다. 그리하여 이 같은 경향에 있어서 하나의 전형적인 예는, 실업을 줄이기 위하여서는 오로지 노동시장이 자유로이 해고할 수 있는 유연성을 확보하여야 하고, 따라서 언제든지 철저히 해고를 하는 것을 제약하는 규제의 철폐가 시급하다는 자본가들의 주장이다. 이 같은 주장에서 여실히 드러나는 것은, 「초욕망」은 무제한적인 「욕망」의 추구를 허용하는 제도적 조건들하에서 충분히 그 꽃을 피울 수 있다. 말하자면 '경영자들에게 있어서의 68년 5월'이다.[102] (경영자들이란 아마도 그 같은 가

'판타지'라고 표현한다면, 허구적인 신기루를 의미하는데, 본문에서의 정확한 의미는 원래는 허구적인 것이 사실화된 것임을 의미한다. 따라서 「환상적 사실」이라고 번역하였다.

[102] [역주] 1968년 5월 드골정부의 실정(失政)과 사회적 모순에 대한 반발로 촉발된 학생봉기로부터 시작되어 총파업투쟁까지 연결된 사건이다. 이 혁명은 결국 실패로 끝났으나, 사회적 파급효과는 지대하였다. 특히 이로부터 평등, 해방, 인권, 성차별 철폐 등의 여러 가지 진보적인 가치들이 등장하였기에, 이 68년 5월은 일종의 가치체계의 혁명으로 인식되었

치의 변혁의 순간을 가장 실제로 중요하게 생각하는 집단으로서, 그로써 일체의 속박에서 벗어난 진정한 「기쁨」을 향유한다). 그리고 이것은 은연 중에 순수 완전 경쟁 시장이론에서 강변하는, 모든 것은 자발성에 맡길 때 안정 균형 상태로 회귀된다는 메시지일 것이다. 그런데 도대체 그 도달하는 점이란 무엇인가? 변덕스러운 「주인」의 「욕망」으로 수렴하는 것인가? 작금의 불확실한 환경에서는 소위 「정념적 삶」은 바로 그러한 「주인」의 「욕망」처럼 항상 요동치면서 변하고 스스로 마음대로 궤도를 수정하는 그러한 것이기 때문에? 실시간으로 취합되는 정보를 반영하고, 따라서 순식간적으로 포트폴리오의 구성을 바꿔버리는 능력을 가진 자산으로서의 협의의 개념의 「유동성」은 (즉, 금융자산의 「유동성」은) 이제는 보다 넓은(lato sensu)의미를 부여받게 된다. 즉, 그것은 원하는 것은 무엇이든지 할 수 있는 「욕망」의 '무제한적 권리'이다.

§14. 전제(專制)와 공포

「유동성」이라는 패러다임이 암묵적으로 시사하는 바는, 「지배적 욕망」은 자신의 전략적 행보에 방해가 되는 것은 어떠한 것도 용인하지 않는다는 것, 따라서 이제는 타인에 대한 고려는 전혀 염두에 두지 않는다는 것이다. 예를 들어 필요할 때면 언제든지(ad nutum) 해고할 수 있는 특권을 가진 것은 너무도 당연한, 그리고 명백한 정당성이 부여된 선택의 자유를 행사하는 것이다. 또한 이것은 「욕망」의 근저에 깊이 존재하는 「코나투스」의 근원적 자기중심주의에 의거하여, 「코나투스」가 자신이 필요로 하는 것들은 의당 원래 자신의 것이기에 당연히 요구할

다. 본문은 자본주의자들의 「초욕망」을 추구하는 새로운 (부정적) 가치관을 마치 68년 5월로 인하여 새로운 (진보적) 가치관이 형성되었을 때에 빗대어 표현한 것이다.

수 있다고 간주하는 것과 같다. 「지배적 욕망」은 그러한 요구가 절대로 보편화될 수 없다는 사실은 무시하려 하는데, 사실 그러한 생각 자체조차도 더 이상은 어떠한 중요한 것도 아니다. 현대 자본주의의 모든 구조들은 그러한 「지배적 욕망」의 태도가 '정당'하다고 허락한다. 따라서 더 이상 어떠한 것도, 심지어는 도덕 (혹은 비도덕) 또는 평판이라는 사회적 통념조차도 이러한 자본의 일방적인 강요를 억제할 수 없는데, 이러한 사실은 자본이 스스로 탐닉하는 희열의 분출에서 충분히 엿볼 수 있다. 이러한 「코나투스」의 「자기중심성」은 힘(*puissance*)의 비대칭성이 존재할 때 자신에게 유리한 방향으로 필연적으로 남용된다. 왜냐하면, 그것은 자신이 가진 수단만에 의하여 목적을 추구하는 자신만의 고립된 「욕망」이 더 이상 아니고, 원래적인 인간 간의 협동적 관계를 복종의 관계로 변형하는 것을 추구하는 「지배적 욕망」으로서, 자신의 것이 아닌 다른 힘(*puissance*)들을 「유용」(流用)하려는 「욕망」이기 때문이다. 만약 이러한 서열적 위계의 관계를 형성하는 구조들이 힘(*puissance*)의 균형을 한쪽으로 쏠리게 하여 더 이상 아무것도 지배적 위치의 힘(*puissance*)을 억제하지 못할 정도에 이르고, 또한 그 지배적 힘의 모든 일방적인 자기주장에 대하여 정당성을 부여하는 순간, 바로 그때 「지배」는 「전제」(專制 *tyrannie*)로 이행된다.

「전제」라는 단어는 종종 언어적 남용의 대상이기는 하지만, 그것은 다음과 같이 이야기될 수 있지 않을까?: 즉, 「전제」란 "자기의 「분수」(分數 *ordre*)를 넘어서 전부를 「지배」하려는 「욕망」",[103][104] 또는 "「전제」란,

---

[103] Pascal(2008), 파스칼(2009: 332번).

[역주] 여타 번역본에는 *ordre*(order)를 '질서'로 번역하였지만, 이러한 경우, '자기의 질서'를 넘어선다는 표현은 너무 추상적이면서 전혀 이해가 되지 않는 표현이다. 따라서, 위의 하동훈의 번역본(파스칼 2009)에서처럼 '분수'(分數)라는 표현이 적확하다. 단, 위의 번역본은 「전제」 대

어떠한 길에 의하지 않고는 획득할 수 없는 것을 다른 길에 의하여 획

신「독재」라는 단어를 사용하였는데, 원문은 (*tyrannie*)로서,「전제」가 옳은 번역이다.

참고로 플라톤에 의하면「전제」는 어떠한 법과 규칙에 의거하지도 않고,「피지배자」를 고려하지도 않으며 심지어 비윤리적이고 잔혹한 방법을 동원하여「피지배자」를 통제하고, 자신의 이익만을 도모하는 최악의 통치체제를 일컫는다. 반면 이 문장 끝에 나오는「독재」(*despot*)는 한사람 혹은 그룹이 절대적「권력」을 행사하는 형태인데, 이때「지배자」는「피지배자」에게 자비심을 가질 수 있고,「피지배자들」의 이익을 위하여 힘을 사용할 수 있는데, 그 관계는 어른과 어린이와 같다. 물론 이 형태는「전제」로 변질될 수 있다.

104 [역주] 이하에 인용되는 파스칼의 팡세에 나오는 문장은 다음과 같다. 볼드체 부분이 인용된 부분이다(파스칼 2009: 332번):

332.「전제」(專制)는 **자기의「분수」를 넘어서 전부를「지배」하려는「욕망」**에서 생긴다. 강한 것, 아름다운 것, 현명한 것, 경건한 것은 저마다 다른 분야를 가지고 있어서, 각자가 자기의 내부를 지배하고 외부를 지배하지 않는다. 그런데 때대로 그들은 서로 충돌하고, 강한 것과 아름다운 것이 어리석게도 어느 쪽이 상대방의 주인이 될 것인지 하는 문제로 서로 다툰다. 까닭인 즉, 양자의 지배권은 그 유(類)를 달리 하고 있기 때문이다. 그들은 서로를 이해하지 못한다. 그들의 잘못은 모든 분야를 지배하려는 데 있다. 그러한 짓은 아무 것도, 심지어는 힘조차 할 수 없는 것이다. 힘은 식자(識者)의 왕국에서는 쓸모가 없다. 힘은 외적 행위의 주인인 데 불과하다….「전제」(專制) …. 그리하여 다음과 같이 말하는 것은 잘못이요, 전제적이다. 즉, "나는 아름답다. 그러니 사람들은 나를 무서워할 것임에 틀림없다. 나는 힘이 세다. 그러니 사람들은 나를 사랑할 것임에 틀림없다. **「전제」**(專制)**는 어떠한 길에 의하지 않고서는 획득할 수 없는**

득하는 것이다."¹⁰⁵ 또는 다음의 문장에서 시사하는 자세이다. 즉, "나는 아름답다. 그렇기에 사람들은 나를 무서워할 것이 틀림없다. 나는 힘이 세다. 그렇기에 사람들은 나를 사랑할 것이 틀림없다."¹⁰⁶ 반면,「독재」(*despotique*)가 되기 위하여서는 적어도 자본주의적「지배적 욕망」이 그「분수」를 넘지 말아야 한다고 주장할 수 있지는 않을까?¹⁰⁷ "다수에 의존하지 않는 단일은 전제이다"라는 말 또한 망각하여 버리지는 않았는가?¹⁰⁸ 물론 이때「무의존성」(*non-dépendance*)은 결코 타자와의「무관계성」(*non-relation*)을 의미하는 것은 아니다.「주권적 전제」(*souverain-tyran*)는 그 어떠한「통일적 전체를 절대화한 독립적 일자」(一者 *l'un de l'unité*)'¹⁰⁹

것을 다른 길에 의하여 획득하려는 것이다. 사람들은 다른 가지의 경의를 표한다. 쾌적에는 사랑의 경의를, 힘에는 공포의 경의를, 지식에는 신뢰의 경의를 표한다.

¹⁰⁵ Pascal(2008: 22, No. 91). 파스칼(2009: 332번).

¹⁰⁶ Pascal(2008: 23, No. 91). 파스칼(2009: 332번).

¹⁰⁷ [역주] 위의 주석 103참고. 전제에 비하여 독재는 적어도 어른의 입장에서 어린이들을 지도하는 자세를 가질 수 있고, 따라서 자신의 이익보다는 신민의 이익을 위할 수 있다는 점에서 보다 선한 형태의 체제이다.

¹⁰⁸ Pascal(2008: 121, No.501). 파스칼(2009: 871번).

[역주] "871. 교회, 교황, 단일 다수"에 나오는, 이 문장을 포함하고 있는 부분을 인용하자면 다음과 같다:

　　교회를 단일로 간주하면, 교회의 우두머리인 교황은 전체에 상당한다. 교회를 다수로 본다면, 교황은 교회 일부에 불과하다. 교부들은 교회를 때때로 전자로, 때로는 후자로 생각한다. … 단일에 귀착하지 않는 다수는 혼란이며, 다수에 의존하지 않는 단일은 전제이다.

¹⁰⁹ [역주] 정확한 의미는 '자신 자체가 전체인, 따라서 독립적인 것'을 의미한다. 아래 문단의 '독립적 통일성(*l'unité indépendante*)' 이라는 표현도 같

인데, 그는 다수의 「지배자」이면서 동시에 다수의 힘을 「포획」하는 자이다. 따라서 「무의존성」이라 함은, 다수에 자신의 「욕망」을 일방적으로 강요하는 것을 말하며, 이때 다자(多者)를 아무런 배려도 없이 「예속편입」하는 것이며, 이때 다자는 '독립적인' 「주인」의 기분에 따라 종속되는 것이고, 따라서 이 경우에는 그러한 예속은 어떠한 한계도 없으며, 또한 그러한 예속에 대하여서는 어떠한 타협도 불가능하다는 것을 의미한다. 칼리굴라(Caligula)는 혈통귀족들을 '사랑스러운 자'(ma chérie)'라고 부르며 자신의 처마 둘레에 불러들인다.[110] 그러나, 자본주의적 경영자의 「욕망」 속에는 칼리굴라처럼 농락하려는 생각은 없다. 이 점에서 그들은 자신의 「분수」에서 벗어나 있는 것이 아니다. 그들의 취향은 「지배적 욕망」의 유일무이한 목표인 축적을 위하여 「예속편입화」된 자들을 「도구화」시키는 것일 뿐이다. 그러나 그들은 타인을 수단으로 이용하여서는 안 된다는 칸트적 격언은 철저히 무시하고, 타인을 자신의 「기도」(企圖)를 위한 요건을 충족시키기 위하여 끊임없이 「예속편입」시킨다. 이는 「독립적 통일성」(unité indépendante)이 전제의 정의(定義)임에 비추어 볼 때, 전제생성의 징후라고 할 수 있다.

자본주의 경영자들은 「유동성」이 가지는 「환상적 사실」에 사로잡혀 타자를 그 「지배적 욕망」이 바라는 바에 맞추어 즉각적으로 완벽히 수정시키고, 그것을 「예속편입」된 자들을 전대미문의 긴장상태로 몰아가는 생산성 향상의 끊임없는 추구와 결합시키는데, 이러한 것들은 대량해고와 해고를 제약하는 각종 제도적 보호 장치를 약화시킴으로 「임노동자」의 물질적 재생산에 대하여 끊임없는 위협을 가하게 된다. 신자유주의 시대에 있어서 자본주의적 「지배적 욕망」이 추구하는 것은 바로 이 같은 임노동의 「유동화」인데, 그것은 전 세계의 모든 「노동력」을 「유

은 의미이다.

[110] Camus(1962), 까뮈(1999).

동화」시켜서 「가역적」인 것으로 만들며, 결국 금융자산 포트폴리오의 일부 구성으로서 기능할 수 있도록 전략시키는 프로젝트라고 할 수 있다. 그로 인하여 「예속편입」되는 자들의 눈에 비추어지는 세계는 극단적인 불확실성의 세계가 된다. 경제적 불확실성을 흡수하는 능력의 차이로 인하여 자본과 노동과의 힘의 균형은 명백히 기울어진다. 하지만 자본이 원래 전체 수익에서 자기 몫을 주장하는 것을 정당화할 수 있었던 것은 바로 이러한 위험을 감수하기 때문이 아니었는가? 반면「임노동자」는 고정적 월급을 받고 따라서 시장의 흥망성쇠로부터 야기되는 위험에서 보호받을 수 있기에 부가가치에 대한 자기 몫을 포기한 것이 아니었는가? 그러나, 새로운 구조적 조건들은 자본가들의 「욕망」이 어떠한 경기변동의 무게도 짊어지는 것을 거부할 수 있도록 어떠한 전략적인 위상을 충분히 부여하였고, 그로 인하여 불확실성에 적응하여야만 하는 짐을 오히려 임노동 계급에 떠넘긴 것 아닌가? 그런데「임노동자」는 원래 그러한 부담에서 자유로워야만 함이 원칙이 아니었는가? 이러한 모든 논리와는 어긋나게 이제부터는 임노동이 경기 부침에 따른 모든 짐을 짊어져야만 한다. 따라서 남아 있는 협상의 여지라고 하여 보았자, 기껏 시장에 적응하기 위한 여러 가지 형태들 중에서 선택을 하는 것, 즉, 임금인상률을 줄이는 것, 현장에서의 노동 강도를 높이는 것, 혹은 감원 등이다. 이러한 변화는 힘의 균형에 있어서의 변화를 가늠하는 척도이며, 또한 더 이상 어떠한 무엇에 의하여서도 제약을 받지 않도록 「지배적 욕망」이 해방된 것을 의미한다. 전제군주가 되어버린 「지배적 욕망」은 자신의 명령을 수동적으로 기다리는 처지로 전락된 임노동을 이제는 공포의 세계로 몰아넣고 있다. "너는 기분이 안좋아 보이는구나. 내가 네 아들을 죽여서 그런가?" 라고 칼리굴라는 신하인 레피두스(Lepidus)에게 묻는다. 레피두스는 ('목구멍을 막으며'라고 대본에는 적혀 있다) "절대 아닙니다. 전하, 당치 않으신 말씀입니다"라고 대답할 수밖에 없었다.[111] 물론 신자유주의기업이 아직은 그 정도까지 도달한 것은 아니다. 하지만, 지금은 은퇴한 대기업의 전 중역은 그간 자신을 잘 보살펴 준 체제를 변호하기는커녕 오히려 피고용인들은 매일 아침 "죽을 정도의 두려움을 가지고 출근하고 있다"고 회술하고 있다.[112]

---

[111] Camus(1962: 2막 5장).

[112] Limann(2007).

II. 사람을 '기꺼이' 노동시키는 방법

§15. 내재적으로 즐거운 정념

모순처럼 들리겠지만, 전제군주는 오히려 사랑받으려고 한다! 「피지배자」의 「활동력」을 「예속편입」한다고 하는 것은 요컨대 전제군주에 입각한 「공선화」(共線化 colinéarisation), 즉, 군주의 「지배적 욕망」에 맞추어 「정렬화」시키고 그에 맞게 적절화된 「욕망들」을 생산하는 것이다. 따라서 자본주의는 그 구조들에서뿐만 아니라, 「욕망의 체제」(régime de désir) 하에서도 파악되어야만 한다. 푸코(Michel Foucault)가 일종의 음운유희(音韻遊戲 paronymy)를 통하여 「에피스테메」(episteme)[113]라는 단어를 창시하였듯이 우리도 같은 방식으로 그 「욕망의 체제」를 「에피투메」(epithume)[114]라고 명명하기로 한다.

「에피투메」[욕망의 체제]라는 표현을 사용하고자 하는 이유는 부르디외가 (그 이전에는 마르크스가) 이미 지적하였듯이, 객관적 구조는 필연적으로 주관적 구조로 연장-연결되어 있다는 것, 따라서 이 같은 객관적 구조는 단지 외적인 사회적 사실일 뿐만 아니라 동시에 필연적으

---

[113] [역주] 「에피스테메」의 의미에 대하여서는 역자 용어해설 참고(283쪽).

[114] 그리스어의 'epithumia'는 「욕망」을 뜻하는데, 이 단어에서 차용한 것이다. [역주] ἐπιθυμία(epithūmía)의 발음은 '에피투미아'로 표기하기로 한다. 서기 15세기 이후 발음은 '에피티미아'로 변천되었다. 그런데, '에피투미아'에서 파생하여 본 저서에서 사용되기 시작한 epithume에 대한 별도의 한국어 단어로는 '욕망의 체제'가 적합할 것 같지만, 마치 「에피스테메」가 푸코를 대표하는 단어가 되어 국내 학계에서 그대로 사용되는 것처럼, 그리고 성경을 인용할 때 종종 「욕망」 대신 '에피투미아'가 사용되어 이미 어느 정도 친숙하므로, 본 번역에는 로르동의 어법 그대로를 남겨두어 그냥 「에피투메」로 표기하고, 옆에 괄호를 사용하여 '욕망의 체제'라고 추가하여 독자가 의미를 쉽게 연상하게끔 하고자 한다.

로 개인 심리 속에 각인된 형태로 존재하고 있다는 것을 환기시키기 위하여서이다. 다시 말하여, 사회적 구조는 「욕망」이나 「정서」를 설정하는 것을 통하여 스스로를 표현하며, 그럼으로써 자신 고유의 「구상」(構想 *imaginaire*)을[115] 가지고 있다는 것이다.

우리의 사회적 삶을 조직화하는 원리들은 존재한다. 그러한 원리들이 삶을 조직하는 원리가 되기 위하여서는 일관성과 중심성을 가지기 마련이다. 그런데, 그러한 삶의 원리로서 일관성과 중심성을 가지는 원리들은, 다양한 사회적 구조들 중에서도 특히 결국 자본주의적 관계와 연결되는 구조들이다. 우리는 「에피투메」[욕망의 체제]라는 개념을 통하여서 이러한 원리들을 파악할 수 있다.[116]

이때 자본주의적 「에피투메」[욕망의 체제]는 현대사회 속에 존재하는 다양한 「욕망」을 모두 다 담아내지 못하지만 그러한 「욕망들」 간의 가장 큰 공통부분은 포착한다. 즉, 그곳에서 「욕망」한다는 것은 대개 자본주의적 질서에 따라 「욕망」하게 됨을 의미한다. 다시 말하자면, 그것들은 자본주의적 사회관계들 아래서 「욕망」하게 된다는 것이다. 따라서 인식 가능한 「욕망의 체제」로서의 「에피투메」라는 개념은 [그 단독으로서가 아니라] 여러 가지 관계와 여러 실천의 총체적 일관성과 연관되어야만 의미를 가진다.

---

[115] [역주] 이때 「구상」은 '머릿속으로 원하는 것을, 그것을 실현 시킨다는 전제하에 그려내는 것'의 의미로 간주될 수 있다. 주석 79참고.

[116] [역주] 이 문장은 의역한 것인데, 본문을 직역하자면 다음과 같다: "반면 「에피투메」[욕망의 체제]라는 표현을 통하여 자본주의를 말하는 것은, 다양한 사회적 구조들 중에서 자본주의적 관계와 연결되는 어떠한 것들이 일관성과 중심성을 획득하며, 그러한 일관성과 중심성이 자본주의적 관계들과 연결되는 어떠한 것들을 대부분의 사회적 삶을 조직화하는 원리로 만든다는 것을 말한다".

이 같은 설명은 좀 더 미시적 차원에서 생각하여 보면 잘 이해할 수 있다. 예를 들어 부르디외가 「필드」(*champ*)[117]라고 명명한, 어떠한 동일한 '사회적 게임' 내에 편입된 행동주체들이 상호 간에 수렴을 하는 장(場)을 생각하여 보자. 부르디외는 그 '게임'에 빠지는 행동 주체의 「관심」(*intérêt*)을 「일루지오」(*illusio*)[118]라고 명명하고 있다. 「에피투메」[욕망의 체제]도 이와 매우 유사한 것을 말하고 있는데, 즉 '게임'에 들어가게끔 하는 '유인력(*la force motric*)'에 대하여 이야기하는 것이다. 그러나 그에 더하여, 이 「에피투메」[욕망의 체제]라는 개념은 「관심」과 「코나투스」가 유기적으로 연계되어 있다는 차원을 고려하게 하여주고 따라서 이러한 「관심」 중 얼마만큼이 결국 「욕망」과 그리고 「정서」상의 문제인지를[119] 우리에게 보다 잘 보여준다는 특성을 가지고 있다.

이러한 자본주의 「에피투메」[욕망의 체제]는 보다 거시적인 사회 차원으로 확장된다. 혹자는 자본주의 사회가 「욕망」과 「정서」의 '**포괄적**' 체제를 처음으로 제시한 것은 아니라고 의문을 던질 수도 있다. 여기서 '포괄적'이라는 표현은 '전면적'이라는 의미가 아니라 일종의 정도를 시사하고 있다는 점에 주의를 기울이자. 또한, 그 포괄성, 일관성, 그리고 「욕망」의 대상에 대한 구조적 「지배력」이라는 측면에서는 유사한 그 이전의 어떠한 고유의 「에피투메」[욕망의 체제]가 있을 수 있다고 상정하면서 (예를 들어, 종교적 구원을 바라는 「욕망의 체제」로서의 「에피투메」), 과연 그렇다면 자본주의의 「에피투메」[욕망의 체제]가 그 이전의 것과 어떠한 면에서 질적인 차이가 있는지를 물을 수도 있다. 이에 대한 답을 하기 위하여 '돈', '상품' 그리고 '임노동'을 각 꼭짓점으로 하는 삼

---

[117] [역주] 역자 용어해설 279쪽 참고.

[118] [역주] 역자 용어해설 282쪽 참고.

[119] [역주] 의역하자면, '「욕망」과 「정서」에서 비롯되는 것인지'.

각형 모양의 근본 토대를 바닥에 그리고, 그 삼각형의 위로 '위대함'이라는 중대한 정점이 하나 더 추가된 피라미드 모양의 사면체를 생각하여 보자.[120] 그 토대인 삼각형의 각 꼭짓점에서 정점까지의 오르는 경사를 따라, 바탕에 있는 삼각형 꼭짓점의 이름과 상응하는 세 가지, 즉, '재산의 위대함', '밖으로 과시하는 모습의 위대함', 그리고 '직업적 성공의 위대함'이라고 각기 불리는 세 가지 종류의 위대함의 정도가 상승한다고 상정하자. 자본주의의 「에피투메」[욕망의 체제]라는 것은 이러한 사면체의 범위 내에서 추구할 만한 가치가 있는 「욕망」의 대상들과, 그러한 「욕망」을 추구할 때에 생겨나는 「정서」를 정리 및 요약하고 있다. 「에피투메」[욕망의 체제]라고 하는 것은 사회가 사회 자신에게 부과하는 부단한 노력의 결과로 만들어지며, 동시에 그것은 그 사회 안에 놓여진 경제 주체나 혹은 그들의 집단이 각기 자신들의 특수한 「기도」와 보다 잘 일치하도록 「정렬」되어 있는 「욕구」를 「구상」(構想)[121]하고자 하는 [경제 주체나 혹은 그들의 집단] 각자의 이해에 따라 부단히 노력함으로써 생긴 결과이기도 하다. 따라서 이러한 방식의 「욕망」의 생산 작업을 「에피투메 생성작업」(épithumogénies)[122]이라고 이름 붙일 수 있다. 그것은 의도적으로 「정서」를 조작하여 만들어 냄으로써 나타나는 결과일 수도 있으며, 뚜렷한 행동의 주체도 없이 사회 체계가 스스로 자체 「정서」를 창출하여 내는 그러한 거대한 과정에만 전적으로 맡겨지는 것은 절대로 아니다. 때로는 아주 특별한 목적들을 위하여 이러한 '조작'들은 행하여지는데, 그 가장 좋은 예는 소위 신자유주의기업들이 「공선화」내

---

[120] [역주] 이 사면체의 비유에 대한 원문의 설명은 혼란을 야기하기 쉬워서, 역자가 다시 재구성하여 정리한 것이다.

[121] [역주] 앞의 주석 115참고.

[122] [역주] 「에피투메」는 '「욕망의 체제」'이며, 저자가 만들어 낸 신조어이다. 「에피투메」에 대한 논의는 본서 주석 113참고.

지는 일직선「정렬화」를 실천하기 위한 노력을 경주하고 있는 모습이다.

돈에 대한 의존, 조직 내에서의 서열에 따른 돈의 차별화, 그리고 소비 상품에 대한 집착이라는 것에 대하여 지금까지 서술하여온 모든 것들은 물론 자본주의적「에피투메」[욕망의 체제]에 대한 논의의 범위에 들어 간다. 돈은 당연히 생존을 위하여 필요하며, 또한 돈의 축적은「욕망」과「정서」의 영역에 속하는 것으로서 우리를 기쁘게 만드는 것이 아닌가? 그러나 전례 없이 최근에 나타난 경사각 α의 최소화를 달성하려는 의도에서 드러나듯이, 최근의「임노동관계」의 변형은 자본주의「에피투메」[욕망의 체제]는 절대로 그곳에서 멈추려고 하지 않는다는 사실을 여실히 드러낸다. 따라서 마르크스주의자들의 이론이 암묵적으로 전제하는 노골적인「착취」라는 주제나, 그를 계승한「포디즘적」소비의 사회학보다도 더욱 더 복잡하여진 임노동상에 있어서의 확장된「정념」의 양상은, 간신히 생존을 하기 위한 필요한 돈에 대한「욕망」내지는 사고 싶다는 강박 관념을 가져오는 소비재에 대한「욕망」이라는 차원에 한정되지는 않는다.

그런데 신자유주의의 프로젝트가 완전한「정렬」을 요구하는「임노동자」의「정념」의 모습을 더 넓게 확장시키는 것은 정확히 어떻게 이루어지는가? 우선 즐거운「정념」을 풍부화시키는 것이며, 더 명확하게 말하자면 그것은 내재적으로 즐거운「정서」를 생산하는 것이다. 자본주의적「에피투메」[욕망의 체제]에「포디즘적」형상을 부여한 최초의 풍요화는 굶주림의 고통에서 발생하는 '슬픈'「정념」위에 소비재에 대한 접근의 가능성이 확대됨에서 비롯되는 '즐거운'「정념」을 덧붙이는 것이었으며, 또한 악을 (즉, 물질적 궁핍을) 회피하고 싶다는「욕망」위에 재화를 (단순히 집에 결국 쌓아 두기만 할 물질적 상품을) 추구하는「욕망」을 덧입힌 것이었다. 이러한 최초의 부가(付加)가 자본의「지배적 욕망」을 향하여「임노동자」를「정렬화」하는 바에 큰 기여를 하였음은 의심할 여지가 없다. 그러나 신자유주의는 그것으로는 불충분하다고 판단하고 스스로「에피투메 생성작업」을 직접 몸소 실천하려 한다.

따라서 신자유주의는 전략적으로 다른 어떠한 것을 추가한다. 굶주림에 대한 걱정은 「임노동자」에 '내재적(intrinsèque)'인 것이지만, 그것은 단지 「슬픈 정서」였다. 그에 비하여 소비의 「기쁨」은 「기쁜 정서」이지만, 그것은 외재적인 것에 불과하였다. 따라서 이제 신자유주의의 「에피투메 생성작업」은 내재적 「기쁜 정서」를 만들어 낼 것을 제안한다. 즉 임노동 활동의 외부에 있는 대상으로는 (즉, 소비재 등으로는) 환원될 수 없는 「자율적」 성격을[123] 가진 것을 창조하려 한다. 따라서 임노동 활동 자체를 객관적으로도 그리고 상상 속에서도 모두 직접적인 「기쁨」의 원천으로서 재구축한다. 임노동을 하고자 하는 「욕망」은, 이제 단순히 임금이란 형태로 우회적으로 취득할 수 있도록 하는 돈이라는 수단을 통하여 재화를 향하여 추구되는 매개된 「욕망」일 뿐만 아니라, 임노동이라는 활동을 그 자체로서 추구하는 내재적 「욕망」이어야 한다는 것이다. 그러므로 신자유주의의 「에피투메 생성작업」의 특수 임무는 이제까지 존재하지 않았거나 자본주의의 극히 일부 장소에만 존재하였던 또 다른 형태의 「욕망」을 이제는 대규모로 생산한다. 그 「욕망」이란 기쁜 임노동을 향한 「욕망」이며, 신자유주의 이데올로기에서 실제로 사용되고 있는 보다 더 직접적인 표현을 한다면 노동 속에서 그리고 노동에 의하여 스스로 만족감을 느끼고 또한 '자기실현'을 하려는 「욕망」이다. 그리고 실상은, 이제 신자유주의는 적어도 도구로서 「욕망」을 볼 수 있게 된다. 내재적 「슬픈 정서」와 외재적인 즐거운 「정서」라고 하는, 지금까지 자본이 자본주의 체제 내에 「예속편입」된 노동자에게 제공하여 온 「정서」-「욕망」은, "진정한 삶은 어딘가 다른 곳에 있다"라고 하는 생각을 무장 해제시키기에는 불충분하였다. 즉, 조금이라도 남아 있는 α를 제거하기에는 충분하지 않았다는 의미이다. 그러나 이제는 자본이 「임노동자들」에게, 그들의 '임노동의 삶'이 점점 더 그들 자신의 '[일상

---

[123] [역주] 이 단어의 의미에 대하여서는 주석 43 참고.

의] 삶'과 혼연일체가 된다면 그때에는 '임노동의 삶'이 후자의 삶[즉 일상의 삶]에서도 「기쁨」을 느낄 수 있는 최상의 기회를 제공하여 준다고 설득할 수 있다면, 그보다 더 큰 「동원」 효과를 기대할 수 있는 것이 과연 있겠는가? 과거에는 「임노동자」가 마지못하여 「지배적 욕망」에 굴복하거나, 혹은 「주인」의 「기도」(企圖)가 건드리지 못하는 외적인 「기쁨」을 생각하며 살고 있었다면, 그것은 요컨대 「임노동자」는 [주인의] 「지배적 욕망」과는 배치되는 삶을 그리면서 살고 있었다는 뜻이다. 그러나 이제 임노동의 태도가 마지못함에서 「합의」로 바뀐다면, 그들은 다른 방식, 즉 더욱 강도 높은 방식으로 움직일 것이다.

§16. 합의의 아포리아

오늘날의 기업은 『시계태엽 오렌지』(A Clockwork Orange)[124]와도 같은 이상적인 피고용인을 찾고 있다. 즉, 자신의 규칙에 따라 자발적으로 노력하는 주체로서의 「임노동자」를 원하고 있다. 그리고, 경영자들은 신자유주의자를 표방하므로, 기계적인 것에 더하여 그 피고용인들이 자유로우면 더 좋다고 생각하게 된다(!). 즉, 경영자는 피고용인이 기계로서의 기능적인 확실성을 가짐에 더하여, 피고용인들을 그들의 「자유의지」에 의존하게 함으로써 일단은 이데올로기적으로는 그들 스스로

---

[124] [역주] 앤쏘니 버지스(Anthony Burgess)가 1950년 발간한 동명의 소설을 스탠리 큐브릭(Stanley Kubrick)이 각색하여 1971년에 개봉한 영화이다. 그 파격성, 폭력성, 정치성 등으로 화제가 되어온 대표적인 고전적 영화이다. 외부의 힘에 의하여 태엽이 감겨야 움직일 수 있는 개인의 선택과 「자유의지」가 제거된 인간은 태엽 달린 오렌지처럼 수동적 기계장치에 불과하다. 태엽이 달린 것이 왜 하필 오렌지인가에 대하여서는 의견이 분분한데, 작가 자신도 이에 대하여서는 명쾌한 대답이 없는 듯하다.

가 세상에 대한 자유의 아름다움을 만끽하고 있다고 느끼게 함과 동시에, 궁극적으로 피고용인들로부터 [그들의 자유와 자발성에 근거한] 어떠한 주저도 없는 행동을 도출하여 낼 수 있다고, 즉, 피고용인들이 가진 모든 「활동력」(*puissance*)을 바치게 할 수 있다고 생각한다. 이러한 신자유주의 기업의 이상의 극단성과 그 과정은 그러한 「임노동관계」에 기반을 둔 「정념」이 [자신들을 위한] 경제체제를 더욱 비옥하게 만드는 것을 여실히 드러내며, 기업들은 그러한 체제를 충분한 이유를 가지고 믿고 의지할 수 있다. 왜냐하면 「임노동자들」은 최소한 점점 더 자신 스스로 움직이기 때문이다. 단순한 말장난이 아니라, 『시계태엽 오렌지』는 자동 기계라고 말할 수 있다. 만약 자동 기계가 그 자신의 「의지」로 스스로 움직이는 것이라면, 고용되는 자동 기계를 생산하는 것, 즉, 자본주의의 조직을 위하여 자발적으로 자신을 구속시키는 그러한 피고용인들을 양산하여 낸다는 것은 신자유주의가 착수한 「공선화」 혹은 직선 「정렬화」 프로젝트가 배출하여 낸 두말의 여지가 없는 최대의 걸작이라고 할 수 있다. '자신 스스로 자발적'이라는 말의 가장 우선적이면서 명백한 의미는 다름아니라 어떠한 외부 압력도 없다는 것, 즉 강제성에 의하여 움직이는 것이 아니라, 자신의 고유의 움직임에 의한다는 것이다. 노동사회학에서는 (혹은 사회심리학에서는) 지금까지 일의 현장에서 사용되어 온 강제적 분위기에 비추어 볼 때 정반대의 성격을 가진 이 기묘한 사실에 주목하고 있는 연구 자료가 넘쳐 나고 있다. 즉 예속된 자가 다름 아니라 특이하게도 「합의」(*consentement*)를 하고 있다는 점에서 이러한 「자발적 예속」의 메커니즘에 대한 연구는 더욱 많은 관심을 끄는 것이다.

하지만 이러한 노동의 사회학이 재발견한 질문들은 새로운 것이 전혀 아니며 사실 이전부터 정치철학에서 다루어 오던 문제이다. 왜냐하면 「합의」라는 개념은 복종과 정당성, 혹은 **반대로** 강요와 강제와[125] 같

---

[125] [역주] 이 문장은 뒤의 것이 앞의 것의 원인이 되는 구조이다. 정당성이

은 개념들 중의 하나이고, 따라서「행위들에 대한 행위」(*action sur des actions*),[126] 혹은 '**타자가 어떠한 것을 하게 하는 기술**(*art de faire faire*)'로서「권력」(*pouvoir*)이 가지는 신비함을 둘러싼 개념이기 때문이다. 그런데 현대적인 관점에서 보자면 과연 이것이 그렇게도 신비스러운 것인가? 현대의 우리로서는「합의」한다는 개념을 주제로 하는 것들에 대하여서는 즉각적으로 쉽게 이해할 수 있다는 면에서 판단하여 볼 때, 점점 더 그 신비성은 사라진다. 그러나 겉모습에 속아서는 안 된다. 혹은「합의」에

있으면 자발적으로 복종하여 행동하고, 물리적 강제를 가지고 있으면, 강요에 의하여 행동한다.

[126] Michel Foucault(1982) 'The Subject and Power', in Hubert L. Dreyfus and Paul Rabinow(eds.) Michel Foucault: Beyond Structuralism and Hermeneutics, Harvester Press.

[역주]「행위들에 대한 행위」는 푸코의 '권력,'에 대한 정의이다. 독자의 참고를 위하여 그 부분을 번역하자면 다음과 같다:

> 「권력」의 행사는 그것이 개인이거나 집단이거나 상관없이 단순히 상대방들 간의 관계는 아니다. 그것은 어떠한 행위들이 상대방의 행위들을 바꾸는 것이다. (…)「권력」의 관계를 규정짓는 것은 어떠한 타자에 직접적으로 그리고 즉각적으로 가해지는 어떠한 행위의 양태가 아니라는 것이다. 대신 그것은 타자들의 행위에 작용하는 것이다(It acts upon their actions): 그것은 행위에 대한 행위(an action upon an action), 즉, 현존하는 행위들에 대한, 그리고 현재 또는 미래에 존재할 수 있는「행위들에 대한 행위」인 것이다. 출전: Michel Foucault(1982) 'The Subject and Power', Critical Inquiry, Vol. 8, No. 4(Summer, 1982), pp. 788/9.

참고로, 권력과「지배」에 대한 막스 베버의 정의에 대하여서는 역자 용어해설 272쪽을 참고할 것.

대하여 진실이라고 이야기 되는 것은 사실은 다른 것에 대한 이야기이고, 그 「합의」 자체에 대한 이야기는 아니다. 오히려, 진실은 그 「합의」라는 것을 자명한 것으로서 생각하도록 하여 주는, 「합의」와 관련된 어떠한 '지적인 설정(configuration intellectuelle)'에 있다. 이러한 '지적인 설정'은 비단 최근에 출현한 것은 아니다. 하지만 이 '지적인 설정'은 이전보다도 우리에게는 더 중요한 문제가 되고 있다. 왜냐하면 「합의」가 투명하다고 느끼는 그 허위성은 주관적 형이상학이라는 병의 증세인데, 이와 관련된 하나의 난제들은 즉각적으로 다른 난제들과도 관련되어 있기 때문이다.

그러나 어찌되었건 이러한 「합의」에 관한 모든 이야기는 매우 쉽게 시작할 수 있는 것처럼 보여진다. 그리고 「합의」란 본래 「자유의지」가 내린 내면에서 나온(intime) 승인이며, 「합의」가 외쳐질 때는 그 사람의 진정한 자아의 단단한 중심이 말을 하는 것으로서 간주된다. 그리고 이 때는 의심의 여지가 없는 독립적인 자아가 존재한다고 간주되며, 어떠한 적합한 조건들하에서는 그 자아는 「합의」를 부여하는 원천이자 '준칙의 기준(norme)'인데, 「합의」에 의하여 그 같은 자신을 천명하는 것으로 생각된다. 하지만 [이러한 통상적인 생각 때문에] 「합의」란 무엇인가 하는 것을 우리가 잘 파악하고 있다고 느껴도 사실 배후에 도사리고 있는 문제들은 태산같다. 자신 스스로 판단의 기반을 만들고, 또 그렇게 만들어진 자신의 기반 위에 존재하는 주체보다 우선적인 것은 없다는 생각에 근거하여 대화를 종결 짓는, '이것이 나의 선택이다'라는 언명 자체로는 사실 모든 의문점들을 불식시킬 수는 없다. 외부의 관찰자로서 볼 때는 결코 「합의」라고 할 수 없는 사실들에 반하여 각 상황에 놓여진 각 개인들 개별적으로는 「합의」하는 사례들이 있기 때문이다. 예를 들어, 어떠한 사람은 타인의 강요가 없이 어떠한 사이비 종교 교주를 추종한다고 하자. 또는 이슬람 여자들은 얼굴을 가리는 베일을 착용하는데, 어떻게 보면 사실 그것은 자신들의 선택이라고 간주된다. 혹은 그가 하루 12시간을 사무실에서 외부와 차단하며 [잔업을 하며] 지낼 경우, 그리고 그때 다른 누구의 강요가 아닌 자신의 자발적 결정에 의한 경우 등도 그러한 예이다. 이러한 사례들은 단지 주체성의 발로라고 지적될 수도 있으며, 또한 실천적 윤리관에 준거하는 경우에는 어떠한 문제점도 발견할 수 없는, 따라서 설명이 불가한 곤란한 사례들이다. 이러한 위의 사례들이 제기하는 모순성, 즉,「합의」가 가지는 교조적인 형식적인 틀에만 집착하는 자세와, 반대로「합의」를 언제나 유효한 것으로는 승인하기를 거부하는 자세라는 양자 간의 모순성은 쉽게 해소될 수 없다. 왜냐하면, 이 모든 사례에 있어서「합의」는 해당 당사자에 의하여 천명된 것이고, 특히 그 모든 경우에 있어서 그「합의」는 진정성 위에 명백히 표명된 것이며 또한 어떠한 강요도 없었다는 사실 자체는 엄연히 존재하기 때문이다. 따라서 결국 다음과 같은 두 가지 해결방법으로 환원될 수밖에 없다 (사실은 두 가지가 동시에 작용하여야만 한다). 첫째는, 그 '대상들의 관점'에서 볼 때 절대로 내재적(*intrinsèquement*)으로「합의」할 수 없는 어떠한 것들이 존재한다고 주장하거나, 두 번째로는 '그 행위 주체자들의 관점'에서 조망하여 볼 때, 그「합의들」은 거짓으로 혹은 사기에 의하여 얻어진 것이라고 주장하는 것이다. 하지만, 그러한 경우에 '주체'라는 말 자체가 무색하여지는 것은 아닐까? 왜냐하면, 그 어떠한 때에 그 주체는 주체로서 자격이 있고, 또 어떠한 때는 그렇지 않다고 판단하는 기준이 모호하기 때문이다.

스피노자적 관점은 이 어려움을 근본적으로 파헤친다. 만약「합의」를 부여하는 것이 자유롭게 스스로를 결정하는「내면」의 진정한 표현이라면, 사실「합의」라는 것은 존재하지 않는다는 것이다. 즉, 만약「합의」라는 것이 오로지 자신에 의하여만 모든 것을 진행하는 주체가 내리는 어떠한 외적 제약도 없는 승인이라고 이해하려고 한다면「합의」는 존재할 수 없다. 왜냐하면, 인간사를 포함한 모든 것의 기저에는「타율성」이라는 요소가 분명히 존재하기 때문이다. 따라서 어떠한 누구도 자

§16. 합의의 아포리아

신의 행위가 '오로지' 자기 자신이 자유롭게 결정한 것이라고 이야기할 수 없다는 것이다. 왜냐하면 모든 것은 「부적합한 원인」(cause inadéquate), 즉, 외적인 다른 것에 의하여 부분적으로는 규정될 수밖에 없다는 인과율의 지배하에 놓여 있기 때문이다.[127]

주관적 형이상학의 연장으로서의 소위 개인주의라는 에토스는 이와 같은 스피노자의 주장을 혼신의 힘을 다하여 부정하려고 할 것이다. 사실, 그러한 주관적 형이상학에 근거한 개인주의적 사고를 완전히 해체하는 것은 쉬운 일이 아니다. 즉, 그렇게 고질적으로 뿌리박혀 있는 개인 주관과 연결시켜서 사고하는 습관은 일시에 포기될 수 있는 것은 절대로 아니다. 스피노자식의 완전한 「결정론」(déterminisme)이라는 생각은 일종의 과격한 개종에 의하지 않고서는 이루어질 수 없다. 자신이 스스로 결정의 주체라는, 따라서 자신의 '주체'로서의 정체성을 주장하는 신앙은 너무도 뿌리 깊게 박혀 있어서 쉽게 극복할 수 없는 성질의 것이다. 이러한 종류의 신앙을 무력화시키고, 그러한 생각의 진정한 위상은 단지 종교적인 신앙에 불과하다는 것을 강조하기 위하여 스피노자는 극도로 정교한 논의를 개진하면서, 단지 '상상 속에서 그러한 신앙이 발생되는' 메커니즘을 설명하는 일종의 발생론적 원리를 이야기한다:

---

[127] 다음을 참고할 것:
> 어떠한 원인의 결과가 그 원인만으로 스스로 명료하고 뚜렷이 지각되는 경우 나는 그것을 「적합」한 원인이라고 부른다. 그러나, 어떠한 원인의 결과가 그 원인만으로는 이해할 수 없는 경우, 나는 그 원인을 '부적합한 원인」(cause inadéquate) 혹은 '부분적인' 원인이라고 부른다.(『윤리학』제3부, 정의1, 역자 강조).
> 반대로, 어떠한 것이 우리 내부에서 발생하거나 혹은 우리 본성으로부터 발생할 경우, 그때 우리가 부분적 원인에 불과하다면 나는 그것을 '수동적'이라고 지칭한다(『윤리학』제3부 정의2).

인간은 자신이 자유롭다고 생각하지만 사실은 속고 있는 것에 불과하다. 자신이 자신의 행동은 자각하고 있지만 반면 그 행동을 결정하는 원인들에 대하여서는 무지하기 때문에 그러한 그릇된 신앙이 기인된다.[128]

자신이 자유롭다는 생각은 단지 지적 능력의 결핍과, 그로 인하여 생기는 부족함의 결과에 불과하다. 선행하는 무한한 인과들의 사슬을 거슬러 올라가는 것은 당연히 불가능하기에 사람들은 단지 지금 당장의 자신들의 「의지」와 행위들만을 기록하고, 따라서 자신들이 진정한 원천이자 유일한 기원이라고 쉽게 단정한다. 하지만 모든 행위라는 것은, 사물이 사물을 연속하여 결정짓는 그 무한한 연쇄의 사슬하에서는 단지 한순간에 지나지 않는다. 스피노자는 다음과 같이 말한다:

> 어떠한 유한하고 한정된 존재를 가진 것도, 어떠한 다른 유한하고 한정된 존재를 가진 원인에 의하여만 존재하고, 그에 의하여 작용이 수반되도록 결정되어 있으며, 그 자체로 존재하거나, 혹은 자체로 작용을 수반할 수는 없다.[129]

이 같은 기하학적 엄밀함에 의거하여 스피노자의 『윤리학』에서 서

---

[128] 스피노자『윤리학』제2부 정리25 주석.

[129] 스피노자『윤리학』제1부 정리의 전문을 옮기면 다음과 같다:
> 어떠한 유한하고 한정된 존재를 가진 것도 어떠한 다른 유한하고 한정된 존재를 가진 원인에 의하여만 존재하고 또 작용이 수반되도록 결정되어 있으며, 그 자체로 존재하거나, 혹은 작용을 수반할 수 없다. 그리고 그 다른 원인 또한 마찬가지로 어떠한 다른 유한하고 한정된 존재를 가진 원인에 의하여 존재하고 또 작용을 수반하도록 결정되어 있으며, 그 자체로 존재하거나, 혹은 작용을 수반할 수 없다. 우리는 이렇게 무한대로 나아가는 것이다.

술된 주장은, 결국 어떠한 것이 [선행하여] 우리에게 도래하여야지만 우리는 어떠한 것을 하게 된다는 것을 강조한다. 이것이 바로 「변용」 - 「정서」 - 행동'으로 이어지는 가장 기본적인 시퀀스가 가지는 의미이다. (우리는 이 시퀀스 전체를 「감응작용」이라고 지칭하고자 한다). 이러한 시퀀스는 선행적인 조우(遭遇), 즉 '예기치 않은 만남(aventure)' 또는 일찍이 롤랑 바르트(Roland Barthes)가 이야기하였던, '우리에게 갑자기 닥치는 어떠한 것(ce qui nous advient)'이며,[130] 그럼으로써 「코나투스」의 자유로운 「기」는 그 자신을 사물이건 혹은 「기도」(企圖)이건 간에 그 어떠한 것에 결부시켜 놓는 것이고, 그리하여 그 결과로 명확하고도 결의에 찬 행위에 자신을 참여시키는 것이다. 그것은 우리의 「기」, 즉 우리의 「코나투스」의 「기」이기 때문에, 그리고 그것은 자신의 「욕망」을 「동원」함에 의하여 활성화되기 때문에, 우리는 그것을 우리의 '행위'라고 말할 수 있으며, 그러한 맥락에서만 한정되어서 생각할 때, 그리고 그것도 아주 약한 의미로만 우리는 '우리 자신에 따라서(de nous-mêmes)' 움직인다고 할 수 있다. 우리는 그저 자동기계일 따름이다. 그런데, 이러한 '우리 자신에 따라서'라는 것은 단순한 「행위소」(行爲素 actant)[131]적인 표현일 뿐이지, 그것에 선행하는 모든 것에 대하여서는 침묵한다. 그리고 우리는 우리가 비록 자동기계라고 하더라도 불가피하게도 '다중적 요인에 의하여 결정(hetero-determined)'된다. 우리의 「욕망」의 역동(force), 우

---

[130] Barthes(1981).

[131] [역주] '행위자(actor)'는 불가피하게 주체-객체라는 이분법적인 생각을 포함하기 때문에 그러한 이분법을 지양하고자 라투르(Bruno Latour)가 만들어 낸 신조어이다. 그에 의하면 주체는 대상과의 관계를 맺고 동시에 대상은 주체와의 관계를 동시에 가질 때 비로소 인간은 진정한 의미의 행위자가 된다. 따라서 그러한 진정한 행위자를 지칭하기 위하여 '행위자(actor)'라는 말 대신에 「행위소」(行爲素 actant)라는 신조어를 만들어 내었다.

리의 「활동력」(puissance)은 당연히 우리에게 속한 것이다. 하지만, 그것들이 어디로 향하며 또 어떻게 가는가 하는 것을 알아야만 하는 순간, 사물들에 의한 '불심정지(不審停止 interpellation)', 즉, 외부의 것과의 '조우'(遭遇 rencontre)에 의존할 수밖에 없다.

「욕망」의 진정성이나 「욕망」의 소유권에 관한 문제들은 주관주의적 시각이 불러일으키는 환상이 사라지고 우리의 시선이 밖으로 향하게 될 때, 따라서 무한한 인과의 연속에 눈을 돌릴 때 그때서야 불식될 수 있다. 왜냐하면 그때서야 비로소 외부적으로 결정된다는 것은 어떠한 나의 「욕망」도 내가 만든 것이 아니라는 것과, 반면 그 「욕망들」은 나의 「코나투스」가 가지는 힘(puissance)의 표현인 한 이론의 여지가 없이 나의 것이라는 두 가지 사실이 동시에 성립한다는 점을 알 수 있기 때문이다. 그리하여 바로 이 점에서 「합의」라는 개념은, 그것의 반대로 생각되어 온 「소외」(alienation)라고 하는 개념과 함께 난파하여 침몰하게 된다. 왜냐하면 「소외」된다는 것은 자신으로부터 나아가는 것이 저지된다는 것, 혹은 자신이 '자신이 아닌 다른 것'에 사슬로서 묶여 있다는 것인데, 그러한 경우 「소외」는 단지 「다중결정성」(多重決定性 hétérodétermination)이라는 단어, 즉, 「정념적 예속」, 그리고 「정념적」인 「정서」의 체제하에 놓인 인간 조건 그 자체를 지칭하는 또 다른 말에 불과하다. [개념상] 「소외」는 외부로부터 결정되는 것이지만, 사실 「소외」에는 외부라는 것은 없다. 왜냐하면 그 이유는 앞서 말한 바와 같이 다음과 같기 때문이다[132]:

> 어떠한 유한하고 한정된 존재를 가진 것도, 어떠한 다른 유한하고 한정된 존재를 가진 원인에 의하여만 존재하며, 그에 의하여 작용이 수반되도록 결정되어 있고, 그 자체로 존재하거나, 혹은 자체로 작용을 수반할 수는 없다.

---

[132] Barthes(1981).

「소외」라는 단어의 원래 어원은 'alien, alius'[133]로서 자신이 가는 방향에 자신이 아닌 다른 것의 존재가 있음을 전제한다. 하지만 이에 우리는 한 가지 더 중요한 어원적 요소를 추가하여 생각하여야만 한다. 이 '소외시키다(alienate)'라는 단어의 나머지 뒷부분의 'lien'은 '묶다'라는 의미를 가지고 있으며, 따라서 이「소외」라는 단어에서 우리는 우리가 원인이면서 동시에 결과인 그러한 무한한 인과들을 서로 묶는 영겁(永劫)의 사슬을 재발견할 수 있게 된다. 이러한 방식으로 이해할 진대, 그렇다면「소외」되어진다는 것은 다름아니라 [다른 것과] 사슬에 묶여진다는 것이다. 따라서 (단지 우리 모두가「소외」를 원하지 않는다는 것만을 이야기할 수 있을 뿐) 우리가 객관적으로 가늠하기 힘든 어떠한 '특수한' 것들로 그「소외」가 구성된다고 주장하기보다는,「소외」는 우리들의 가장 정상적인 조건이며, 동시에 가장 냉혹한 조건이기도 한 것임을 깨달아야만 한다. 따라서「소외」는 일련의 '존재의 부재(n'existe pas)'인데, 반대로 역설적으로 '존재의 과잉'이라는 모습으로 나타난다.「소외」는 보편적이기 때문에 세상의 도처에 존재한다. 만약 그「소외」가 존재하지 않는다면, 역으로 그러한 경우는 단지 주체의 완전한 '자기 일치(coïncidence à soi)'라는, 도달할 수 없는 완전함의 상태이다.

따라서 이러한「소외」와 '진정한'「합의」라는 두 가지 개념은 동시에 증발하여 버리게 되는 것이며, 오로지 남는 것은「욕망」의 운동, 그리고 '외부결정적(exo-determination)'이 된 관계라는 측면에서는 모든 것은 다 똑같다는 사실뿐이다. 그 같은「소외」와「합의」라는 두 개념이 사라짐과 더불어, 그「소외」와「합의」를 차별화시키면서 그에 대하여 판단을 내리는 집착적인 태도 역시 그 밑으로 깔린 토양이 쓸려져 내려감과 동시에 사멸된다. 그리하여 이에 대한 상실감으로 인한 불쾌감만이 그 자

---

[133] [역주] 고대 그리스어의 allos(ἄλλος) 혹은 aîlos(αἶλος)가 어원인데, '다른', 혹은 '타'(他)를 의미하는 형용사이다.

리에 남을 것이다. 스피노자는 이에 그치지 않고 더욱 주장을 밀어 붙이면서 최소한 다음과 같은 단일한 기준에 의하여서 사람들을 구별하는 것에 대하여 반대하고 있다:

> 어떠한 인간이 (...) 설령 식탁에 앉아 있는 것보다 교수대로 올라가서 목을 매다는 것이 더 만족스럽다고 한다면, 그가 지금 당장 스스로 목을 매지 않는다면 그는 어리석기 짝이 없는 사람이다.[134]

물론, 목을 매고 죽는 「욕망」은 묘한 것일 수 있지만, 그래도 다른 「욕망」에 비하여 덜 혹은 더 잘 결정된 것이라고 판단하지는 말아야 한다. 또한 우리가 자칫 흔히 쉽게 판단하듯이 '목이 매달린' 인생을 원하는 사람들을 극단적인 우둔함의 소산이며, 따라서 「소외」의 산물로 간주하는 것은 즉각적으로 피하여야만 한다. 주관주의자들이 형식상 표명된 「합의」의 경우에도 「소외」가 존재할 수 있다는 의심을 충분히 불식시키지 못하는[135] 그러한 비일관성을 가지고 있음에 대하여, 스피노자는 다음과 같이 단호하게 결론을 이야기한다:

> 나는 각자가 그 자신의 기질에 따라서 사는 것에, 그리고 죽음이라는 것이 그들에게 최선이라는 것을 믿기에 죽으려는 사람들에게 동의한다. 내가 진실을 위하여 사는 것도 [타자들에 의하여] 용인받을 수 있는 한.[136]

---

[134] 『브레인베르흐(Blyenbergh)에게 보낸 편지』(1665년 3월 13일).(Spinoza 1995a: 349).

[135] [역주] 즉, 주관주의자들은 「합의」를 하더라도, 위의 예에서와 같은 경우 (목을 매달기를 욕망하는 경우)에는 「소외」가 있을 수 있다고 주장을 하는데, 이는 일관적이지 못하다는 의미. 즉, 「소외」는 있을 수 없다는 것이 스피노자의 견해이다.

[136] 『올덴프르크(Oldenburg)에의 편지』(1665년 9월)(Spinoza 1995b: 185, Letter 30 to Oldenburg).

이러한 스피노자의 용인적 태도가[137] 가지는 함의, 특히, 서로 다른 다양한 기질들의 '공존 가능성'이 위의 '~을 할 수 있는 한'이라는 조건절 속에 그 전부가 압축되어 있는 것에 대하여 주목할 수도 있다. 하지만, 이러한 위의 스피노자의 이야기 속에는 그가 제거하려고 하였던 '그릇된 판단'에 대한 함의가 들어 있다는 것을 주목하는 것이 훨씬 더 중요하다. 「자유의지」라는 허구에 대하여 이미 논의하였던 바와 마찬가지로, 환상에서 스스로를 해방시키기 위하여는 「자유의지」라는 것이 상상 속에서 날조된 것임을 보여 주는 것보다 더 현명한 방법이 없듯이, 스피노자는 이렇듯 우리가 단지 마음에 들지 않는다고 하여서 '타자와의 「합의」'에 대하여 동의를 하는 것을 완강히 거부하는 자세, 그리고 [그 타자들이 내 생각과 다르다는 이유로] 타자들의 잘못을 찾아내려는 집착의 배후에 있는 비밀을 폭로하려고 한다:

> 이러한 타자들로 하여금 우리들의 사랑 혹은 증오를 승인하고 따르게 하는 노력은 단순히 욕심에 지나지 않는 야망에 불과하다. 그런데, 우리 모두는 타자도 내 자신의 기질에 따라 사는 것을 자연히 바라게 됨을 알 수 있다.[138]

이러한 발언의 정치적 함의는 크다. 이 말이 의미하는 것은 모든 종교 간의 전쟁, 자신의 잣대가 남에게 적용되지 않음을 걱정하는, 따라서 자신의 것이 남에게 인정받지 못한다는 생각에서 비롯된, 서로 다른 삶의 방식 간의 대립에서 야기되는 문명 간의 충돌 등에 깔려 있는 기저

[역주] 이 인용에서 강조하는 바는, 제3자의 눈에는 아무리 우둔하게 보이는 것을 욕망한다고 하더라도 그것은 소외가 아니라는 것이다.

[137] [역주] 즉, 모든 욕망은 그것이 아무리 우둔하게 보일지라도 욕망 간의 '차별'은 없다는 것이다.

[138] 스피노자 『윤리학』 제3부 정리31 주석.

원칙이다. 그러나, 가장 중요한 것은, 무엇보다도 어떠한 사람이 「소외」되고 있다는 것을 판단하는 것의 근원들을 파헤치고 있다. 우리의 「정서」, 즉, 어떠한 것을 가치 있게 생각하고 어떠한 것은 그렇지 않게끔 판단하게 하여 주는 '사랑과 증오'는,[139] 우리 자신의 기질을 따라서 사는 타인에 대하여서는 무한한 「합의」의 감정을 보내고, 그렇지 않은 것에는 반대하게 하면서, 그러한 「합의」라는 개념을 우리 「정서」 속에 위치시키고 있다는 것이다.

§17. 기쁨을 가져다 주는 예속

모든 「욕망」은 그것들이 모두 「결정성」(*détermination*), 「타율성」, 「정념적 예속」을 가지고 있다는 점에서는 동일하다. 그러나 그렇다고 하여도 각 「욕망」 간의 차이는 여전히 남아 있다. 왜냐하면 어떠한 특정한 방향으로 「코나투스」를 이끄는 행위를 결정하는 것에는 다양한 「정서적」 환경이 포함되어 있기 때문이다. 「임노동관계」의 「정념적」 상황은 그러한 다양성을 포섭하기에 충분한 풍부함을 갖추고 있다. 단순한 물질적 재생산에 대한 충족 따위는 열정적인 충동이나 자아도취적인 것이 아닌 일종의 속박으로 경험되며, 따라서 이러한 것들을 소위 「욕망」의 범주에 포함시키는 것에 대한 강한 거부감이 일반인들 사이에 존재할 수 있다. 왜냐하면, 악을 회피하고 싶은 「욕망」과[140] 선을 추구하고

---

[139] 스피노자 『윤리학』 제3부 정리39 주석:
　　나는 여기서, '선'을 모든 종류의 「기쁨」, 또는 「기쁨」으로 인도하는 모든 것, 특히 모든 종류의 '바람'을 충족시키는 것이라고 해석한다. 그에 반하여, '악'을 모든 종류의 「슬픔」, 특히 '바람'을 좌절시키는 것이라고 해석한다.

[140] [역주] 위의 경우에 있어서는 단순한 생존을 위한 물질적 재생산을 충

싶다는「욕망」을 구분하는 것은 물론 애매한 점이 있지만 대체로 타당한 측면도 존재하기 때문이다. 특히「포디즘적」「임노동자」의 상식으로서는, 돈을 벌기 위하여 매일 고통스럽게 일하는 것에서 생성되는「정서」와, 소비재에 접근함으로서 얻어지는 기쁜 전망 간의 차이를 분명히 인지할 수 있기 때문에, 단순히 이러한 생존을 위한 물질적 재생산을 위한「욕망」은 포함시키지 않는 것이 훨씬 당연하다. 하지만, 시장에서의 상품은 오로지「타율적」(transitive)인 요소만을「임노동자」의「욕망」의 전체에 첨가할 뿐이다. 이 단계에서는「욕망」의 전체는 분명 다양한 기초「욕망들」의 단순 합이다.[141] 그런데 신자유주의의「임노동관계」의 강점은 바로 이러한「욕망」의 대상들을 '다시 내재화(réinternaliser)'시키는 것에 있다. 즉 단순히 화폐에 대한「욕망」이라는 모습(espèce)으로 남겨두는 것이 아니라, 이제는 다른 어떠한 것들에 대한「욕망」으로, 즉 새롭게「자율적」(intransitive)인 형태의 만족감인 노동의 행위 그 자체의 내재적(inhérent) 만족을 위한「욕망」으로서 내재화시킬 수 있다. 다시 말하자면, 신자유주의의「임노동관계」는 황홀감과「기쁨」을 추구하는데, 따라서「임노동관계」를「기쁜 정서」로 물들이려고 한다.

「임노동자」는 기업의 규칙과 지시하에 있는데, 그들은 동시에 국가의 규칙과 법률 체계하의 일반 시민이기도 하다. 인간이 주권국가와 그 규범에 어떻게 연결되어 있는가 하는 것은 정치철학의 과제인데, 이때 스피노자적 정치철학의 과제는 어떻게「욕망」과「정서」가 결합되어 이러한 것들을 가능하게 하는 바를 파악한다. 여기서 스피노자 철학의 탁

족시켜야만 된다는 절박함을 의미.

[141] [역주] 즉, 아직은 그 대상들이 주체의 외부에 존재하는 것들이며, 욕망이라는 것은 그러한 외부적 대상에 대한 각각의 욕망의 합이다. 뒤에서 언급하듯이 이러한 경우 그 대상들은 아직 '내재화'되지 않은 상태로 존재한다.

월한 보편성이 드러난다. 그것은 원래는 정치적인 측면에서만 (특히 국가와 그것의 통치에서만) 조망한 「권력」(*pouvoir*)과 규범(*norme*)들의 철학이었지만, 실제적으로는 모든 사회 제도에서 발견되는 「권력」과 규범들의 철학으로서 구현될 수 있기 때문이다.[142] 그런데 이 보편성은 훨씬 더 중요한 두 번째 특성과 연결된다. 그것은 다음과 같은 일종의 삼단논법으로 성립된다. 특히, 「인도행위들에 대한 인도행위」(*conduite des conduites*)',[143] 또는 「행위들에 대한 행위」[144] 등의 푸코의 방식으로 파악될 때의 「권력」(*pouvoir*)은 타인이 무엇인가를 행위하게 하는 기술(*art de faire faire*)이다. 그런데, 타인이 어떠한 것을 행위하게 한다는 것은 바로 정확히 「정서」의 작용인데, 그 이유는 「정서」는 어떠한 「변용」이 (즉, 어떠한 외적인 것과의 조우가) 나에게 가하는 것이며 (따라서 「기쁨」이나 「슬픔」을 유발한다), 따라서 결과적으로 나로 하여금 무엇을 행위하도

---

[142] 사회적 제도의 일반 이론으로서의 스피노자의 『국가론』을 읽는 방법에 대하여서는 Lordon(2010a; 2010c)을 참조.

  [역주] 위에 언급한 두 논문에 대한 요약은 역자 용어해설 275쪽을 참고할 것.

[143] [역주] 「인도행위」(引導行爲)의 원래의 단어는 불어 *conduite*(conduct)이다. 이 의미는 단순한 의식적인 행동에 더하여, 행동이 어느 방향으로 '인도(引導)'되는 성격을 가지는 것으로 이해할 수 있는데, 한국어에서는 적당한 단어가 없어 불가피하게 「인도행위」라고 번역하였다. 푸코에 의하면, 「인도행위」라는 단어는 모호한 성격을 가지고 있지만, 그렇기에 「권력」의 관계의 특성을 나타내기에 가장 좋은 말이다. 이 단어는 동시에 남을 '인도한다'는 뜻을 내포한다:

  「권력」을 행사한다는 것은 행위로서의 「인도행위」의 가능성을 인도하는 것이며, 그것을 어떠한 가능한 결과를 위하여 투입시키는 것을 의미한다(Foucault 1982: 789).

[144] [역주] 주석 126참고.

록 만드는 것이기 때문이다. 즉,「정서」의 작용은「코나투스」의 방향을 수정시켜서 어떠한 것을 행위하도록「욕망」하게 하는 것이기 때문이다. 따라서「권력」(*pouvoir*)은 바로 그 작동 방식에 있어서「정서」를 만들어 내고, 그「정서」를 통하여 어떠한 것에 유인하는 것이라고 할 수 있다. '「인도행위들에 대한 인도행위」'를 한다는 것은, 어떠한 '「정서화시키는 기술」(*art d'affecter*)'에 다름아니며, '통치한다'는 것은 그 어원상 고찰하였을 때 어떠한 것에 방향성을 부여하는 행동이고, 그것이 가지는 기하학적인 의미는 이전에 고찰하였듯이「코나투스」벡터를 어떠한 일정 방향으로 향하게 하는 것이다.「권력」(*pouvoir*)이란 결국「공선화」혹은「정렬」시키는 실천의 총체이다.[145]

스피노자는「정서」의 복합체를「공순」(恭順 *obsequium*)[146]이라고 부른다. 이때「정서」는 복속된 신체를 어떠한 규범의 대상을 향하여 움직이도록 하는 것인데, 그 규범은 다시 말하자면 제국을 보존하기 위하여 필요한 바에 부응하도록 국가 신민이 행위를 하게 하는 규범을 의미한다. 단 이때의 신민(subject)은 복속된(*subditus*)자로서의 신민이며 주권자(*subjectum*)라는 의미는 아니다.[147] 신민들은 규칙을 따르기(*sequor*)[148] 마련

---

[145] [역주] 참고로 비저(Wieser)는 이러한 권력을「내적 권력」(*innere Macht*)이라고 칭하였다(비저 2023/1926: 45).

[146] [역주] '복속하다, 항복하다'라는 뜻을 가진 라틴어 *obsequor*가 기원인데, 이를 더 나누어 보자면 *ob*(~을 향하여) + *sequor*(따르다)로 분해된다. '옵세키움'으로 발음된다. 원래적인 의미는 로마시대에 자유농민들이 보호를 대가로 그 후견인들에게 감사의 도리로 바치는 공물과 봉사의 의무이다.

[147] [역주] 영어나 불어에서는 subject가 복종의 대상 혹은 복종을 시키는 국가적 주체로 모두 사용할 수 있기 때문에 저자가 부연 설명한 부분이다. 우리말에서는 그러한 혼동이 없으므로 이 문장은 유념할 필요가 없다.

[148] [역주] 라틴어로서, '~을 따르다'라는 의미를 가지고 있다.

이다. 그런데, 그 규칙을 따르기 위하여서는 우선 행위에 대한 방향성이 부여되어야 하는 것이고, 그 방향성은 어떠한 규범에 의하여 정하여져야만 한다. 「공순」이 가지는 두 가지 순수한 형태들이 그러한 방향성을 발생시키는데, 그것들은 다름아닌 '공포'와 '사랑'이다.

> 신민들은 자신들의 법에 복속하여야 하는 것이 아니라, 도시의 법에 복속하여야 한다. 그런데, 그 도시의 법에 의한 복속은 그 도시의 힘(*puissance*), 즉, 그 힘이 주는 공포에 의한 것이거나, 혹은 그 시민 사회에 대한 사랑의 정도에 의한다.[149]

이것은 「권력」(*pouvoir*)이 소지한 양극의 「정서」가 가지는 진실이다. 즉 그것은 위협 혹은 사랑의 기반 위에 작동한다. 다른 모든 「권력」(*pouvoir*)이 그러하듯이 공포를 이용하는 것보다 사랑을 이용하는 것이 「지배자들」의 「권력」의 행사에 더 효율적이라는 것은 경험을 통하여 발견될 수 있다. 왜냐하면 인간은 그 이름에 걸맞은 삶을 살기를 희구하기 때문인데, "나는 인간의 삶은 단순히 혈액이 순환되는 메커니즘이나, 혹은 다른 동물과 공통적인 다른 특성에 의하여 정의될 수 없다고 이해한다"고 스피노자는 말하고 있다.[150]

그런데, 단지 벌거벗겨진 삶의 물질적 재생산만으로 환원되어 버려

---

[149] 스피노자 『국가론』 제3장 8절.

[150] 여기서의 혈액순환에 대한 비유는 아마도 홉스에 대한 논쟁적 의도를 가지고 있는 듯하다. 홉스에 있어서 정치적 제도는 개별적 「코나투스」의 자기 보호를 위한 추가적인 수단이다. 그런데 홉스는 「코나투스」에 대하여 말하면서 혈액순환이라는 생명적 기능을 보존하기 위한 신체의 반사운동, 따라서 단순한 자기 보존을 목적으로 한 것으로 간주하고 있다. 그에 비하여 스피노자는 「코나투스」를 존재를 지속하기 위한 지속적인 경향성을 가진 운동 (단순히 주어진 상태 안에 있는 것이 아니라),

진 삶은 위와 같은 단순한 혈액의 순환 그 이상의 것은 아무것도 제공할 수 없다. 그리고, 그 혈액순환이 아무리 긴요하게 요구되는 것이라고 하여도 그것은 행동을 하게 하는 힘(*puissance*)을 전개하여 나갈 지평을 제공하지는 못한다. 복속된 자들의 마음을 기쁘게 하는 것이 바로 이러한 복속된 자들의 「활동력」을 전개시키도록 조직화하는 「권력」(*pouvoir*)의 전술이다. 그런데, 이러한 전개는 그 「지배적 욕망」과 일치하는 바람직한 방향으로, 즉 「포획」될 수 있도록 되어야 한다. 이것이 바로 「동원」하려는 자가, 「동원」되는 자가 자신 속에 유보하여 놓은 마지막 남은 것들까지도 「포획」할 수 있게 하는 방법이다. 왜냐하면 복속되는 자에게 마치 그들 자신의 것으로 착각하게끔 하는 「욕망」을 불러 넣어 주면, 그 「욕망들」은 이내 그들 복속되는 자들의 것이 되며 그들은 기뻐하기 때문이다. 그리하여 그들은 이제부터는 더 이상 자기 내에 어떠한 것도 유보하여 놓지 않고, 모든 것을 바치면서 자신을 움직이기 시작하고, 드디어는 「합의」라는 달콤한 세계로 접어든다. 그러한 행위의 진정한 이름은 바로 '「행복한 복종」(*obéissance heureuse*)'이다.

그러나 「예속」되는 것은 무거운 짐이다. 왜냐하면 스피노자가 환기하는 것처럼, 인간은 자신과 동등하게 간주하는 인간의 「지배」하에 놓이는 것을 좋아하지 않기 때문이다. 근대적 개인주의는 과거 일반인들의 생각 속에 왕을 자신들과 절대적으로 구별하게끔 하였던 상징적인 전략을 더 이상 받아들이지 않는다. 따라서 형식적으로는 평등한 관계로 이루어진 체제에서는 「지배자들」은 (모든 종류 즉, 모든 「예속편입」을 시키려고 하는 자를 포함하여) 「피지배자들」이 짐을 느끼지 않고도 복종을 양산하도록 할 수 있는 다른 종류의 「공선화」방법을 고안하여야만 한다. 짐의 부담을 줄 것인가 아닌가, 혹은 「슬픔」을 느끼

즉 경향적으로 최고로 넓고 가장 다양한 가능한 힘의 발현으로 간주하고 있다.

게 할 것인가 아니면 「기쁨」을 느끼게 할 것인가. 이것이야말로 「강압」인가 혹은 「합의」에 의한 것인가 하는 '거짓된' 이분법에 내재한 모순을 풀 수 있는 실마리를 제공하는 '진정한' 이분법이다. 어떠한 이에게는 「동의」로 여겨지지만, 다른 이에게는 「강압」으로 여겨지는 아포리아에서 탈출하기 위한 방법은 우선적으로, 보편화된 「정념적 예속」에 대하여 그것 내에 존재하는 어떠한 특정한 「정서적」 내용들을 구분하도록 한다. (이것은 그러나 「소외」라고 하는 중간적 형태를 취한다. 왜냐하면 분명히 자기 자신과 소원하여진 이러한 '「강압」을 받는 자'는 어리석게도 "네"라고 대답하기 때문이다). 비록 우리 모두가 똑같이 우리의 「정념」의 포로이고, 또한 우리의 「욕망」에 묶여 있더라도, 그 사슬에 대하여 행복하게 느끼는 것은 그것에 의하여 「슬픔」을 느끼는 것과는 현저한 차이가 있다. 「강압」과 「합의」는, 단지 「슬픔」과 「기쁨」이라는 각각의 「정서」가 「권력」(*pouvoir*)과 「순응화」(*normalisation*)[151]라는 제도적 상황 내에서 가질 수 있는 각자의 이름일 뿐이다. 이렇게 이름을 부여하는 문제는 스피노자에게 있어서는 결정적인 의미를 가진다. 「강압」 또는 「합의」라는 단어들은 주관적인 「정서」의 표현을 객관적인 작용으로 전환시키는 막다른 길이기 때문이다. 스피노자가 특히 「정서」와 관련된 모든 것을 다시 명명하면서[152] 관습적인 어휘의 사용을 뒤틀어 버리고, 또한 잘못 이해될 위험까지 감수하는 이유는, 소위 「일차적 지식」(*la*

---

[151] [역주] 원문은 *normalisation*로 되어 있다. 그런데, 이 맥락에서의 뜻은 앞의 단어인 「권력」과 대비되는 의미로, 「피지배자」가 '순응'한다는 의미로서 사용되었기에 「순응화」라고 번역하였다. 주석 224 참고.

[152] 스피노자『윤리학』제3부「정념」의 정의20 설명:
    이러한 명칭이 통상의 용법에서는 다른 의미를 가지고 있는 것을 나는 알고 있다. 그러나 나의 의도는 말의 의미를 설명하는 것이 아니라 사물의 본성을 설명하는 것이다.

connaissance du premier genre)에 속하여 있는 단어들이 만들어 놓은 함정에 걸리지 않기 위함이다. 이때「일차적 지식」은 모호한 경험[153]에 의하여 습득된, 그리고「정서」라는 것과 가까운 위치에서 직관적으로 형성되었지만, 그 진정한 원인에 대하여서는 무지한 지식을 말한다. 프랑수아 쥬라비치빌리(François Zourabichvili)가 일찍이 지적하였듯이 스피노자는 새로운 언어를 발안하려 하였다.[154] 즉 '스피노자식 말투'라는 것이 있는데, 그것은「일차적 지식」과「이차적 지식」, 즉 객관적 발생(*objectivité génétique*)의 관점에 입각하여 사물에 대한 지식과의 단절을 명확히 하기 위하여 명칭을 새로이 만들어야 하기 때문이었다. 뒤르켕(Durkheim)조차도 이러한 함정에 사로잡혀 있다. 예를 들어「강압」은 뒤르켕에 있어서는 제도적 규범의 '작동 방식(*modus operandi*)'이라고 여러 차례 언명되고 있다. 하지만,「강압」은 어떠한 인과적 결정과 연관된 객관적인 사실에 대한 (주관적) 감정을 표현하는 단어에 지나지 않는다. 따라서 그러한 의미에 있어서 어떠한「합의」를 할 때도 마찬가지로「강압」을 느낄 수 있다.「강압」과「합의」는「결정성」이 가져오는 체험적 형태일 뿐이다 (전자는「슬픔」, 후자는「기쁨」).「강압」받는다는 것은 무언가를 하게끔 하는 것인데 이때「슬픈 정서」를 느끼는 것이며, 반면,「합의」한다는 것은 어떠한 것을 따름에「합의」하는 것인데, 이때의 의미는 '「공순」이라는 의미에서의 따름(*sequor de l'obsequium*)'이라는 것이고, 비록 복종하면서 살지만「기쁜 정서」에 의하여 그 내재적 짐을 떨쳐버린 경우이다.

---

[153] 스피노자『윤리학』제2부 정리40 주석2.

[154] Zourabichvili(2002).

§18. 자발적인 기쁨의 재발흥(再發興)

「추종」(sequor)[155]과 복종에서 비롯되는 무거운 짐을 덜 수 있어 행복을 느낀다는 「정서」는 어디에서 나오는 것일까? 신기하게도 그것은 우선 임노동 그 자체에서 발생한다. 즉 「임노동자」의 「정념」이라는 장치가 적응력을 발휘하여 그의 「예속편입」된 상황을 새롭게 채색하도록 하여 준다.

이러한 변모(變貌 transfiguration)[156]의 가능성은, 전적으로 어떠한 것도, 어떠한 상황도 '그 자체로는' 어떠한 객관성이 있는 「가치」나 혹은 의미를 가지지 않는다는 사실에서 비롯된다. 스피노자는 이 점을 계속 강조하여 마지 않는다. 즉, 「가치」나 의미는 어떠한 사물에 속하는 것이 아니라 그것을 장악하는 「욕망」의 역동(force)에 의하여 생산된다.

> 우리는 어떠한 것을 선이라고 판단하기 때문에 그것을 향하여 노력하고 그것을 원하며, 추구하고, 「욕망」하는 것이 아니라, 반대로 단지 우리가 그것을 원하며, 추구하고, 「욕망」하기 때문에 그것을 선이라고 판단한다.(『윤리학』3부 9 주석).

확실히 이 명제는 스피노자주의의 충격적인 새로움으로 꼽히는 것 중 하나이며, 또 우리 안에 깊이 뿌리박힌 사고의 습관을 전복시킬 만한

---

[155] [역주] *sequor*는 '~을 따르다'라는 의미의 라틴어인데, 그 어원에 대하여서는 주석 146을 참고할 것.

[156] [역주] 본 번역 상 변모(變貌 transfigure)는 본질은 바뀌지 않고 외모만 바뀌는 것, 변형(變形 transform, transfigure)은 본질적인 변화를, 그리고 변질(變質 transmute)은 상태의 양적 변화, 변환(變換 convert)은 한 측정체계에서 다른 체계로 바뀌는 것, 변태(變態 metamorphosis)는 생물의 성장에 따른 동일 개체의 질적 양적 변화를 각각 의미한다.

권위를 가진 것이기도 하다. 왜냐하면 이 명제는 우리의 고정 관념에 의하여 습관적으로 「욕망」과 「가치」 사이를 연결하여 놓은 연결고리의 순서를 역전시키고, 「가치」가 그 자체로 어떠한 객관성을 가지는 것으로 간주할 가능성 자체를 파괴하여 버리기 때문이다.[157] 미리 존재하는 사물 자체의 내재적인 성질을 「욕망」이 단순히 추구하며, 그것이 바로 「가치」라고 여기는 관습적인 생각은 옳지 않다. 이때 「욕망」은 단순히 [미리 존재하는] 「가치」를 인정하는 기능만을 하는 것이 아니다. 즉, 「가치」는 이미 세상에 존재하는 객관적인 어떠한 그것으로 존재하는 것, 따라서 「욕망」이 추구하는 대상이며, 우리가 그것을 향하여 노력하는 대상은 아니라는 것이다. 「가치」라는 것이 미리 앞서 위치하여 있는 어떠한 자생적인 표상이라는 생각과는 정반대의 주장이 스피노자의 『윤리학』 9장의 주석에서 개진되고 있는데, 그에 의하면, 우리가 「욕망」을 「투기」(投企 investissement)[158] 함이 근본적으로 사물들을 「가치」 있는 것으로

---

[157] [역주] 이 점에서 본서는 종래의 교조적인 마르크스 이론의 「노동가치론」을 부정하고 있다. 마르크스의 「가치론」은 추상적인 인간의 노동이 상품에 응결되어 있고 그 추상노동의 양이 「가치」의 근원이라고 파악하고 있으며 그것으로서 결국 「착취」라는 개념을 설명하고 있는데 반하여, 본 저자 로르동을 비롯하여 카테리에(Jean Cartelier)와 오르레앙(André Orléan) 등의 일단의 프랑스 마르크스주의자들은 이러한 절대적 「가치론」을 부정하고 있다. 그러한 면에서 본 저서는 「노동가치론」에 의거하지 않으면서 어떻게 자본주의에 내재하는 「착취」를 설명하는가에 대한 탐구이기도 하다. 「가치론」에 대한 비판에 대하여서는 Cartelier(2007; 2018)를 참고할 것.

[158] [역주] 다분 부르디외적 표현 방법이다. 그는 비유를 위하여 금융 용어를 즐겨 사용하였다. 그런데 통상적인 '투자'와 구별하기 위하여 우리는 「투기」라는 하이데거적 용어를 사용하겠다.

만드는 원칙이다. 「욕망」이라는 것이 「가치」에 의하여 유인되는 것이 아니라, 오히려 「가치」는 「욕망」이 만들어 내는 것이다. 따라서 우리는 「욕망」이 「가치창조적」(axiogène)인[159] 힘(puissance)을 가졌다고 충분히 주장할 수 있다.

그렇다면 모든 개별적 사물과 상황이 완전히 처녀지처럼 때 묻지 않은 중립적인 모습으로 우리에게 제시되어지는 것이며, 따라서 그것들은 우리의 「가치창조적」인 「투기」(投企)를 기다리고만 있는 것인가? 그러한 것은 명백히 아니다. 왜냐하면 사물의 「가치화」(valorisation), 즉, 사물에 무엇인가를 부여하는 「코나투스」의 자발적인 활동은 이미 구성되어 있었던 어떠한 「가치창조」의 도식(schèmes axiologiques)과 이전의 「가치화」의 영향을 받아서 미리 구조화되어 있기 때문이다. 그러한 새롭게 마주치는 사물들과의 '조우의 상황(situation de rencontre)'이 가진 어떠한 특성들에 의하여 어느 정도 변조된 연결 사슬을 거쳐서 「가치화」에로 '끼워지게' 된다고 말하여질 수 있다. 내가 어떠한 예술작품을 볼 때 그것에 내가 어떠한 「가치」를 부여할 수 있는 것은, 내가 이전에 만나보았기에 그에 따라 내가 이미 「가치」를 부여하였던 작품들과 지금 보고 있는 작품을 연관지을 수 있기 때문이다. 혹은 다음과 같은 사정이 있을 수도 있다. 즉, 내가 권위가 있다고 믿는 기관에서 (유명 박물관이나 미술관에서) 어떠한 작품이 진열되어 있는 경우나, 혹은 내가 그 방면의 전문가로 간주하는 어떠한 사람과 같이 있는데 그 사람이 내가 말하기도 전에 먼저 그 작품을 칭찬하는 경우, 나는 그 작품이 「가치」 있다고 평가할 수 있다. 혹은 반대로 그 작품이 내가 이전에 「가치」있다고 생각

---

[159] [역주] 원문은 axiogensis(ἀξιογένεσις)의 형용사 형이다. 이 단어는 고대 그리스어에 어원이 있으며, '값어치가 있음(worth)'을 뜻하는 axía(ἀξία)와 '생성'을 뜻하는 genesis(γένεσις)가 결합된 형태이다. 우리는 「가치창조적」이라는 말로 번역한다.

하고 있었던 다른 작품들과 비교시 훨씬 모자란다고 생각할 수도 있는데, 그 이유는 아마도 내가 원래부터 싫어하는 장소에 그 작품이 있었기 때문에, 혹은 내가 그다지 높이 평가하지 않은 사람이 좋다고 칭찬하였기 때문일 수도 있다. 그런데, 나의「가치」부여화의 양상이 사물들과의 새로운 조우들로 인하여 풍부하여지고 또한 진화한다고 하더라도, 그 양상이 나름대로의 자체가 가진 고유한「역선」(力線 ligne de forces)[160]과 지속적인 패턴을 가지고 있다는 것을 부인하지는 못한다. 그 양상 자체가 예기치 않게도 일반적인 상황 밖에서 어떠한 것과 조우하였을 때, 깊고 갑작스러운 재편을 겪을 수 있음에도 불구하고 말이다. 새로이 조우한 것들에「가치」를 '실제로 관행상' 부여하는 상황은,「가치론적」(axiologique)으로「등방성」(等方性 isotropy)[161]의 성질을 가지는 것이 아니다.[162] (이때 '실제 관행적'이라고 함은, 스피노자의『윤리학』3부 9장의 명제에서 '그 자체로(en tant que telle)'라고 사용되어지는 의미와는 반대되는 개념임에 유의할 것). 따라서 미래의「가치」에 대한 잠재력의 면에서는 처녀지에서 보여지는 모든 것들이 사전적으로 모두 같다는 식의 무차별성을 의미하는 것이 절대로 아니다. 내가 주장하는「가치론적 양태」(complexion axiologique)는 사회적으로 그리고 전기적(傳記的)으로 구성되는 것이기에, 따라서 사전적인 강력한 영향이 존재한다. 하지만 그러한

---

[160] [역주]「역선」(力線 line of forces)은 물리학 용어로서, 자기력선, 전기력선, 중력선 등, 공간내의 물질을 연결하는 가상의 선이다. 맥스웰(James Clerk Maxwell)에 의하여 1831년 처음 명명되었다.

[161] [역주]「등방성」(等方性 isotropy)은 어떠한 대상의 물리적 성질과 분포가 그것이 가지는 방향에 의존하지 않는 것. 반대는 이방성(異方性 aniotropy)이라고 불린다.

[162] [역주] 즉, 장소와 시간의 제약이 없다는 의미의「등방성」적인 상황은 아니고, 항상 그 특수한 상황의 제약이 가해진다는 이야기이다.

영향들이 대상을 완전히 흠뻑 젖게 만들지는 못하며, 어떠한 때에는 새로운 「정념적」 필요성하에서 「재가치화」(revalorisation)작업을 위한 어떠한 공간을 남겨둔다.

임노동이 처한 상황은, 즉 부과된 일과의 조우는, 가장 일반적으로 말하자면 「예속편입」된 자가 [상품의] 「가치」를 만드는 자세로 들어가게 만드는데, 그러한 부과된 상황이라는 그 자체는 고통스럽고도 슬픈 일이고, 더욱이 그 유일한 동기라는 것은 물질적인 결핍이라는 악을 피하고자 하는 것일 때 그러한 고통스럽고 「슬픈 정서」가 심화된다. 그런데 「코나투스」의 「**자활보전노력**」(vis existendi)은[163] 애당초에는 슬픈 것으로 운명지어진 이러한 상황에 대하여 [「기쁨」을 찾기 위하여] 「재투기」(再投企 réinvestir)하는 역동(force)를 가지고 있다. 왜냐하면 「코나투스」는 「기쁨」을 향한 자발적인 노력이고, 「기쁨」은 「활동력」(puissance)을 증가시키기 때문이다.

> 우리는 「기쁨」을 가져다 줄 것이라고 우리가 상상하는 모든 것을 촉진시키려고 노력한다(『윤리학』제3부 정리 28).
> 정신은 자신의 힘이 미치는 한 신체의 「활동력」을 증대시키거나 지원하는 것을 상상하려고 노력한다(『윤리학』제3부 정리12).

또한

> [정신은] 자신이나 혹은 자신의 신체의 「활동력」을 감소시키거나 억제하는 것을 상상하지 않으려고 한다(『윤리학』제3부 정리13계).

「코나투스」는 여력이 남아 있는 한 자신의 「기쁨」을 추구한다. 그리고, 어떠한 가장 참혹한 상황에서도 그러하다. 예를 들어, 프리모 레비(Pri-

---

[163] [역주] 스피노자의 용어인데, '지속적으로 존재하고자 하는 힘'을 의미한다.

mo Levi)가 아우슈비츠에서 만난 가장 순박하고 자연 그 자체인 인물 엘리아스(Elias)의 경우가 궁극의 예이다. 프리모 레비는 이 인물이 아우슈비츠와 같은 비참한 상황에서도 「기쁨」을 찾았을 뿐 아니라, 아마도 행복한 인간 그 자체로[164] 존재하고 있었던 것은 아닐까 하고 말한다.

일반적으로 「주도자」가 (「예속편입」시키는 주체가) 이를 의식적으로 인식하고 있는가의 여부가 중요한 것은 아니다. 어찌되었건, 그들은 이러한 인간에게 나타나는 「코나투스」의 성향을 충분히 활용한다. 그렇기 때문에 아무리 간단한 노동이라도 모종의 개인적, 사회적 조건 안에서는 즐거운 「재투기」를 할 수 있는 여지를 남겨둔다. 그리하여 그 안에서 본원적인 「욕망」은 자신을 「실현」할 수 있는 특별한 기회들을 발견하도록 하는 것이며, 따라서 그러한 경우 일을 흥미롭고 의미 있는 것으로 간주하도록 한다. 종래의 마르크스주의적 비판에 있어, 「교환가치」만을 위한 생산이라는 과정, 그리고 소위 '차별화되지 않은 「추상적 노동」(travail abstrai)'이라는[165] 개념을 강조하면서 주목하였던 「임노동자들」의 '일에 대한 무관심'이라는 것이 사실 과거에는 강력한 추세이었음은 이론의 여지가 없지만, 그럼에도 불구하고 그러한 추세가 절대로 불가역적인 것은 아니다.

이러한 현상은 [금융]자본의 입장에서 보면 약간 사정이 다르다. 확실히 [자본]축적이나 「자율적」인[166] 「가치화」의 과정은, 노동과정에서 화폐적 가치를 추출하는 것에 대한 관심만을 남겨두고, 그 나머지 모든 실

---

[164] Levi(1995: 98), 레비(2014).

[165] [역주] 단순 임노동의 경우 등은 그 노동이 차별화되지 않는다. 또한, 모든 노동 또한 「추상적 노동」으로 환원될 때는, 그저 '노동 일반'인 「추상적 노동」으로만 자본가에게 보여질 뿐이다.

[166] [역주] 자본의 입장에서는 이윤을 추구하는 것이 목적이지, 그 구체적인 대상은 중요하지 않다는 의미에서 「자율적」이라는 표현을 사용하였다.

체적인 것에 대한 관심은 철저히 절멸시켰다. 그런데 산업자본에게 있어서는 상황이 다르다. 그 투자하는 분야를 문제 삼지 않고, 단지 예상 수익률만을 좇아 금융자본이 구별 없이 다양한 사업을 향하여 움직이는 반면, 산업자본가들에게 있어서는 그들의 특별한 고유 활동과 결부되어 있는「정념적」인 애착의 형태들을 볼 수 있다. 물론 이러한 애착이 결코 배타적인 것이 아니고, 투자자금 회수를 저지하거나 혹은 다른 형태의 용도로 투자를 전환하는 것을 막기에 충분히 강력한 것은 아니다. 그럼에도 불구하고 그러한 애착은 충분히 의미심장하다. 산업자본가들은 그들이 하는 일들의 내용과 내재적으로 연결된 '도덕적'으로「가치화」된 그들 직종에서의 특성들을 만들어 낸다. 대형 토목건설 회사에서 '건설하는 자'로서의 정체성, 정보통신회사에서 '역사적 기술진보를 담당하는 자'로서의 정체성, 그리고 종합 미디어 회사나 전화 통신 회사에서는 '삶을 변혁하는 자'로서의 정체성이 바로 그것들이다. 이러한 모든 의미와「가치」의 생산은 단순히 화폐적 축적, 혹은 '추가 수입을 위한「욕망」'으로만으로는 환원될 수 없는 다른「욕망」으로부터 비롯된 것이며, 그것들은 미리 존재하였던 것은 아닐지라도 사물과의 조우로 인하여 생겨나는 것들이다.

　이와는 반대로, 금융자본의「코나투스」는 그 자본의 구체적인 발전에는 관심이 없고, 단순히「잉여가치」(*valeur ajoutée*)의 간조(干潮)와 만조(滿潮) 이외에는 아무것도 직접 건드리려고 하지 않는다. 따라서 그 이외의 다른 어떠한「욕망」도 가지지 않는다. 그도 그러할 것이, 그 금융자본이 운영되는 구조라는 것은 모두 이러한 실재적인 것으로부터의 애착을 단절시키는 바를 조장하기 때문이다. 그들이 사용하는 포트폴리오 관리 모델들은 산업자본 회사들의 주식을 소량으로 넓게 분산시켜 투자하는 것을 권장하고, 또한 그 주식들이 미래에 발생할 수 있는 수익에 대한 기대치의 변동에 따라서 끊임없이 사고 파는 형태의「유동성」관리에만 신경을 쓰며, 사실 그 산업자본 회사들의 실재적인 활동에 대하여서는 그다지 어떠한 신경을 쓸 여지는 많지 않다.[167] 반면 산업자본의 「코나투스」는 그 속성상 이미 투자되어 잠겨 있는 것이며 또한 가장 실재적인 활동에 투입된 것이고, 따라서 그 투자한 대상에 대하여 비금전적인 의미와 「가치화」를 필연적으로 형성한다. 어떠한 의미에서 그들은 자신의 활동 자체(*en elle-même*)를 대변한다. 그러나, 그들의 이러한 자세가 아무리 우스꽝스럽게 보인다고 하더라도, 이러한 「정념적」 원천에서 나오는 그리고 단순히 경영자들이 날조한 것에 불과한 것이 아닌 기업의 정체성 내지는 기업문화는 최소한 경영자들의 입장에서 볼 때는 실제로 살아 움직이는 의미들이다.

그런데, 사실 더 문제시되는 점은, 이러한 종래에는 단순히 「교환가치」에만 종속되어 있던 행위들에 대한 '재의미화(*resignification*)'가 「임노동자」에게도 가능하다는 것이다. 생산물들은 추상화된 자본의 통제하

---

[167] [역주] 이 말은 과도한 단순화라고 생각될 수도 있다. 하지만 그 저자의 기본 철학이 틀린 것은 아니다. 물론 현대의 소위 주식형 사모펀드(private equity) 회사 등은 회사의 실질적 내용에 보다 세밀한 관심을 기울이는 것은 사실이다. 하지만, 그들의 목적은 회사의 장기적 성장에 주목하기보다는 어떻게 하여 소위 투자의 내부수익율(Internal Rate of Return)을 극대화화면서 투자금을 회수할 것인가가 주관심이며, 따라서 투자 결정시 가장 중요한 것은 향후 그 회사 주식을 팔고 나갈 수 있는 미래의 「유동성」이다. 따라서 그들이 주주로 참여하는 경우 회사의 장기적 성장을 위한 시설 투자 등은 가급적 자제하는 것이 원칙이며, 또한 가급적 배당을 극대화하여 주식을 매각하기 이전이라도 가급적 단기간에 일부의 투자금을 회수하는 것이 중대한 전략 중의 하나이다. 왜냐하면 그들은 투자시 내부수익율의 극대화가 유일한 기준인데, 빠른 시간 내에 가급적 일부라도 배당의 형태로 투자금을 회수하는 것이 이 내부수익율을 극대화할 수 있기 때문이다.

에 있게 되는데, 따라서 그러한 생산물들로부터의「소외」에 대하여「임노동자」개인들은 가능한 한 전력으로 저항한다. 마치 차별화되지 않은 노동이라는「슬픔」혹은 무의미함 속으로 전개되는 그들의 삶의 힘들이 가라 앉지 않게 하기 위하여, 스피노자가 말한 것처럼 "정신은 자신의 힘이 미치는 한 신체의「활동력」을 증대시키거나 지원하는 것을 상상하려고 노력"한다. 그리하여 바람직하고「기쁨」을 주는 기회들을 찾아 자신의 행위들을「투기」(投企)한다. 물론 이러한「투기」는 그 정도에 따라 다양한 모습을 보이게 된다. 그것은 특히 개인의 기질, 그리고 어떠한 특정한 일의 내용의 성격에 따라 달라진다. 혹은, 그 내용들에 대한 사회적 가치평가에도 의존하는데, 그러한 사회적 가치평가에 따라서「욕망」의 대상을 구상하기도 한다. '만족하게 일이 완성되었다'라는 식의 형식적인 도덕감이건, 혹은 성취하여야 할 일에 대하여 실재적인 관심을 재창조하건 간에, 이러한 작은 하나하나의 변모의 모습들은 그것들이 실제로 일어날 때 소위 마르크스가 말하던 '추상화된 노동'이 가지는 상실감을 억제하도록 도움이 된다 (이때, 재창조라고 함은, 그것이 비록「임노동자」개인 개인에 의하여 만들어지는 것들이라고 하더라도 객관적으로 다시 발견되는 형태로 경험된다). 이러한 타자의「욕망」을 실현하기 위한 노동에 있어서 발생할 수 있는 상실감에 의한 위협, 따라서「노동력」을 '순전히' 낭비시킬 위협은 (물론, 이 낭비는 '순전'한 것은 아니다. 왜냐하면, 어찌 되었건 간에 그럼으로써 월급은 받으니) 결국 최종적으로 두 가지의 방법에 의하여 모면될 수 있다. 첫째 방법은 당연히 스스로 인정하고 체념하는 것 (따라서, 진정한 삶은 노동과 잠을 제외한 나머지 8시간에 있다고 외치는 것) 내지는 심지어 "삶을 유지하기 위하여 포기하는 다른 삶"이라는 인식 안에 갇히어 우울증에 빠지는 것. 두 번째의 방법은 반역과 투쟁의 길로서 (내부에서는 노조, 외부에서는 정치투쟁으로서), 스피노자처럼 다음과 같이 외치는 것, 즉, "「슬픔」이 클수록, 그「슬픔」과 싸우려고 노력하는 인간의

「활동력」은 커진다".[168] 그런데, 주체는 자신의 체념에서 오는 「슬픔」이 너무 크면 [두 번째 방법처럼] 직접 그에 맞서지 못하므로, 따라서 자신의 「활동력」을 증가시키거나 지원하여 주는 다른 어떠한 것들을 생각하기 마련이고, 따라서 그 「슬픔」으로 인한 무너짐을 「기쁨의 재발흥」(再發興 réenchantement)이라는 무기로, 즉, 그 자신의 「욕망」의 재창조에 의하여 물리치려고 한다. 그런데 그 같은 「욕망」은 「주인」의 「지배적 욕망」과는 별도의 「욕망」이지만 후자에로 「정렬」되어 있다. 이것에 의하여 「추상적 노동」에서 야기되는 공허함을 극복할 특수한 종류의 의미를 회복시키는 것이 가능하여진다. 즉, 그 「욕망」의 대상이 「초욕망」이라는 효과에 의하여 행복하게, 혹은 최소한 즐겁게, 그리고 어찌되었건 무의미하지는 않게 살게끔 다시 재구축된다. 이에 따라서 비록 「초욕망」의 노력에 의하여 비로소 즐거운 삶을 향하게 되었더라도 그렇게 재창조되고 바람직한 「욕망」으로 재충전된 「추상적 노동」은 최소한 「재유용」(再流用 réapproprié)될 수 있게 된다. 그리하여 피고용인들이 만약 스스로의 물질적인 재생산이라는 압박에서 자유로울 수 있다면 전혀 흥미를 보이지 않을 일들에 흥미를 보이고, 따라서 만족을 느끼는 것을 목격할 수 있다.

§19. 주인에 대한 사랑

그러나 「임노동관계」에서의 「공순」(恭順 obsequium)이 가지는 「공선화」 효과는 주로 외부적인 요인에 의하여 야기된다. 예를 들어 보자. 외부적 원인이라는 관념에 의하여 수반된 「기쁨」이라는 「정서」인,[169] 어떠한 개인에게 적용된 다음과 같은 사랑의 형태를 살펴보자: 나는 「주인」

---

[168] 스피노자 『윤리학』제3부 정리38 증명.

[169] 스피노자 『윤리학』제3부 정리13 주석.

에게 복종한다. 왜냐하면, 그 「주인」은 내가 좋아하는 혜택, 그리고 나에게 「기쁜 정서」를 주는 혜택들의 상상 속의 (혹은 현실의) 원인이기 때문이다. 그리고 이에 더하여 나는 더욱 「주인」을 따르는데, 그 이유들 중의 하나는 다음과 같다:

> 사람들이 기쁜 것으로 간주한다고 우리가 상상하는 그 모든 대상들을 우리도 성취하려고 노력하기 때문이다.[170]

이에는 어떠한 특정 개인에게만 그렇게 간주되는 대상도 해당된다. 그리고,

> 어떠한 사람이 타인을 기쁘게 한다고 상상하는 어떠한 행동을 하였을 때, 그는 그 자신 스스로가 그 타인의 「기쁨」의 원인이라고 생각하여 「기쁨」을 느끼게 될 것이다.[171]

우리는 이때 이 「주인」이라는 개념이 가진 일반적 성격을 간과하여서는 안 된다. 그 「주인」은 다양한 특수한 모습으로 나타나는데, 예를 들자면 종교 지도자, 부모, 선생, 직장상사, 군대의 지도자, 사랑하는 사람, 혹은 이 모든 것의 집합체인 여론도 그 「주인」의 한 형태이다. 다시 말하자면, 개인이건, 그룹이건 상관없이 우선적으로 우리가 그들로부터 사랑을 받고 있을 수 있다는 「기쁜 정서」가 기대된다면, 그리고 이에 추가 하여 그들을 기쁘게 만들 수 있는 우리 자신들의 능력을 생각하였을 때 기뻐서 자신을 사랑하게끔 된다면, 그러한 대상들이 바로 「주인들」이다. 나는 어떠한 것으로 함으로 인하여 「주인」을 기쁘게 만들 수 있고, 따라서 그 「주인」이 내가 그의 「기쁨」의 원인임을 인지할 수 있게

---

[170] 스피노자 『윤리학』 제3부 정리29.

[171] 스피노자 『윤리학』 제3부 정리30.

한다면 나는 그것을 하며, 따라서 그가 나를 사랑할 것이고, 나는 그에게 「기쁨」을 가져다주었기에 기쁠 것이다.

우리가 이러한 「정념」의 메커니즘을 즉각적으로 인지할 수 있다고 하여도 스피노자는 단순히 심리적 직관화에 호소하여 이 같은 주장을 개진하지는 않는다. 대신, 그의 『윤리학』에서 보이는 모든 종류의 「정서들」은 방법론적으로 '논증의 질서'에 따라서 도출되고 있다 (이러한 면에서 볼 때, 그의 『윤리학』에서의 모든 언명은 '명제'라고 부를 수 있다). 이렇듯 「정념」의 메커니즘이 '증명의 방식을 통하여 도출'되었다는 점을 차지하고라도, 그것이 가지는 상대적 단순성에도 불구하고 그것이 다루는 「정서적」 사실들의 다양성과 그 '무게'로 판단하건대 놀라울 만큼 '개념을 생성하는 힘'을 가지고 있다. 그것이 다루고 있는 대상에는, 개인적이거나 사회적이거나 상관없이 「인정」(reconnaissance)받고 싶은 「욕망」에 근거하거나 '사랑에 대한 갈구(quête d'amour)'의 다양한 형태에 근거한 모든 형식의 애착이 포함되어 있다. 그리고, '일에 대한 헌신적 마음가짐'에 대한 「인정」과 완수된 일들에 대한 「인정」의 요구가 임노동에 있어서의 화폐적 보상에 대한 요구를 대체하고 있는데, 이것은 이미 현대의 노동사회학에 있어서 진부하게 거론되는 주제들이다. 하지만 그 진부성에도 불구하고 이러한 주장은 사실 아주 타당하다. 왜냐하면, [업무에 따른 보상의 과다 여부에 따른] 불공평함에 대한 감정이 이러한 소위 상징적인 차원의 문제들로 이행되어 간다는 것은, 사실 [그것들이 상징적임에도 불구하고] 아주 현실적인 차원의 것으로서, 노동으로부터 요구되는 만족의 범위가 확장되어 감을 보여주고 있기 때문이다. 즉, 우리는 더 이상 단순히 돈을 벌거나 혹은 물질적 결핍에서 벗어나기 위하여 노동을 하지 않으며, 우리는 우리의 노동을 (즉, 우리의 사랑을) 제공받는 대상들이 [즉, 주인들이] 「기쁨」을 느끼는 것에서 「기쁨」을 얻기에 노동을 하기 때문이다.

이러한 스피노자의 언어 사용법상의 혁신을 따르는 경우 사랑이라는 단어를 노동과「임노동관계」와 관련하여 사용할 때 그것이 우리의 언어 습관과 다르다고 하여서 혼란스럽게 생각할 필요는 없다. 우리가 직관적으로「정서」상 이해를 하는 사랑이라는 단어의 차원을 벗어나야 한다. 발생론적 정의를 따르자면, 사랑은 어떠한 외적인 원인이라는 관념에 수반되는「기쁨」에 불과하다. 그것은 모든 '대상과 관계된(*objectale*)' 만족감을 지칭하는 가장 일반적인 개념이 될 수 있는 것이며, 그럼으로써 가장 소박한 것에서부터 시작하여 가장 사회적인 것에 이르기까지의 모든 가능한 만족의 대상들을 망라하여 다 포괄할 수 있다. 어찌되었건 그것은 에로틱한 사랑을 훨씬 넘어서는 것이다. 따라서 롤랑 보브(Laurent Bove)가 아주 일반적인 차원에서, '인간 행위에 있어서의 사랑의 구조(*la structure amoureuse du comportement*)'를[172] 논의하고, 그 대상이 어떠한 것인지 상관없이「욕망」은 근본적으로 '사랑받고 싶다는(*amoureuse*)'[173] 성질을 가지고 있다는 것을 강조하였을 때, 그는 충분히 옳다고 말할 수 있다. 왜냐하면, 힘(*puissance*)으로서의「코나투스」는 보다 큰 힘을 추구하는 노력, 즉「기쁨」이라는「정서」를 추구하는 것이며 (그것은 스피노자에 의하여 엄밀하게 정의된 바, 신체의「활동력」이 증가함이다)[174] 동시에「슬픈 정서」를 피하는 것이기 때문이다. 따라서「임노동관계」가 편재된 사회라는 세상'의 맥락하에서 논의가 되는 '사랑에 대한 갈구'에 대한 설명을 하기 위하여서는 개체 발생학적인 가정을 이용할 이유가 없어진다. 또한 아기와 부모 간의 원초적 연계를 형성시키는 '근본적인' 사랑에 대한 갈구라는 것이 ('승화(昇華 sublimation)'작용에 의하여) '변태(變態 *métamorphose*)'되어 다른 모든 사랑이라는 것이 나타나게 되

---

[172] Bove(1996: 41).

[173] [역주] 원문의 *amoureuse*(*amorous*)는 수동태적 의미로서, 사랑을 받고 싶은 마음임을 주목할 필요가 있다.

[174] 스피노자『윤리학』제3부 정의3

는 것이라는 방식 등의 설명도 필요 없어진다. (정신 분석학은 그 '근본적'이라는 말에 절대적 우선성을 부여하고 있다).[175] '사랑에 대한 갈구'의 바로 그 일반적인 메커니즘은, 「욕망」의 역동(force)이며 「기쁨」을 충족시키기 위한 노력인 「코나투스」의 바로 그 핵심 속에 각인되어 있는 것이며, 그리고 무엇보다도 우리가 타인에게서 사랑받음으로써 얻는 「기쁨」을 누리기 위하여 그들을 행복하게 만들 수 있는 우리의 능력을 (『윤리학』 3부 29, 30장) 파악함 속에 각인되어져 있다.[176] 부모-자식의 관계란 이러한 가장 근본적인 「정념적」 구도를 적용하는 첫 번째 대상에 불과하므로, 그때의 부모-자식 간의 사랑은 발생 심리학상에서 주장하는 것과는 달리 가장 핵심적인 위치를 주장할 수 없으며, 그것은 단순히 연대적으로 앞선 것일 뿐이다.[177] 따라서, 사랑에 대한 갈구는 매번 사랑에 대하여 새로운 기회들을 제공하여 주는 상황들과 마주침으로 인하여 다양하게 변화되어 가면서 스스로를 재활성화시킨다.

「임노동관계의 사회화」(la socialisation salariale)는 이러한 [사랑에 대하여 새로운 기회를 제공하여 주는] 상황 중의 하나임은 명백하다. 그리고 이러한 사실은 일반 상식에 부합한다. 진지하고, 성실하고, '공손(obsequious)'하고,[178]

---

[175] [역주] 직역하자면 '정신분석학은 이 근본적이라는 말을 강조하면서, 원초적 연계성을 주장하고 있다'.

[176] [역주] 다소 혼동스러운 문장인데, 우리의 '사랑에 대한 갈구'가 작동되는 메커니즘을 이해하기 위하여서는 「코나투스」와 타인을 행복하게 만들 수 있는 우리의 능력에 대한 이해가 전제되어야 한다는 뜻이다.

[177] 물론 이러한 시간적으로 앞선 것이 다시 재활성화됨으로써 결국 부모가 가진 이미지를 후에 사랑의 대상에서 찾으려고 갈구하는 등의 강한 연관성의 근거가 될 수는 있다.

[178] [역주] 원문에서는 라틴어 obsequious(공손한)이 obsequium(「공순」)에서 유래되었다는 부연 설명이 추가되었다.

그리고 정직한 사람들이 다양한 「욕망」의 대상을 추구하는 동기 중에는 물론 승진, 급여인상, 혹은 경쟁에서의 승리 등의 다양한 '전략적 이해관계(intérêts stratégiques)'도 있겠지만, 그에 더하여 '상급자'들로부터 사랑을 받는 「기쁨」을 갈구하는 것도 있는데, 이때 '상급자'라고 함은 어떠한 특정한 개인이나 기관[179]일 수 있다. (후자의 경우는 그 기관의 대표자들을 통한다). 타인으로부터의 「사랑받음을 통한 인정에의 갈구」(la quête amoureuse de reconnaissance)[180]의 메커니즘은 절대적 보편성을 가지는 것이지만, 노동의 세계에서는 특수한 굴절변화(déclinaison)를 한다.[181] 「임노동관계」상에 있어서는 다양한 상황적 조건들에 의하여 「임노동자」각자의 재량권상의 차이가 있을 수 있으며 그에 따라 그 '사랑받고 싶음'의 표현방식은 달라지고, 또한 표현 강도도 달라진다. 예를 들어, 최근에는 경영에 있어서 개인자율성을 존중하는 관리체계가 도입되는데, 사회관계들의 「심리화」(psychologisation)를 지향하는 현대적인 경향과 보다 넓게 연관되어 있을 수 있다. 어찌되었건, '고용주'의 사랑은 「기쁜 정서」의 원천이기 때문에, 고용주들로부터의 '인정에의 갈구(quête de reconnaissance)'라는 형식을 통하여, 「임노동자」관계상의 특별한 「소외」의 형식들 중의 하나, 즉, 「합의」라는 이름하에 '고용주'의 사랑이 「임노동관계」라는 「정념복합체」(complexe passionnel)에 자동적으로 그 위치를 차지하게 된다. 따라서 이러한 사실에서 생각하여 볼 때, '고용주'의 사랑은

---

[179] [역주] 원문에서는 '기관'들은 어떠한 큰 사랑을 받는 힘(grande puissance amoureuse)을 가지고 있다고 부연하였다.

[180] [역주] 원문은 *quête amoureuse de reconnaissance*(amorous quest for recognition)이다. 이때 갈구(quête)하는 것은 인정(reconnaissance)인데 그 인정의 양태가 사랑받는 것이라고 이해할 수 있다.

[181] [역주] 즉, 「임노동관계」라는 구조하에서는 어떠한 특수한 형태로서 나타난다.

「공선화」혹은「정렬화」의 바로 그 근원이 된다. 왜냐하면, 사랑을 갈구하는「정념적」인 메커니즘은 바로 그 특성상 그 사랑을 갈구하는 사람으로 하여금 사랑을 주는 사람에게「기쁨」을 줄 수 있는 어떠한 것을 하도록 하며, 따라서 전자는 자신의「욕망」을 후자의「욕망」에 부응하도록 한다. 하급자가 상급자에게 스스로를「정렬」시키는 것은 (물론 그 상급자도 그 위의 상급자에「정렬」되어 있지만)「정념적」인「공선화」의 일반적인 구조의 (서열적이며, 프랙털(fractal)적인 구조의) 일부인데, 그 이유는 '「의존관계의 사슬」(chaînes de dépendance)'은 또한 '인정받는 것에의 의존성의 사슬(chaînes de dépendance à la reconnaissance)'이기 때문이다. 따라서, 「임노동관계」의 일반적인 구조와, 그러한 구조가 개별적으로 적용되는 기업이라는 환경하에서 형성되는「사랑받음을 통한 인정에의 갈구」라는 일반적「정서적」메커니즘은, 어떠한 조직의「지배적 욕망」과 부합하는 특정한 능동적인 움직임들을 (즉,「욕망들」과 행위들을) 유발하는 특성을 가지게 된다. 이때 어떠한 조직의「지배적 욕망」은 최고경영자들의「욕망」에 의하여 대변된다. "「기쁜 정서」에 영향받는 사람들은 그「기쁜 정서」를 보존하려는 것 이외의 어떠한 다른「욕망」도 가질 수 없고, 그「기쁨」이 클수록 그「욕망」도 큰 것이다"라는[182] 스피노자의 명제로부터 알 수 있듯이, 이러한 특별한 형태의「정념적 예속」이라는 그물에 사로잡힌「임노동자들」은 명백히 그들의 것이 아닌, 그러나 그럼에도 불구하고 '사랑받음을 갈구(demande amoureuse)'하는「정서적」메커니즘의 작용에 의하여 그들의 것으로 스스로 만든 그러한「욕망」에게 봉사하기 위하여 즐겁게 움직인다. 그저 첫인상만 가지고「소외」된 것처럼 보여지는 다음과 같은 노력을 외부에서 조롱하고 또 동시에 슬프게 생각할 필요는[183] 없다: "어떻게 하여 하루 12시간 동안 경영관리에 매

---

[182] 스피노자『윤리학』제3부 정리37 증명.

[183] 스피노자『국가론』제1장1절.

달리면서 그것을 즐길 수 있는가?" 세상에 존재하지도 않는 독립성을 가진 '주체'를 상정하면서, 그 주체의 「자율적 중심」(noyau dur d'autonomie)으로부터 '낯설다(étrangeté)'고 하는 이유로 이러한 노력들이 「소외」된 것이라고 이야기함은 옳지 않다. 이러한 논리들이 가정하는 주체는 알뛰세(Louis Althusser)이전의 마르크스에 대한 해석에 있어서 볼 수 있었던, '「자기로부터의 분리」(séparé de lui-même)' 혹은 '「낯선 자기」(étrangeté à soi)'라는 표현에서 등장하는 신비한 형식을 가지는 주체인데, 사실 그러한 주체라는 것은 존재하지 않는다. 상급자의 「욕망」에 참여하고자 하는, 상급자를 기쁘게 하면서 동시에 그에 의하여 사랑을 받고자 하는 하급자의 「욕망」은, 어떠한 누구도 조금이라도 그에 대하여 이의를 제기할 수 없는 하급자 자신의 「욕망」인 것이며, 따라서 그 안에는 어떠한 '낯섦'이라는 것도 존재할 수 없다. 그것이 그의 원래적인 「욕망」이었는가의 여부는 중요한 것이 아니다. 어떠한 누구도 '원래적인' 「욕망」은 가지고 있지 않고, 지금 이 상급자의 「욕망」은 진정한 하급자 그 자신의 것이 될 것이다. 「소외」라는 것이 존재한다면 그것은 오로지 「정념적 예속」에서 오는 「소외」인데, 그것은 누구에게나 보편적인 것이고, 따라서 사람들 간에 어떠한 객관적인 차이점도 없다.

§20. 소명이라는 이미지

「임노동관계」에 있어서의 「합의」는 단지 개별화된, 즉 어떠한 특수한 사람 내에 투입된 사랑의 「정서」의 형태를 취하는 것만은 아니다.[184]

---

[184] [역주] 다소 혼동스럽게 들릴 수 있다. 그런데, 앞의 장에서는 '사랑을 받고 싶은' 심리에 대하여 이야기하였음에 추가하여, 이 장의 주요 주제가 소위 '모방'이라는 것을 염두에 두면 이해될 수 있는 구절이다. 참고로, 저자나 혹은 부르디외적인 관점에서의 모방은 단순히 의식적인 모

왜냐하면, 사람은 어느 특정한 [자기 자신만의] 중력장 밖에서 존재하는 「욕망」에도 이끌리기 때문이다. 이에 대한 충분한 증거들은, 행위를 하게 하고「욕망」을 행위로 표출시키는 규범들이 어떻게 개인에 내재화(incorporation)되고 있는가를 분석하고 있는, 소비, 기호 혹은 「소명」(召命 vocation)의 사회학, 혹은 사회학의 전 영역에서 찾아볼 수 있다. 규범들, 「욕망」의 대상, 직업적「소명」의 선택, 그리고 추구하여야 할 영예 등은 사회의 「자기변용」(auto-affection)[185]으로 인하여 생산되며 그러한 것들은 모두 사회화 작용의 결과인 것들이다. 이렇듯, 「사회체」(社會體 le corps social)가[186] 스스로에게 끊임없이 부과하는 「자기변용」이라는 거대한 작용의 실타래를 모두 풀어 내는 것은 불가능하다. 하지만 어떠한 특정한 대상을 미리 지정하지 않는, 「욕망」으로서의「코나투스」는 사회적 세계 속에서 [새로운] 대상을 항상 찾는다. 즉,「코나투스」는 그 대상을 주로 다른 사람의「코나투스」가 발동하는 모습에서 찾아낸다. [스피노자의『윤리학』내에서 말하는]「연상」이나「연관」(connexité)이라고 하는 관계에 의하여 어떠한 대상으로부터 다른 대상으로「욕망」이 이행하는 과정을[187] 제외하고 논의하자면, [타자의]「정서의 모방」(mimétisme des affect)은[188] 자신의「코나투스」를 만들어 내는 **'기초적'**인(élémentaire) 생산자이다.

방에 그치는 것이 아니라, 무의식적인 측면도 포함하는 것이고, 그러한 의미에서 쏘스타인 베블런(Thorstein Veblen)이『유한계급론』에서 묘사한 의식적 모방 심리보다 더 포괄적이다.

[185] 이「자기변용」은 본서의 중요한 개념 중의 하나인데 이에 관하여서는 역자 용어해설 275쪽을 참고.

[186] [역주] 사회도 하나의 신체를 가지고 있다고 보아서「사회체」라고 표현하였다.

[187] 스피노자『윤리학』제3부 정리 15계.

[188] 스피노자『윤리학』제3부 정리 27.

「욕망」이 순전히 양방향적 [개인들 간의] 상호 모방작용에서 나온다는 기존의 관념을 애당초부터 부정하기 위하여서는 바로 위의 '기초적'이라는 말을 강조할 필요가 있다.[189] 인간 상호 간에 양방향으로 영향을 주고받는다는 현상은 여러 다양한 관계들의 구조들 중 일부만 빙산의 일각처럼 돌출된 부분에 불과하며, 그 관계들의 구조 내에서 개인들은 단지 '국지적으로 현실화(réalisations locales)'된 것일 뿐이다. 어떠한 남자를 모방한다는 것은 단순히 그것만으로 이미 여성을 모방한다는 것은 아님을 의미한다. 또 그를 더 혹은 덜 모방이 가능한지 여부가 (즉, 모방할 값어치가 있는 사람인가 하는지 여부가) 전적으로 그 남자의 인간적 자질 면에서 결정된다. 즉, 모든 사회적 젠더 관계라는 무게[190] 아래서, 그리고 모방을 하려는 그 대상인 그 남자의 다른 모든 사회적 성질을 판별한 후에 모방을 행한다. 그리고 그에 따라서 모방의 세부 수정 항목들이 고려된다. 그 남자가 백인 또는 흑인인가, 부자 혹은 가난한 사람인가, 젊은이 혹은 노인인가, 그가 속하여 있는 사회집단, 영향력 있는 인물로서 알려짐의 여부, 혹은 「상징자본」(capital symbolique)을[191] 가지고 있어서 사회적으로 인정된 권위를 가지고 있는지의 여부 등이 그러

---

[189] 스피노자에 있어서의 「정서적 모방」에 대한 본격적인 사회-제도론적 분석에 대하여서는 Lordon(2010a)을 참고할 것.

[역주] 뒤에서 언급하다시피, 모방은 단순히 개인들 간의 상호 영향에 의한 것이 아니라 그 모방의 작용을 위하여서는 사회전체가 간여된다. 그러한 의미에서 개인들 간의 영향을 주고 받는다는 의미에서의 모방은 단지 가장 초보적인 수준만을 이야기할 뿐이다. 「정서적 모방」에 대하여서는 역자 용어해설 275쪽을 참고.

[190] [역주] 즉, 모방하는 대상이 남자라는 것은, 일반적으로 남자라는 대상에 대하여 사회가 가지는 평가 등에 의하여 결정됨을 의미.

[191] [역주] 역자 용어해설 281쪽 참고.

한 고려 항목들의 예들이다. 각자의 모방의 경우에 있어서, 사회적 관계들은 위의 이러한 사회적 특성들로써 표현이 되고 모방의 효과를 결정하게 되는데, 그러한 효과들은 단순히 그것이 외면적인 현상적 모습에서 보여지는 개인 간의 관계에 국한 되는 것들은 절대로 아니다. 이러한 사실들에서 볼 때, 모방의 메커니즘을 구체적으로 작동시키는 것은 [이러한 개인 간의 관계가] 확장-증식되어 복잡화되어진, 일종의 사회-제도적인 매개들이라는 것을 충분히 알 수 있다. 예를 들자면, 그러한 매개들 중의 하나는 소위 「상징자본」인데, 어떠한 대상이 가진 「상징자본」의 크기에 의하여 그 대상이 가지는 모방의 선호 순위가 결정되게 된다. 이러한 복잡성을 단순히 개략적으로 충분히 설명하기는 힘들며, 단지 「욕망」을 모방하는 아주 작은 부분까지도 사회전체가 간여한다는 말로만 대신하기로 하자.

이러한 [모방의] 결정 메커니즘은 비록 비인격화되어 있지만, 그럼에도 불구하고 그 실제적인 적용에 있어서는 모방되는 대상은 인격성을 가질 수밖에 없는 것인데, 그것은 직접적으로 모방되어지는 어떠한 실제적인 인물이라는 형태를 가지거나, 혹은 전래되어 오는 이야기의 권위력(*pouvoir*)에 의하여 모방의 대상으로 되는 가공의 인물로 대표되는 경우도 있다. 후자의 경우는 이브 시튼(Yves Citton)이 '「신정적」(神政的 *mythocratique*)'[192]이라고 지칭한 것에 해당되는데, 그것은 바로 상상력이 가지는 권위의 힘(*pouvoir*)이다. 그런데, 그 권위의 힘은 소위 「소명」이라고 하는 「욕망」의 대상이 되는 삶을 생산할 수 있다. 그러나 특히 강조하여야 할 것은 이러한 「욕망」이 생산되는 형태의 특수성이다. 그 「욕

---

[192] Citton(2010).

[역주] 「미토크라시」(mythocracy)는, 신화가 가지는 인간의 감정을 자극하는 힘, 이야기 형식을 띠는 단순성이 가지는 힘 등을 이용하여 인간의 사고와 행동을 사육화(飼育化)시키는 정치 체제를 지칭한다.

망」이 생산되는 형식은 분산되어 있고(*diffus*), 비인격적이며(*impersonnel*), 어느 곳에 속하여 있지도 않은(*inassignable*) 메커니즘이며, 따라서 쉽게 간과되거나 혹은 의식되지 못할 수 있다. 그러한 경향은 더더욱이 그렇다고 말할 수밖에 없다. 왜냐하면, 스피노자가 애당초부터 경고하는 바, 우리가 행위나 「욕망」에 대하여 가지는 의식은 그 행위나 「욕망」을 규정하는 원인까지는 의식하지 못한다. 특히 그 규정하는 요인들이 다수이고, 길게 늘어져 있고, 따라서 소위 사회라는 욕조에 개인들이 흠뻑 잠겨 있기에 나오는 결과물이라면 더더욱이 간과하기 쉽고 의식하기 힘든 것이다. 「욕망」하는 개인은 이미 자신이 무언가에 규정되어 있다는 자각은 거의 없고, 오히려 자신을 자신의 「욕망」의 기원으로 여기는 경향이 있다. 그때 특히 인과 과정이 복합적이며 부질없다고 여겨지기 때문에 더욱더 그러한 '규정되어짐'이 의식되어지는 것은 힘들어진다. 여기에는 개별화된 '사랑받음(*amoureuse*)'에 대한 의존 관계도 없고 인격화된 「정서」의 모방도 없다. 어떠한 존재의 전 궤도에 걸쳐서, 때로는 극히 미세한 정도의, 또 때로는 계시라고도 하여야 할 정도로 갑자기 결정적 모습을 보이기도 하는 사회적 영향 작용들에 무한정 그리고 끊임없이 노출되는 과정만이 있을 뿐이다. 인식은 무한한 인지능력을 소지하지 못하므로 어느 정도 타협할 수밖에 없다. 따라서 우리가 느끼는 그 「욕망」이라는 사상(事象 *fait*)은 자신 스스로를 그리고 그 자신만을 의식에 부과하며, 상상력을 동원하여 소위 '「자율적 결정」(*autodétermination*)' 내지는 「원초적 의지」(*volonté originaire*)'라는 환상을 만들어 내게 한다. 그리하여 어떠한 행위에 관련된 사람들은 그 행위가 '그들의 선택', '그들이 즐기는 것' 혹은 '그들의' 인생의 「소명」이라고 항상 이야기들 하게 된다. 그러한 행위는 다양하다. 예를 들자면, 영업('고객관리'), 회계 감사나 재무 분석('엄밀함의 추구'), 서비스업종('인적관계의 질적 향상') 등의 어떠한 특정한 행위를 사랑하는 것들, 그리고, 석유탐사(고위험 벤처), 항공산업(하이테크), 토목(야외에서의 활동)과 같이 어떠한 특정 분야를 사랑하는 것, 직업에서 오는 위상이나 금전적 보상과 같은 사업에서의 성공에서 따르는 명예 등을 추구하는 것, 일 중독증, 여행, 좋은 의복, 고급 명품잡화 등의 라이프스타일과 관계된 것을 추구하는 것 등. 그런데, 이러한 것들을 「욕망」의 대상들이라고 만들고, 이러한 「욕망들」에 스스로를 내맡기는 그의 선택을 결정하는 이러한 「정서적」 이미지의 축적이 전적으로 외부에서 유래되는 것인지의 여부는 이때 중요하지 않다. 외부로부터 주어진 이러한 「욕망들」이 진정한 내부의 「욕망들」로 변하여 그것들과 상응하는 직업이 부여됨으로써 만족할 수 있는 기회를 가지게 되었을 때 기쁘게 그 자신 스스로를 헌신할 수 있다는 그 사실만이 중요하다. 실재적으로 본다면 어떠한 의미도 없지만 최근 자주 애용되는 표현에는 개인이 '자기실현'을 한다는 말이 있는데, 이것의 진정한 의미는 자기 「욕망」을 충족시킨다는 것뿐이다. 주관주의자들의 환상이란 이러한 주체와 주체의 「욕망」이 철저히 같아지게 된다는 생각으로부터 (왜냐하면 자신을 실현하는 것과 자신의 「욕망」을 실현한다는 것을 같다고 보기 때문에), 그렇게 완벽히 양자가 일치하기 위하여서는 마치 주체가 그 「욕망」의 바로 독점적인 근원이라고 추론하기를 원하는 것이라고 할 수 있다. 그런데 조금 더 깊게 반성적으로 생각한다면 이러한 주관주의자들의 환상은 부정된다. 어떠한 조직에 의하여 그에 맞추어 재단되어지지만 이제는 완전히 자기 것이 된 이러한 「욕망」을 하게 되면서, 그때 당사자는 소위 「합의」를 하게 된다. 그리고 자기의 의사에 따라서 즐겁게 움직인다.

따라서, 무엇보다도 교육, 수련, 그리고 지도의 시스템을 통하여 사회 전체는 「소명」이라는 이미지를 생산하도록 작용하고, 그럼으로써 개인들을 미리 「사전적 정렬화」시키고, 「예속편입」되기를 「욕망」하도록 조건화되어진 미래에 「예속편입」될 후보로서 그들을 만든다. 그러나 이 과정은 전체적으로 보면 단지 부분적으로만 의도적일 뿐이다. 왜냐하면 그 과정은 특정한 주체가 없는 과정이라는 형태로서, 사회의 보다 광범위한 상상력의 작용들은 통제할 수 없이 넘쳐흐르는 것이며 (물론 이러한 통제를 명시적으로 달성하고자 하는 직업 상담 등의 기관들의 활동은 논외로 하자), 자본주의하의 임노동은 사회적 분업의 요건과는 어떠한 의도적인「사전적 정렬화」됨이 없이 수행된다. 따라서 때로는 그러한 사회적 분업의 요건과는 대립되기도 한다. 왜냐하면 이「소명」이라는 이미지의 물결 속에서도 시인이나 방랑 여행자, 독립 자영농, 돈과 타협하지 않는 면에서 한심한 자로 간주되는 예술가, 나아가 사회로부터의 모든 도망자, 어떠한 쓸모도 없는 사회 낙오자, 그리고 존재하지 않는 것과 다름이 없이 살고 있는 그 모든 [일탈]자들도 존재하기 때문이다.[193]

§21. 정신을 소유한다는 전체주의

이러한「사전적 정렬화」(*précolinéarisation*)는 절대로 완전하지 못하다. 그리고 α의 각도를 축소시키는 작업이 이루어져야 한다. 기업은 자신의 외부의 세상이 할 수 없었던 것을 스스로의 손으로 완성하려는 책무를 떠안는다. 물론,「임노동관계」의 근본적 구조의 작용, 화폐적 의존 관계의 작용, 그리고 젊은 사람들을 임노동생활에 미리 익숙하게 하고 규범화하는 일반적 사회화의 작용 같은 것으로 인하여 그 같은 α의 각도의 축소가 충족될 수도 있다. 그러나 이미 보았듯이, 각도 α의 단순한 축소만으로는 기업은 충분하다고 느끼지 않는다. 이제 신자유주의기업은 이 각도의 완전한 소멸 (즉 α = 0), 따라서 완전한「정렬화」를 요구하고 있다. 자본은 그 모든 제약에서 벗어나서 경제적 활동에 있어 새로이 발생한 환경, 즉 주주나 경쟁이라는 외부로부터의 '제약' 등을 빌미로

---

[193] 설령 자본주의가 이들 도망자를 체제에 재포섭하기 위하여 온갖 농간을 다 부린다 하여도 성공할 가능성은 없을 것이다.

하여 새로운 「예속편입」의 규범을 부과할 수 있게 된다. 실상 이러한 제약을 부과하는 그 동일한 구조들은 자본과 노동의 힘의 균형을 바꾸게 하고, 그럼으로써 완전한 「정렬화」가 가능하도록 한다.

슬픈 「정념」에 의한 과잉적 「동원체제」라고 불리는 것이 더 적확한, 소위 강제적 「예속편입」은 신자유주의기업이 가지는 패러독스의 끝이 아니다. 동시에 신자유주의기업은 아마도 임금 노동자가 자기가 사랑받으려는 것은 아닐지라도 최소한 자신의 「욕망」을 '보듬어 안게(*épouser*)' 만들고 그럼으로써 임금노동자를 즐거운 「정념」의 체제 속으로 인도한다.

이 경우 '보듬어 안다(*épouser*)'라는 말을 가장 강한 의미로 이해하여야 한다. 즉 채택하고 적응함에 있어서의 「완전성」을 의미한다. 이것은 다시 말하자면, 그 α 각도가 0이 됨을 달성하게 하려는 계획이 무제약적임을 암시한다. 따라서 이러한 무제약성이라는 망상은 어떠한 전략적 상황을 지시하는 경우를 시사하는 것뿐만 아니라, 어떠한 새로운 정치적 형태의 발아(發芽)인데 우리는 그것을 '전체주의(全體主義 *totalitarisme*)'라고 부를 수 있다. 물론, 이때 전체주의라고 함은 그 단어의 고전적인 의미에서가 아니라, 피고용자의 **완전한** 예속을 추구하고 있다는 의미에서, 보다 정확히 말하자면 피고용자가 스스로를 **완전히** '**투기**'(投企)할 것'을 추구한다는 의미에서의 전체주의이다. 또한 이것은 이중적 의미를 가지고 있는데, 이는 「임노동자」가 일반화된 공식을 따라 스스로를 '완전히 「투기」할 것'을 기업에 의하여 요구받으며, 동시에 그리고 그가 기업에 의하여 완전히 '「투기」 당하게 되는 것'을 (즉, '침범(*envahir*)' 당하게 되는 것을) 의미한다. 이러한 상황은, 단순히 양적인 측면에 있어서 임노동을 과다하게 「유용」(流用)하는 것뿐만 아니라, 완전한 「예속편입」 계획의 최대의 기념비로서 개인들에게 요구되는 가장 극단적인 형태의 폭정이다. 신자유주의기업이 요구하듯이, 「임노동자」의 삶과 모든 존재를 통째로 예속시키려는 것, 즉, 「예속편입」된 개인의 기질, 「욕망」,

그리고 태도 등을 그 기업의 목적에 봉사하기 위하여 만드는 것은, 요컨대 그「예속편입」된 사람들이 각기 가지는 개별적 특성을 다시 재조형(再造形)하여 이제부터는 그의 모든 성향이 자발적으로 기업이 원하는 방향으로 기능하도록 만드는 것인데, 이것은 샤머니즘적인 의미에서의 개인을 마치 완전히 귀신에 사로잡히게 하는 것과 같은 정신착란적인 (délirant) 계획이라고 볼 수 있다. 따라서 우리는 전체주의를 인간의 가장 깊은 곳까지 가장 완전히 장악하려는 것을 목표로 하는 시도라고 능히 일컬을 수 있으며, 그것은 단순히 외면적인 노예화에는 절대로 만족하지 않고 '내면'까지도 완전히 복종할 것을 요구한다. 신자유주의기업들은 완전한「정렬화」를 원한다. 완전한 '접착(adhésion)', 즉 d(「피지배자」의「욕망」)가 D(「지배자」의「욕망」)로 완전히 접착되는 것을 원한다.[194] 그것은 그 자신과「피지배자」개인들 간에 놓인「욕망」과 방향성이라는 차원에서의 간극을 철저히 없애는 것을 원하며, 다시 말하자면 완전한 **일체화**를 요구한다.

신자유주의기업은,「예속편입」된 자들의 모든「활동력」(puissance)을「포획」하기 위한 전초 조건으로서 그들이 신자유주의기업의 목표와 철저히 동일화될 것을 원하므로, 개인들을 '붙잡아서(prendre)',「사전적 정렬화」될 수 있는지의 정도를 평가하려고 한다. 그런데 개인들 중에서는 애당초부터 자신 스스로 자발적으로 기업이 원하는 방향으로 나아가려는 사람들도 존재한다. 자신들의 실존적 이해관계라고도 불릴 수 있는, 단순히 돈을 벌고자 하는 목적이 아니라 넓게는 자신의 삶의 방향의 실현이라는 것이 계산의 방정식에 삽입되게 함으로써 자신들의 핵심적인 이해관계가 처음부터 기업과 바로 연결되게 되는 경우이다. 예를 들자면, 신자유주의기업의 최고 경영자층과 고급 간부들은, 그들의 직업적인 삶을 그들의 삶 그 자체로, 따라서 삶의 전부로 만들고, 즉각적으로

---

[194] [역주] 69쪽의 그림1을 참고할 것.

그 조직의 목적과 자신을 가급적 가장 완벽하게 「정렬화」시킴으로, 조직을 위하여 가능한 한 최대로 봉사하고자 한다. 반면 그와 같은 수준의 애착이 없는 사람들은 다시금 「재정렬화」(recollinearisation)되도록 되어야만 한다. 이러한 개인의 「내면」, 「욕망」 그리고 행동 태도 등을 '기성품'으로 다시 만들어 내는 이러한 광란적인 작업에 전체주의라는 개념을 적용시키기 위하여서는 그러한 '신자유주의적 주체들의 제조 공장(fabrique des sujets néolibéraux)'의 핵심에 접근할 필요가 있다. 다르도(Dardot)와 라발(Laval)[195] 식으로 말하자면, 이러한 '인적자원 프로그램'의 세부, 즉 그 공장 안에서 어떠한 일들이 발생하고 있으며, 개인들이 그곳에서 무엇을 하도록 되어 있으며, 또한 행위와 정서의 재교육(rééducation comportementale et affective) 프로그램으로 인하여 도달할 수 있는 정도에 대하여 고찰할 필요가 있다. 그런데 위와 같은 개념적 서술보다는 어쩌면 차라리 장 로베르 비알레(Jean-Robert Viallet)의[196] 기록 영화에 등장하는 경악스러운 모습들이 훨씬 더 이러한 상황을 이미지로서 적나라하게 보여준다고 생각된다. 이 기록 영화는 전화 콜센터 서비스라는 인간을 '규격적으로 「순응화」'시키는 지옥 같은 세계로 안내한다. 그곳에서는 응대 시간의 계측이라고 하는 양적 통제에 더하여 말투와 억양이라고 하는 질적 차원까지도 통제되어진다. 또는 그룹 '세미나' 장소의 분위기는 일견 부드럽게 보이지만 사실은 더 사악한 폭력이 그 뒤에 숨어 있는데, 그곳에서는 관리자들은 명령에 따라 강제로 웃어야만 하거나 또는 명령에 따라 의태(擬態 comédes)를 연출하여야만 하며, 그들 「정서」로부터 모든 것을 다 짜내어 바치도록 요구된다. 이 기록영화 중 가장 참담하면서 동시에 그 절망적 상황에 대한 유일한 해독제이기도 한 장면은, 이 '행위 재교육 세미나'의 리더인 소위 인재 관리부 부서장이 드디어 짐

---

[195] Dardot et al.(2009).

[196] Viallet(2009).

을 싸고 기업을 그만두는 장면이다. 그리고 그는 다른 지역으로 옮겨서 '새로운 삶(une vie nouvelle)'을 희구한다. 마치 그 견디기 어려운 일에 참여하였기에 야기된 그 혼란스러워진 감정을 자신도 더 이상 견디기 어려워진 듯이.

§22. '대리 여자 친구 서비스'[197] ('은혜의 눈물'을 바친 뒤에)

「임노동자」가 가지고 있는 「욕망」을 재구성하는 것에 성공한 기업과, '작동 불량을 수선'하는 무조건적인 노예화라는 두 영역 사이의 경계선은 아주 희미하다. 위니프레드 포스터(Winifred Poster)는 어떠한 미국의 서비스 제공 회사의 해외 콜센터에서 일하는 인도인 임노동자의 경악스러운 실태를 기술하고 있다. 고용주는 인도인 노동자가 손님에게 보다 잘 '응대하기'위하여, 미국인처럼 위장하도록 강제하는 것을 주저하지 않는다.[198] 인도인 「임노동자」는 영어를 미국식 억양으로, 그리고 미국인처럼 수다스럽게 말하여야만 할 뿐만 아니라 그들 각자가 담당하는 미국 내의 지역 시사 문제에도 (특히 스포츠와 일기예보) 관심을 가지고 있어야 한다. (심지어 『친구들』(Friends)과 같은 미국 내의 TV 드라마도 보도록 요구된다). 그리고 마지막에는 자신의 이름을 바꾸지 않으면 안 된다. (예를 들면 인도식 이름인 '아니루'를 미국식으로 '아놀드'라고 바꾸게 한다).[199] 이러한 사례는 경제가 점차 서비스 분야로 이행한다고 하는 일반적 경향을 여실히 반영하고 있는데, 그러한 서비스 업

---

[197] [역주] 보수를 받고 여자 친구의 역할을 대행하여 주는 서비스.

[198] 이 사례는 데이비드 앨리스(David Alis)로부터 차용한 것이다(Alis 2009). 원래 논문은 Poster(2007).

[199] Alis(2009: 231).

종에서는 생산적 성과라는 것은 무엇보다도 '인간에 의한' 성과, 즉, 인간의 「정서적」이면서 행위적인 성과이다. 이러한 모습은, 신자유주의가 추구하는 이상적 세계, 즉, 개인을 완전히 개조한 세계라는 것이 무엇인가를 명확히 보여 준다. [신고전파] 경제학자들이 애용하는 개념과(즉, '노동이라는 생산 요소'와), 경영자들이 애용하는 개념('인적 자원') 속에 이미 깊이 각인되어 있는 인간의 「물상화」(物象化 chosification)를 그 극단까지 몰고 감으로써, 자본이라고 불리는 「지배적 욕망」은 자신이 필요로 하는 것과 부합하는 어떠한 종류의 모델에도 신축적으로 적용 가능한 재료를 끊임없이 「임노동자」 내부에서 찾아내려고 하는 스스로의 의지를 더 이상 숨기지 않는다. 그럼으로써 「임노동관계」라는 것을 '도구'의 관계라는 차원으로서, 즉 「유용성」(有用性 utile propre)으로 환원(reductio ad utensilium)'시키는 일종의 최후통첩을 보내는 것이다. 이렇듯 대규모로 개인들의 정체성을 새로이 재창조하려는 계획을 실행하려면 어떠한 개인의 '내적 일관성(consistance interne)'들도 속속들이 부정하여야 한다. 우리에게는 '인간의 존엄성'이라고 하는 단어조차 더 이상 사용할 여지가 없어지게 된다.

하지만 인도로 이전된 콜센터의 상황보다 더 심한 경우도 있다. 콜센터의 경우에는 임노동자가 하여야 할 역할을 고객과는 아주 먼 원거리에서 실행하는 것이므로 인격의 식민지화에 저항할 여지가 남아 있다. 즉 연기가 끝나면 인격적 통합성을 회복할 수 있다. 그에 반하여 통상적인 서비스 산업의 경우, 기업은 「임노동자」에게 요구되는 「정서」를 (손님에 대한 감정이입, 주의, 간청, 미소 등) 표현하도록 요청할 뿐만 아니다. 그렇게 요구되는 「정서」가 단순히 표면적인 것이 아니라 '진정으로' 그렇게 느끼도록 요구한다. 이는 17세기 교회에서 행하여졌던 것과 똑같다. 당시 기독교계는, 죄의 용서를 할 때에 참회의 기도, 즉 의례적인 말을 구할 뿐만 아니라 (왜냐하면 이러한 밖으로만 드러내는 말은 불순한 생각을 숨길지도 모른다는 의심을 할 수 있으므로), 그

고해한 자의 내면에 진정한 신에 대한 사랑이 존재하고 있어서 그로부터 회개의 말들이 내면에서의 목소리로 유출되어 나오는 것을 요구하였다.[200] 교회가 가지는 역사적 역동성 면에서 살펴보았을 때, 교회는 그 복음을 만인에게 널리 전파하는 사명과 걸 맞는 이름, 즉, 「카토리코스」(katholikos),[201]에서 유래된 '가톨릭'이라는 이름하에, 원래는 위대한 스승이나, 혹은 소수의 선택된 자들만을 위하여 유보되어 있던, 「은혜의 눈물」(don des larmes)[202]이라는 실천요강을 이제는 전 신자에게까지 확대하였다. 이 눈물이야말로 그 눈물을 흘리는 사람에게 진정으로 신의 은총이 깃들어 있다는 내적 「정서」의 외적인 상징으로 간주되어 그것이 바로 신에 대한 사랑의 증명이라고 여겨졌다.

연면히 오랜 시간을 거슬러 오는 동안, 신자유주의적 자본주의는 이러한 오랜 동안의 [교회의] 역사적 동학(動學)을 계승하고 그에 더하여 자신만의 고유한 요소를 첨가하여 발전시켜서 이 「은혜의 눈물」이라는 요소를 그 모든 임노동 계급에게 과제로 부과하였다. 그러나 「은혜의 눈물」을 흘리는 식의 재주를 누구에게나 적용한다는 계획에는 어려움이 따른다. 신자유주의기업은 직원 개개인이 스스로 진심으로 느낀 바에 따라 충실하게 서비스하는 것이 서비스의 감정적 질을 높이고 진실성을 보증한다고 간주하고, 인위적이지 않는 진정으로 순수한 것을 만들어 낼 것을 필연적으로 요구하는 「이중 구속」(double bind)'의 상태로 이제 서슴지 않고 「임노동자」를 내 던진다. (즉, "만들어질 수 없는 것

---

[200] Delumeau(1990).

[201] [역주] *katholikos*(καθολικός)는 원래 '보편적'이라는 고대 그리스어 형용사에서 유래하였다. 이는 그리스어에서 '~에 관하여'를 의미하는 *katá*(κατά)와 '전체'를 의미하는 *hólos*(ὅλος)라는 두 단어가 합성된 형태이다. 후기 라틴어에서 *catholicus*로서 광범위하게 사용되기 시작하였다.

[202] Nagy(2000).

을 만들어라"라는 것이다). 구체적으로 말한다면, "미소는 진정으로 자연스럽고 마음속 깊은 곳으로부터 나오는 것이 아니면 안 된다"[203]라는 것을 명령하는 것이다. 인간이라는 '원재료'는 (이 단어는 '인적 자원'이라는, 진실과는 동떨어져 있는 단어보다 기업가들에게는 그래도 더 선호됨이 분명하다) 이러한 '명령'에 따른 자발성과, 요구에 부합하여 '자연적으로' 우러나오는 자발성이라는 이 양자 간의 모순성을 최대한으로 극복하고 수용하여야만 한다. 그런데, 이러한 [기독교식 의미에서의] 「은혜의 눈물」은 현대에 있어서는 어떠한 반향도 불러일으키지 못하기에 필히 다른 방식을 추구하여야만 하며, 또 그 다른 방식을 분명히 찾아낼 것이다. 언젠가 도덕이나 법규가 변화하여서 매춘이 허용되어 음지로부터 합법적인 시장에 뛰어들게 되면, 이 영역에 진출하는 기업들은 종업원들에게 손님을 영원히 맹목적으로 사랑할 것을 요구할 것이 분명하다. 신자유주의의 자본은 본질적으로 '대리 여자 친구 서비스(girlfriend experience)'의 세계이다.

§23. 예속편입된 욕망의 측정 불가해한 수수께끼

그러나 개인을 다시 리모델링하여 「정서」를 가진 로봇으로 만든다는 것은 어떠한 기묘한 뒷맛을 남긴다. 신자유주의 유토피아의 또 다른 얼굴, 즉, 유쾌하고 만족스러운 얼굴은 **똑같은** 「욕망」을 하는 개개인들이 모인 아름답고 자발적인 공동체와 같은 형태를 취한다. 자본을 대신하여 직원을 모집하는 간부들에게는 이러한 환상은 「유동성」이라는 것에서 오는 환상만큼 매력적인 환상이다. 그러나 그 환상은 아직 충분히 달성된 것이 아니며, 항상 의심이라는 녹(綠)이 그 위로 자라면서 그러한 환상을 끊임없이 부식시킬 수 있다. 예를 들어 모집된 지원자들

---

[203] Alis(2009: 227).

은 그 기업의 사업인 요구르트 생산에 대한 열정만을 가지고 있다고 맹세하는데, 과연 그것을 끝까지 믿을 수 있을까? 모집 담당부서는, 일찍이 마르크스가 주장한 「노동」(labour)과 「노동력」(labour-power)의 차이,[204] 그리고 후자가 전자로 전환할 때 생기는 끊임없는 문제를 재발견한다. 「노동력」을 구입하더라도 그것을 미래에 효율적으로 그대로 「동원」할 수 있음을 보장하지는 않기 때문에, 모집하는 측은 이 「노동력」의 실현성(actualisation)이 훼손되는 것이 아닌가 하는 근원적인 의심을 계속 품을 수밖에 없다. 물론 모집된 직원들은 당연히 「정렬화」라고 명명되어진 기계 장치로 옮겨진다. 하지만 누구도 알고 있듯이 「욕망」의 리모델링은 항상 불확실한 작업이다. 언제든지 반항에 마주칠 수 있고, 그것의 유효성은 결국 그 작업이 줄이려고 하는 α 각도의 크기에 반비례한다. 따라서, 모집되는 직원들의 최초의 「정렬화」의 정도는 전략적 중요성을 가지는 것이며, 이러한 점은 직원 모집 과정에 있어서 다양한 경로로 확인하도록 시도되는 일반 관행에서 나타난다. "이 사람이 우리의 「욕망」의 공동체에 과연 들어올 수 있을까?" - 이것은 모집 담당 과정에서 필히 물어 볼 수밖에 없는 중요한 질문인데, 이는 지원자가 가진 능력의 평가만큼 중요한 것이다. 특정 기술적 능력은 사실 거의 이차적인 중요성만을 가진다. 학교나 대학에서의 교육을 통하여 지원자들은 일반적인 지식 습득 능력은 획득하였으니, 기업이 요구하는 특수한 전문 기술만 기업이 제공하여 훈련시키면 된다. 하지만 만일 모든 것의 원동력이 되는 「욕망」에 의하여 활성화되지 않는다면 이러한 기술적인 능력이 어떠한 「유용성」(有用性)이 있을까? 이러한 「욕망」의 수준을 결정하는 것은 결국 수수께끼같은 개인에 달려 있다.

필요한 제 조건들에 사전(辭典)식 순서를 매긴다면 신체와 정신을 「동원」하는 역동(force)로서의 「욕망」은 물론 최상위를 차지하며 다른 모

---

[204] 주석 55 참고.

§23. 예속편입된 욕망의 측정 불가해한 수수께끼

든 사항은 그 밑에 자리 잡게 될 것이다. 그러나 모집하는 임원들에게는 그 지원자들이 가지는 「욕망」의 성향은 개인들이 「정렬화」라는 기계에 던져지기 전에는 근본적 불투명성과 불가해한 수수께끼로서 비춰지고 있다. 따라서 "그는 정말로 이것을 좋아하는 것일까? 무엇이 그를 진정으로 움직이는 것일까?" 혹은 더 정확하게 말한다면 "우리가 하고 있는 일들을 위하여 그가 정말로 움직일 것일까?"라는 불안감이 생긴다. 물론 지원자들은 자신들이 대상이 되고 있는 조사의 성질을 잘 알고 있다. 따라서 당연히 똑같은 전략을 채택한다. 즉, 일반적으로 '동기'라고 불리어지는 것, 즉, 하고 싶다는 「욕망」이 있다는 당연히 아주 최소한으로 필요한 선언을 하면서 미리 자신의 관심을 천명하게 된다. 즉, "그 일은 매우 흥미가 있습니다, 저는 ~ 에 정말 매력을 느낍니다" 등. 이러한 대답들이 가지는 스테레오 타이프 식의 성격은, 다음과 같은 패러디에서 잘 드러난다. 행위 예술가 줄리언 프레비유(Julien Prévieux)는 그가 구인 광고에 응하여 보낸 '비(非)응모 원서'를 통하여 아주 좋은 예를 제시하고 있다:

> 『일자리와 고용』이라는 잡지에 실린 구인광고를 보고 편지 드립니다. 저는 지금까지 나쁜 일은 아무것도 하지 않았습니다. (…) 마약을 하지도 않습니다. 동물을 좋아합니다. 도둑질은 하지 않아요. 남들과 하는 것처럼 똑같이 슈퍼의 상품을 삽니다. 건강을 유지하기 위하여 스포츠를 하고 있어요. 언젠가 아이를 한 명 또는 두 명, 그리고 강아지를 가지고 싶다고 생각하고 있습니다. 또한 나중에 집도 사고 주식도 사고 싶습니다. 그리고 제가 아무 잘못도 하지 않았다는 것을 증언할 수 있는 증인도 있어요. 제가 무슨 죄가 있는지 저는 이해할 수 없어요. 그런데, 죄없는 저에게 왜 귀사가 기초 데이터에만 근거하여 강제 노동을 부과하려고 하는지 이해할 수 없습니다. (…) 그러니, 제발 저를 고용하지 마세요.

이것은 직원으로 선발되기 위하여 사전적으로 필요한 「순응화」라는 것을 희화(戱化)적 방식으로 묘사한 것인데, 그러한 「사전적 순응화」(事前的 順應化 prénormalisation)는 바트루비(Bartleby)[205]식의 「욕망」, 즉, '나는 ~하고 싶지 않아'라는 형식의 「욕망」이 가진 심연에 의하여 압도당하고 있다. 그런데, 이에 대하여 회사의 익명의 인사부 직원 이름으로 보낸 답변은 이 같은 '비(非)응모'의 요점은 전혀 의식하지 못하고 엉뚱한 스테레오타이프식의 문장으로 가득 차 있는데, 이것이 이 코미디의 또 다른 재미 있는 점이다:

> 우리는 당신이 우리 회사에 표명한 신뢰에 대하여 감사하게 생각합니다. 당신의 자질에 대한 많은 관심에도 불구하고, 우리는 유감스럽게도 당신을 채용할 수 없다는 것을 통지하지 않을 수 없습니다. 물론 당신의 교육 수준과 경험은 저희가 찾고자 하는 자리에는 적합하지만, 다른 더 좋은 지원자가 있기에 (…) 감사합니다.[206]

어쨌든 줄리언 프레비유의 '비응모지원서'라는 역설적 퍼포먼스에 담긴 내용은 어떠한 일자리에 대한 특수한 관심의 표명은 당연히 아니며, 「임노동관계」에 있어서 사전적으로 요구되어지는 자질인 전반적인 사회의 「순응화」에 대하여 급소를 찌르는 비평이며 부수적으로는 「임노동관계」와 사회의 전체적인 질서가 혼연 일체가 되어 있음을 보여주는 좋은 예시라고 할 수 있다. 우리는 단순히 **자본주의 경제 속**에 살고 있는 것이 아니라 **자본주의 사회 속**에 살고 있다.

---

[205] [역주] 허만 멜빌(Herman Melville)의 단편소설 『Bartleby, the Scrivener』(1853)의 주인공. 대서를 직업으로 하는 주인공 바트루비는 일을 거부하고 해고도 거부하고 원조를 받지도 않다가 결국 굶어 죽는다.

[206] Prévieux(2000).

그런데, 고용주를 납득시키려면 더 많은 것이 필요된다. 어떠한 기업에게 필요한 특별한 「욕망」을 가지고 있다는 일종의 진정한 증명이 요구된다. 그런데 고용주의 입장에서의 조사와 응모자의 입장에서 입증이 비교적 수월한, 즉, '열정'이라는 측면에서 모든 것을 파악하기 쉬운 그러한 직종이 있다. 예를 들면 스포츠 용품의 판매이다.[207] 이 분야의 고용주들은 당연히 응모자가 어떠한 스포츠에 '진정으로 열정이 있는' 스포츠 광들을 쉽게 분별하여 채용할 수 있는 것을 알고 있다. 물론 스포츠를 좋아하는 것이 아마도 충분조건은 아니겠지만 적어도 그들을 요구되는 고용의 원칙에 순응시키기에는 적당하다는 것은 예상할 수 있다. 왜냐하면 응모자들이 개인적으로 선호하는 활동을 상기시킬 만한 물건들에 둘러 싸여 일하기 때문에 요구되는 일에서의 원칙을 그만큼 잘 견뎌낼 수 있다. 그러나 모든 분야가 이렇듯 개인적 정열을 불러일으키는 취미 영역과 일치되는 것은 아니다. 이러한 아주 특수한 경우를 제외하면 응모자가 일에 대하여 자신의 의지를 선서한다고 하더라도 고용주의 입장에서는 사실 의심을 가질 수밖에 없고, 따라서 좀 더 철저한 검증을 요하게 된다. 어떻게 하면 응모자의 심적 태도를 조사하고, 그들이 가진 활동하는 힘이 향하는 바를 확인하고 따라서 그들이 자발적 활동성을 가지고 있다는 것을 확인할 것인가? 이를 위하여 인사부 간부들은 응모자들의 단단한 「욕망」의 핵에 구멍을 내고 들여다 볼 수 있도록 아주 다양하고도 기묘한, 그리고 때로는 망상적인 방법들을 전개하여 사용하는데, 사실 그러한 방법들은 어떠한 합리적인 면도 결여하고 있어 비합리적인 것으로도 전락하고 만다. 과거 수십 년간 개발된 직원 선발 방식의 변천은 현대 자본주의의 변화와 그것의 「동원체제」를 잘 반영하여 주고 있다.

거의 자동적이라고 할 수 있는 과거의 선발방식은 어떠한 특정 직업

---

[207] Gasparini(2006) 참조.

과 그 안에서 세밀하게 분화된 각종 직능에 필요한 교육수준과 경험이라는 단순한 범주에 의하여 의존하고 있었는데, 그러한 방식들은 점차 새로운 형태로 옮겨가게 된다. 목표들에 의하여 (프로젝트들로) 정의가 된 오늘날의 일들과 부합하여 필요한 어떠한 내적 자질이 있는지의 여부가 주 관심사가 되는데, 사실 오늘날의 일들은 실제로 목적을 달성하기 위한 개별 운영방식의 개발을 각자 자율적인 「임노동자」 개인의 자발성에 맡기는 방식으로 이루어 진다. 일의 정의(定義)가 보다 일반적인 성격을 가지게 되어감에 따라서 이에 부합하는 직원의 선발 과정도 그렇게 변하였고, 이에 응모자의 어떠한 특정 기술적인 자질보다는 일반적인 '행동 기질적 적합성'이 더 중요하게 부각된다. 그러나, 기술적 자질은 쉽게 합리적인 기준에 의하여 판단 가능한 반면 이러한 '행동 기질적 적합성'은 전혀 그렇지 못하다. 그럼에도 불구하고, 사후적으로만 경험과 관찰을 통하여 판별할 수 있는 것들을 사전적으로 억지로 판단하여야만 한다는 압력이 당연히 존재하고, 따라서 비상식적인 수단까지 동원하여 실제로 가능한 모든 방법들이 다 동원되게 된다. 예를 들어 보자. 롤플레잉 실험(무언가 밝혀내는 효과가 기대됨), 실제로는 전혀 상관없는 질문으로 채워진 설문서(문제되는 것은 그 개인의 전체적인 상(像)이며, 따라서 개인 사생활을 물어보면 무언가 그 개인에 대한 중요한 실마리가 발견됨), 준(準)행동주의적 심리학적 실험 기법(이는 피 실험체의 반응을 테스트함), 필적학(위로 긋는 선과 아래로 긋는 선의 형태에서 그 개인의 성격상 숨겨진 부분을 간파 가능), 체형학(뚱보 중에는 게으름뱅이가 많음), 역술(숫자는 거짓말을 하지 않음), 점성술(천체도 거짓말하지 않음) 등. 이러한 모집 선발방법은 1980-90년대에 미친 듯이 사용되었다가 지금은 과도기적으로 다소 수정되고는 있으나, 직원 선발 과정은 아직도 여전히 비합리주의의 색채를 유지하고 있으며, 이는 그 목적 자체가 필연적으로 불가능하기에 당연하다. 그리고 응모자가 기업이 원하는 「정렬화」에 적합한지 여부를 사전 조사하는 것에는 늘 넘기 어려운 한계가 있기 때문에 기업은 고용 이후 최대한 나머지 「정렬화」작업을 완수하여, 기업의 「욕망」을 자신 스스로의 것으로 일치시킬 수 있는 「임노동자」를 생산하여 낸다.

§24. 내면성도 없고 따라서 내면화도 없다

「주인」의 「욕망」을 자신의 「욕망」으로 삼는 것, 이것이 마음 가볍고도 동시에 즐거운 복종의 아주 단순한 비밀이다. 이것을 우리는 「내면화」(intériorisation)라고 할 수도 있지만, 아무리 낯익은 단어라고 하여도 이 개념은 문제를 풀기보다는 오히려 문제를 가중시킨다. 왜냐하면, 「합의」는 항상 '주체의 진정성(authenticité du sujet)'의 존재 여부라는 문제에 다시 봉착하기 때문이다. 왜냐하면 이 단어가 명백히 나타내고 있듯이 진정성은 주체의 핵심이며 그것은 항상 내부에서 찾아야만 하기 때문이다. 그러나, 「합의」와 「강압」을 구분하는 것은 단순히 위치의 차이, 즉, 안과 바깥이라는 차이는 아니다. 오히려 그것이 기쁜 것이든 슬픈 것이든 「정서」의 본질에 있어서 차이가 있는 것이며, 그러한 본질은 「합의」 내지는 「강압」과 불가분하게 연결되어 있다.

데카르트식 사고는 「내면」을 주관적 형이상학에 있어서 하나의 특징적인 요소로 만듦으로써 이러한 혼동을 확산시켜온 주범이고 그럼으로써 난관에 봉착하여 있다. 그럼에도 불구하고, 「연장」(延長 étendue extension)과 「사고」(pensée) 의 실체적 차이가 있다고 최초로 주장한 사람도 바로 데카르트였다.[208] 이 점까지는 스피노자도 데카르트적이지만, 그것은

---

[208] 파스칼 질로(Pascale Gillot)는 '데카르트의 사상'과 일반적으로 '데카르트주의'라고 불리는 사조(思潮) 간의 차이를 올바르게 강조하고 있다. 후자는 원조인 데카르트를 넘어서서 신체와 정신 간의 관계에 대한 문제를 제기하고 있는데, 이 점에서 모든 데카르트주의자들이 데카르트와 의견

어디까지나 이 점까지에 한한다. 데카르트에 있어서 「연장」과 「사고」는 존재의 두 가지 표현 양태인데, 양자는 완전히 이질적인 것으로서 그 자체로서는 상호 간에 절대적으로 분리되어 있다 (스피노자는 이것들을 「실체」(substance)라고 하지 않고 「속성」(attribut)이라고 불렀다[209]). 그러나, 데카르트는 이 양자를 실질적으로 구별함에 있어서 결국 실패하였다. 데카르트는 인간을 고찰하면서 「자유의지」를 가진 주체가 되기를 원하였고, 따라서 정신과 육체 간에 절대로 존재할 수 없는 어떠한 연계를 그럼에도 불구하고 찾기 위하여 암중모색을 하였으며, 그 결과 그가 최초에 상정하였던 양자가 서로 분리가 되어 있다는 중요한 발견을 부정하게 되었다. 그의 의견인 즉, 정신이 신체에 대하여 고유한 힘을 행사하기 위하여서는 두 가지 요소는 어느 특정 장소에서 상호작용하여야만 하며, 또한 동질적인 어떠한 것을 담지하여야만 상호작용을 할 수 있다. [그 장소로 지정된] 「송과선」(松果腺 glande)은 '신체와는 다른 정신'이 놓인 신체적 장소라는, 도저히 빠져나갈 수 없는 아포리아와 같다. 스피노자가 정신과 육체의 통일성을 부정한 것은 절대로 아니다. 오히려 반대로 그 통일성을 최고도 지점까지 끌어올렸다. 왜냐하면 정신과 몸은 「사고」와 「연장」이라는 다른 「속성」의 바탕에서 파악될 때 서로 다른 것으로 보일 뿐, 원래 하나의 동일한 것일 뿐이기 때문이다. 그러

을 같이 하지는 않으며, 그들 각자는 이 문제에 대한 각각 다른 해결책을 제시한다. 물론 데카르트로부터는 일정 거리가 있지만, 이러한 점에서는 말브랑슈(Malebranche), 스피노자, 그리고 라이프니츠(Leibniz)는 각기 자신들만의 방식으로 데카르트주의자라고 부를 수 있다. Gillot(2007)을 참고할 것.

[209] 이 차이는 단순히 말뿐이 아니다. 왜냐하면 데카르트는 다수의 「실체」를 상정하였지만, 스피노자는 하나의 「실체」와 이에서 나온 다양한 「속성들」을 상정하였기 때문이다.

나 스피노자는 이 양자 간의 일체의 인과적 상호작용을 아무런 후회도 없이 포기하고 (그것이 자신의 사상에 대한 몰이해를 가져올 위험도 고려하지 않고) 동시에 이 양자가 서로 만날 공동의 장소를 찾을 필요성도 없애버린다. 「물체」와의 조우로 인하여 「정서」가 생겨나고, 그 「정서」는 신체의 「활동력」이 변화된 형태의 일종으로서 먼저 그 신체 속에 새겨진다. 이러한 「정서」의 물체성으로 인하여 다시 육체적인 포장 속에 집어넣어지는 감정의 심리는 스피노자 철학에 있어서는 조금도 다른 것과 구별되는 특징은 전혀 아니다. 하지만, 스피노자는 「정서」를 신체의 「변용」으로서 그 「정서」에 의하여 신체의 「활동력」이 늘거나 감소하며,[210] 그는 또한 「정서」를 이러한 '변용'에 대한 관념'으로 보고 있다.[211] 따라서 그 「정서」가 신체의 「변용」에 대한 관념인 한에 있어서는 「정서」 또한 어떠한 정신적인 부분을 가지고 있다. 그러나, 이러한 관념은 「사고」라는 「속성」에 속하는 것이므로, 그리고 이러한 「속성」은 「연장」이라는 「속성」과는 절대적으로 다른 것이므로, 이러한 관념은 (스피노자적 의미에 있어서도 그리고 일반적 용법에 있어서도 우리의 정신 상태는) 어떠한 장소를 가지지 못한다. 왜냐하면 「장소성」(*topologie*)은 「연장」을 가지고 있는 것에만 적용되는 개념이며, 따라서 관념 일반, 또는 우리의 「변용」의 특수한 관념은 모두 정의상 그러한 「장소성」을 가지는 것에서 배제되기 때문이다. 따라서 우리의 정신 상태는 어떠한 경우라도 「내면성」(*intériorité*)을 가지지 않는다. 왜냐하면, 「내면성」은 「장소성」을 지시하는 것이고, 따라서 「장소성」은 「연장」이라는 「속성」을 가진 것에만 해당되기 때문이다. 우리의 정신 상태는 외부자에게는 관찰되어지지 못한다는 사실에서, 그리고 그럼에도 불구하고 주체 그 자

---

[210] 스피노자 『윤리학』제3부 정의3.

[211] 전게서.

신은 그것을 경험한다는 측면에서 그러한 정신 상태는 그 자신 내에서만 위치하고 있을 수도 있었다는 사실, 그러한 정신상태는 신체라는 포장과 그것의 비투명성으로 인하여 숨겨져 보이지 않는다는 명제 등이 도출되어 왔다. 따라서 데카르트주의적 신경 과학은 정신과 두뇌를 혼동하고, 그것도 종종 무의식적으로 그리고 어떠한 주저도 없이 그렇게 혼동할 뿐 아니라, 그들의 '논리상' 그 정신의 상태를 '내부'에서 찾으려고 노력을 하여 왔다.[212] 이러한 [데카르트식] 논리 과정에서는 더욱이 「합의」라는 관념은 「내면성」이라는 관념과 연결돼 있기 때문에, 결국 이 「합의」와 「내면성」 모두 어떠한 의미가 없는 것들이다. 반면, 「강압」은 「합의」와는 반대되는 개념인데, 이도 마찬가지로 똑같은 난제에 봉착하게끔 되어 있다. 그밖에 강제와 정당성, 하드 파워와 소프트 파워 등의 반대 개념들도 동시에 난제에 빠져들게 된다. 하지만, 이러한 서로 반대되는 '개념'들이 어떠한 의미도 없다는 이야기는 절대로 아니다. 이러한 대조를 이루는 개념들이 사용되는 경우를 경험하는 개인들은 그 차이를 매우 잘 이해할 수 있다. 오히려 그러한 개념들은 그것들이 파악하여야만 하는 바를 왜곡시킨다. 이러한 서로 대조를 이루는 개념들이 실제로 파악하려는 바는 그러한 외부적인 힘과 내부적 승인이라는 (물론 그것은 '주권적'이다) 그러한 그릇된 차이점과는 일치하지 않는다. 그 개념들이 일상생활에서 사용되는 바가 이러한 불일치를 시사한다. 어떠한 사람이 승인하도록 **결정되어 있다**는 것과, 그 사람이 고통을 겪게끔 **결정되어 있다**는 말은, 그 **결정되어 있다**는 점에서는 다를 바가 없다. 그 경험된 상태는 그것이 어떠한 것이든지 상관없이 항상 **외부적으로 결정되어지는** 산물이며, 이러한 관점에서 보았을 때 양자는 엄밀하게 아주 유사하다. 그러나, 이러한 [결정되어진다는] 관점에서 볼 때는 유

---

[212] 그러나 모든 뉴로사이언스가 그러한 것은 아니다. 예를 들어 Damasio(1995) 참조.

사한 것이지만 물론 다른 관점에서는 차이가 존재한다. 예를 들어 그것을 경험하는 입장에서 볼 때는 '내가 동의한다'와 '내가 복종한다'라고 하는 명백히 다른 두 경우가 존재하기에 그 두 가지는 완전히 다른 것이다. 그 같은 차이의 진정한 배후는, 「기쁨」과 「슬픈 정서」라는 근원적으로 상극되는 상태가 존재한다. 이 차이점이 모호하여지는 경우는, 예를 들어 '멍에(joug)'라는 단어가 두 가지 다른 의미로 사용됨에서 볼 수 있는데, 한편으로는 전제적 노예화('나는 멍에에 묶여 있다'), 그리고 다른 한편으로는 매혹되어 홀린 상태가('나는 [사랑의] 멍에에 묶여 있다') 그것이다. 두 가지 모두 그 인과적인 관계로 본다면, 어떠한 사슬에 묶여 있음을 의미하는데, 사실 그것이 의미하는 「정서들」은 완전히 반대이다. 이러한 차이는 절대로 작은 것이 아니다. 그러나, 일반적으로 믿는 바와 같은 것도 아니다. 어찌되었건, 그것은 마음 깊숙이 동의하는 「자유의지」의 발현과, 반면 어떠한 압도적 힘에 의하여 잠시 복종하는 상태 간의 차이는 결코 아니다. 동의하는 사람은 다른 사람에 비하여 '더' 자유로운 것이 아니며, 또한 노예로 예속되어 있는 자에 비하여 '덜' 예속된 것도 아니다. 그는 단지 다르게 속박된 것이며, 그럼에도 불구하고 그는 자신의 결정에 따라서 즐겁게 살아 간다고 생각한다. 사실「합의」라는 것도 없는 것이고, 「예속」이라는 것도 없다. 오직 행복한 복속만이 있다.

그러나, 「기쁜 정서」하에서는 쉽게 '사고(思考)'로 인도되기는 힘들다. 들뢰즈(Deleuze)는 다음과 같이 설명한다:

> 우리에게 무언가에 대하여 심사숙고를 재촉하는 표식에는 항상 폭력성이 수반되며, 그로 인하여 우리는 마음의 평화를 잃게 된다.[213]

이 말은 특히 유쾌하지 않은 어떠한 것이 작용을 하고 있는 경우, 즉,

---

[213] Deleuze(2004).

슬픈 감정에 의하여서 「사고」라는 것이 유발되기 쉽다는 것을 상기시켜 준다. 따라서, 「기쁨」이라는 자기 충족이 있는 곳에서는, 그리고 지극한 행복의 상태에서는 우리는 아무런 문제의식도 가지지 못하게 된다. 이전에 설명하였던 바, 우리를 규정하는 '외부적인 요인'을 '망각'하는 기능들은 1차적 지식이라는 것이 가지는 일종의 자발적인 '차단'장치 속에 이미 깊이 설치되어 있다. 특히 그 무시되어지는 원인들이 「기쁜 정서」인 경우에는 왜 그렇게도 그러한 기능이 심오하게 중요한 것인지를 말하여 준다. 최고 경영자라고 하더라도 그의 부하직원들과는 달리 '덜' 「소외」되어 직장으로 향하는 것은 결코 아니다. 그들 또한 그들로 하여금 임노동의 삶으로 내모는 사회의 「사전적 순응화」라는 과정을 수동적으로 겪고 있을 따름이다. 그들 자신은 그들의 과거 교육 과정의 선택이나 혹은 전문적인 선택들을 이끌었던 직업상의 이미지를 만들어 낸 원천이 아니다. (그러한 교육과정의 선택이나, 혹은 전문적 선택을 가능하게 하였던 사회적 조건들의 원천은 더욱 아니다). 차이점은, 악을 피하고 선을 얻으려는 「욕망」의 작용에 의하여, 그리고 동시에 그의 「욕망」에 전적으로 스스로를 내맡기고 그 「욕망」을 자신의 주체적인 바람으로 느끼게끔 하기에는 충분히 강력한, 소위 '「희망이라는 정서」(*affects d'espoir*)'에 의하여 그들은 즐겁게 충전되어 움직인다.

이러한 기쁜 상황에서는 그리고 다른 좀 덜 기쁜 상황에서도, 「욕망」을 하는 개인의 마음속에는 이러한 「욕망」이 가진 「타율성」이라는 관념은 조금도 끼어들 여지가 없게 된다. 「욕망」은 나로부터 나온 것이 절대로 아니지만 그럼에도 나의 것이다. 즉, 그 「욕망」을 하는 개인 안에서 배타적으로 생성되는 것은 아님과 동시에 그럼에도 불구하고 절대적으로 그들의 것인 것, 즉, '「욕망」하는 것은 나'라고 하는 명제는 불가침적인 위치를 가진다. 따라서 이러한 「욕망」이 가진 양면성은, 「기쁜 정서」 하에서는 '나의 것'이라는 것만을 간직하기 위하여 '나로부터 나오지 않음'을 부정하며 후자를 망각의 속으로 던져버린다.

§24. 내면성도 없고 따라서 내면화도 없다

§25. 욕망의 구성주의(構成主義)가 당면한 위험들

[타자에 의한] 규정 과정이 복잡하여질수록 「타율성」은 오히려 쉽게 망각된다. 세상에서 가장 우수한 성찰 능력을 가지고 있더라도, 사전적(*an ante*) 「욕망」의 형태들로서 침전되어 있는 그 무수한 「변용들」(만남, 영향, 자기 표출 등)을 전기(傳記)적으로 모두 회상하여 낼 수는 없다. 어떠한 「욕망」에 대한 체험을 하게 되면 그 체험만을 확인하는 것에 그치게 되며, 그럼으로서 그 외의 다른 모든 고려들, 특히, 그 「욕망」을 야기한 원인을 알고자 하는 생각은 덮어 버리게 된다. 이 사람은 왜 금융 자본가로 활동하려는 「욕망」을 가졌는지, 저 사람은 왜 댄서가 되려는 「욕망」과 '계약'하였는가 하는 등의 물음은 중요한 것이 아니다. 그 두 사람 모두는 그 원인에 대하여 극히 부분적인 이해만을 하고 있을 뿐이며, 어찌 되었건, 이러한 질문 자체가 그들에게는 무의미하다.

물론 개략적으로나마 원인이 파악되는 「욕망」도 존재한다 – 그 특정 원인에 대하여 반응하도록 하는 기질을 결정하는 것이 무엇인지는 모른다고 하더라도. 그 전형적인 예는 소위 '주변을 모방하는 것'인데 (이는 스피노자『윤리학』제3부, 정리 27에 설명되어 있다), 그 형식은 "나는 내가 모방 가능한 것으로 인지하고 있는 다른 사람의 「욕망」을 내 「욕망」으로 만든다"는 것이다. 이것을 역학(疫學)적 은유를 사용하여 다시 표현을 할 수 있다. "나는 다른 사람과의 접촉을 통하여 이 「욕망」에 전염되었는데, 그 다른 사람이 그것을 나에게 옮긴 것이다". 그런데, 이 「모방 가능성」(*imitabilité*) 여부를 파악하도록 이끄는 것들은, 예를 들면 그 모방하고자 하는 사람의 사회적 위상, 그를 만났던 순간의 주위의 환경, 그리고 내가 그에 대하여 가지는 사랑(어떠한 형식의 사랑이든지) 등일 수도 있다. 하지만 그러한 것들은 드러나 있지 않고 아마도 어둠 속에 숨겨져 있을 수도 있다. 그러나, 그 「욕망」의 가장 직접적인 근원은 의식될 수도 있다. 즉, 다음과 같이 말할 수도 있다: "나는 그 사람에 부응하여, 즉, 나는 그 대상이 바로 그 사람이기 때문에, 혹은 어떠한 경우에는 그 사람을 위하여 이것을 「욕망」한다는 것을 안다". 이러한 종류의 「욕망」은 사랑받고 싶은 「욕망」에 둘러싸여 있다. 그렇다면 어떻게 즐겁지 않을 수 있는가? 또한 그 「욕망」이 물론 「욕망」의 대상인 다른 사람과 연결되어 있기는 하더라도 그 「욕망」하는 주체는 그 「욕망」 자체가 분명 자기 것이고, 그가 가진 고유한 「의지」의 발현이라는 것을 강렬히 느끼지 않을 수 있는가? 그런데, 그러한 자기 자신의 고유한 「의지」에 따른 결정이라는 생각을 침범하여 약화시키고, 그로 하여금 어렴풋이나마 「외부결정성」(exodétermination)을 느끼게 하는 것은, 내가 증오하는 어떠한 사람이 나에게 제안을 하거나 혹은 명령을 하여 내가 「욕망」하게 되는 경우이다. 그런데 이 경우 그 「욕망」을 유도한 사람을 증오하고 있다는 「슬픈 정서」는, 「욕망」하는 주체로 하여금 그러한 외부로부터 휘어져 안으로 들어오는 것에 대하여 반발할 수 있도록 하는데, 이때 그러한 외부적인 것에 대한 반발력으로 인하여 스스로가 믿고 있는 자신의 「욕망」하는 고유 권리를 회복하게 된다. 하지만, 이러한 반발 행동은 다름아니라 하나의 결정 요인을 단지 다른 결정 요인으로 바꾸는 것에 불과하다 – 즉 「슬픈 정서」가 [스스로 자발적이라고 믿기에] 「기쁜 정서」로 바뀌는 것에 불과하다. 이것은 스피노자 자신의 유년 시절에 대한 회상과 유사한데, 그는 부모의 독재로부터 자유를 추구하고자 문을 박차고 나서서 (…) 군대에 자원하게 되는데, 물론 이 결정은 완벽한 자유를 만끽하며 선택되었지만 결국 '전제군주의 압제를 부모의 설교보다' 더욱 선호하여 선택한 것에 다름 아니었다.[214]

「욕망」을 '제도적'으로 인도하는 것도 같은 효과를 가져올 수 있을까? 더 정확히 말하자면 「욕망」을 제도적으로 인도하는 「기도」(企圖)는 어떠한 조건하에서 성공하는 것이며 어떠한 경우에 [인도하고자 하는 대상에

---

[214] 스피노자 『윤리학』제4부 부록13.

의하여] 거절되는 것인가? 그런데,「욕망」에 대한「구성주의적」(構成主義 *constructivisme*) 계획,[215] 즉, 제도적으로「에피투메 생성작업」(epithumogenesis) 혹은「욕망의 체제」의 생성작업이 존재한다는 것을 부정할 수 있는 사람이 있을까? 국가는 공포에 의지하지 말고, 즉 "사람들이 자신이 [타인에 의하여] 이끌려지는 것이 아니라, 자신의 기질과 자신의 자유 결정에 따라 살고 있는 것이라는 느낌을 가질 수 있도록 인도할 것을 추구하여야 한다"[216]라고 스피노자는 이미 관찰한 바가 있다. 이러한 정치적 신중함을 표현한 격언이 바로 신자유주의적「기도」가 목표하는 바는 것임은 쉽게 인식 가능하다. 이러한 사실은 기업이란 일종의 활동하는 힘(*puissance*)을 결합시켜 놓은 것이기에 근본적으로 정치철학 영역의 문제라는 것을 재차 상기시켜 준다. 즉, 어떠한 단체의 구성원의「욕망들」을 그 단체의 존속을 위하여 필요한 요구에 부응하여 '개조하는 것(*refaire*)'이 그 중요한 테제인데, 그것은 어쩌면 완전히 새로운 종류의 시도는 절대로 아니다. 따라서 플라톤은 그의 저서『고르기아스』(Gorgias)에서, 이것을 정치 기술이 가진 가장 숭고한 내용 중의 하나라고 하였으며 이를 페리클레스(Pericles)가 실패한 이유를 평가하는 척도로 삼기

---

[215] [역주] 여기에서 사용된「구성주의」라는 개념은 하이에크(Hayek)적 용법이다. 하이에크식 용법을 따르자면, 인간이 유용한 제도들을 합리적으로 이성에 의하여 설계할 수 있다는 믿음을「구성주의」라고 한다. (따라서 그는 케인즈가「구성주의」라고 비판하였다). 본서에서의 구성주의는 정치적인 의도를 미리 정하고 강압적인 방법 등을 이용하여 대중을 동원하려는 류의 생각을 지칭한다. 반면「구성주의」는, 인간의 모든 것은 사회적으로 결정되고 타인과의 관련에서 형성된다는 것을 의미하는, 철학적이며 교육학적인 조류를 지칭할 수도 있는데, 본서의 맥락에서는 이러한 후자의 의미는 아니다. Hayek(2012)을 참조할 것.

[216]『국가론』(제10장 8절)

도 하였다.²¹⁷ 하지만 최소한 현대에 있어서는 이러한 노력은 소위 「구성주의」가 필연적으로 마주칠 수밖에 없는 모든 난관에 봉착하게 된다. 그런데, 좁은 차원에서만 국한하여 이 「구성주의」라는 것을, 어떠한 권위적인 존재가, 드러나 보이는 외부적인 압력을 통하여 「조건화」(*conditionnement*) 작용을 가하는 것으로만 이해하는 것은 옳지 않다. 왜냐하면, 「조건화」라는 것은 「정념적 예속」을 통하여 이루어지는 것이 보다 보편적이기 때문이다. 하지만, 우리가 모든 것에 있어서 「조건화」된다고 하더라도 그 「조건화」라는 것의 성격은 「조건화」되어지는 「양태들」(*modalité*)에 따라 크게 달라질 수 있다는 점을 명심하여야만 한다. 그러한 「양태」란 「조건화」 작용을 일으키는 혹은 그러한 의도를 가지고 있는 어떠한 파악 가능한 물체가 배후에 존재하는 가의 여부를 말한다. 가장 일반적인 의미에 있어서는 예를 들자면 「사회체」 전체가 「자기변용」에 의하여 그 구성원들의 「욕망」과 「정서」를 형성하기 위하여 작용한다고 말할 수 있다.²¹⁸ 그러나 이러한 「사회체」의 「자기변용」 과정이라는 작용은 **어떠한 특정 주체의 행위로 귀속시키는 것이 불가능하며, 어떠한 의도가 있는 것도 아니고,** 따라서 **어떠한 의도적인 「기도」도 스스로 할 수 없다**. 단지 우리는 그 작용 자체를, 그 「사회체」 그 자체라고 불리는 [추상적인] 대상에 명목적으로만 귀속시킬 수 있다. 어떠한 목적, 즉 「텔로스」(*telos*; τέλος)²¹⁹도 없으며, 너무 광범위하고 너무 넓게 퍼져 있고,

---

217 Plato(1986: 517 b-c).
   [역주] 『고르기아스』에서 페리클레스는 대중(*dêmos*; δῆμος)에 영합하는 전형으로 비판이 된다.
218 대중의 「자기변용」이라는 개념에 대하여서는 Lordon(2010b).
   [역주] 역자 용어해설 275쪽 참고.
219 [역주] 「텔로스」(*telos*; τέλος)는 아리스토텔레스가 사용한 용어로서, 사물 자체에 내재한 근원적인 목적을 의미하며, 사물의 잠재력이 완전히 실

따라서 어떠한 중심이라는 것도 없고, 또한 어느 누구도 통제하지 못하는 그러한 절대적인 것으로서만「사회체」의「자기변용」과정은 개인들에게는 비추어진다. (물론, 그것들이 나타나 보여지는 한에 있어서만). 다시 말하자면, 통상적인 의미에 있어서의「구성주의」라는 차원에서는 논의될 수 없는 영역의 것이다. 이러한「사회체」의「자기변용」작용의 비인격화, 그리고 집단적「자기변용」의 과정 자체의 [어떠한 특정 주체에게 그 원인이 귀속될 수 없는] 탈(脫)특정성은「자기변용」을 우리가 느끼기 불가능한 것으로, 그리고 따라서 어쩌면 **감내할 수 있는 것**으로 만든다 - 특히 그「사회체」의「자기변용」작용이「순응화」를 만들어 내며, 그「순응화」는 강도 면에 있어서 '덜'한 것이 절대로 아니고 그것이 어떠한 때에는 오히려 고통스럽게 느껴지는 것임에도 불구하고 그러하다. 스피노자는 다음과 같이 이야기한다.

> 원인이 동일한 어떠한 두 가지 종류의 사랑이 있다고 하자. 이때 그 대상의 선택이 필연적이라고 느껴지는 경우보다 그 선택이 자유롭다고 느껴지는 경우에 있어서 사랑은 훨씬 더 큰 법이며, 증오도 마찬가지이다.[220]

스피노자는 이 언명에서「정서적 작용」(*mécanisme affectif*)에 대하여 이야기하면서 동시에 정치적인 측면에서의「구성주의」의 한계를 동시에 지적하고 있다. 다시 말하자면, 논리학상의 대우명제를 이용하면「구성주의」에 비하여 자본주의는 훨씬 커다란 역사적인 동력을 어느 정도까지는 가지고 있다는 것을 암시한다.「구성주의」에 있어서는 어떠한 특정 주체들을 보다 강렬한「증오의 정서」(*affects de haine*)가 모이는 초점(焦点)

현된 상태를 의미하기도 한다.

[220] 스피노자『윤리학』제3부 정리49.

으로 설정함으로써 그 의도를 실행한다. 즉, 보다 특정화되고, 보다 자유롭다고 여겨지고, 또 구체적으로 알아볼 수 있는 원인들이 (당, 국가, 고스플랜(Gosplan)[221] 등이) 존재하며, 그 원인들은 어떠한 잠정적인 의도성을 가지고 있는데, 바로 그 원인들이 「조건화」시키는 주체가 되게 함으로서 가능하다. 이와는 대조적으로, 자본주의 시장이 가지는 역동 (force)은 **실질적으로는** 인간들을 '덜' 폭력적인 방법으로 파괴하지는 않지만, 일종의 '「체계효과」(effet de système)'에 의하여 인간들을 「조건화」시키는데, 그 자체로는 원인이 어느 특정인에게 귀속되지도 않고, 중심도 없으며, 그리고 그 힘의 의도적인 설계자 또한 존재하지도 않는다. 따라서 일찍이 마르크스가 시장의 '「물신주의」(物神主義 fétichisme)'의 핵심이라고 언급한 필연성에 거의 버금간다. 그리하여 그 모든 것을 자연스러운 것으로 보게끔 하는 '「자연성화」(自然性化 naturalisation)'를[222] 가지고 동

---

[221] [역주] 구소련에서의 국가 경제 계획을 수립하고 그 수행을 조절하던 기관.

[222] [역주] 막스 베버에 따르자면 시장을 통한 감추어진 「지배」는 그 「지배」의 모습이 형식적으로는 '자유'에 기반을 두는 것으로 포장되고 따라서 규제될 수 없는 것처럼 보이기에, 명시적인 「권력」의 행사에 의존한 「지배」보다도 더 억압적이다:

순수히 시장에 의하거나, 혹은 서로 다른 이해를 가진 당사자들의 '이해경합(Interessenkonstellationen)'에 기반을 두어 행하여지는 「지배」는 바로 그 무규제적인 성격 때문에 어떠한 특정한 의무와 복종 관계에 의하여 행하여지는 권위적 「지배」보다도 훨씬 더 억압적일 수 있다. (…) 특히 시장에 근거한 이해경합이란 '형식적으로만' 볼 때는 마치 '자유'로운 개인 간의 경합 관계로 비쳐진다.(Weber 1922: 606, 1978: 946)(역자 번역).

역자 용어해설 272쪽 참고.

시에 일체의 정치성이 마치 배제된 것처럼 보이게 하는 모든 번지르르한 수사적(修辭的)인 전략과 자본주의의 시장은 상호 잘 부합한다.[223]

이러한 관점에서 보자면 신자유주의적「기도」는 당연히 어떠한 위험에 당면하고 있다. 그 위험은「재특정화」(relocalisation)가 되는 위험, 즉, 다시 어떠한 특정 주체에게 귀속되는 것처럼 보여질 수 있게 되는 위험, 그리고 그 뒤에 숨어 있던「구성주의」가 밖으로 드러나서 쉽게 보여질 수 있는 위험들이 그러한 것들인데, 신자유주의가「포획」하려고 하는 의도가 너무도 명백한 것으로 드러날수록 이제까지는 모든 원인들은 단순히 자연스러운 것으로 간주되었기에 보류하여 왔던 개인들의「증오의 정서」에 더욱 노출될 수 있다. 그런데, 자신의 피복종자들의「내면」(intériorité)을 재건축하려고 시도한, 그리고 그것을 보다 눈에 띄게 공공연하게 행한 기관들도 존재하였다. 가톨릭교회는 그러한 의도를 가졌던 첫 번째의 좋은 예라고 볼 수 있다. 그것의 고유한 제도적 역사는 주관성의 형성의 역사와 긴밀히 관련되어 있는데, 대략적으로 말하자면 가톨릭교회는 이전에는 단지 상상 속에만 존재하는 것에 불과하였던「내면」이라는 관념의 발명자였으며, 그 발명과 동시에 그「내면」을 통제하려고 하였다. 우리는 다소 대략적으로 그리고 직관적으로나마 다음과 같이 이야기할 수 있다. 즉, 개인주의 발전의 역사에 있어서의 최초의 단계에 있어서 그와 동시에 태어났던 '동시대인'이며 그 운영자이기도 하였던 이러한 강렬한 강도를 가진「내면화」의 작업을 가

---

[223] 2007년에 시작된 것과 같은 큰 금융 위기에 있어서, (물론 제대로 된 연구를 통하여) 그 배후에서 시스템을 운영하였던 숨겨져 있는 조작자들과, 필연적인 것을 마치 우발적인 것으로 포장하기 위하여 움직인 특정 이해관계 집단들을 드러내기 위하여서는, 그 사태의 '책임자'와 '책임 소재'를 분명히 하여야만 한다. 금융 산업이 자신 스스로 소위 게임의 규칙을 창조하고 있는 행태에 대하여서는 Johnson(2009: Chapter 1)을 참조.

능하도록 만든 바로 그 조건은 의심의 여지없이 다음의 두 가지의 상호작용이었다. 첫 번째는 그 당시에 존재하였던, 개인을「지배」하였던 전통과 권위 체계이며, 두 번째 요인은 그 당시 개인들이 가지고 있었던, 자신들이 주체로서 자율성을 가지고 있다는 아직은 맹아(萌芽)적인 믿음이었다. 그렇기 때문에 그 당시의 개인들은 자신들이 그 개조 작업의 대상이라는 사실에 대하여 순순히 관용적일 수 있었으며, 그 개조 작업은 이러한 그 당시의 애벌레 형태를 가지고 있던 초보 단계의 개인주의와 보조를 맞출 수 있었던 것이었다. 그러나 지금의 신자유주의적인「기도」는 이와는 전혀 다른, 보다 다루기 어려워진 [개인이라는] 재료를 재단하여야만 한다, 그 신자유주의가 개인의「욕망」과 기질을 개조하려는 그러한 지향 목표와, 그것이 대상으로 하는 '주체로서의 개인'들이 자신들을 주체로서 즉「욕망」이 있고 자율성을 가지고 있는 개체로 이해하고 있다는 사실, 따라서 그들에게 있어서는 외부적 간섭은 일종의 침해로서 간주된다는 사실과 상충되기 시작한다.

§26. 자본주의에 대한 숙명적 사랑

인간들은 자신들이 주체가 아님에도 불구하고 스스로 그렇게 믿는다. 따라서 그들의 태도를 바꾸기 위한 계획들이 너무 명백히 드러나는 경우에는 당연히 긴장을 야기한다. 그 경우 신자유주의적 기도가 가지는「정서적 구성주의」(constructivisme affectif)는 즉각적으로 커다란 장애물을 만나게 되는데, 따라서 신자유주의적 기도가 만들어 내는「합의」가 가지는 실제적인 폭력성을 완전히 은폐하기 위한 사투를 벌이게 된다.「욕망」과「정념」이라는 측면에서 볼 때 이러한「구성주의자」(constructiviste)들의 폭력성은 무엇보다도 바로 그 자신의 목적이 가진 폭력성, 즉,「지배적 욕망」에「정렬」을 시키고자 함에서 비롯되는 폭력성이다. 왜냐하면, 이러한 신자유주의적인 기도보다도 목적을 위한「순응화」가 보다 더 강하게 요구되는 것은 없기 때문이다. 사실 「욕망」과 「정서」를 「순응화」시켜 양산하는 것은 단순히 주체가 존재하지도 않고 어떠한 원인을 귀속시킬 수 없는 것에 모든 것을 내맡기는 것을 의미하는 것은 절대로 아니다. 우두머리는 존재하며, 그 우두머리는 그가 원하는 것이 무엇인가를 잘 안다. 자본주의의 모든 「에피투메 생성작업」에 있어서, 소위 「코칭」(coaching)이라고 불리는 실천적 관행이 있다. 그것은 바로 「주관성들의 순응화」(normalisation subjectivante)'라는[224] 푸코의 지적 유산이라고 할 수 있는 개념이 우리 시대에 적용된 가장 중요한 사례에 해당할 수 있다. 이러한 실천적 관행은 「정서적」 태도를 개조하려는 기도를 극한까지 몰고 가기 때문에, 형식적 목적과 실제적 목적 간의 모순적 긴장감을 가장 극명하게 보여주고 있다. '형식적' 목적이란 '개인의 발전'과 '개인의 「자율적 결정」'을 의미하고, 실제적 목적은 기업이 요구하는 행동양식과 밀접히 부합하는 것인데, 이는 고용하는 기업이 부과한 어떠한 특정 생산성과 수익성 목표라는 제약에 의하여 자율성이 움츠려듦을 의미한다. 코치하는 자 중에서 가장 명석하거나 [말을 아낌에 있어서] 가장 제약이 적은 자는 이러한 현실을 잘 인식하고 있고, 결국에는 그것을 직선적으로 말하게 된다. 그들 중의 한 사람은 다음과 같은 사실을 아주 담백하고도 정직하게 진술하고 있다. 즉, 그들이 개입하는 목적이란 다름아니라 그들이 코치하려는 다소 불운하다고도 할 수 있는 대상들이 느끼는 "외적인 압력을

---

[224] [역주] 푸코의 *normalisation*은 한국에서는 통상적으로 '정상화'라고 번역이 되어 있지만, 이 글의 문맥 상, 「순응화」가 더 적절하다. '주관성의 순응화'는 권력이 작동하는 양태 중의 하나로서 보다 직접적인 보여지는 형태가 아닌, 보다 간접적이고 숨어 있는 형태인데, 이는 각 주체들의 사고, 행위, 그리고 정체감 등을 주어진 규범체계에 순응화 시킨다는 것을 의미한다.

내적인 동기로 바꾸는 것"[225]이다. 관리라는 차원에서 보았을 때, 이러한 외적인 요구를 내적인 동기로 전환시키는 기도가 다음과 같은 스피노자의 격언과도 일치함은 쉽게 파악될 수 있다. 즉, 「권력」은

> 사람들이 자신이 [타인에 의하여] 이끌려지는 것이 아니라, 자신의 기질과 자신의 자유 결정에 따라 살고 있다는 느낌을 가질 수 있도록 인도할 것을 추구하여야 한다.

이렇게 「정렬화」된 「욕망」을 유인하는 것, 그것이야말로 모든 「주도자들」과 또한 「포획」하고자 하는 모든 기관들의 영원한 목적인 것이다. 그 목적은 「공선화」 기계에 의하여 「포획」되어 모집된 자들에게는 단지 기업이나 혹은 기업의 특정한 목적들이라는 외적인 제약을 그들 자신의 「기쁜 정서」와 「욕망」으로 전환시키는 것이며, 이때 이상적으로는 각 개인들은 이제 그렇게 형성된 「욕망」을 그들 자신의 것이라고 말할 수 있게 된다. 「합의」를 한다는 것은, 각 개인들이 그 자신들이 놓여지게 된 상황에 대한 사랑을 생성하는 것에 다름이 아니다. 신자유주의적 「에피투메 생성작업」은 '「숙명적 사랑」(*amor fati*)'을 생산하려는 기도이다. 그런데 그 「숙명적 사랑」은 그저 아무 숙명은 아니며, 「타율성」이라는 높은 곳에서 하강하여 「임노동자」 위로 떨어져 내려온, 따라서 단지 그들 자신만의 배타적인 것으로 간주된 숙명일 뿐이다.

코치하는 선생들의 입장에서 볼 때는, 서로 상충될 수 있는 목적들 간에 존재하는 간극은 크게 입을 벌리고 있을 뿐이다. 즉, 코치받는 대상들이 생산성의 추구자로서의 자신들의 숙명을 사랑하게 만드는 것과, 동시에 그들이 자신 스스로를 스토아주의적으로 배려하게 만들면서 정신분석학적인 측면에서의 해방감도 동시에 느끼게 하는 것 등이 뒤죽박죽 되어버린 소위 「자기 개선」(*travail sur soi*)이라는 인본주의적인 수사

---

[225] Baranski(2001). Guilhaume(2009)에서 인용.

(修辭)의 양자 간에 존재하는 간극이 바로 그것이다. 그들이 어떠한 방법을 채택하든, 이러한 「에피투메」[욕망의 체제]를 생성시키는 기업의 실천적 관행들은 그들이 가진 그 숭고한 '적응을 시키는 목적'을 영원히 숨길 수는 없는 것이고, 또한 모집되는 자들을 개별적으로 적응시키고 더욱이 심지어는 그들이 처한 여러 가지 제약들에 대하여 아무런 고려도 없이 그들이 변모되게 하는 기업의 원래적인 기도를 숨길 수도 없다. 이러한 실천 관행 중 어쩌면 통제에 있어서 가장 관대한 것들조차도 이러한 비난을 피할 수는 없다. 예들 들어 최고경영자들을 대상으로 코치하는 현장을 살펴보자. 그 최고경영자들이라는 '학생'들은 사전적으로 많은 일에 대한 경험을 이미 가지고 있고, 그들을 '코치'한다는 것은 아마도 그들의 '자율성'에 대한 깊은 존경을 표하면서 단순히 외견상 그들의 자율적인 학습을 위하여 꼭 필요한 일종의 개방형 과제만을 부과하는 것이라고도 할 수 있다. "나는 과거에 단 한 번도 내가 문제를 제기하고 스스로 답을 찾은 경험이 없었다"며 어떠한 고위직의 학생은 고백한다. 또, "나는 문제를 도출하려고 노력하였고, 그 질문들은 다시 나에게 던져졌고, 따라서 그로 하여금 내가 스스로 답의 중요한 요소들을 찾아내게 되었다".[226] 그런데, 이것은 이러한 코치의 대상자들이 이미 상당히 「정렬」되어진 상태에 있으며, 그들로 하여금 「지배」하는 「욕망」의 지도와 지침하에 그들의 일을 자발적으로 그리고 거의 반사적으로 수행하게 하여 왔으며, 그때 그 「지배」하는 「욕망」은 너무나도 당연한 것이기에 무관심 속에 그저 생각으로부터 방치되어온 것이었다. 따라서 그 코치하는 세미나에 참석하기 이전에도 또 그 이후에도 그에 대한 어떠한 질문들도 제기하지 않아 왔던 것이었다. 이러한 모습은 [최고고위 경영층이라는] 위대한 자동기계장치가 훌륭히 그리고 어렵지 않게 [자

---

[226] Guilhaume(2009: 107)에 인용되어 있다.

기 스스로에 대한] 사전 순응 작업을 수행하여 왔던 바를 보여주는 훌륭한 예라고도 할 수 있다. 만약 그러한 '부하직원에 대한 사랑의 부족'이나, '상급자와의 관계상 어려움'에 대한 분석, '소통의 어려움'에 대한 분석, 또는 '도전을 딛고 일어서기 위한' 분석 등의 다양한 자기 성찰적인 분석을 한 결과 그러한 코치의 대상자가 그가 내던져져 있는 상황들이 가끔은 아주 불가능한 것들이라는 비판적 자각을 하고, 그리고 코칭의 원래적인 목표들은 결국은 그들을 안으로 향하게 하는 것이었음에도 불구하고 그 대상자들이 오히려 자본주의적인「기도들」에 반대하여 밖으로 등을 돌리는, 따라서 그 코칭이 의도하였던 바가 완전한 실패로 끝이 나는 경우가 발생한다면 오히려 아주 바람직할 수 있다. 하지만 자본주의적「에피투메 생성작업」에 있어서 두 번째의 특징은 어떠한 비용을 지불하더라도, 그리고 어떠한 이유 여하를 막론하고 외부로 눈을 돌리는 행동을 억누르는 것, 즉, 각 개인들을 붙잡아 놓고 있는 힘의 외부로는 시선을 향하지 못하게 하는 것, 따라서, 그들을 오로지 안으로만 향한 명부(名簿) 속에만 붙잡아 두는 것이라고 할 수 있다. 그럼으로써, 그들에게는 기업 내부에서 그들에게 발생한 것은 어떠한 경우에서라도 의문을 제기하지 말 것이며 오로지 그것들을 어떻게 극복하여 나아갈 것인가 하는 질문만이 용인된다는 것을 끊임없이 반복 강조한다.

원래 단지 반사적으로 행동을 하면 그 자체로 충분하게 목적을 달성하는 것이기에 어떠한「자율적」인 의무는[227] 없는, (자본주의에 대한)「**숙명적 사랑**」을 생산하는 것은, 우리의 언어사용상「조건화」라고 칭하는 것이 의미하는 바 중 가장 간교한 예를 보여 준다. 따라서 '동기부여적'인 실천관행들이(세미나, 컨벤션 등) 어떠한 성격을 가지는지, 그리고 그 다양한 관행들은 사실 공공연한 광신도 집단 모임과 비교할 때 단지 그 목적을 제외하고는 종종 어떠한 차이점도 없다는 것은 [아래와

---

[227] [역주] 즉, 자발적으로 스스로 움직이는 의무.

같은] 어떠한 진귀한 기록영화를[228] 통하여 발견할 수 있는데, 그 영화를 보면서 우리가 가지고 있는 상식적인 판단은 그다지 틀린 것이 아니라는 것을 느끼게 될 수 있다. 마치 「정념적 예속」이 보편적이라는 가정을 입증하는 것이 필요하다는 듯이 회사들은 놀랍게도 [자신있게] 간혹 자신의 회사의 내부를 카메라로 향하여 활짝 열어 보여준다. 그때 회사들은 당연히 그 카메라들에 자신들이 그러한 보편성을 설득하기에 충분한 재주를 가지고 있으며, 더욱이 완벽히 순진하고도 또한 깨끗한 양심을 가지고 있음을 보여주는 종류의 효과를 연출하는데, 이는 그 회사의 관리자들이 자신들의 회사 내의 관행에 대하여 아주 솔직히 찬성의 마음을 보내고 있음에 연원한다고 볼 수 있다.

결국은 그곳에는 은폐를 하고자 하는 어떠한 뻔뻔한 감정이나 심리를 조작하는 등의 흔적은 보이지 않는다. 그리고 이러한 가장 솔직한 승인의 마음에서 엿볼 수 있는 바는, 조건화**하는** 사람들 자체도 이미 얼마간 조건화**되어** 있고, 그리고 그들의 「욕망」을 부과하려고 하는 대상들과 마찬가지로 그들 또한 똑 같은 「정념적」인 상상의 세계의 저 아래에 침전되어 있다는 점이다. 그리고 이것은 부르디외가 말한 것처럼 「지배자」도 그들의 「지배」에 의하여 「지배」당하고 있다는 사실의 좋은 예라고 할 수 있다.

§27. 겉으로는 즐거운 정념, 속은 슬픈 정념

모집되어진 사람들에게 그들의 「욕망」과 「기쁨」의 올바른 방향을 지도한 후에는 (물론, 그것들을 추구할 수 있는 기회가 부여된 자들에 한한다), 「정렬화」의 작업을 통하여 다음과 같은 사실들을 그들이 망각하

---

[228] Caillat et al(2007).

게 하여야만 한다. 즉, 그러한 「정렬화」 작동 자체가 근본적으로는 「타율적」이며, 자신들이 자본주의적인 「지배적 욕망」의 궤도에 묶여 있다는 것, 그리고 또한 그 「정렬화」가 약속한 즐거운 「정서」는 항상 그 배후에 도사리고 있는, 영원한 「임노동관계」 내에 존재할 수밖에 없는 제재와 협박에 의하여 생성될 수 있는 「슬픈 정서」에 의하여 희석화(稀釋化)될 수 있다는 사실들을 망각하게 하여야만 한다. 「공선화」가 아직도 완벽하게 이루어지지 않은 대상들을 위하여서는 '제재'라는 존재를 밖으로 드러내 보이면서 「순응화」가 일어나게 하는데, 이때 제재의 존재는 결국 「순응화」에의 실패는 용인될 수 없는 선택이라는 것을 말하고 있다. 어떠한 개인이 (이전에 우리가 보았던 「벡터」-「코나투스」 기하학에서 등장하였던 말 뜻 그대로) 그 「공선화」에 지속적으로 어긋나는 행동을 한다면, 그 자는 그 기업에게 '모든 것을 다 바치겠다'는 약속을 거부한 죄에 대하여 해당 기업이 그를 위하여 예비한 운명을 맞이하게 된다. 그러한 자들을 위하여 기업이 제공할 수 있는 유일한 선택지는 그들이 다시 개조되어 기쁜 마음으로 기업에 모든 것을 바칠 수 있게 만드는 것뿐이다. 「임노동자」가 기쁜 「욕망」이라는 베일을 만약 찢어버리는 경우가 발생한다면, 즉, 기업이 그들의 「욕망」을 끌어 내는 것에 실패하거나, 그들의 적응의 정도가 불완전하거나, 혹은 수용의 정도가 완전하지 않은 경우, 여러 가지 다양한 모습의, 소위 「임노동관계」에 있어서의 가장 잔인한 장소로 그들을 다시 돌려보내게 된다. 일례를 들자면 이러한 장소들에서는 경쟁에서의 누락 내지는 강등, 재배치 그리고 궁극적으로는 아주 단순하고 간편한 형태인 해고라는 것이 기다리고 있다. 「공선화」된 사람들은 회사의 부름에 의하여 호출되거나 혹은 스스로가 오히려 자발적으로 지원을 하게 되는데, 따라서 회사에 부합하는 「욕망」의 「기쁜 정서」로 개종한다. 그런데, 단, 그 「기쁜 정서」는 그가 또다시 가장 기본적 물질적 의존성과 벌거벗은 삶이 주는 위협에서 비롯된 공포의 「정서」를 느끼기 바로 전까지만 지속이 될 것이다. 이때, 행복한「정렬화」라는 무대 앞의 배경과 힘(*puissance*)의 불균형이라는 무대 뒤 배경과 함께 공존하는「에피투메」[욕망의 체제] 생성작업의 모습이 가지는 '심연'으로부터,「정렬화」된 자들의 자신들 내부를 분열시키는 긴장, 즉, '**이중 구속**'이라는 긴장이 발생한다. 그「이중구속」의 모순적 표현은 다음과 같다. "각자 스스로「욕망」하되, 단, 내가「욕망」하는 것만 따라서", "자발적으로, 단, 내가 지시하는 방향으로만" 등. 그리고 '자발적임'이라는 전형적인 표현의 모든 변형들 등도 이러한 모순에 해당한다. 이러한 것들에 대하여 개인들이 할 수 있는 바는 그들 자신이 가지고 있는 정신적 재무장의 능력 내지는 자기암시를 하는 능력을 통하여 순응하는 길이며, 그렇게 하여야만 힘이 동원된 '강제적인' 복종의 길을 피할 수 있다. 물론, 그러한 과도한 자기 암시가 정신착란으로 이끌지 않는 한에 있어서만 그러할 수 있다.

그렇기 때문에「정렬화」를 하는 기업이라고 하여서 결코 성공을 보장받는 것은 아니다. 그리고「정렬화」의 효과는「포획」의 대상으로서의 주체에 따라 매우 다양한 양상을 띠게 된다. 이 효과가 각 개인별로 다르게 나타나는 정도는 대략「정렬화」된 사람들이 기업 내에서 가지는 위계적 구조, 즉 궁극적인「지배적」인「욕망」과의 거리에 따라서 연속적인 변화도를 가진다 - 물론 이에는 각 상황에 따른 통계적 편차가 있을 수는 있다. 서열상 상위에 있는 고급 경영층은 이미「정렬화」태세를 갖추고 있으므로 효과는 최대한 발휘된다. 그들의 경우「에피투메 생성작업」은 그저 방침대로 적용하기만 하면 된다. 요컨대, 기업에서 필요로 하는「욕망」은 이미 전면적으로 존재하므로 이를 다시 태어나게 할 필요는 없고, 단순히 존재하는「욕망들」을 작은 범위 내에서 다시 재정돈하여 그가 스스로 과거에 하여온 것에 비하여 더 효율적으로 그「욕망들」을 추구하도록 하면 그만이다. 그런데, 그 효과가 최대화되는 경우에는「정렬화」의 관계는 거의 역전되기까지 이른다. 즉, 개개인이 그들의「정념적」목적을 달성하기 위하여 조직을「유용」(流用)하는 관계가 된다. 부르디외가 「욕망」의 문제에 대하여 언급한 (그것도 그의 『대화 서문』(Avant-propos dialogué)에서 단지 지나치는 형태로) 흔하지 않은 대목이 있다. "경제 주체들은 자신의 충동을 만족시키기 위하여 제도들을 「유용」(流用)한다"[229]라고 그는 언급한 바 있다. 그가 들고 있는 예는 교회 제도와 사제들 간의 관계인데, 어떠한 사제들이 가진 「정념적」 기질은 그들로 하여금 그 사제라는 천직(天職) 속에서 어떠한 특수한 심리적 이득을 추구하도록 한다. 그 심리적 이득의 예로는 그 천직 자체에 내재하는 카리스마적 성격에서 발생하는 심리적 이득, 영혼들에 영향을 줄 수 있는 「권력」(pouvoir)을 가지고 있다는 점에서 오는 심리적 이득, 신과의 매개를 한다는 생각에서 오는 심리적 이득 등을 열거할 수 있다. 그런데, 교회는 그러한 심리적 이득의 추구가 너무도 격렬하여, 혹시라도 [미래에] 그 사제들을 방황하게 만들 수 있지는 않을까 끊임없이 반문하게 된다. 또한 교회는 다른 모든 「지배적 욕망」과 마찬가지로 「예속편입」된 자를 순응시키는 것에 신경을 쓰는데, 동기 부족에 대하여 걱정하는 회사 기업과는 정반대로 교회의 경우에는 종교적으로 과잉적 열정을 보이는 자들을 의심하고 경계한다. 교회에서 일종의 정상 상태를 표현하기 위하여 사용되는 단어로서 「적합도」(idonéité)가[230] 있는데, 이것은 교회에서 필요로 하는 심적인 헌신 자세와 그것의 과잉 상태 간에 일종의 균형이 이루어진 상태를 지칭한다. 따라서 이 「적합도」라는 것은 사제라는 천직에 비추어 소위 「숙명적 주관주의」(subjectivisme fatal)[231]에서 비롯되는 과잉적인 정열만을 경계하고 반면 각 개인이 얼

---

[229] Avant-propos dialogué(Maître 1994: vi).

[230] [역주] '적합'을 뜻하는 라틴어 *idoneus*에서 유래된 단어. 성직자로서 요구되는 자질의 적합성을 의미하거나 혹은 다른 직업상(예: 판사 등)의 일반적인 자질을 의미할 수도 있다.

[231] Lahitton(1910). Maître(1994: 16)에서 인용.

마나 '부적합'한가는 걱정하지 않는다 – 아무도 자신의 의사에 반하여 신학교에 들어가지 않기 때문이다.「숙명적 주관주의」에서의 과도한 열정은 그 열성적인 영혼을 보다 집착과 환상에 빠뜨릴 가능성이 있고,[232] 사제라는 직업이 가지는 매력 그 자체로 인하여 사제라는 천직 그 자체만을 신봉하게 만들 수 있는 위험이 도사리고 때문이다.[233] 그들은 교회라는 일종의「상징권력」(pouvoir symbolique)을[234] 가지고 있는 기관이 그들에게 제시할 수 있는 어떠한 특정한 종류의 이익에만 너무도 강렬하게 매혹될 수 있으며, 따라서 사제들은 자신들의 이익만을 위하여 행동하게끔 될 수 있다. 따라서 무사(無私)의 마음을 요구하는 천직으로서 사제직이 너무 지나치게 열정적으로 비추어지도록 노력하는 사제 후보자들에 의하여 대표되는 것을 교회는 지극히 경계하게 된다.

따라서 여러 개인과 제도 사이에 확립되는「정념」상의 교환은 후자에 의한 전자의 단순한 일방적「순응화」라기보다는 보다 대칭적이라고 할 수 있다. 이러한 사실은 어떠한 직업들에 대한 이미지는 사회적으로 생성된다는 예에서 찾아볼 수 있는데, 예를 들자면, 사람들이 가장 혐오하는 직업들, 즉 노인 요양소에서 일하거나 시체 안치소에서 일하는 등의 직업에서 찾아볼 수 있다. 그럼에도 불구하고, 이러한 직업들은 사람들의 내면 가장 깊숙이 존재하는「정념적」이고 열정적인 특성들에 공명(共鳴)하여 사람들이 능동적으로 그 직업에 지원할 수 있게 한다. 그런데 기업들은 교회 이상으로 아주 열렬한 영혼의 소유자를 찾는 바에 의존하려 한다. 그리고 그러한 영혼의 소유자들은 기업이 그들에게 투자한 것만큼 그들도 기업에 정열을 투자하는 것이며, 추가로 필요한 2차적인「정렬화」는 차후에 이루어지더라도 가장 중요한 기본적인

---

[232] 전게서.

[233] 전게서.

[234] [역주] 역자 용어해설 280쪽 참고.

「정렬화」는 순식간에 이루어지는 것이다. 하지만, 이러한 현상은 신자유주의적 「정렬화」의 모든 대상들에게도 적용되는 것은 절대로 아니며, 특히 사전적이고 선험적인 「정념」상의 「적합도」는, [기업의 중역과 같은] 그 위대한 자동기계들이 도달한 그 정도에는 미치지 못한다. 대상들이 가진 「욕망」이 애당초부터 「정렬화」되어 있지 못한 경우에 있어서는, 회사를 향하여 걸어가고, 회사를 위하여 봉사한다는 것이 그다지 자명한 일이 아니다. 그러한 경우 「정렬화」의 과정은 항상 강제를 수반할 수도 있고, 다른 경우에는 그 「정렬화」의 요구는 단순히 그저 미미한 제안 정도로만 느껴질 수 있는 그러한 위험에 봉착하게 될 수 있다. 물론 그렇게 「정렬화」하도록 요구하는 제안은 「임노동자」가 한번 가볍게 그 자체로 고려할 만한 것은 될 수 있지만, 그것을 관철하기 위하여서는 [강제적] 위협이 항상 배후에 존재할 것이 필요하다. 따라서, 「임노동관계」를 사회학적으로 분석할 때에만 그때 발생하는 「임노동자들」이 가지는 완고한 불복종이나 혹은 주저하면서 수용하는 등의 자세들이 어떻게 형성되며, 또한 심지어 제재의 「권력」(pouvoir)을 수반하고 있는 그들에게 부과되는 「정렬화」하려는 의도에 대하여 「임노동자들」이 어떻게 대처하는 가에 대하여 밝혀낼 수 있다.

'열정적인 영혼의 소유자'나 '쉽게 다루기 힘든 영혼의 소유자'와 같은 극단적인 경우를 제외하면, '혼합적 감정'을 가진 사람들, 즉 서로 대립적인 「정서」가 자신 안에서 다툼을 벌이는 경우가 스피노자가 말한 일반적인 「정념적 삶」이며, 또는 '**흔들리는 영혼**'(fluctuatio animi)'인데, 이 경우는 [그들의 영혼은] 끊임없이 반복되는 그들 내부의 「정서」의 변화에 따라 흔들리는 것이다. 따라서 일단은 「합의」에 도달하였다고 하더라도 모든 것은 항상 뒤죽박죽 되어 있어, (임노동 과정 중에서 나타나는) 새로운 「정서」를 야기시키는 새로운 형태의 「변용」이 등장하면 언제든지 그 일관성을 상실할 가능성에 노출되어 있다. 왜냐하면, 「합의」라는 것은 「기쁜 정서」와 「슬픈 정서」가 서로 마음속에서 대립하는 것에 지나지 않기 때문이다. 이때, 그 「정서들」은 '기본적인 힘의 법칙(*la loi de puissance élémentaire*)'을 따르는데, 그 원칙을 스피노자의 목소리로 옮기자면 다음과 같다:

> 어떠한 「정서」는 그것이 그것과 반대되는 더욱 강한 「정서」에 의하여서 억제되거나(*réprimé*) 혹은 제거되지(*supprimé*) 않는다면, 달리 그렇게 억제되거나 제거되지 못한다.[235]

그러나 「정렬화」에 있어서는, 특히 그것이 신자유주의에 의한 「정렬화」와 같은 정도로 의도적으로 각인되어 있을 경우, 그것이 가져다주는 슬픈 효과를 완전히 은폐할 수는 없다. 그 [슬픈 효과가 나타나는] 이유는 「욕망」이라는 것과 어떠한 한 사람이 타인을 자신의 「욕망」의 방향에 「정렬」시키려는 「기도」라는 이 양자 간의 이질성에 기인하기 때문이 아니다. 그렇게 한 사람의 「욕망」을 다른 사람의 「욕망」으로 환원시킨다는 것은 '자유로운' 제안이라는 형태가 아니라 항상 위협이라는 요소를 뒤에 숨기고 있기 때문에 [정렬화가] 가능하기 때문이다. 물론 「임노동자」는 회사 사무나, 혹은 지게차나 촉매 분해 장치의 판매를 하는 등의 일에 열정적일 수 있다. 물론 이들은 기업이 이들에게 제공하려는 모든 「기쁨」의 기회를(승진, 인적 네트워크의 제공, 「자기 실현」(*réalisation de soi*)에 대한 약속 등을) 잘 활용할 수도 있을 것이다. 하지만, 그들은 때로는 다른 생각에 잠기기도 한다.

---

[235] 스피노자 『윤리학』 제3부 정리7.

III. 지배와 해방

§28. 합의라는 용어를 통하여 지배를 이해하다

그리하여 「합의」가 가지는 의미는 퇴색되어 버리는데, 그 「합의」란 결국 '외부적인 「지배적 욕망」에 봉사하기 위한 협박'이라는 무대가 배경인 폭력에 의하기 때문이다. 반면 순수한 「기쁜 정서」라는 모습으로 「합의」가 나타나는 경우도 있는데, 이때 그 「기쁜 정서」는 「슬픈 정서」라는 감정의 잔재에 의하여 변질되지 않았기에 가능할 뿐이다. 하지만 슬픈 감정의 잔재들이 있다고 하더라도 그것들은 개인들이 그들 스스로 자신의 진정한 「욕망」에만 전적으로 의존하여 앞으로 전진한다는 [거짓된] 믿음 전체를 바꾸기에는 너무도 미약하다. 그들에게 **숙명**으로 부과된 임노동에 시종 천진난만한 미소를 보내면서 자족하고 있는 자들에게 어떻게 「지배」라는 말을 적용할 수 있을 것인가? 그러한 상황에서는 배후에 도사리는 음흉한 의도나 혹은 그들이 「주인」의 「욕망」에 따라 이들의 노력을 「포획」당하고 있다는 사실을 「임노동자」들에게 아무리 환기시키더라도 어떠한 의미는 없을 것이다. 왜냐하면 「임노동자」의 개개인들이 그것은 '자기 자신의 선택'이라고 주장하면 더 이상의 이야기는 설득력이 떨어지기 때문이다. 또한 그들에게 「소외」에 대하여 환기하는 깃도 소용이 없다. 왜냐하면, 첫째 그 관련된 당사자가 가지고 있는 즐거운 「정서」 그 자체는 외부의 폭력에 의하여 자신이 「지배」되고 있다는 등의 생각 자체를 단호히 부정할 수 있는 충분한 근거가 될 것이기 때문이다. 둘째, 스피노자식의 실천적 직관에 따라서 말한다면, 「소외」 여부에 대한 질문 자체를 질문을 하는 사람에게 되돌리며 다시 다음과 같이 반문을 할 것이다: "당신조차도 「예속편입」되고 있음에도 불구하고 「기쁨」을 느끼고 있으니 「소외」되고 있는 것이 아닌가?" 그리고 마치 자신과는 다른 '타인의 생각'을 지칭하며 비난할 때 '이데올로기'라는 단어를 사용하는 것과도 마찬가지로, 타인의 「정념적 삶」에 대하여 운운하기 위하여 「소외」라는 개념을 사용하여 남의 삶에 대하여 이야기하는 것도 결국 이데올로기와도 같은 편견에 불과한 것이 아닌가? 스피노자적인 관점에서 볼 때 「정념적 예속」이 사실 모든 인간의 불가피한 조건이라면, 모두에게 동등하게 적용되어야만 하는 것이 아닌가? 그럼에도 불구하고 그 「소외」를 [당신과 같은] 어떠한 사람에게는 적용하지 않으려고 하는가?

그리하여 그 「소외」가 보편적인 것이고, 동시에 즐거운 감정을 수반한다면 도대체 「지배」라는 개념은 무엇을 의미하는 것인가? 물론, 「지배」라는 것은 어떠한 사람이 타자를 이용하여 자신의 「욕망」을 추구하는 경우에서 보여지는 비대칭적인 관계로 정의할 수도 있다. 그 타자로부터 추출하는 이익에의 의존성 때문에 그 타자를 실질적으로(*ipso facto*) 「지배」당하는 자로 만드는 것이며, 그때 「지배」하는 자는, 예를 들자면 고용주는 그 자신의 중요한 이해를 충족시키기 위하여서는 소위 '「노동력」(labour power)을 사는 것'[236] 이외에는 다른 방법이 없다. 그런데 객관적인 의존적 관계가 어떠한 「정서적」 앙금을[237] 남기지 않는 한, 피고용인의 가장 '기본적인 이해(利害)'는 고용 자체가 충족시켜 주는 보다 고차원적인 「욕망」에 의하여 쉽게 상쇄되어 버릴 수 있다. 그럼으로써 상상에 사로 잡혀 교환 관계는 상호 간에 호혜적인 대등한 것임을 강변하는 [신고전파 주류] 경제이론이 지향하는 이상향 속으로 빠져들게 된다. 즉, 그 개인 자신의 「욕망」은 「지배자」를 위하여 봉사하는 것이 아니라 바로 자신을 위하여 봉사하는 것이라는 믿음하에서 「지배적 욕망」과 각 개인의 「욕망들」 간의 결합이 이루어지는 것이다. 하지만, 그러한 개

---

[236] [역주] 마르크스가 '「노동력」(labuor power)'과 '노동(labour)'을 구분함에 따라서 사용된 용어이다. 주석 55참고.

[237] [역주] 객관적으로 보여지는 임노동 현장에서 너무도 명백히 감정을 자극하는 상황이 발생하는 경우 (예를 들어 인간적 모욕감, 일의 현장의 열악성 등).

인들이 발견할 수 있는 모든 혜택에도 불구하고 「예속편입」의 상황으로 인한 어떠한 대가는 존재하기 마련이다. 왜냐하면, 아무리 그 「예속편입」이 성공적이라고 하더라도, 「에피투메 생성작업」은 「예속편입」된 자들의 「욕망」을 어떠한 정하여진 몇 개의 대상에만 고정시키면서 다른 것들은 배제시킬 수밖에 없는데 이는 어쩌면 예견되어졌던 결과이다. 자본주의적 조직에 있어서의 서열적 종속관계에 의하여 각 개인들은 노동의 분업에 따라 정의되어진 과제, 즉, 「욕망」의 대상으로서 전환되어지는 행위의 대상에 할당되어진다. "이것이 당신이 수행하기 위하여 「욕망」하여야만 하는 바로 그 뚜렷이 정하여진 과제이다". 노동의 분업(division du travail)은 '달성되어야만 할 과제들'을 객관적으로 정하여 준다. 그 안에서의 명령 관계는 각 「임노동자」와 주어진 과제를 정확히 일대일로 대응을 시키고, 리벳을 이용하여 전적으로 접합시켜 버린다. 그리고 이러한 상황에서의 「에피투메 생성작업」은 다름아니라 각 「임노동자」가 그럼에도 불구하고 그렇게 자신들이 처한 상황을 좋아하게 만드는 것이다.

그런데, 이번에는 그 「임노동자」가 단순히 「예속편입」된 자의 위치가 아니라 일종의 '동료'로서 이해관심을 가질 수 있는 많은 것들도 역시 존재한다. 즉 그것들은 필연적으로 노동의 분업에 끼워 맞춰지는 그러한 활동들의 협소한 범주를 넘어서는 것들로서, 그 노동의 분업이라는 틀을 벗어나게 하고 그가 가진 활동하는 힘(puissance)을 보다 높은 차원에서 활용할 수 있게 하는 그러한 것들이다. 예를 들자면, 분업을 단순히 감수하는 것이 아니라 분업 자체에 질문을 던지는 것이 그러한 것들이다. 즉, 과제의 배분 방법, 보수, 조직 구성, 그리고 더 넓게 말하자면, 기업의 전체적 전략, 그리고 경쟁에 수반하는 외부로부터의 압력, 특히 경쟁 상황을 극복하는 방법에 대한 근본적인 정치적 결정, 그러한 결정에 따라서 필요한 노력의 배분(노동 시간, 보수, 필요 인원) 등, 요컨대 그가 정규 구성원으로서 속하여 있고 또한 그의 「기쁨」을 보다 많이 누릴 수 있는 기회가 존재하는 그러한 생산 공동체의 운명과 관계되는 모든 것에 대하여 그는 질문을 던질 수 있다. 그럼에도 불구하고, 노동의 분업, 예속, 「조건화」(*conditionnement*)[238]라는 이 세 가지 요소를 모두 [임노동자에게] 결부시키는 것은 어떠한 「욕망」의 대상에 「임노동자」를 전적으로 접합시키는 것이며, 아무리 그가 그 안에서 행복을 느낀다고 하더라도 그 같은 예속은 단지 그를 이미 정하여진 **제한된 범위내의** 「**기쁨**」**에만 한정**시키는 것이다. 모든 「에피투메 생성작업」은, 즉 개인의 상상을 재설정하여 「기쁨」을 도출하는 작업은, 「예속편입」된 「코나투스」를 이미 잘 정의된 「욕망」가능한 것들의 경계를 재차 한정하는 아주 협소하게 정의된 대상들만을 향하게 하는 목적을 가지고 있다. 「임노동관계」의 「정념적」 상황의 원래적인 모습은 [생존을 위하여] 일종의 회피되어야만 할 '악'만을 보여줄 뿐이며 절대로 추구되어야 할 대상은 아니었던 상황과 비교할 때, 이제는 반대로 「욕망」 가능한 것들의 범위를 물론 확장시킴을 통하여 개인들에게 즐거운 「정서」를 유도하려 한다. 소속감, 승진으로부터 기대할 수 있는 상징적이며 금전적 혜택, 인정받을 수 있는 전망의 상승 그리고 사랑 등의 이 모든 것들은 기업이 「예속편입」관계하에서 「임노동자들」이 기대할 수 있는 모든 혜택의 범위를 넓혀 주기 위하여 제공하는 것들이며, 동시에 「공선화」를 더욱 용이하게 하여준다. 하지만 이 모든 범위의 확장 과정은 꼼꼼하고 신중하게 통제된다. 왜냐하면, 만일 「욕망」이 고취되고 또 생산되어져야만 하는 것이라도, '「자본의 가치창조과정」(*valorisation du capital*)'이 가지는 기능적인 범위와 그리고 그러한 「가치」가 발생되는 조건으로서의 「예속편입」관계라는 사회적 관계들이 부과하는 그 한계를 넘어서는 것은 절대로 용납될 수 없다. 원래적인 의존관계라는 것은 임노동으로 하여금 그 의존관계를 통하여서만 그들 자신의 이득을 추구할 수 있도록 하는 설정이었

---

[238] [역주] 임노동자에게 어떠한 제약이나 조건을 부과하는 것.

고, 그러한 한에서는 성공적이었다. 하지만, 그러한 과거의 성공은 논외로 하더라도, 「지배적 욕망」이 「예속편입」된 자들로 하여금 그들이 자신 스스로의 마음 가는 바에 따라서 살아 간다는 느낌을 가지게끔 유도함에 있어서 성공하고 있다는 사실만을 피상적으로 관찰하고 그로부터 「지배」라는 성격은 없다는 결론을 단정하지는 못한다. 그 「예속편입」된 자들은 그 「지배」에 항상 동의하고는 있지만 그 「지배」는 단지 완전히 적나라한 형태의 강압과는 전적으로 다른 모습으로서 나타나면서 여전히 존재한다. 이때의 「지배」라는 것을 재정의하자면, 그것은 '「기쁨」을 느낄 수 있는 잠재력을 자신 스스로는 보유함과 동시에 다른 사람들을 그로부터 배제하는 능력이 부여됨에 의한 결과'이다.[239]

부르디외의 「상징폭력」,[240] 즉 「피지배자」가 그것에 「합의」하고 있다는 의미에서 부드러운 형태의 「지배」는 바로 「기쁜 정서」라는 수단에 의거한 「지배」에 다름이 아니다.[241] 이는 「합의」라는, 소위 주관론자들에게는 난점(aporia)으로 간주되는 개념을 철저히 부정하는 것이기도 하다. 그리고 또 그것이 가지는 윤리적, 정치적 의미를 스피노자주의자들이 강조하는 다음과 같은 바와도 연관시킬 수 있다. 스피노자는 인간 신체의 복합성(complexity)에 의하여 인간의 「활동력」(puissance)도 다양하게 표현된다는 점을 강조하였다. 따라서, 「코나투스」가 어느 한 점 위에 「고착화」됨에서 탈피하여 다양한 범위로 전개시킬 때야 비로소 '각자 개인에 있어서의 「유용성」(有用性)'이 실현된다. 즉, 스피노자의 말을 빌

---

[239] [역주] 「지배」에 관하여서는 역자 용어해설 272쪽을 참고.

[240] [역주] 「상징폭력」의 정의에 대하여서는 역자 용어해설 280쪽을 참고

[241] 그러나 결국 「상징폭력」은 즐거운 「정념」에만 한정되는 것이 아니다. 그것이 가지는, 사람들을 차별하고, 금지시키고 혹은 과소평가하는 등의 결과로 인하여 「슬픈 정서」를 야기시키기도 한다 (예를 들자면, 당황스러움이나 사회적 치욕 등).

리자면,

> 인간 신체가 많은 방식으로 영향을 받게끔 하여 주는 것, 혹은 인간 신체가 외부의 물체에 많은 방식으로 영향을 미칠 수 있도록 하는 것, 그러한 것들은 인간에게 유용(有用)한 것이다.[242]

하지만 바로 이러한 다양성의 전개는 「지배적 욕망」 아래에서의 삶에서는 금지되어 있다. 즉, 「지배적 욕망」 아래에서 작동하는 「지배」의 조건은 「욕망」이 추구할 수 있는 범위와 「기쁨」을 느낄 수 있는 기회를 제약한다.

「지배」의 가장 특징적인 면은 「피지배자들」의 시선을 단지 어떠한 '사소한' 「욕망」의 대상으로만 고정시키는 것이며, 특히 「지배」하는 자들이 생각하기에 적당하다고 간주되어지는 그러한 대상으로만 고정시키는 것이다. 반면 그 이외의 대상들은 그 「지배자들」 자신들의 손에만 쥐어지게 된다. 공포보다는 「기쁨」, 이것이 바로 「지배」가 가장 효율적으로 사람들을 통제하는 방법임에 틀림없다고 할 것이나, 그러한 방법은 제공되는 「기쁨」의 종류를 제약하고 또한 제공되는 「욕망」의 대상을 엄격하게 선정함으로써 이루어지는 것이다. 따라서 「지배」는 「욕망」 가능한 것들을 어떻게 「분배」하는가라는 문제로 귀착되는데 이는 지배로부터 야기되는 가장 특징적이며 보편적인 결과이다. 왜냐하면, [생존을 위협하는] 악을 피하고자 하는 근원적 「욕망」으로부터 그저 비천한 사람들이 값싼 「기쁨」을 누리기에 적합한 어떠한 사소한 값어치를 가지고 있는 「욕망」의 대상을 거쳐, 가장 위대한 상품들을 (사회적으로 가장 값어치 있다고 생각되는 상품들을) 정복하고자 하는 「욕망」으로 「욕망의 스펙트럼」(spectre du désirable)은 이행하고 있기 때문에 그러한 「욕망」의 대상들을 각자의 「분수」에 맞게 적절하게 분배하는 것이 필요하기 때문

---

[242] 스피노자 『윤리학』 제3부 정리38.

이다. 이렇듯 「욕망」 가능한 다양한 대상들 간에 존재하는 스펙트럼은 '딱딱한 지배'(domination dure)'와 [243] '부드러운 지배'(domination douce)'를 모두 포괄한다. 그런데 그 두 가지 형태의 지배 모두 공통적으로 「욕망」과 「정서」라는 개념을 통하여 가능하다. 또한 그 두 가지의 「지배」 형태는 그것이 「슬픈 정서」와 「기쁜 정서」라는 「정서들」 간의 차이로 나타난다. 그런데, 그러한 「정서들」이 신체를 움직이게 한다.

§29. 욕망의 분배와 상상에 의한 무력감

「지배」의 핵심적 문제는 결국 「분배」의 문제이다. 막스 베버(Max Weber)의 용법[244]과 스피노자의 그것을 결합하여 말하자면, 「지배」는 결국 '기쁨의 기회의 분배'(à la répartition des chances de joie)'라는 문제로 귀착한다. 이러한 방식으로 이야기하는 것은 고용에서의 「기쁨」은 처음부터 단순히 임금을 받는 것을 넘어서, 직책, 타인의 인정, 직장에서의 인적 관계 형성 등과 같은 것으로 '연장'되는 것을 의미한다. 하지만, 동시에 「임노동자」가 그들의 직업적 삶이라는 맥락 내에서 원칙적으로 추구할 수 있는 것으로만 추구의 대상이 '한정'되게 되고 나머지로부터는 배제되게 하는 것도 동시에 의미한다. 이러한, 「욕망」을 조정당하고 「지배」당하는 자들로 하여금 제한된 범위를 넘어서는 「욕망」의 대상은 자신들은 획득할 수 있는 어떠한 희망도 없다는 것을 그들 자신의 바람에게 설득시키기 위한, 그러한 「지배」하는 자들이 설정한 「분배」의 규칙들은, 그 「지배」당하는 자들이 그로 인한 좌절감을 야기하지 않기 위하여서는 계속하여 다른 유인을 부여하는 작업을 하지 않을 수 없다. 즉,

---

[243] [역주] 공포에 의한 지배를 '딱딱한 지배'로, 기쁨에 의한 지배를 '부드러운 지배'로 표현하였다.

[244] [역주] 역자 용어해설 272쪽을 참고.

임노동으로 하여금 그들의 작은 「기쁨」이 '실제로는' 큰 것이라고, 혹은 최소한 '충분한 것'이라고 믿게 만들어야만 한다. 이러한 작업은 더욱 더 절실한데, 왜냐하면 그러한 작업들은 사회에서의 보여지는 광경들에 의하여 자극되어 끊임없이 넘쳐흐르는 질투의 감정과, 또한 그러한 사회의 모습들을 관찰할 때 필연적으로 나타나는 「정서의 모방」(imatatio affectuum)'을[245] 억제하여야만 하기 때문이다. 그 「정서의 모방」이라는 것은 높은 사람들이 누리는 어떠한 특정한 것들이 모든 이에게 이미 가시적으로 보여짐에 따라 나머지 사람들도 그것들을 자신들의 「욕망」이 추구하여야 할 가장 큰 선망의 대상으로, 즉 지고한 목적으로 간주함을 의미한다. 엄밀하게 말하자면, 「상징폭력」은 어떠한 '이중적 이미지'를 만들어 냄으로써 존재하게 된다. 즉, 「피지배자」에게 허락된 아주 작은 「기쁨」을 그들에게는 충분한 것으로 느끼게끔 하는 '만족함의 이미지'와, 그 「피지배자들」로 하여금 그들이 선망하는 지고의 것들은 포기하도록 하는 '스스로의 「무력감」(impuissance)의 이미지'가 그것들이다. 스피노자는 다시 말한다:

> 모든 사람들은 자신이 불가능하다고 상상하는 모든 것들이 실제로 불가능하다고 상상하고, 이러한 불가능한 상상 때문에 그가 불가능하다고 상상하는 것들을 실제로 할 수 있는 힘을 정말로 상실하게 된다.[246]

이것이 바로, 자기에게 「분수」(分數)라고 간주되어 진 것을 실제로 '자기가 스스로 정한 「분수」'로 변환시키는, 따라서 '[사회적] 상상력(imag-

---

[245] [역주] 스피노자 『윤리학』 제3부 정의 27에 나오는 용어. 이 모방하는 「정서」는 주위 사람을 「정서」적으로 전염시키기에 사회를 형성시키는 아주 중요한 요소이다.

[246] 스피노자 『윤리학』 제3부 정의 28.

inaire social)'의 소산에 불과한 '「무력감」'을 실제로 작동시키는 「정념」의 법칙이다.

이러한 「기쁨의 기회의 분배」라는 개념하에서는, 사회적으로 생기는 「욕망」 간의 충돌을 타협시키는 해답으로서 「지배」라는 것이 존재하는 것이며, 이때 타인의 시선을 통하여서도 그러한 타협이 동시에 인정되어야만 한다. 스피노자는 말한다:[247]

> 우리 자신이 사랑하거나 혹은 「욕망」하는 것을 타인도 마찬가지로 사랑하거나 「욕망」한다고 우리가 생각한다면, 우리는 그러한 것들을 더욱 더 확고히 사랑하거나 「욕망」할 것이다.

그리고 또한 이미 개입된 제삼자를 그러한 대상으로부터 멀어지게 하려고도 노력할 것이다. 또 다른 스피노자의 말을 인용하자면:

> 본성적으로 우리 모두는 타인들이 각자 그들의 「분수」에 따라서만 살기를 원한다. 그런데, 그들은 모두가 똑 같은 것을 「욕망」하므로, 그들 모두는 각자에게 방해가 된다. 따라서 (…) 그들은 서로 미워하게 된다.[248]

이로부터 도출되는 결론은, 사회적으로 보았을 때 모든 「기쁨」은 결국 차별성에 근거한다는 것이다. 즉, 타인이 가지지 못하는 것을 내가 가질 때, 따라서 자신이나 혹은 자신이 속한 '계급'만이 그것들을 간직하고 타인들은 그로부터 배제하는 것, 그것이 「지배」가 사회적으로 가지는 가장 큰 특성인 것이다. 그런데, 이러한 시도가 충분히 성공적이기 위하여서는 「지배」관계하에서의 분배의 원칙에 한 가지 더 추가 되어야만 하는 것이 있다. 즉, 그들만의 독점적인 어떠한 「욕망」의 대상

---

[247] 스피노자『윤리학』제3부 정리 31.

[248] 스피노자『윤리학』제3부 정리 31 주석.

을 간직하는 것에 더하여, 「지배자들」은 「피지배자들」에게 있어서도 비록 그 대상들이 선망의 대상이지만 그럼에도 불구하고 그것들은 「피지배자」 자신들을 위하여서 예비되어 있는 것은 아니라는 사실을 인식하게 하여야만 한다. 예를 들자면, 일반 「임노동자들」은 회사를 운영하는 「권력」(pouvoir)을 동경할 수는 있어도 그러한 권력을 그들의 「욕망」의 대상으로 만들 수는 없다. 따라서 그 「피지배자들」은 사회적 노동의 분업에 따라서 그들의 「분수」로 이미 정하여 있는 것들에게만 고착되게 되고, 그럼으로써 [「지배자들」에 의하여 주입된] 가공의 「무력감」이 형성되며, 「지배자」와 「피지배자」 간의 「욕망의 분배」(division du désir)가 생겨나는 것이다. 부르디외가 누차 강조하였듯이 인류학적으로 볼 때는 인간들 간에 어떠한 차별도 없음에도 불구하고, 따라서 스피노자가 "인간의 본성은 하나이고 모두에게 적용된다"[249]고 말하였음에도 불구하고, 이러한 「욕망의 분배」는 자의적으로 각자의 「분수」를 정하여 주는 구조에 다름 아니다. 그러나 태어나면서부터 각 개인들이 취득하여지게 되는 순전히 자의적인 사회적 분류체계라는 장막에 가려진 이러한 숨어 있는 무대 배경은 스스로를 개인들에게 나타낼 기회가 거의 없는 것이라고 할 수 있다. 이 사회라는 세상에서 우리가 겪고 있는 경험들은 실상 자의적인 해석에 좌우되는 것임에도 불구하고 '집단적 상상력」(imagination collective)'의 작용에 의하여 필연적인 것으로 둔갑되어 버린다. 따라서 장막의 뒤에는 우리가 즉각적으로 마주치는 경험들과 상충되는 것들이 존재한다는 사실을 끊임없이 상기하여야만 한다. 그리하여 파스칼은 루인느 공작(Duke of Luynes)의 아들에게 이렇게 가르쳤다:

> 네가 너의 재산을 소유하도록 하게끔 하여 주는 너의 칭호는 원래부터 주어진 것이 아니라, 단지 사람들이 인위적으로 만든 것에 불과하

---

[249] 스피노자 『국가론』 제7장 27절.

다. 따라서 너에게 그 칭호를 부여한 그 법을 만든 자들의 생각이 하루아침에 바뀌는 순간 너는 가난뱅이로 주저앉을 수 있다.[250]

우리가 스피노자에서 찾아 볼 수 있는 중요한 것들이 있다. 그 속에서는 인류학적인 근원적 평등성을 가장 근본적으로 재확인하려는 모습이 존재한다. 그리고 또한, 단지 습득되어진 것임에 불과한 [인간들 간의] 차별성과, 상상의 힘을 동원하여 끊임없이 자신의 흔적을 다른 모습으로 만들어 내는, 즉, 여러 다른 '환상의 모습(*fantasmagoriques*)'으로 바뀌는 실체들, 이 두 가지를 조금이라도 무력화시키고자 하는 아주 미약하나마 존재하는 희망이 스피노자에는 존재한다.

[그들은] 천한 대중들은 어떠한 절도도 없고, 따라서 천한 대중들에게는 필히 공포가 필요하다고 말한다. 그리고 평민들은 어떠한 때는 천하게 남을 위하여 벌벌 기며 봉사하고, 어떠한 때에는 마치 주인처럼 행세하기도 하는데, 거기에는 어떠한 진리도 없고 어떠한 올바른 판단도 없다고 그들은 또한 말한다. 하지만, 인간의 본성은 하나일 뿐이며, 그리고 그 본성은 모두에게 해당되는 것이다. 단지 우리 모두는 힘(*puissance*)과 문화에 의하여 속고 있을 따름이다. 따라서 두 사람이 똑 같은 일을 하고 있는 경우, 그 결과가 차이가 없음에도 불구하고 두 사람이 단순히 다른 종류의 사람이라는 이유로 우리는 한 사람이 한 것은 흠이 없다고 말하고, 다른 사람이 한 것은 그렇지 않다고 말한다. 오만함이라는 것은 주인들이 가지는 특권적 특징이다. 그러나 그들의 오만은 자신의 힘의 과시, 사치, 낭비, 변함없는 부도덕성, 무식을 억지로 은폐함, 그리고 우아함으로 위장된 퇴폐로 장식되어 있고, 따라서 따로 보면 더할 나위 없이 눈에 띄고 구역질 나고 부끄러운 그러한 악덕들도 무지한 자나 소박한 자에게는 훌륭하고 예의

---

[250] Pascal(1670/1999).

에 어긋나지 않는다고 보여질 수 있다.[251]

스피노자『윤리학』3부 정리 49에서 기술되어진 바에 따르자면, 이렇듯 산란되어져 있고 비인격화된 메커니즘에 의하여 사회적으로「욕망의 분배」를 함으로써 각기 개인들로 하여금 그들이 겪는 바를 필연성으로, 즉 '존재하지도 않는 신에 의한 숙명'[252]이라는 가면 아래 자의적으로 해석하도록 하고 그들의 사랑과 증오를 조작되게 함으로서 [그들이 겪는 바를] 정당화시켜주는 것이다. 그 조작이란, 만일 진정한 이유들이 그러한 '자의적 필연성'에서 자유로울 수 있다면 느낄 수 있는 진정한 사랑보다도 조작된 사랑이 더 크게, 그리고 조작된 증오는 그때의 증오보다는 더 작게 만드는 것이다. 이러한「사회적 상상력의 생산」(*production imaginaire sociale*)'이라는 위대한 조류(潮流)는 사실은 필연을 가장한 자의성을 정당화시키는 과업을 부여받고 있는데, 고대 그리스 시대부터 이러한 정당화는 출신, 부, 그리고 능력이라는 세 가지의 주요한 범주에 있어서 중점적으로 이루어져 왔다. (그 순수한 형태에 있어서의) 과거 귀족 정치나 금권 정치는 더 이상 존재하지 않게 되자, 부르디외가 계속 강조하였던 바, 현대에서는 그 대체품으로서 학위증이「신화생성」(*mythogénie*) 능력'을 가지게 되고, 그 학위증은 그것을 소지하고 있는 사람의 [진정한] 내용과는 무관하다는 점과, 학위증의 유일한 사명은 '엘리트'라는 신분증명서를 제공하는 것이라는 (즉「욕망」의 사회적 분배'라는 맥락하에서 여러 개인들을 차별화시킬 단서의 제공이라는) 사실은 계속 은폐하려고 한다.

---

[251] 스피노자『국가론』제7장 27절.

[252] [역주] 그 숙명이 신이 만든 것이 아니라 인간이 인위적으로 만들어 내는 것임을 강조함.

§30. 정념의 착취

「기쁜 정서」를 생산하기 위하여 「합의」라는 이름으로 다시 세례를 행하는 등의, 기업이 채택하는 모든 능수능란한 기법에도 불구하고, 그들이 행하는 「욕망」의 엔지니어링은 너무도 눈에 띄기 마련이다. 아무리 회사에 「기쁜 정서」를 가지고 헌신하는 자들이라도 「지배적 욕망」이 존재하는 사실은 여전히 인식하고 있으며, 또한 자신들의 노력을 대상화하는 「포획」의 의도에 대하여도 알고 있다. 「지배적 욕망」하에 살아가는 삶이란 「착취」당하는 삶인 것이다. 그런데, 우리는 그 「착취」라는 것이 도대체 어떠한 의미인지를 반문하여야만 할 필요가 있다. 아마도 [교조적] 마르크스주의자[253]들이 생각하는 바는 아닐 듯하다. 왜냐하면 마르크스주의자들에게 있어서 「착취」는 '실재론적'[254] 「노동가치론」과 연관되는 한에만 어떠한 의미를 가지기 때문이다. 즉, 그들에게 있어서의 「착취」는 소위 「잉여가치」를 자본가들이 「유용」(流用)한다는 것의 다른 이름이고, 이때 「잉여가치」는 전체 생산물의 「가치」와 「노동력」을 재생산하기 위하여 지불되는 임금을 모두 노동가치로 환산하여 그 차이를 계산한 것이다. 그런데, 재생산되어야 하는 「노동력」의 「가치」를 어떻게 정의하는가 하는 것은 너무도 불투명하며, 실제로는 순환론적

---

[253] [역주] 「노동가치론」에 입각하여 잉여가치로서 「착취」를 설명하는 마르크스주의자들을 지칭하는데, 저자는 그러한 측면을 부정하고 있기에 저자는 일면 이단적 마르크스주의자라고도 할 수 있다.

[254] [역주] 「가치」라는 것이 본원적으로 존재한다는 믿음을 '실재론'이라고 지칭하였다. 교조주의적인 마르크스주의자들에 따르면 그 실재적인 「가치」는 「추상적 노동」이다. 저자와 일단의 프랑스 소위 '이단' 마르크스주의자들은 그러한 실재로서의 「가치」를 부정한다. 주석 157의 관련 서적 참고.

오류에 빠지게 된다. 왜냐하면 객관적이고 독립적으로 존재하는, 재생산이 되어야만 하는「노동력」에 의하여 사전적으로(*ex ante*) 임금이 결정되는 것이 아니라, 바로 [화폐로 표시된] 임금 그 자체가「노동력」의 재생산을 위하여 요구되는 실제(*de facto*)「가치」를 표시하기 때문이다. 그런데, 마르크스주의에 있어서의「착취」라는 개념을 정의하기 위하여서는 필연적으로 [이러한 순환론적 오류를 벗어나지 못하는] '실재론적'「가치」이론을 수용하지 않을 수가 없는 것이며, 그때의「가치」의 실재는「추상적 노동」으로 환원한 노동의 시간이다.[255]

마르크스와 스피노자는 상호 간에 많은 유사성과 공통으로 하는 주장들이 있음에도 불구하고, 양자 간에는 아마도 가장 본질적인 차이점이라고 생각되는 점이 존재함을 간과하면 안 된다. 그 가장 중요한 차이는 (아마도 부정과 모순의 변증법과 더불어서) 바로 이「가치」에 대한 생각이다.「내재성」(內在性 *immanence*)[256]의 바로 그 핵심으로 몰래 다시 도입된「초월성」(*transcendance*)의 형태로서의「실재론적」가치를 스피노자는 부정한다. 이것은, 어떠한 종류의 객관적인 규범을 재정립한 후, 그것으로부터의 '일탈(逸脫)'에 의하여 어떠한 사물을 불완전하고 악이라고 판단하려는 어떠한 시도도 그가 부정하였던 것과 맥락을 같이 한다. 스피노자의 철학은「현실성」(*réel*)과「완전한 긍정」(*parfaite positivité*)이 [절대적으로 가득차 있는] '절대적 충만함'(*absolue plénitude*)'을 단언하는 철[257]

---

[255] [역주] 마르크스 경제이론에서, 노동가치를 시장에의 가격으로 전환하는 문제는 풀리지 않는 숙제로 남아 있고, 이를 소위 '전형문제'(transformation problem)라고 한다. 저자와 일단의 프랑스 제도주의 마르크스주의자들은 이러한「노동가치론」을 부정한다.

[256] [역주] 스피노자에 있어서의「내재성」에 대하여서는 본서 III.§35을 참고할 것.

[257] [역주] 스피노자에게 있어서「실재성」은 '완전성'과 동일한 것이며, 어

학이며, 그렇기 때문에 다음과 같은 그의 말은 가히 스캔들적이라고 할 수 있었다:

나는「실재성」(réalité)과「완전성」(perfection)은 동일하다고 이해한다.[258]

그러나 스피노자의「실재적 가치」(valeur substantielle)에 대한 비판은 다른 각도에서 볼 수 있는데, 예를 들어,『윤리학』제3부 명제 9의 주석은 우리가 직관적으로 믿고 있었던,「욕망」과「가치」와의 관계를 전도시키고 있다. [스피노자에 의하면] 어떠한 객관적으로 정립되어 있는「가치」라는 것이 이미 먼저 존재하고 그것이「욕망」을 끌어당기는 것이 아니라, 반대로「욕망」이 대상에「투기」(investir)됨으로 그것이「가치」를 가지게 된다는 것이다.[259]「가치」라는 것에는 실재적 내용은 없는 것이며, 단지「욕망」의「투기」만이 있는 것이고「욕망」하는 것을 끊임없이 '선'으로 바꾸는「가치창조」(axiogenesis)[260]만이 있을 뿐인 것이다. 미학, 윤리학, 경제학 등의 각각의 학문에 있어서는 각각에 해당하는 소위「가치창조」라는 것이 서로 거리가 있다고 일견 느껴진다고 하더라도 위에서 논의한 각각의 이러한「가치창조」에 있어서의 전도(顚倒)된 모습은 모든「가치」에 공히 적용된다. 이「가치」라는 단어들의 사용법에 있어서 존재

떠한 실재하는 사물은 불완전할 수는 없다. 따라서 '불완전성'을 억지로 이야기하는 경우는, '완전성'이라는 기준을 먼저 인위적으로 세워 놓고 그에 따라서 말하는 것에 불과하다.

[258] 스피노자『윤리학』제2부 정의 6.

[259]『윤리학』스피노자 제3부 정리 9주석:
우리는 어떠한 것이 선이라고 판단하기 때문에 그것을 향하여 노력하고, 그것을 원하며, 추구하고,「욕망」하는 것이 아니라 반대로 우리가 그것을 원하며, 추구하고「욕망」하기 때문에 그것을 '선'이라고 판단한다.

[260] [역주] 주석 159참고.

하는 명백한 이질성에도 불구하고 뒤르켕은 그 단어들이 가지는 동일성에 근거하여 모든 영역을 관통하는 「가치론」을 구축하려고 시도한 바 있다.[261] 스피노자에게 있어서는 완전한 「내재성」이란 그 내재성 이외의 어떠한 다른 규범들도 용인하지 않는다. 하지만 실재적인 「가치」가 존재하지 않는다고 이론적으로 주장한다고 하더라도 「가치」가 생성되는 다양한 과정을 생각할 필요성은 존재한다. 이 과정에서 생성되는 「가치」라는 것은 「투기」(投企)하는 힘들(*puissance*) 간의 활동에서 생성되는, 즉 「가치」에 위상을 부여하고 주장하는 행위에서 나오는 복합적 생성물에 지나지 않는 것이다. 객관적으로 정립될 수 있고 또한 분배 문제에 있어서 야기되는 어떠한 논쟁거리도 잠재울 수 있는 일종의 닻으로서의 「실재적 가치」라는 것은 존재하지 않는다. 단지 [가치는] 어떠한 우세한 힘(*puissance*)들이 자신들의 「가치」 주장을 내세움에 성공함으로써 얻어지는 잠정적인 승리의 소산일 뿐인 것이다. 즉, 가장 권력이 강한 자가 「가치」있다고 천명하는 것이 「가치」인 것이다. 물론, 이러한 과정을 겪는 중 어떠한 분야에 있어서는 서로 다른 「가치」의 창조를 추구하는 집단들이 나타나는 것도 가능하고, 또한 이러한 각각이 주장하는 서로 다른 「가치창조」의 과정 간의 갈등은 사실 「가치」의 사회적 삶에서 당연히 일상적으로 나타난다.

    이러한 원칙은 당연히 경제학상의 「가치화」에 있어서도 적용된다. 그러나 객관적인 숫자로 보여지는 어떠한 것이나, 그밖의 다른 모든 것들이라도 '실재론적'인 기준에 근거하지는 못한다. 이러한 관점에서 보았을 때, 스피노자의 비판은 종래의 마르크스주의의 「노동가치론」과 「잉여가치」라는 개념을 다른 시각에서 재해석할 수 있도록 하여준다. 그에 따르면 마르크스의 「가치론」은 그들이 비판하였던 경쟁적인 위치

---

[261] Durkheim(2010).

에 있던 주장의 기본 강령을 그대로 답습하면서 [모순되게도] 비판을 하고 있다. 즉 마르크스의 유물론은 그것이 비판하는 관념주의 철학에 부지불식간에 존경을 표하는 이론이 되어 있던 것이다. 왜냐하면, 그들의 이론적 정교화의 산물, 즉 객관적인 「가치론」은, [자신들의 관념적인 「노동가치론」에 근거하여] 어떠한 [분배 요구 등의] 요구들을 한층 높은 차원에서 정당화하는 것에 지나지 않기 때문이다. 그런데, 특히 공개 토론의 장에서는 통상 다음과 같은 반론들이 나오기 마련인데 이것들은 어떠한 주장들을 공식적으로 일반화시키려는 주장에 대하여 반박하면서 오랜 세월 동안 반복되어서 제기되는 형식적인 관행이라고도 할 수 있다: "어떠한 근거에 의하여?", "어떠한 근거로 그렇게 요구하는가?" "어떠한 근거로 당신의 주장을 정당화시키는 것인가?" 스피노자의 비평을 받아들이는 경우 그와 항상 수반되어 야기되는 혼동이 있다. 이는 스피노자를 어떠한 '정당화'도 불가능하게 만드는 허무주의자로 간주하는 혼동인데, 그 이유는 허무주의는 어떠한 객관적인 가치 기준 혹은 일반적 원칙에 의거할 수 있는 가능성 자체를 절멸시켜 버리기 때문이다. 그런데, 이러한 혼동은 전적으로 (객관적으로는 환상에 불과하지만, 사회적으로는 불가피하게 제기될 수밖에 없는) '정당화'라고 불리는 형식이라는 감옥에 갇혀 생각하기 때문에 초래된 것이고, 어떠한 주장을 막론하고 그 주장들 자체는 근본적으로 어떠한 기반도 없을 수밖에 없다는, 그리고 기반을 세우기가 불가능하다는 성격을 간과하지 못한다. 항상 제기되는 질문 형식인 "왜, 그리고 도대체 누구의 이름으로 그러한 요구를 하는가?"에 대한 답은 항상 결국 "왜냐하면", "왜냐하면 내가 그렇게 요구하기에"라는, 즉, 내가 가지는 「코나투스」에 내재하는 본성적인 권리에 의하여, 그리고 뿌리 깊은 「자기중심성」에 의하여, 그리고 나의 것인 이 「욕망」이 가지는 역동(*force*)에 의하여 내가 그렇게 요구하는 것이라는 답으로 귀착될 수밖에 없다는 것이다. 그 대답의 나머지 부분에 대하여서는 그저 의례적인 차원에서의 정당화와 일반화시킨 것들만이

§30. 정념의 착취 **197**

따라 올 뿐이다.[262] 이러한 각자들이 주장하는 요구란 다름 아니라「코나투스」의 근원적인 긍정적인 본성을 표현하고 있는「코나투스」가 가진 힘(puissance)이 분투하는 모습인데, 세상의 모든 상호 적대적인 만남들이 항상 그러하듯이, 소위 힘의 가장 근원적인 법칙인 보다 강한 힘을 가진 자에 의하여 그 힘들 간의 갈등이 해소되기 마련이다. 물론 이렇게 해소되기 위하여서는 어떠한 사회에 특정한, 자신들의 힘을 표출하는 방식상에 있어서 여러 형식적인 제약을 받는 것은 당연하다 할 것인데, 예를 들자면, 적어도 '정당한' 방식의 담론들을 통하여 힘을 행사하는 노력은 필요한 것이다. 이러한 측면에 있어서 볼 때, 마르크스주의의「가치론」과「잉여가치」라는 개념을 포기한다고 하더라도 돈에 관한 논의나 분배상의 갈등이라는 논의도 동시에 같이 포기하여야 하는 것은 절대로 아니다. 돈의 배분에 관한 갈등은 엄연히 존재하는 것인데, 단지 그러한 돈이 불공평하게 배분되어 있다는 것을 말하기 위하여서는 객관적이고 실체적인「가치론」은 필요하지 않다는 것만을 의미한다.「가치론」에 근거하여 불공평을 논하는 것은 자신들의「가치」를 미리 전제하는 소위「구성상의 편견」(partialité constitutive)[263]에 노출되어 있기 때문이다. 소득의 분포상의 통계에 있어서 (기업이나 혹은 사회 전체에서) 상위 또는 하위의 일정 비율에 놓인 사람들이 전체 소득에서 차지하는 비율이나, 배당 등을 통한 이익의 배분율, 또는 주주들이 가져가는 부가가치의 비율 등과 같은 것은 분배의 갈등에 놓인 어떠한 한 집단이 불평등을 논할 때 그들의 주장에 실체성을 더하는 계량적 수치들이다. 이때 그 집단은 여러 역사적이거나 지리적인 상황을 언급하면서

---

262 이 주제에 관하여서는 Lordon(2007)을 참고.

263 [역주] '구성상의 편견,'이란 어떠한 가치들이 다른 어떠한 가치들과 비교하여 우위에 있다고 간주하여, 그러한 가치 판단이 사회 설계 등에 있어서 미리 전제되는 것을 의미한다.

자신들의 기준을 상대가 받아들일 것을 요구하거나, 혹은 순수하게 계량적인 근거를 제시하기도 한다. 후자의 경우, "회사의 최상위 10인의 월급 평균이 최하위 10인 월급 평균에 비하여 10배, 혹은 20배를 넘어서는 안 된다. 이것이 우리가 요구하는 기준이며 우리가 주장하는 바이다"라는 등. 그런데, 어떠한 주장을 함에 있어서 그것이 '일반성'이라는 형식을 구비하여야만 하고 또한 그것이 정당성이 있어야만 된다는 당위(impératif), 즉 어떠한 원칙에 의하여 그 주장이 입각하여야만 한다는 것은, 힘(puissance)을 표출함에 있어서 필히 착용하여야만 하는 의상(衣裳)과도 같은 형식에 불과한 것이다. 동시에 이는, 단순히 각자가 자신들의 원래적 「편향」(偏向)[264] 상태로 회귀하는 주장들만 적나라하게 외치는 경우 결국 폭력의 행사로 귀결되기에 그러한 최악의 사태부터 전체 사회를 구하기 위하여 필수 불가결한 요소인 것이다. 「편향」 상태를 이러한 담론의 원칙으로 형식상 바꾸는 것 그 자체는 어떠한 '내재적인' 「가치」는 없는 것인데, 그럼에도 불구하고 다양한 「편향적」인 주장들이 서로 충돌을 일으키는 경우 야기되는 혼란을 방지하는 (그렇지만 아주 핵심적인) 역할을 한다. 이 같은 점에서 볼 때, 사회에서 담론이라는 것이 가지는 중요성은 그 자체로 어떠한 진리값을 가지고 있는 것은 아니지만, 한편으로는 힘만 행사하는 기업들이 존재하고 다른 한편으로는 갈등이 폭력이라는 출구를 통하여 표출되는 것을 자제시켜야만 하는 사회적 필요성을 고려할 때 드러나게 된다.

그런데 중요한 점은 「임노동자」가 스스로 「착취」되고 있다고 느끼고,

---

[264] [역주] 원문의 표현은 「회내」(回內 pronation) 또는 '엎침'이라고 불리는 의학 용어로 표기되어 있다. 이 「회내」는 손바닥이 반대쪽으로 돌아가는 현상을 말한다. 저자가 사용한 의미로는, 자신의 어떠한 원래 가지고 있는 입장 등에로의 편향적인 태도이다. 본 번역에서는 「편향」(偏向)으로 번역하였다.

따라서 투쟁에 들어가기 위하여서는 마르크스주의 「가치론」을 염두에 두고 있어야 할 필요성은 없다는 것이다. 사실 돈의 불평등한 배분은 비록 그것이 그들의 투쟁에 있어서 가장 중요한 요소임은 틀림없는 사실이지만 그럼에도 불구하고 그것이 전부는 아니다. 그들의 여러 투쟁에 있어서 관통하는 요소는 「포획」이라고 하는 보다 일반적인 생각이다. 사람들이 일반적으로 생각하는 바와는 달리, 이러한 「포획」의 관점은 마르크스의 「잉여가치」 이론을 다시금 뒤돌아보면서, 또한 「착취」라는 개념을 폐기시키는 것이 아니라, 오히려 '정치화(精緻化)'시키는 계기가 된다. 일견 이러한 주장이 다소 패러독스처럼 여겨질 수 있는 이유는 마르크스주의에서의 「착취」라는 개념은 '자본이 「잉여가치」를 가져가는 것'으로서 엄밀히 정의되기 때문이다. 즉, 그것은 임노동이 생산한 것 중의 어떠한 일정 부분을 강탈하는 것을 의미하기 때문이다. 그러나, 그 임노동이 생산하였던 「가치」의 일부분을 「임노동자」가 소유하지 못하는 것이 논리적으로 볼 때 항상 「착취」를 구성하는 것이 아니라, 자본가에 의하여 그 부분이 사적으로 「유용」(流用)되는 것이 「착취」를 구성하는 것이다. 만일 그 「잉여가치」 부분이 자본가에게 귀속되는 것이 아니라, 「임노동자들」이 민주적으로 통제할 수 있는 기업에게 귀속된다고 한다면, 또는 「임노동자들」의 '집단'에게 돌아간다면, 그렇게 하여 노동자 개인 자신이 직접 소유하지 못하는 것도 「착취」라고 부를 수 있겠는가? 형식적으로 말하자면, 이 경우에서도 마찬가지로 개인으로서의 「임노동자」는 자신이 생산한 총가치와 자신의 「노동력」을 재생산하기 위하여 필요한 가치 [즉 임금의] 차이만큼은 빼앗기게 되어 있다. 즉, 「노동가치론」에 의한 객관적인 계산법을 고수한다고 하더라도, 반드시 그 논리적 결과로서 그 이론이 도출하려고 희망하는 「착취」라는 개념에 도달하지는 않는 것이다. 만약 「착취」라고 하는 것이 존재한다고 한다면, 경제적인 측면에서 「가치론」에 의존하기보다는 「포획」이라는 정치 이론의 영역에서 논의가 되어야만 한다. 따라서 마르크스주의에서의「가치론」을 폐기한다고 하더라도 그로 인한 손실은 크지 않을 것인데, 그 이유인 즉「가치론」은 소위「착취」라는 개념을 궁극적으로 도출하기 위하여 설정된 것이고, 그렇기 때문에「가치론」이 가진 이론적 난점이 어쩔 수 없이 어느 정도 감내하고 있는 것이 [이론적 논의에 있어서] 현실인 반면, 실상은 굳이「가치론」에 기반을 두지 않고서도「착취」에 대한 이론은 충분히 개진 가능한 것이기 때문이다.

「잉여가치」에 기반을 둔 경제이론에서「포획」에 기반을 둔 정치학으로의 이행은 당연히 무엇이「포획」되는 것인가라는 질문으로 연결되기 마련이다. 스피노자의 영감에 의하자면 그 답은 명확하다.「활동력」(*puissance*)이다.「주인」의「지배적 욕망」은「예속편입」된 대상이 가진 그「활동력」을「포획」한다. 그럼으로써 타인이 가지고 있는「코나투스」의「기」를「지배자」자신을 위하여 유용하도록 한다. 예를 들어「임노동관계」와 같은 사회 구조들은 그「지배적 욕망」으로 하여금 그 자신의「기도」(企圖)에 봉사하도록 타인의「코나투스」의「기」를 이용한다. 최악의 경우에는 그「임노동자」가 가지고 있는 그「욕망」은「임노동자」자신의 물질적 재생산을 위한, 즉 생존하기 위한「욕망」에 불과할 수 있으며, 그 경우 수반되는 감정은 단지「슬픈 정서」일 뿐인 것이다. 이와 반대로 최상의 경우는 그 기업 내의「에피투메」[욕망의 체제]에 의하여「임노동자」의「코나투스」는「기쁜 정서」를 수반하며「공선화」되는데, 단 그 때「임노동자」의「활동력」은 어떠한 [외부적으로] 정하여진「욕망의 분배」상태에만「고착화」되어지는 것이다. 다시 말하자면 그것의 발현은 어떠한 지극히 한정된 영역에만 제한되게 된다. 따라서「임노동자」는 전체가 아닌 단순히 어떠한 특정한 범위 내에서만 자신의「코나투스」를 사용하도록 제한되어지는 것이고, 그 전체라는 것은 단지「지배적 욕망」에 의하여 운영되기 마련인 것이다.「임노동자」의「코나투스」가「지배적 욕망」에 의하여「포획」되는 것, 즉「예속편입」된「코나투스」의「기」를 그「지배적 욕망」을 위하여 활성화시키는 것은「노동의 탈취」(*déposses-*

sion d'œuvre)인 것이다. 「탈취」라는 것은 자본이 「잉여가치」를 「포획」함으로서 단순히 노동이 생산한 생산물의 금전적인 「가치」를 빼앗는 것에만 해당되는 것은 아니다. 그때의 「포획」은 모든 종류의 「주도」(主導) 관계에 다 적용된다. 즉, 그것은 임노동이 가진 일종의 「저작권」(*autorat*)을 「탈취」하는 것이다. 일반적인 「주도자」는 「동원」되어진 자들의 집단적 노력에서 비롯되는 상징적 혜택을 「유용」(流用)하는 것이고, 그것도 전적으로 「주도자」에게 귀속시키는 것인데, 이는 법인의 인격화와 (즉 법인화와) 그러한 인격화가 체화된 사회적 장치라는 제도에 의하여 가능하게 된다.

일반적으로 말하자면, 결국 「주도자」에 의하여 「탈취」된다는 것이 의미하는 바는 근본적으로 **집단에 속하는** 저작권에 대한 인정권(*reconnaissance*)을 [「주도자」가] 「포획」하는, 즉, 그것을 어떠한 개인이 독점적 「유용」(流用)을 하는 성격을 가진다. 예들 들자면, 과학적 연구에 있어서 「주도자」는 후세에 '발견자'라고 전하여 내려오게 되는데, 하지만 그 발견을 하게끔 도와준 모든 사람들의 노력이 그 배후에 숨어 있다. 대학에서의 교수들은 그의 조수들이 준비한, 일관성 있는 논의를 전개하기 위하여 필요한 모든 통계자료와 문서들을 바탕으로 작성된 논문에 자신의 이름만을 게재한다. 그리고 영화감독들은 그 휘하의 촬영감독만이 기술적으로 완성할 수 있는 영상들의 유일한 저자로서 인정받게 된다. 이러한 것들을 언급한다고 하더라도 그 어떠한 결과물을 만들어 냄에 있어서 각자의 공헌 정도가 물론 차이가 있음을 부정하는 것이 아니다. 어떠한 이는 모든 사람들을 한 곳에 모으고 어떠한 이들은 모여지는 등의 객관적인 서열구조상의 구분은 당연히 존재한다. 즉, 「지도력」(*idée directrice*)[265]으로 공헌하는 것은 그 실제 실현을 위하여 공헌하는 것과

---

[265] [역주] 원문의 표현은 '지도를 하는 생각'이다. 우리 말 표현에는 '지도력'이 적합하다.

는 구분이 되는 것은 당연하다. 요는 그 한 사람의 「주도자」의 뒤에 숨어 있는 모든 사람들의 공헌이 지워져 보이지 않게 되는 것, 즉 일찍이 마르크스와 엥겔스가 구분하였던 「구상노동」(構想勞動 conception labour)과 「수행적 노동」(execution labour)이라는 두 가지 형태의 가장 기본적인 노동의 구분을 상기하자는 것이다. 그렇다면, 「저작권」(autorat)이라는 단어는 「지도력」에 적용시키고, 반면 필연적으로 집단에 속하는 것은 「수행권」(réalisatorat)이라는 신조어를 만들어서 표현하면 어떨까? 단, '저작권'은 그것을 실재화시켜주는 후자가 없이는 단순히 개인적인 '상상의 세계(virtualité)'인 그저 죽어 있는 글자들에 불과하다는 점을 잊으면 안 된다. 「지배적 욕망」의 다른 이름인 '작가로서의 야망'은 너무 높은 곳을 바라보고 있기에 그 작가 자신의 힘만으로는 그 곳에 도달할 수 없고, 따라서 타자의 「예속편입」과 노동의 분업을 향하여 이끌리지 않을 수 없으며, 그럼으로써 「욕망의 분배」까지 연결된다. 그런데, 이에 추가하여 「인정의 분배」(認定 division de la reconnaissance)라는, 혹은 그것에 대응하는 '기쁨의 분배'라는 한 가지 차원이 더 고려되어야만 한다. 「기쁨」을 느낄 수 있는 기회는 「예속편입」의 피라미드 최상부에서 최대화된다. 그 정점에서는 기업과 그 기업의 「기도」가 집단이 행하는 모든 것들을 '개괄(récapitule)'하며, 그것을 완성하고 응축하여 보다 큰 「인정」의 원천인 외부의 독자 대중들의 눈을 향하여 제공된다. 그런데 외부의 세상은 단지 그 기업이라는 피라미드의 정점에 위치한 자들만을 인식할 뿐이다. 즉, 그 피라미드 정점을 점유하고 있는 자들은 「지배」하는 자로서, '현현(顯現 incarnation) 내지는 '대표화(representation)'를 수행하는 모든 장치 등을 통하여 그가 차지하는 위치가 객관적으로 그에게 부여한 「기쁨」의 기회를 그 자신만이 전유(專有)하는 것에만 커다란 관심과 주의를 집중한다. 외부의 독자로부터 들리는 찬사의 목소리에서 오는 그 거대한 「기쁨」은 우선적으로 그에게 돌려지고, 그에게만 돌려지고, 그리고 그 자신에게만 유일하게 돌려지는 것이다. 「인정」받고 「기쁨」도 부여받은「지배적 욕망」은 이제 [인정을 받게끔 공헌하였던 자들에게] 돌아서서 그가「예속편입」한 자 중 최측근들을 자기가「인정」하여 주고, 그들에게도「기쁨」을 부여하게 되는데, 이러한 과정은 그 조직 서열상의 위계 사슬을 따라서 아래까지 내려가게 된다. 이때의 사슬은 다름 아니라「기쁨」의 '낙수경제(trickle-down economy)'의 사슬이다. 화폐적인 형태 혹은「인정」이라는 상징적인 형태를 취하든 간에 궁극적으로「주도자들」에게「포획」될「활동력」(puissance)을 '취합하여 이용하는 것'은 '노동의 분업'의 원칙에 따라 일을 할당하고 '기쁨의 분배'의 형태에 있어서는 그다지 크지 못한「기쁨」만을 할당을 함으로써 가능하게 된다.

이 두 가지 방식, 즉 '노동의 분업'과 '기쁨의 분배」는 자본주의「임노동관계」의 특수한 사회구조에 의한 제약에 놓여 있음에도 불구하고「정념적 삶」에 있어서의 가장 근본적인 메커니즘이며,「코나투스」가 경주하는 노력들에게 끊임없이 다시 지시하고, 그것들을「지배적 욕망」이 지시하는 바에 따라「정렬」을 하도록 한다. 이러한 예속된「정렬」은 의심의 여지없이「착취」의 성격, 즉「정념의 착취」(exploitation passionnelle)의 성격을 가지는 것인데, 왜냐하면 그것은 한 사람의 (또는 다수의)「기도」에「예속편입」된 자들이 가지고 있는「활동력」을 속박시키는 것이기 때문이다. 어떠한 사람이「정념」을 가지고 전진한다고 이야기하는 것은, 그가 가지고 있는「코나투스」의「기」가 그것을 지도하는「정서」가 가진 배타적인「권력」(pouvoir)을 인식하는 것에 다름이 아니다. 자본주의에서의「주도자」가 생산된「가치」의 일정부분을 가져 간다는 것은 너무도 명백한 사실이기에 이론의 여지가 없고, 그러한 사실을 부인하거나 부정하는 것은 이치에 맞지 않는다. 하지만,「잉여가치」라는 것을 계산하여 낼 척도로서의 실재적이고 객관적인 준거는 없기에 우리는 종래의「가치」의 측정이라는 문제에서「착취」라는 것을 별도로 분리시켜야만 하며, 그「착취」라는 것을 달리 정의하여야만 한다. 하지만 마르크스주의가「착취」에 대하여 제시하는 해법이 당면하고 있는 난제에 대하여 단지 한탄할 이유는 없다. 「주도」 일반에 대하여 설명할 수 있는 보다 포괄적인 「착취」라는 개념을 정립할 수 있다는 면에서 오히려 기회인 것이다. 상품이 화폐로 전환되기 이전이라도 자본주의에서의 「주도자들」은 다른 여타 분야에서의 「주도자들」과 (대학교수, 십자군, 안무가 등과) 동일한 것을 「포획」하고 있다. 즉, 「주도자들」이라는 범주로 일반화시켜서 생각한다면 「포획」하려는 가장 우선적인 대상은 바로 「코나투스」의 노력, 즉 「활동력」이다. 그러나, 그러한 「지배적 욕망」이 지시한 방향에 따라서 「정렬」되어 「예속편입」된 「코나투스」가 가지는 「기」를 「포획」하는 것은 오로지 「정념」이 스스로 결정하도록 하는 것에 의하여만 가능하다. 그 일반화된 지도자들이 「착취」하는 것은 힘(*puissance*)과 「정념」, 즉 「정념」에 의하여 적절하게 인도된 힘인 것이다. 「에피투메 생성작업」은 (부분적으로나마) 「정념적 삶」을 재구성하여 그것이 추구하는 「착취」를 도와주고 그 「정념적 삶」이 [지도자들] 자신들이 원하는 방향을 향하여 작동하도록 한다. 그것이 하는 작업은 「정서」를 제시하는 것이고 또한 적절하게 방향지워진 「욕망」으로 유도하는 것이다. 「코나투스」와 「정서」는 즐겁게 움직이는 자동기계의 요소들로서 그로부터 자본은 '노동력'을 「노동」으로 가장 효율적으로 변환시키는 것이다. 그리고 「주도자」라는 일반개념의 하나의 특수한 형태로서의, 자본주의에서의 경영진들이 근본적으로 「착취」하려는 것이 바로 이러한 자원들인 것이다. 각 특수한 형태의 「주도자들」은 그 주위에 있는 「정념적」인 「활동력들」이 경주하는 노력들을 그들 「주도자」가 가진 각각의 「욕망」의 대상을 향하여 변환시키는 것이며, 이때, 자본주의에서의 「주도자들」의 대상은 돈으로 향하고 있는 것이고 다른 「주도자들」은 그 각자의 영역에서의 「인정」을 향하는 것이다. 그러나, 그 모두는 결국 「정서」에 의하여 적절히 인도된 「코나투스」의 「기」를 「동원」함으로써 각자의 목적을 달성한다. 왜냐하면 그들 모두의 자신들의 야망은 자기 혼자만의 수단으로서는 달성할 수 없다는 제약을 가지고 있는 것이며,

따라서 「예속편입」된 자들을 그들이 원하는 방향으로 향하게 하여야만 한다.

「임노동자들」을 전진시키는 것이야말로 자본주의 「에피투메」[욕망의 체제]의 과제이다. 로봇이 의미하는 바의 바로 그 기본적인 사실에 비유하여 이야기하자면, 그들을 걸어갈 수 있게 하기 위하여서는 첫째로 무엇보다도 그들 자신 스스로 걸어갈 수 있게 하는 가장 진부한 물리적인 의미의 동작이 필요할 것이다. 즉, 한 다리를 다른 다리 앞으로 움직이게 하는 것이다. 이 같은 광경은 수많은 「정렬화」된 「코나투스」의 벡터들이 서로 모여들어 물결을 이루면서 자본주의의 「정념의 착취」가 일어나는 대규모의 장소들, 즉, 공장이나 혹은 사무실 밀집 지역에서의 매일 아침 벌어지는 출근 행렬의 장관, 그리고 「지배적 욕망」에 복종하는, 이미 「정렬화」된 「활동력들」이 힘차게 흘러가는 지하철이라는 물리적 장소, 그러한 모든 곳에서 볼 수 있다. 그런데, 「임노동자들」을 걸게 한다는 것은 동시에 그들을 기능하게 한다는 것, 다시 말하자면, 자본이 「가치창조」를 하기 위한 필요성에 부응하여 그들이 올바르게 움직이도록 하는 것을 의미한다. 따라서 무엇보다도, 어떠한 비용을 감수하더라도 「임노동자」가 일단 걸어갈 수 있게 하여야만 하고, 그 다음은 잘 걸어가게, 즉 올바르게 걸어가게 하여야 한다. 이것이 두 번째의 과제이다. 그런데, 「에피투메 생성작업」의 가장 특징적인 의미는 세 번째 사실에 있다. 이것은 다음과 같은 속어로 표현할 수 있다. "나를 꼬시고 있고 또 그래 왔어". 「임노동자」로 하여금 「지배적 욕망」을 자신의 것으로 간주하게 만드는 것은 사실 '꼬시는' 것이다. 즉, 따라서 그들로 하여금 그들이 그 「포획」을 당하고 있는 것도 자신의 '실현'이라고 믿게 만드는 것이고, 그들 스스로가 자신을 발견하는 바로 그곳에 그들의 「욕망」이 있다고 믿게 하는 것이다. 따라서 그들이 「기쁨」이 그들의 「유용성」(有用性) 위로 더하여져 있고, 그들이 성취하는 것은 단순히 그들 자신의 물질적 재생산의 필요성 위에 더하여져 있기에 그들 자신이 '참운이 좋은 사람'이라고 느끼게 하여야 한다. 이러한 모든 상상 속의 「정서」를 이끌어 내는 작용들이 「정념의 착취」를 구성하고 있다. 그리고 「주도자들」이 이러한 작업에 성공하는 경우, 어느 격언에서 말하듯 그 「예속편입」된 자들은 더 이상 걷지 않는다. **그들은 달리기 시작한다.**

§31. 공산주의인가 전체주의인가 (자본주의의 궁극적 종착지로서의 전체주의)

잘 「정렬화」된 「임노동자들」은 잘 달릴 수 있다. 그런데 그들은 삐딱하게 달린다. 위협이라는 배경과 그것의 「슬픈 정서」는 잔재로 남아 아무리 훌륭한 「에피투메 생성작업」에 의하여 생성된 「기쁜 정서」라도 끊임없이 휘저어 놓기 때문이다. 따라서 그 「정서」는 자신의 위에 걸려 있는 「지배적 욕망」과 그 「욕망」의 계획적이고 목표 지향적이고 그리고 무엇보다도 인지 가능한 형태의 의도성을 혼동스럽기는 하더라도 지속적으로 인식하고 있다. 무엇보다도, 신자유주의기업들이 그늘에게 제시하는, 그들의 존재를 전면적으로 식민지화하려하는 계획 속으로 완벽하게 그리고 어떠한 조금의 유보도 없이 침전(沈澱)할 수 있는 사람은 거의 없기에 그렇듯 게걸음질처럼 사선(斜線)으로 달리는 것이다. 철학이나 정치학에서 말하는 전체주의라는 개념의 정의와는 물론 차이가 있지만, 그럼에도 불구하고 어떠한 제도에 의하여 개인이 자신의 전부를 「투기」(投企)하여야만 하는 모습은 전체주의와 연관이 깊다. 물론, 신자유주의적인 정신 개조 작업의 전체주의적 실천 관행에 있어서의 이상적인 모습은, 그러한 [전체주의적] 실천 관행은 단순히 일시적으로만 필요하고, 따라서 [그러한 일시적인 기간이 지나면] (물론 모순적인 표현이지만) 영원히 순응하는 (혹은 「합의」하는) 자유로운 결정자들이라는 지평선에 가급적 빨리 도달하고, 그러한 규범이 완성되는 순간 바로 그 「순응화」를 위한 임시적인 발판을 치워버리는 것이다. 「임노동자들」이 이제는 전적으로 그들의 「의지」에 의하여 움직이고 그들에게는 더 이상 「정렬화」가 필요없을 때, 따라서 조직이 지시하는 바에 따라서 노력을 경주하고, 그 조직에 완전히 자발적인 형태의 헌신적 마음가짐을 가지고 어떠한 유보도 없이 자신이 가진 「활동력」을 바치게 될 때, 그때 바로 그 목적은 달성된다. 그러나, 그러한 노력은 불가피하게도 모순적이 될 수밖에 없고, 그것도 이중적인 의미에서 그렇다. 첫째, 「임노동자」의 입장에서 모순적일 수밖에 없다. 「임노동자」는 그러한 모순성을 직접 겪고 있는데, 이에는 단순히 복종을 하도록 강요당하고 있다는 느낌으로부터, 「에피투메 생성작업」 과정이 (그것이 가지는 의도성, 목적성, 그리고 협박이) 항상 가시적으로 보이기에 겪는 혼란스런 의식에 이르기까지의 다양한 형태의 불편함을 느끼고 있다. 물론, 이에는 기업에 자기가 할 수 있는 바의 모든 것을 다 바치는 엘리트 「임노동자들」은 제외된다. 다른 편에서는 자본 또한 모순성에 처하여 있다. 물론 '복종하는 「자유의지」'는 그 헌신의 강도에 있어서 우수한 것은 사실이다. 하지만, 그것은 항상 자가당착에 처할 필연적 위험에 노출되어 있다. 왜냐하면 '「자유의지」'는 그 자신만의 고유한 목적을 추구하기 위하여 등을 돌릴 가능성이 항상 있는 것이고, 또한 그것은 조직 내의 복종을 강요하는 서열적 위계를 싫어하는 경향이 강하다. 따라서 조직은 가장 자율적이라고 생각되어지는 고위직의 「임노동자」에 대하여서는 이러한 복종의 정도를 가급적 가볍게 보이게 하도록 최선을 다하는 것이며, 심지어는 그것이 존재하고 있다는 사실도 잊어버릴 정도로 만드는 것을 꿈꾸는 것이다.

간혹 철저한 분석이라는 형태를 통하여, 혹은 다른 경우는 다소 섣부른 예언이나 천진난만한 환상에 사로 잡혀, 최근의 노동사회학상의 많은 연구자료들은 기업의 전략적 의사결정에 있어서 뛰어난 자질을 가진 것으로 명성을 날리고 있는 직원들에게 적용되는 일종의 공통적인 모델을, 예술가라는 이미지로부터 비롯된 어떠한 적당한 은유, 혹은 은

유 이상의 의미에서 발견하고 있는데, 그것이 바로 '창조력'이라는 것이다. 그러한 직원들을 「동원」하기 위하여서는 최대한의 자율성과 아주 약한 정도의 '지시-통제'가 필수적으로 전제 되어야만 한다. 그러한 창조력의 산물이나, 혹은 창조의 과정은 어떠한 종류의 사전적인 결정이나 통제가능성을 배제하는 것이며, 그것들을 유도하기 위하여서는 단지 그 창조적인 주체를 '자유방임(laissez-faire)'에 일임하는 방법 이외에는 다른 방법이 없다.[266] 그런데, 이러한 고립되어 있고 변종적으로 아주 드문 종류의 [예술가적인] 「임노동자」가 신자유주의의 「순응화」 과정에 있어서의 전형적인 모델화가 되어 있다. 예술가라는 사람들은 그 '자유의지'의 화신임과 동시에 또한 어떠한 유보의 여지도 남기지 않는 '자기헌신(engagement de soi)'의 화신이 아니던가? 조금 더 엄밀하게 말하자면, 예술가라 함은 후자가 전자와 상관되어 있음을 입증하는 훌륭한 예가 아닌가? 예술가의 뛰어난 생산성은 그가 가지는 어떠한 특정의 능력과 그 자신의 「욕망」이 일치함이 결부된 결과가 아닌가? 이것이 바로 신자유주의기업이 대규모로 재생산하고자 하는 바로 그 이상적인 공식인데, 이에는 물론 기업의 「욕망」과 그 창조적인 「임노동자」의 「욕망」이 서로 잘 「정렬」되어 있음이 먼저 전제되어야만 한다. 그런데, 이러한 창조적인 개인들의 자유 표현을 보다 허용하기 위한 서열적 위계질서의 완화는 「포획」이라는 바로 자신의 존재 목표와 모순적인 경우가 발생한다. 만일 그들의 능력을 최대한 활용하기 위하여 이러한 종류의 「임노동자」를 스스로 방치하는 경우라도, 그럼에도 불구하고 그들은 아주 경미한 정도의 관리 감독조차도 짐스럽게 느낄 수 있는 것이며, 자신들의 독특한 창조력의 열매를 「유용」(流用)당하는 것은 너무 남용이라고 생각하여 결국은 회사를 그만두게 될 수 있다. 또한 이러한 비정형화된 특성을 가진 개인들은 그들이 가지고 있는 독특함으로 인하여

---

[266] Menger(2006).

협상력이 강하여 그들의 독특한 능력을 더 높은 값을 받고 팔 수 있고, 또 노동시장에서의 수급 상황에 비추어 볼 때 우위의 위치에 있다. 따라서 이러한 과다한 자율성을 가진 작은 틈새 생활 영역이 기존의「임노동관계」에 대한 법률체제하에서 자라난다는 것은 어떠한 의미에서는 '악이 선에게 바치는 존경'이라고도 말할 수 있다. 왜냐하면, 아무런 간섭받지 않는 노동이 생산성 면에서 보다 우월하다고 암묵적으로 인정함으로 인하여 기업은 그 자신의 위계적 조직으로서의 정체성까지 부인하는 결과를 초래할 수 있기 때문이다. 만약 자본이 자신이 추구하는 일반화된 모델로서 최대로 생산성을 제고할 수 있는 자율성에 입각한 모델과 그와 동시에 자신 내에 어떠한 유보도 없이 모든 것을 다 바치는 방식으로 임노동의「활동력」을「동원」하는 것을 모색한다면, 그러한 예술가-임노동 모델의 추구는 궁극적으로 결국 거의 자기모순에 도달할 수밖에 없다. 만일 이렇듯 자본주의가 서열 체계를 없애고 창조적 생산성을 위한 진정한 필요 요소로서 주도력과 협동에 의미를 부여할 수 있다면, 자본주의는 그 자체의 경향에 의하여 오히려 노동자들의 자유로운 협동단체로 향하는 노선에 있는 것이 아닌가? 만약 예술가들의 모습이「임노동자들」이 달성가능하고 또한 바람직한 '아바타'라고 한다면, 자본의 관점에서 볼 때는 서열적 복종관계로서의 임노동이라는 바로 그 개념 자체는 근본적으로 의문시되지 않을 수 없다.

어떠한 연구 분석들은 가끔 이러한 예상치 못한 예술가와「임노동자」의 융합을 발견하여 놀라움을 표시하고, 또한 비교적 덜 놀라운 점이기는 할지언정 새로운 형태의 노동의 출현과 그들이 더 큰 범위의 자율성에 대한 요구를 하고 있음을 보면서 열광하기도 한다. 하지만 그러한 연구 분석이 간과하고 있는 중요한 점들이 있다. 그것은 여러 경영에 관한 논의상 특별히 추가된 사항들과,[267] 또한 실제로 이러한 종류의

---

[267] 이것은 특히 볼탕스키(Luc Boltanski)와 치아펠로(Eve Chiapello)에 의하여 비

「임노동자」층은 지극히 한정적이고 협소하다는 점을 간과하고 있다. 그러나, 대다수의 임노동은 예속되고 타율적이라는 사실을 간과하지 않는 것은 중요하되, 동시에 이러한 자본주의를 극복할 수 있는 이상향도 존재하고 있음을 부정하지 말아야만 한다. 그리하여 지금부터는 자본주의가 발생시킬 수 있는 모순의 강도와 긴장을 파악하여야만 한다. 자유로운 창조력을 통하여 생산성을 증가시키는 일반적인 모델을 통하여 그 이상향이 실현된다고 한다면, 그것은 이전까지 우리가 생각하였던, 자본주의는 그 자체의 모순에 의하여 「자기초월」(*auto-dépassement*)하게 된다고 하는 변증법적 발전 방향과는 다른 형태로 전개된다는 것을 이야기한다. 이는, 종전까지의 이야기들, 즉, 생산력과 생산관계 간의 모순, 공장에서 일하는 대규모의 프롤레타리아들이 자체 혁명적 세력을 창출한다는 것 등의 설명은 더 이상 적용되지 않는다는 것을 의미한다. 또한 [교조적 마르크스주의 이론이 주장하는] 자본의 유기적 구성의 상승과, 그로 인한 이윤율 저하 경향 등도 이제부터는 무의미한 이야기가 된다. 생산직으로 노동자를 「동원」한다는 극단적 이상향으로 자본주의는 스스로를 몰고 가는 것이며, 그것이 오히려 자본주의 내에 존재하는 「적대적 모순의 원칙」(*principe antagoniste*)인 것이다. 이에는 창조적 자유, 협동의 자유에 대한 추구, 그리고 서열적 위계에 의한 경영관리에 대한 거부 등이 있다고 할 수 있다. 더욱이 그러한 태도들은 노동의 집단적 조직을 보다 「숙의민주주의」(熟議民主主義 *délibérative-démocratique*)적인 기반을 가지는 것으로 바꾸는 것이며, 우리는 이것을 일종의 새로운 공산주의의 실현이라고 부를 수도 있다.

물론 자본주의는 그러한 극단적인 이상향까지 도달하지는 않을 것이며, 인간 영혼을 완전히 소유하는 프로젝트는 멈추지 않을 것이다. 「임노동자들」 모두가 예술가가 되고, 따라서 그들 모두 이상적인 공산

판되었다(Boltanski et al. 2007).

주의를 향하여 달아나는 일은 없다. 그들 중 대부분에게 있어서는 그들의 자율권을 향상시키는 것은 생산에 있어서 새로이 요구되는 바에 부응하여 자본이 허용한 것이며, 동시에 「공선화」라는 작업이 보다 강하게 유지되어야만 한다는 것을 의미한다. 따라서 많은 경영관리에 대한 연구들이 단지 그 액면 그대로 피상적으로만 이해하고 있는 이러한 자율은 사실은 예속관계라는 것이 유례없는 형태의 새로운 가면을 쓰고 있음에 불과하다. 일련의 예속에 대한 혐오 속에도 불구하고 위계적 서열을 만드는 것, 이러한 신자유주의가 지향하는 영혼의 소유 프로젝트는 아무리 용어 사용상의 모호한 점이 남아 있다고 하더라도 전체주의라고 불려야만 한다. 왜냐하면 그것은 [노동자 영혼까지의] '전부'를 「포획」하는 것을 지향하기 때문이다. 현재의 상황은 '사회주의인가 혹은 야만주의인가'하고 묻던, 과거 지속되어 왔던 양자택일적 질문을 다시 환기시키고 있다. 한편으로는 「임노동자」-예술가라는 노동자들 간의 자유로운 결사단체에로 지향하고 있는 패러독스적인 형태의 이상이 존재한다. 그리고 다른 한편으로는 자본이 그 대상인 「임노동자들」로 하여금 「욕망」과 「정서」에 있어서의 총체적인 예속을 요구하고 있다. 이 두 가지 상황의 대치는 현재의 상황을 그 이전과 아주 유사한 양자택일적인 상황으로 몰아가고 있다. 그것은 즉, 공산주의인가 아니면 전체주의인가 하는 것이다.

§32. 그렇다면 '공동결사기업주의'?

선택지를 명확히 설명하는 것은 당연히 선택을 용이하게 하여 준다. 그렇다면 다시 **문제**의 원천으로 되돌아가 보자. 논의의 시작은 이러하였다. 어떠한 사람이 한 사람만으로서는 할 수 없는 일을 하려고 한다. 만일 우리가 「활동력」을 결합하는 것을 「정치」라고 부른다면 이러한 공동체(*communauté*)는 사실상의(*ipso facto*) 「정치적」 집단이다. 물론, 우리는 그 「정치」라는 단어를 다른 것들을 위하여 유보할 수도 있다. 예를 들자면 랑씨에르(Jacques Rancière)가[268] '그들을 위한 몫은 셈에서 어디에도 없는 자'[269]들이 쏟아내는 격정을 묘사하였던 것처럼. 하지만 우리는 우리의 정의대로 그 단어를 사용하겠다. 그렇다면 문제는, 그 무엇인가를 「기도」(企圖)하는 「정치적」 공동체의 「구성」(構成 constitution)에 대한 질문으로 귀착하게 되는데, 그 「구성」에 관한 질문은 두 가지 다른 의미를 가질 수 있다. 즉, 그 공동체가 만들어지게 된 과정에 대한 발생적인 의미에서의 「구성」과, 그것이 일단 사람들의 삶에 끼워져 있다면 그것의 기능을 통제하는 어떠한 형식적인 설정(agencement)이라는 의미에서의 「구성」이라는 두 가지의 다른 의미이다. 이때 그 공동체 내의 어떠한 관계에 의하여 「기도」는 「구성」되어지는데, 아주 일반적으로 말하자면 그 관계는 활동하는 힘들을 응집시키는 것이라고 말할 수 있다. 그렇다면 그 관계의 바람직한 모습은 어떠한 것인가? 자본주의라는 공동체에서 일어나는 「기도들」은 노동의 분업에 기초한 화폐경제와 「임노동관계」라는 구조들을 그것의 가장 중요한 기반으로서 가지고 있다. 이러한 공

---

[268] Rancière(2004).

[269] [역주] 본문의 표현은 'des sans-part dans le compte'이고 타당한 영어 번역은 'of those without a share in the account'이다. 이를 이해하기 위하여서는 아리스토텔레스가 아테네의 군중을 향하여 '어떠한 것에도 자기 몫이 없는 자들의 부분(part of those without a part)'이라고 묘사하였고 또한 동시에 군중을 '셈에서 제외되었던 자들을 셈함(the count of uncounted)'이라고 하면서, 「정치」라는 것은 모두가 동등하다는 주장을 통하여 기존에 존재하던 역할과 분배를 흔드는 것이라고 하였음에 유래하였음을 기억할 필요가 있다. 이 두 가지를 결합하여 랑씨에르는 군중(demos)이라는 것을 묘사하였고 정치학의 주제가 바로 그 군중이라고 간주하였다 (Tanke et al. 2011: 43).

동체에서 개인들이 어떻게 구성원으로 참가될 수 있는가 하는 질문은 너무도 간단하게 대답될 수 있다. 즉,「자발적 의지」(vouloir spontané)에 의한 것이 아니라, 무엇보다도 우선적으로는 물질적 필요성이다. 그 안에 「예속편입」된 개인들은 어떻게 살아가는가 - 기쁘게 혹은 슬프게? 그에 대한 답은「에피투메 생성작업」의 과정이 겪는 여러 가지 변화하는 모습에 따라 결정된다. 그런데 어떠한「정치적」인 구성하에서는 그 답은 「지배적 욕망」이 가지고 있는「자기중심성」에 의하여 결정된다 - 그것은 서열적 위계가 되거나 어쩌면 군주제가 될 수도 있다.

자본주의하에서는 이미 정하여진「포획」을 할 수 있는 권리를 인정하는「예속편입」의 구조에 힘입어「지배적 욕망」은 이제 그「예속편입」이라는 과정 자체를 자신이 가지는 너무나도 자명한 대의(大義)라고 생각하고, 따라서 그가 지금은 쉽게 획득할 수 있는 것처럼 느끼는 타인의 힘이 보태어지지 않는다면 자신 스스로가 가진 원래의 힘이라는 수단(moyens de puissance)의 한계를 넘어서서 도저히 그의「기도」를 추구할 수 없다는 사실을 이제는 조금도 느끼지 못하게 된다. 모든 개인들이 물질적인 필요성이라는 제약에서 자유롭다고 한다면 얼마나 많은 자본주의적 기업이 살아남을 수 있을 것인가? 하지만 개인들이 물질적으로 모두 자유롭다고 하더라도, 모든「기도」하는 (자본주의 기업 이외의 일반적) 공동체가 전부 와해되는 것은 절대로 아니다. 오히려 그러한 물질적인 필요성의 제약으로부터의 자유는 기업들을 일종의 결사단체(association)의 전형적인 형태로 전환시킬 수 있는 계기가 될 수 있는데, 그곳에서는「주도자」가 야기하는 가장 큰 왜곡에서도 자유로워 질 수 있다. 이때 한 사람이 다른 사람의 도움을 필요로 하는 어떠한 일을 하고 싶다는 상황에서는, 그 한 사람은 다른 사람을 단지 물질적인 의존관계에 대한 강변 이외의 방법에 의존하여 설득시켜야만 한다.「정념적 예속」은 보편화된 것이고, 따라서 이러한 결사단체라고 할지라도 그러한「정념적 예속」이라는 제약으로부터 완전히 해방되지는 못한다. 하지만, 이러한 새로운 조직에서는 힘들(puissance)의 「구성」을 만들어 내는 결정요인들의 성격은 달라지는 것이다. 최소한 그 새로운 조직에 속한 개인들은 이전처럼의 단순히 「예속편입」된 자로서의 위상은 떨쳐버릴 수 있는데, 그 이유는 이미 원래적으로 결정되어진 그 자신의 「욕망」을 인지할 수 있기 때문이며, 더욱이 자신의 물질적 재생산이라는 위협이나 「지배적 욕망」에 의하여 의도적으로 조정되어지는 상황에서는 자유롭기 때문인 것이다.

이러한 (자본주의 기업이 특수한 형태라는 의미에서) **일반적인** 기업에 대한 질문에 대한 공산주의자들의 답변은 다음과 같이 시작된다. 만일 개인들이 협력하여 무엇인가를 하려 한다면, 그것들은 평등주의적인 「정치적」 형태하에서 행하여져야만 한다는 것이다. 이때 「정치적」이라는 것은 각 힘들(puissance) 간의 상호 작용이 있거나 그 힘들이 「구성」될 때 야기되는 상황의 성격이라고 할 수 있는데, 그 어떠한 「정치적」인 상황의 기본 성격에 대한 공산주의자들의 입장은 일반적으로 평등성이 항상 '원론적'으로 존재하여야만 한다는 것으로 정의될 수 있다. 이때 '원론적'이라는 말이 '절대적'이라는 말은 아니라는 점을 명심하자. 왜냐하면 각 개인별로 어떠한 사물을 실재화(realisation)하는 힘은 서로 똑 같을 수 없기 때문이다. 극작가가 뛰어난 작품을 쓴다고 하자. 어떠한 사람도 그가 쓰는 작품은 조명공이나 혹은 의상 코디네이터와도 같은 성격의 작업이라고 이야기할 수는 없다. 극작가의 특징을 그가 가진 고요한 창작 능력에서 비롯되는 것이 아니라고 누가 부인할 수 있을 것인가. 그럼에도 불구하고 그가 만든 훌륭한 극을 무대에 올려 대중들의 주목을 받게 하기 위하여서는 당연히 조명공은 무대 조명을 설치하여야만 하고 의상 코디네이터의 도움이 필요하다.

물론 이 같은 예는 일종의 가상적 상황이기는 하지만 그것을 가장 일반화시킨 형태로 보자면 집단적인 기업이 당면하고 있는 문제들에 대하여서도 다시 한 번 생각하게 하고, 비자본주의적인 해답을 제시할 수 있는 가능성을 모색하게끔 하는 사고의 틀을 제공한다. 어떠한 한 사람의 최초의 제안에 근거하여 시작된 기업의 경우 이러한 문제는 언제든지 발생할 수 있다. 그 최초의 제안은 본질적으로 너무 영향력이 강하여서 그것이 가지는 위계 서열상 강력한 위상에 대하여 다른 어떠한 사람도 쉽게 도전하지 못한다. 그럼에도 불구하고 다른 힘들의 참여가 없이는 그 최초의 제안은 문자 그대로 공상에 그칠 것이기에 다른 힘들을 같이 결합시키는 방법을 찾아야만 한다. 즉,『리차드 3세』라는 작품의 극작가를 무대 의상 담당자와 같은 수준에 위치시키는 것은 바보 같은 짓이다. 그럼에도 불구하고 연극이 막을 열기 위하여서는 의상은 필수불가결하다. 따라서 우리는 의상 담당자도 우리의 논의 속으로 초대하여야만 한다.

「예속편입」이라는,「임노동관계」에서 본질적인 압력이 없는 경우를 상정하여 보자. 어떠한 최초의 제시된 제안에 대하여 제삼자가 공헌하기 위하여 참여한다는 것은 애당초부터 그 제안이 어느 정도의 창조적 성격을 가지고 있었다는 것을 그 제삼자가 인정하고 있었다는 사실을 의미한다. 시간적 순서로 볼 때, 최초에 먼저 그 제안이 제시되었고 그리고 그것이 충분한 매력을 갖고 있음이 증명되었으며 따라서 제삼자가 그 제안에 합류하려는 「욕망」을 갖게 되었던 것이다. 기업을 「구상」하는 것은 이렇듯 비대칭적인 성격을 가진다. 최초의 제안은 참여자들 간에 일종의 높은 평가를 누리게 되고 그로 인하여 '공헌'의 서열상에서 높은 위치를 점하게끔 된다. 왜냐하면, 최초의 제안이 가지는 시간적인 선재성, 그리고 사람들의 참여 의지 자체를 야기한 기원이라는 사실은 다른 참여자들에 의하여 인정되어지기 때문인 것이다. 따라서 만약 공산주의 이념이 본질적으로 평등이라는 개념이라면, 이렇듯 불평등이 항상 수반될 수밖에 없는 평등의 본질을 어떻게 이해할 수 있는가 하는 문제가 제기되기 마련이다. 이때의 불평등은 실재적이며 또 그렇게 참가자들에 의하여 인정되어지고 있으며, 처음의 제안이 가지는 힘이 객관적으로 다른 참가자들을 일종의 부수적인 성격을 가지게끔 하기 때문에 나타나는 비대칭성에 기인한다. 이에 대하여 소위 「공산주의자가 풀어야하는 방정식」(*équation communiste*)이라고 불릴 수 있는 질문은 다음과 같다. 즉, 노동의 분업이라는 피할 수 없는 유산, 특히 그 유산 중에서도 가장 골칫거리인 「구상노동」과 「수행적 노동」이 차별화되는 상황하에서는 어떠한 형태의 평등성이 실현될 수 있을 것인가.

이 방정식에 대한 해법을 구하기 위하여서는 두 가지 형태의 제약 조건을 먼저 고려하여야만 한다. 첫째, 모든 「욕망하는 에토스」(*ethos désirant*)들이 당연스럽게 느끼고 있듯이 노동의 분업은 세상의 가장 중심적인 사실이 (혹은 사각지대(死角地帶 *impensée*)가) 되어왔을 정도로 심화되어온 것이다. 이때 「욕망하는 에토스들」은 노동의 분업에 대한 생각을 거의 본능적으로 가지고 있는데, 그들은 타자들이 언제든지 「동원」될 태세가 되어 있다고 자신도 느끼지 못하는 사이에 이미 가정하고 있다. 따라서 노동의 분업 및 그것을 반영하는 「욕망의 분배」상에 있어서 가장 좋은 위치를 점하고 있는 자는 자신의 고유한 수단만으로는 달성할 수 없는 세상을 너무도 '자연스럽게' 「욕망」할 수 있게 된다. 왜냐하면, 그는 타인들이 그들에게 주어진 노동의 분업과 「임노동관계」의 제약하에서는 당연히 「욕망」하는 그 자신에게 협력할 것을 확신할 수 있기 때문이다. 따라서 이 같은 믿음은 습관화되고 또한 확실성을 가지게 된다. 다른 측면에서 보자면, 노동의 분업은 이렇게 습관화됨으로써 사회관계를 규정짓는 기구(*appareil*)가 되고, 그 기구는 역사성 내지는 관성(*inertia*)을 부여받게 되는데, 그 관성에 따라 사회 구성원 각각의 임무(*assignation*)가 배정되게 된다. 이에 따라 어떠한 이에게는 소위 「구상」(*conception*)의 역할이, 다른 이에게는 「수행」(*exécution*)의 역할이 각각 부여된다. 이렇게 임무의 배정이 반복적으로 거듭되는 경우 그것은 실질적인 효과를 나타내기 마련이다. 어떠한 이에게는 「권한역량증대」(*empuissantisation*)를 초래함으로써, 그는 노동의 분업이 가져오는 모든 편리함을 실현할 수 있는 특별한 수단, 즉 그의 힘(*puissance*)을 전개하기 위하여 필요한, 원하는 모든 자원을 제공받게 된다. 반면, 이것은 동시에 타자들에게는 '「권한역량감소」(*impuissantisation*)'를 의미하게 되고 그 타자들은 능력을 빼앗기고 또 그럼으로써 스스로를 실제로 무능력하게 만들게 된다. 이에 대하여 스피노자는 「정념」의 (그리고 사회의) 작동에 대하여 다음과 같이 언급한 바 있다:

사람은 그가 할 수 없다고 생각하는 것은 정말 할 수 없게 된다.

따라서 극작가와 조명 담당자는 각자가 영원히 같은 [이미 정하여진] 일만을 하게 된다. 노동의 분업을 개혁하여 「구상」을 할 수 있는 기회와 그리고 이와 대칭적으로 「수행」을 하는 과제 모두 재분배하는 것이 위에 언급한 공산주의자가 풀어야 할 방정식의 완벽한 해답이라면 (물론, 새로운 기술상의 혁신이 수반되어야만 하겠지만), 이에 대하여서는 (스피노자주의자 겸 마르크스주의자인) 발리바(Étienne Balibar)가 이야기한 것보다 어느 누구도 더 정확히 그러한 개혁의 지평에 대하여 이야기한 사람은 없다: "가능한 한 많은 사람들이, 가능한 한 많이 생각한다".[270] 그런데 물론 기적과도 같은 『프롤레타리아의 밤』[271]에 일어난 해방의

---

[270] Balibar(2008: 98). [역주] 위 출전에서의 완전한 문장은 다음과 같다. "집단적 해방을 위한 전략의 탐구에 있어서 그것을 이끄는 모토는 가능한 한 많은 사람들이, 가능한 한 많이 생각한다는 것이다". 이와 관련된 스피노자의 『윤리학』5부에 나오는 구절은 다음과 같다: "보다 많은 다수의 동시적인 원인에 의하여 어떠한 「정서」가 발생할수록 그 세기는 상승한다".

[271] 랑씨에르는 『프롤레타리아의 밤』(*nuits des prolétaire*)이라는 저작에서 19세기의 프랑스의 프롤레타리아 계층의 기록을 다시 검토하면서, 당시 모든 사회적 장치들이 그로부터 그들을 배제하려 하였던 문학, 시, 그리고

순간 및 어떠한 소규모의 국지적인 승리들의 순간들이 있었고, 따라서 그러한 승리들은 어떠한 개인을 노동의 분업에 의하여 고정되어 버린 특정 직업으로부터 점차 구제할 수 있도록 도와 줄 수 있으며, 그리하여 조명담당자도 무대에 대하여 자신의 목소리를 표명할 수도 있게 될 수도 있다. 하지만, 그러한 순간들은 그저 예외적인 사례들이다. 노동의 분업에 의하여 부과되는 제약과 그에 따른 「구상」과 「수행」 간의 불공평한 분배가 존재하고 그리고 그것들이 길고 지속적으로 진행되는 상황에서는 어떻게 평등이라는 이상을 달성할 수 있는가? 그러나, 구체적인 일에 대한 공헌도라는 측면을 강조하며 실재적 평등을 실현하려는 어떠한 시도에 대하여서 이전부터 가지고 있던 관성의 힘을 이용하여 반대하는 불평등한 사회적 「욕망의 분배」 체제하에서도 평등주의적인 기업 정책은 신속하게 실현될 수 있다. 이때의 평등주의적인 정책이라 함은, 기업의 의결권적 정책(*politique délibérative*)이라는 형태, 즉 한 집단에 있어서 구성원들이 공유하게끔 되어 있는 운명의 결정에 대하여 구성원들이 평등한 참여를 하는 형태로서 가능하다. '공헌도의 차이에 의한 불평등'의 제거라는 지평에 다다르는 것은 요원한 일로 생각될 수 있다. 왜냐하면, 노동의 분업이라는 유산과, 그것이 함의하는 개인 간의 권한역량의 차이, 특정 전문화된 작업이라는 틀로만 개인을 한정시키는 것, 타인의 인정에 있어서의 불평등 등의, 공헌도의 차이에 의한

기타 상류 문화들을 프롤레타리아 계층들이 스스로 소화하려고 노력하였던 경험들을 기술하고 있다. 이에 관한 기록은 Rancièr(1989)을 참고할 것.

[역주] '프롤레타리아의 밤'은, 노동자들이 다음날의 고된 노동을 위하여 자신들을 재생산하기 위하여 휴식을 취하여야 하는 밤 시간에 시를 읽고 지식을 습득하면서 자신들의 의미와 가치를 깨닫기 시작한 것을 은유한 것이다.

불평등의 제거를 가로 막는 각종 요인은 항상 지속되기 마련이기 때문이다. 하지만, 개인들은 그럼에도 불구하고 평등하여 질 수 있고, 그것도 단기간에 가능하다. 그것은 집단적 성찰(réflexivité collective) 과정에 있어서 즉, 그들의 공통의 운명을 실현하기 위한 결정에 있어서 각 구성원이 공평한 파트너로서 참여한다는 의미에서의 평등함인 것이다.

올바른 「구성」을 위한 변함없는 목표는 이러한 형태의 평등을 지향하기 위하여 노력하는 것이다. 우리가 지향하는 기업 일반에 (특히 생산적 기업들에) 대하여, 라틴어 '**공동의 것**'(res communa)'[272]이라는 말을 변형시킨 단어인 「**공동결사기업**」(共同結社企業 recommune)[273]이라고 부르려 한다.[274] 「공동의 것」이라는 말은 원래 있던 「**공공의 것**」(res public)'[275]이라는 말을 수정하여 만든 것인데, 후자에 비하여 그 안에 포함되는 개인의 숫자도 적고 그 지향하는 목적도 후자에 비하여서는 좁다. 하지만, 이 단어는 「공동의 삶」을 공유한다는 의미가 강하며, 또한 [「공공의 것」이라는 단어와 유사한 구조 형태를 지니고 있기에] 이상적인 공화정(république)과 같

---

[272] [역주] 라틴어에서 res는 '것(thing)'을 의미한다. 이에 '공동의'라는 말을 추가한 'Res Communa'는 「공동의 것」을 뜻한다.

[273] [역주] 한국어에서 적당한 단어를 찾기 위하여 고심 끝에 결정한 용어이다. '결사(結社)'라는 단어는 향도(香徒), 향약(鄕約), 동계(洞契) 등의, 한국에서의 공동체 지향성을 가지는 단체를 지칭할 때 쓰이는 단어이다. 즉, "'결사'란 지향과 실천을 함께 하는 구성원들이 특정 목표를 정하여 결성한 공동체"라고 간단하게 정의하여 볼 수 있을 것이다"(김성순, 2016: 39~68). 참고로 일본어 번역판에서는 그저 발음대로 '레코뮌'이라고 표시하였다.

[274] Lordon(2009).

[275] [역주] 공화정(republic)이라는 단어가 이에서 유래하였다. 라틴어의 res(것)와 publicus(공공, 인민)이 합쳐진 단어이다.

은 원칙에 따라 조직될 수 있음을 시사한다. 물론 이상적인 공화정과 실제의 공화정 간에는 깊은 심연이 놓여 있는 것이 사실이기는 하다.[276] 어찌 되었건, 두 단어, 즉 공화정과 「공동결사기업」(recommune)의 어원이 유사함을 이용하여 음운 놀이를 하는 이유는, 「근본적 민주주의」(démocratie radicale)의 원칙은 개인적인 목적과는 상관없이 [구성원 모두의] 공생을 지향하고 또한 [협동이라는 형태로] 힘을 응집하는 어떠한 기업에게도 보편적으로 적용될 수 있음을 시사하기 위한 것이다.[277] 보다 특정하게 말하자면, 이러한 '일반적 기업'에는 통상적인 산업이 모두 포함된다. 구성원들은 그 기업에서 자신들의 삶의 일부분을 공유하기에 그들이 탈출하여야만 하는 것은 오로지 「지배적 욕망」이 군림하는 군주적 정체(政體 constitution)로서의 「예속편입」의 관계가 부과하는 '이중적 속박'일 뿐이다. 그러한 탈출은, 기업이 지향하는 목표뿐만 아니라 그것을 넘어서는, 기업이 집합적으로 추구하는 목표를 성취하기 위하여 필요한 각 제반 조건들에 대한 완전한 「지배」, 그리고, 구성원들의 주 관심

---

[276] [역주] 이 문장 다음에 다음의 문장이 원문에는 표시되어 있는데, 사족처럼 여겨지고 논의상 중요하지 않게 여겨져서 독자의 편의를 위하여 본문에는 생략하였다: "그런데 물론 그 공화정을 체계적으로 조롱하고 있는 다른 질서들을 옹호하고 민주주의 사상에 대하여 우쭐하게 여기는 경우들도 존재하는데, 그러한 위험을 무릅쓰고라도 이야기 하고 싶은 바는, 「공공의 것」(res public)'이라는 단어는 적어도 '공화적 정치질서'라는 체제하에 사용되어 왔다는 것이다. 하지만, '공공의 것'이라는 말을 [이를 비아냥거리는] 그들도 언제인가는 심각하게 생각할 날이 올 것으로 생각된다".

[277] [역주] 원문에는 이 문장 앞에 "자본주의는 스스로의 존속을 위하여 집착하기에 비일관성을 유지하고 있음에 반하여"라는 문구가 있는데, 사족처럼 여겨지고, 역시 독자가 중요 내용에 집중을 하도록 하기 위하여 본문에는 생략하였다.

사항에 대하여 참여할 수 있는 누구도 부인할 수 없는 권리를 획득하는 것에 의하여 쟁취될 수 있다. 그들의 중요 관심 사항이란 예를 들어 다음과 같은 것이라고 할 수 있다. 즉, 그 생산적 기업이 생산하는 제품의 종류, 수량, 그리고 생산의 속도, 필요한 인적 투입, 보상의 체계, 발생되는 잉여의 배분 내지는 재투자, 변화하는 환경에 대처하는 전략 등. 이러한 모든 것들은 모두에게 공통적으로 해당되는 결과를 야기할 수 있기에, 따라서 그 중 그 어떠한 것도 공동 숙의의 대상에서 원칙적으로는 배제될 수 없다. 따라서, 공동결사기업주의자들이 채택하는 가장 단순한 형태의 원칙은, 구성원 모두에 영향을 줄 수 있는 것은 그 모두의 것, 즉, 「공동의 것」(recommune)'이므로, 그것들은 정체(政體)상으로 평등하게 모두에 의하여 논의되어 결정되어야만 한다는 것이다.

사실 본 저서를 시작할 때부터 '기업(enterprise)'이라는 용어를 **보다 일반화**시킬 필요가 있었다. 우리가 본 저서에서 의미하는 기업은 단순히 '자본주의적 기업'만을 의미하는 것이 아니고, 그것을 넘어서는 개념이다. 비단 자본주의 기업만이 아니라 모든 일반적인 기업에 있어서의 문제는, 「욕망」이 [개인 혼자만의 힘으로 달성할 수 있는 것이 아니라] 집단적인 것의 일부가 되었을 때 「욕망」 간의 관계들의 문제가 필연적으로 수면위로 부상한다는 것이다. 그러나, 우리 생활에 있어서 기업이라는 단어에 너무도 자본주의적 의미가 스며들어 있기 때문에, 그 기업이라는 단어는 이제 (이데올로기적으로) 자본주의의 특성을 지칭하는 대표적인 단어가 되어 버린 것도 사실이다. 그저 기업의 사장에게 자본주의자로 불리기를 원하는가, 혹은 기업가로 불리기를 원하는가를 물어보기만 하면 이러한 기업이라는 용어가 [자본주의에서] 가지는 함의를 쉽게 알 수 있다. 그렇다면 그 단어는 그냥 그들에게 돌려줘 버리자. 그 대신, 그 용어는 우리가 앞으로 **배척하여야만 하는 대상**을 지칭하기 위하여 사용하자. 그러면 어떠한 (일반적인 의미의) 기업도 마치 (자본주의적) 기업처럼 간주되어 혼동되는 일은 없을 것이며, 특히 비자본주의적 기업의 경우에 그러할 것이다. 그리고 (일반적) 기업이 자본주의적 기업을 확실히 지양하도록 하기 위하여, 그것들을 조직하는 원칙에 걸맞는 새로운 이름을 부여하자. 그것이 바로 「**공동결사기업**」(*récommune*)이라는 단어이다. 만일 「임노동관계」라는 것이 개인들이 돈과 교환하기 위하여 「지배적 욕망」에게 자신들의 「활동력」을 바치는 형태를 지칭한다면 그리고 그 대가로 그 개인들이 (사실상 그들의) 사업의 중요 의사결정에 참여할 수 있는 「권력」(*pouvoir*)을 박탈당하는 것이라고 한다면, 우리의 「공동결사기업」은 그러한 「임노동관계」를 단순하고 근본적으로 제거할 수 있다.

하지만, 이 「공동결사기업」이라는 단어는 공산주의 사상을 모두 철저하게 다루지는 못한다. 가장 주요한 이유 중의 하나는 이 「공동결사기업」은 다분 국지적인 성격을 가지기 때문이다. 그 자신의 경계를 넘어 존재하는 시장이라는 문제와, 그리고 마찬가지로 [자기 밖의 여타 주체들과의] 노동의 분업의 문제 등은 지속적으로 제기될 수밖에 없다. 그렇다면 거시적-사회적 차원에서의 경제 활동들을 정의(定義)하고 그것들의 상호 조화를 도모하는 것은 단지 시장에 맡기면 된다는 것인가, 아니면 어떠한 종류의 계획경제가 (부분적이건 아니면 전체적이건, 혹은 중앙집권적이건 또는 분권적으로 서열화를 하건) 필요한 것인가? 그리고 마지막으로 「공동결사기업」(*récommune*)은 노동 자체의 문제에 대한 문제는 답을 하지 않거나, 혹은 새로운 답을 제시하지는 못하고 있다. 그 용어는, 「지배적 욕망」의 군림으로부터는 노동을 해방시켰다고 하더라도, 그 노동이 물질적 생산이라는 목적에, 특히 자본의 「가치창조」를 위한 목적에 더욱 더 침수되어 버리는 그러한 노동으로 변질되어가는 것으로부터는 해방시키지 못한다. 우리는 특히 앙투안 아르투스(Antoine Artous)[278]와 모이쉬 포스톤(Moishe Postone)이[279] 마르크스 다시 읽기를 통

---

[278] Artous(2003).

[279] Postone(1996).

하여 마르크스의 사상에서 마르크스주의자들의 (물론 현존하는 사회주의 체제는 말할 것도 없고) 논의에서 간과하여 버린 것들을 재발견한 바에서 도움을 받을 수 있다. 즉 근본적으로「노동」을[280] 해방시키는 것이다. 그것은 인간의 노동으로부터의 해방, 그리고「노동」(travail)과「활동」(activité)을 구분하는 것이다. 이 두 가지를 같은 차원에서 간주하는 모든 종류의 본질화에 반대하여, 따라서「노동」을 인간의 보편적인 조건을 만들기 위하여 (이 점에서는 한나 아렌트(Hannah Arendt)가 경주한 노력은[281] 주목할 만하다), 아르투스와 포스톤 두 사람이 행한 마르크스 다시 읽기는 다음과 같은 두 가지 점을 상기시켜 준다. 첫째는 마르크스가「노동」이라는 것을 아주 엄밀하게 개념화시킨 후, 그것은 자본주의가 독특하게 창조하여낸 것임을 밝힘으로써 마르크스 자신의 범주들을 (그리고 정치경제학의 범주들을) 역사화(historicise)시키려는 시도를 하였다는 점과,[282] 그리고 같은 맥락에서 둘째는,「노동」은 개인이 가지고 있는 모든「활동력들」이 (사회적으로) 현실화가 될 수 있는 전 가능성을 다 포괄하지 못한다는 점이다. 마지막으로, 그러한 두 사람의 마

---

[280] [역주] 원문에는 그 앞에 "즉, 노동의 목적적 소유격으로서"라는 부연 설명이 있으나, 그러한 서양어법에서 나타나는 혼동을 피하기 위하여 적절히 번역 하였으므로 본문에서 생략한다.

[281] [역주] 한나 아렌트는 그녀의 저서 『인간의 조건』에서 삶을 크게 관조적 삶(vita contemplativa)과 활동적 삶(vita activa)의 두 가지 종류로 구분하였고, 후자를 다시 노동(labour), 작업(work), 행위(action)로 구분하였다. 노동은 생존을 위하여 육체가 움직이는 것을 말하며, 작업은 생명의 유지 목적을 벗어난 작업 개념으로서 장인들의 제작 활동이나 예술 활동, 즉 인공적 세계의 사물들을 제공하는 활동이다. 마지막으로 행위는 집단적, 사회적, 정치적 행위를 의미한다. 참고: 아렌트(1996).

[282] Artous(2003: Chapters 1 – 3).

르크스 다시 읽기는 「노동」을 초월하는 것을 공산주의의 지평에 가능한 한 명시적으로 위치시켜 놓고 있다. 그 지평은 단순히 어떠한 목록, 계획, 혹은 정하여진 프로그램이 아니다:

> 공산주의라는 것은 우리에게 있어서는 수립되어야만 할 어떠한 종류의 「사태」(事態 état de choses),[283] 혹은 현실이 그에 따라 부응하여야만 하는 그러한 이상이 아니다. 우리는 공산주의를 현재 주어진 「사태」(事態)를 제거하려는 「실재적」인 운동으로 부른다.[284]

§33. 모반의 정념

그런데 만약 출발점으로서의, 자유롭고 자발적인 「의지의 자발성」(autonomie de la volonté)이라는 것이 허구라면 어떻게 변화와 실재적 운동이 발생할 수 있는가? 좀 더 관대하게 묘사하자면, 자유롭다는 것은 [비록 허구일지언정] 단지 우리로 하여금 해방을 상상할 수 있게 하는 것이고 그럼으로써 우리가 살아가는 희망을 줄 수 있는 어떠한 것이라고 해야 하는가? 사실 「결정론」이라는 철학적 입장을 괴롭히는 오해 중에서 아마도 가장 특징적인 것은 그 「결정론」에 의하면 모든 것은 사전에 결정되어 있기 때문에 변화를 설명할 수 없다는 것이다. 그들의 주장은 다음과 같다. 만약 모든 것들이 다 결정되어 있는 것이라면, 도대체 역사가 우리를 위하여 예비하여 놓은 '놀라움'은 존재할 수 있는가? 「결정론」은 똑같은 것이 영원히 반복되는 것이며, 정의상 어떠한 「새로움」(nouveauté)이라는 것도 배제하는 것이 아닌가? 그런데, 이렇게 「결정론」의 불가능성을 주장하는 「결정론」에 대한 판단들은 사실 모두 옳지 않

---

[283] [역주] 어떠한 사물이 놓여 있는 상태나 상황

[284] Marx and Engels(1846/1998: 57).

은 이야기이다. 우리는 우선 스피노자식의 「결정론」이 숙명론(*fatalisme*), 즉 모든 영원함이 회피할 수 없는 이미 씌어져 있는 대본이 아니라는 사실을 고찰할 것이다. 따라서 어느 정도까지 아무리 「결정론」 자체가 무결점성을 가지고 있다고 하더라도 그것이 단순히 우주의 완전한 미래가 이미 알려져 있다는 것을 의미하는 것이 절대로 아니라는 것을 이야기하고자 한다. 그러나, 「결정론」과 '새로움'이라는 두 가지가 일견 충돌하게끔 보이게 하는 사태는, 주관성의 형이상학과 그러한 형이상학을 자신의 사상적 기반으로 이용하는 일부 사회과학에 의하여 조장된 것임에 불과하다. 그들의 주장들은 「자유의지」의 영웅적인 분출이 위대한 역사적 전환들을 야기하였던 유일한 「추동력」(*moteur*)이자, 필수 불가결한 것(*sine qua non*)으로 간주하게끔 한다. 즉, 혁명을 한다는 것은 멍에를 벗어 던지는 것이며, 따라서 그 자신을 묶고 있는 사슬을 끊을 수 있는 '「의지」'가 있어야 하는 것이고, 이러한 「의지」가 바로 '자유의 위대한 순간(*magnifique moment de la liberté*)'이라는 것이다. 그런데, 기존 사회적 질서에 의한 예속으로부터의 해방(*émancipation*)으로서, 그리고 잠재적으로는 모든 것으로부터의 해방으로서 이해할 수 있는 그러한 해방을 요구하면서 반자본주의 봉기를 고양하는 담론들은 [자본주의와의] 단교의 담론이며, 동시에 자신의 삶을 다시금 스스로 자유롭게 결정하는 주체들의 고유한 자율성을 다시금 긍정하고 있는 담론이라고 할 수 있다. 그러나 위와 같은 측면에서 볼 때, 이러한 담론들은 그들과, 그들이 대항하여 투쟁하는 대상이라고 믿는 자유방임주의적 사상 간에 오히려 깊은 사상적 유대관계가 존재하고 있으며, 단지 자신들의 주장이 자본가들의 변명보다는 다소 덜 전형적인 것뿐이라는 사실은 인식하지 못하고 있다. 그들 자본가들도 마찬가지로 자유롭고 그 자신들의 성공을 만들어 내는 주역들이며, 바스티유 감옥에 (즉, 시장을 제한하려는 독점 세력과 그리고 경쟁을 제약함으로서 자신들의 사업에서의 위험을 회피하고자 하는 세력에) 대항하여 투쟁하기도 하면서, 즉, 간단히 말하자면 그들도 그들만의 독자적인 방식으로 '세상을 변혁'하기 위하여 바쁘게 움직이는 것이다. 모든 종류의 '개혁가'들, 즉 사회적 혁명가들이거나 혹은 산업에서의 '혁신자'들은 모두 「결정론」이라는 개념에 대한 강한 반감을 공통적으로 보이는 특성을 가졌으며, 그러한 「결정론」을, 세상을 변혁하는 유일한 권력(*pouvoir*)으로서 자신들이 궁극적으로 경험하고 있는 자유에 대한 도발로서 간주한다. 그들 간의 차이는 단지 그들이 자유로운 주체로서 추구하는 변혁이 지향하는 목적점의 차이만이 있을 뿐이다. 그리하여 우리가 우리 스스로 생각하는 만큼 자유로운 존재는 아닐 수 있다는 생각은 거의 필연적으로 그리고 항상 반감을 불러일으키는 것을 쉽게 찾아 볼 수 있다. 이러한 반감의 가장 순수하고도 강력한 표현은 셸링(F. W. J. Schelling)의 언급에서 나타나는데, 그에 의하면 제약된다는 것은 '사물로 되어 버리는 것'[285]이다. (최소한 근본적인 측면에서 본다면) 철학적으로 볼 때는 사실 그들 사이에는 어떠한 차이도 없음에도 불구하고 자신들은 모든 것에서 정치적으로 서로 의견이 다르다고 생각하는 모든 사람들이 존재하는 바, 바로 이러한 강한 반감의 표현들은 그들이 공통적으로 소유하고 있는 생각의 근원이 가지는 깊이를 가늠할 수 있을 뿐이다.

　이 「새로움」(*nouveauté*)'이라고 하는 범주는 아마도 가장 우선적으로 이러한 모든 혼동과 그 혼동들을 야기하는 배경이라고 할 수 있다. 객관적인 사물들의 세계 질서 속에서의 '「새로움」'은 주관적인 행위의 세계 속에서의 '자유'와 호응 관계를 가지고 있는데, 이 「새로움」은 어떠한 원인도 없는 어떠한 사건을 자신 스스로에게 생성시켜 주며, 이 설명될 수 없는 사건은 모든 알려진 법칙의 절대적인 예외로 존재하게 되는 것이고, 그것은 자유가 가진 놀라운 힘(*pouvoir*)의 현현(顯現)으로 보여진다. 이 힘은 과거와 단절하려는 힘이며, 세계의 질서를 다른 길로 접

---

[285] Schelling(2009). Fischbach(2009: 67)에서 인용.

어들게(*bifurquer*)하기 위하여 세계의 질서를 절대적으로 정지시키는 힘이다. 그리하여 이러한 잘못된 믿음을 가진 사람들에게는 소위 '기적'이라는 것이 보이게 된다. 그런데, 어떻게 하여 인과의 사슬을 벗어나서, 즉, 무에서 어떠한 사건이 생성될 수 있는가? 혹은 반대로 질문하자면, 법칙에 의하여 보여지는 인과관계의 연쇄 속에서 어떻게 하여 이「새로움」이라는 급진적인 것을 유지할 수 있는가? 이러한 난제는 그「새로움」이라는 관념이 가지는 의미를 격하시킴으로서만 해결 가능한 것으로 보인다. 즉, 그「새로움」이 보여지는 이유는 그것을 판단하는 인간의 지성이 가지는 능력이 유한하기에 기인될 수 있다는 것이다.「새로움」은 일상적인 것을 벗어나는 것이며, 그것은 우리를 놀라게 만드는 것에 부여되는 명칭이다. 그런데, 인간의 이해력에「놀라움」을 준다는 것은, 즉 인간의 이해력이 가진 단순한 한계를 넘어서는 것은, 그것 자체로서는 어떠한 형이상학적인 판단을 내리게끔 하기에는 원칙적으로 충분하지 못하다. 인간의 마음(*esprit*)은 공시성(*synchronique*)과 통시성(*diachronique*)을 동시에 가지고 있는 그 무한한 인과관계가 응집되어 있는 복잡성을 파악하지 못한다. 이것은 인간의 마음은 본질적으로「유한한 양태」(*mode fini*)에 불과하기 때문에 야기되는 결함이며, 따라서 그 응집되어 있는 복잡한 질서를 가끔 정지시키기에는 충분한 근거가 되지 못한다. 왜냐하면, 신이나 신의 부하들이 (예들 들어「라플라스의 악마」(*démon de Laplace*)[286]) 가지고 있는 것과 같은 무한한 지적 능력을 가진 존재에 있어서는 어떠한 '놀라움'도 존재할 수 없으며, 혹은 그 인

---

[286] [역주] 라플라스(Laplace)가 제시한 가상의 존재인데, 그의 에세이에서 '우주에 존재하는 모든 원자들의 정확한 위치와 운동량'을 알고 있는 존재가 있다면, 그는 현재, 과거, 그리고 미래의 모든 것을 볼 수 있다고 이야기 하였다. 이러한 존재를 후대에서는「라플라스의 악마」라고 명명하였다.

과의 사슬에 있어서 예외로 존재한다고 주장할 수 있는 어떠한 것도 있을 수 없다. 「새로움」은 새로울 수 없으며, 최소한 그 단어가 시사하는 그러한 종류의 급진적인 의미에서는 존재할 수 없다. 세상 사물의 인과의 생성은 '틀림없는 보편성'이라는 차원과, 결국 그 인과관계의 생성의 모든 것을 내려다보고 있는 무한한 지성의 차원에서는 새로울 수 없다. 단지 우리의 지성은 그 인과의 생성을 명확히 볼 수 없고, 따라서 알고 있는 차원을 벗어나는 모든 것에 경외를 표하며, 어떠한 역사적 사실들에 '자유-새로움(*liberté-nouveauté*)'이라는 명칭을 부여하는 것에 불과하다. 물론 9.11사태처럼 비행기가 빌딩에 충돌하거나, 혹은 하루아침에 철의 장막이 제거되는 등의 사실은 그에 대하여 준비하지 않았던 우리들을 당황하게 한다. 그런데 우리가 그렇게 놀라움과 경외를 표한다는 사실과 그리고 단지 우리가 그 사건들이 아주 오랜 시간 동안 준비되어 왔다는 사실을 우리가 인지하지 못하고 있었다는 이유가 그로부터 형이상학적인 주장들을 도출하여 내는 충분한 잣대가 될 수 있는가? 그 생각이 형이상학적 주장의 잣대가 될 수 있는 이유는 오로지 그러한 주장들이 지금의 신자유주의적 세계관에 사로잡힌 사람들의 취향에 부합하기 때문일 것이다. 자신들은 '창조적인 자유'를 가지고 있다고, 그리고 새로운 것을 개시하는 권능(*pouvoir*)을 가지고 있다고, 즉 그들은 어떠한 조건에도 얽매이지 않는 행위를 할 수 있는 능력을 가지고 있다고 믿고 있기 때문에, 주관적 형이상학에 의거한 「자유의지」라는 개념은 그러한 사람들의 믿음과 너무도 부합한다.

우리가 세상에서 어떠한 변화라고 말할 수 있는 것들에서 신자유주의적 자유가 「새로움」을 발견하려는 이유는 바로 그 자신들의 변명을 그 안에서 구하기 위함에 다름이 아니다. 「자유의지」를 옹호하는 주장들은 「결정론적」관점을 포기하면서 어떠한 정치적인 변혁도 「자유의지」에 의거하여 설명하려고 노력하는데, 그 변혁은 과거와는 다른 어떠한 변화를 의미하는 것이기 때문에 '논리적'으로만 따지자면 새로운 것이 등장하였다는 것이고, 따라서 오로지 「자유의지」에 의하여서만 그러한 변화들이 처음 「욕구」되고, 그 결과로 변화를 생성시킨다는 것이다. 그러나, 이러한 논리는 결코 옳지 못하다. 변화라는 것과 인과의 사슬이 서로 양립 불가능한 것은 절대로 아님을 강조하고 싶다. 불타던 별이 식어가고, 따라서 대지를 만들고, 그 위에 언제인가 존재하였던 언덕은 지진으로 무너져 평평하여져서 더 이상 그 장소에 존재하지 않게 된다. 그런데 이러한 모든 '변화'가 인과관계에서 제외되는 것이 아니며, 또한 어떠한 「자유의지」가 개입되었음을 의미하는 것도 아니다. (물론 '새로움'이라는 단어를 즐겨 쓰기를 원하는 혹자들은 아마도 이 「자유의지」에 '신의 의지'도 포함시킬 것이기는 하다). 역사적, 사회적 세계에서도 마찬가지이다. 그 안에서 일어나는 재생과 변화 모두 같은 방식으로 생산된다. 즉, 그것은 어떠한 인과의 연쇄에 의하여 그렇게 일어나도록 결정되어 있다. 물론 식어가는 별과 평평하여진 언덕과 같은 방식이 아닐지언정, 그러한 인과의 연쇄는 인간 행위의 산물인 것이다. 하지만 이러한 인간 행위가 '덜' 인과적인 것은 결코 아니다. 그리고, 그러한 인과의 연쇄를 이끄는 것은 다름아니라 「코나투스」가 가진 「기」와 「정념」이라는 동인(*moteurs*)인 것이다. 인간의 집단적인 삶은 자신을 재생산하는데, 단지 그들이 가진 상호 간의 「정서」의 작용에 의하여 변화될 수 있다. 다시 가급적 쉽게 이야기하자면, 각자는 타인에게 영향을 주게 되는데, 그러한 상호 영향은 그들 모두가 겹쳐 포개어져 들어가 있는 제도적이며 사회적인 관계를 통한다. 이때 제도라는 것이 어떻게 집단적인 「정서」를 매개하는 역할을 하는 장치가 될 수 있는가에 대하여 이해를 할 필요가 있다.[287] 이때 제도라는 것은 「권력」(*pouvoir*)을 가지고 있는 어떠한 「사회체」인데, 이 「권력」은 다수의 개인들로 하여금 그들이 어떠한 관계 속에서 살아갈 수 있도록 만들어 주는 것이다.

---

[287] 이에 관하여서는 Lordon(2010a, 2010b)을 참조.

그리고 이에 따라 「임노동관계」에 있어서의 「정념」이 전개(dépliement)된다. 그런데 그러한 제도적인 관계들에 개인들을 복종하게 하여 주는 작용을 하는 「정념」은 가끔 자신을 변형(reconfigurer)시켜서 그러한 제도적 관계를 오히려 파괴시키기도 한다. 물론 인과관계의 원칙에 따르자면 그 「정념」은 무에서 자신을 변형시키는 것이 아니라, 항상 그 이전에 존재하였던 「변용」의 결과로 그렇게 하는 것이며, 그 「변용」은 기존의 제도가 가지는 「권력」(pouvoir)이 통제하지 못하고 남아 있던 지푸라기들이 많아지면 그것이 군중들을 다시 움직이게 하고, 결국 그 제도가 가지는 「권력」을 무너뜨리게 한다. 스피노자는 일반적으로 이러한 「정서」를 「분노」(indignation)라는 용어를 사용하여 설명하였다. 그 「분노」가 가지는 함의는 도덕적인 것이 아니라 무엇보다도(par excellence) 정치적인 성격을 가지는 것으로서, 어떠한 「침해」를 목격하였을 때 복속되어 있던 자들(subditus)을 응집시켜 「반란」을 일으키도록 몰고 가는 것이다. 그때의 「침해」는 처음에는 그 대중들 중 단 한 사람에게만 가하여지는 것일 수도 있는데, 그럼에도 불구하고 그 대중들 모두가 겪는 것처럼 간주된다. 이러한 일반적인 「슬픔」의 '전염'은 단 하나의 원인에 의하여 촉발될 수 있고, 주변에서 같은 「슬픔들」을 넘쳐흐르게 하여 「예속편입」된 「코나투스들」이 공통적으로 「반동」(mouvement réactionnel)을 하도록 결정짓는 것이다. 이것이 "「슬픔」의 강도가 클수록, 그 「슬픔」에 대항하여 싸우려는 인간의 「활동력」도 커진다"[288]라는 스피노자의 이야기가 의미하는 바이다. 러시아 혁명 당시 전함 포템킨에서 썩은 고기에 항의하였다는 그 이유 하나만으로 동료가 사형에 처하여지려 하자 모든 수병들이 「분노」하여 반란을 일으켰던 것이나, 어떠한 한 부당한 해고가 공장에서의 봉기를 촉발시키는 경우, 그리고 「임노동자」에게 과다한 사회 복지 보장을 제공하여야만 하는 제도에 불만을 느낀 회사 중역들을 모두

---

[288] 스피노자『윤리학』제3부 정리37 증명.

거리로 뛰쳐나오게 하는 경우들이 이에 해당한다. 원인과 결과의 연계는 이러한 모든 일견 예외적으로 보여지는 사건들의 뒤에서 여전히 작동하고 있는 것이며, 단순히 기존의 것을 재생산하는 것이 아니라 사태의 전개를 다른 길로 접어들게 하면서 변화를 촉발시키는 것이다.

§34. '직각'이 될 것

"글쎄, 그건 봉급보다는 더 좋은 것 같은데 (...) 퍼스".
"제기랄. 그래. 어떠한 것이라도 봉급보다는 낫지".
아더 밀러(Arthur Miller)와 존 휴스톤(John Huston)의
『야생마』(The Misfits)[289] 중 게이(Gay)와 퍼스(Pierce) 간 의 대화.

갑작스러운 변화의 순간을 설명하기 위하여는 「자유의지」라는 가정은 불필요하다. 그 갑작스러운 변화는 '정념의 역학'(dynamique passionnelle)[290]에 의하여 결정된다. 「분노」의 「정념」은 「슬픔」의 「정념」 중의 하나로서 [상황을 바꾸도록 촉발시키는 역할을 함으로써] 가장 이롭거나(meilleure) 혹은 가장 덜 해로운(mauvaise) 방식으로 작동한다. 사람들을 움직이게 하는 「분노」가 이제까지 그들을 머물러 있게 하였던 「공순」을[291] 압도하게 되고, 그 결과로 새로운 「정서」가 형성된다. 따라서, 개인들이 이

---

[289] [역주] 1961년 개봉된 클라크 케이블, 마릴린 몬로, 몽고메리 클리프트 주연의 영화. '어울리지 않는 사람들'이 올바른 제목인데, 한국에서는 '야생마'로 제목을 바꾸어서 개봉하였다.

[290] [역주] 「정념의 역학」이라는 표현은, 다양한 종류의 「정념」 간의 상호작용 내지는 상충작용이 발생한다는 의미에서 사용되었다. 이러한 예는 뒤의 문장들에서 나타난다.

[291] [역주] 「공순」의 의미에 대하여서는 주석 146참고.

제까지는 제도적 규범을 (예를 들어「임노동관계」를) 존중하도록 결정되어 왔던 것과도 마찬가지로 지금은 그들이 반란을 일으키게끔 결정되어지는 것이다. 그러나 단 한순간이라도 그리고 그들이「분노」에 대한 인내의 한계점을 넘어서서 움직이는 순간에서도 그 이전과 마찬가지로 사람들은 결정되어짐에서 벗어나지 못한다. 유일한 차이는 지금 개인들은 무엇인가 다른 것을 하도록 결정되어 있다는 것뿐이다. 이러한 [반란의] 움직임이 어떠한 외적인 조건과 마주치게 되는가, 그리고 어떠한 미래를, 어떠한 결과를 약속할 수 있는가 등의 논의는 이와는 별개의 문제이다. 하지만, 이 모든 것들이 궁극적으로는「정념의 역학」이라는 관점과, 그것들이 제도에 매개된다는 사실에 의하여 파악될 수 있다. 이러한「분노」는 단순히 고립되어 표출되고 따라서 단순히 직접 연관된 소수의 개인들에게만 영향을 줄 것인가, 아니면「분노」가 보다 광범위한 '「정서의 결정화」(結晶化 cristallisation affective)'에 이르게 되고, 그 '결정화(結晶化)'에 의하여「분노」는 결국 연쇄 반응적인 촉발 효과를 만들어 낼 것인가. 예를 들자면, 1973년의 립 투쟁(Lip)의 경우[292] 국지적으로 발생하였던 자율적 경영을 위한 반란은 사회 전체에 매독을 뿌린다고까지 관계당국이 언급하였을 정도였다.[293] 사실「분노」는 어떠한 때에는 매독처럼 번진다. 그것은「피지배자들」을 기존의 제도적 관계에 복종하도록 결정지어온 이제까지의「정서들」간의 균형을 붕괴시키고,

---

[292] [역주] 스위스 국경에 가까운 프랑스의 지방도시인 립의 시계 공장의 노동자들이 해고를 계기로 행한 자주 생산·자주 관리 투쟁.

[293] Rouaud(2007)을 참고.

[역주] 본문에는 다음의 설명이 추가되어 있다: "당시 경제성 장관이었던 발레리 지스카르 데스탱(Valéry Giscard d'Estaing)의 이야기를 그의 동료였던 당시 산업성에 근무하였던 쟝 샤르보넬(Jean Charbonnel)이 증언한 것임".

그 개인들을 그들이 원하는 바에 따라서, 즉 [신자유주의자들이 주장하는 것처럼]「자유의지」가 아니라, 그들의 삶이 원하는 바에 따라서 그들 자신의 감정에 의한(ex suo ingenio) 삶을「욕망」하도록 이끌어 준다. 그런데 이것은 기적과 같이 '무제약성(inconditionné)'을 향하여 도약하는 것이 아니라, 다른 방식으로 삶을 규정하도록 한다. 더욱이 아주 빈번히 그 자신들이 원하는 것 자체도 집단적으로 새로 만들어진다. 예를 들자면 전함 포템킨의 수병들이「권력」을 잡고 행사하였을 때 그러하였고, 립의「임노동자들」이 민주적 자치 경영을 실험하였을 때도 그러하였듯이, 어떠한 경우이든 간에 새로운 관계를 만들어 내는 것이다. 반면, 일반적인 고용주는 그 자신의 어떠한 사소한 행위의 남용 하나로 인하여「임노동자」의「분노」를 촉발하는 임계점을 넘게 만들고, 그의「의지」와 반하여 스스로를 [임노동자들의] 혐오의 대상으로 만들어 버리며, 기존에 그에 대하여 [임노동자들이 가지고 있던] 두려움의「정서」를「증오의 정서」로 바꾸어 놓게 만들 수 있다. 그리하여「예속편입」된 자들이 이제는「정렬화」를 벗어나게 만들어 버리는 것이다. 이러한 경우「분노」는 갑자기 α각도를 넓어지게 하는「정념의 역학」이며,「예속편입」된 자의「코나투스」벡터 d와「지배」하는 자의 벡터 D와의「정렬」을 흐트러지게 만들어 버린다 (그림 2).

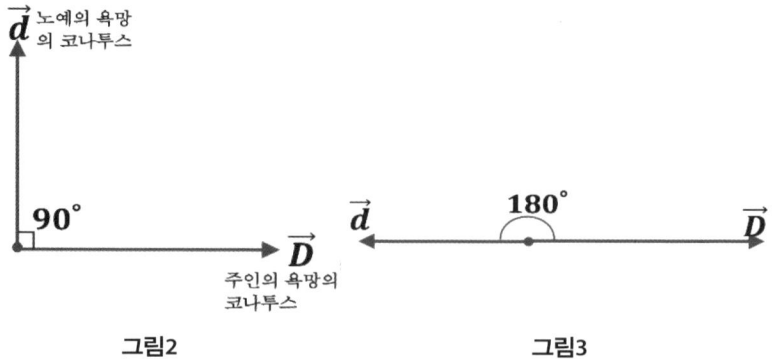

그림2   그림3

「예속편입」의 목표가 완벽한 「정렬화」라면, 「반란」은 '올바른 (droit)'[294] 각도로 α를 복구시킨다. 기하학적으로 표현하자면, '원래로 돌린다(remettre d'équerre)'라는 표현의 의미는 원래 '표준(norme)에 일치 시 킨다'는 것이다 (어원적으로 표준(norme)은 원래 각도기(équerre)의 의미 이다).[295] 하지만 이는 「포획」이라는 (혹은 「반(反) 포획」이라는) 용어에 서 의미하는 바의 [「주인」의] 표준에 일치시키는 것이 아니다. 여기서 '올 바르다고 함(droit)'의 표준은 $\cos \alpha = 0$으로 만드는 것이며, 「예속편 입」된 자의 (이제는 그로부터 벗어난 자의) 「코나투스」의 벡터값이 「포 획」을 위하여 더 이상 제공되지 않게 됨을 의미한다. (「포획」의 「내적」 의 공식은 $|d| \times |D| \times \cos \alpha$이었는데, α가 직각, 즉 '올바른 각'이 되 면 「내적」은 0이 된다). 「반란」은 따라서 직각이 됨을 의미하는 것이며, 겹쳐지는 것을 부정한다. 이 '직교성(直交性 orthogonaux)'은 완벽한 「반정 렬」(désalignement)인데, 이 「반정렬」은 이번에는 「음의 정렬」이라는 반대 의 방향의 「정렬」로 움직일 수 있게 된다. 이러한 경우 적대적 감정을 외부적으로 명시하는 것이며, 물론 같은 축 상에 위치하고는 있지만 그 방향은 반대로 되는 것을 의미한다. 이 경우는 더 이상 「포획」을 위하여 작용하지 않음과 동시에, 오히려 그 「포획」을 파괴시키는 것이며, 최소 한 「포획」하려는 노력을 감소시키는 것이다. 왜냐하면 $\alpha = 180°$인 경 우 $\cos \alpha = -1$이 되고, 따라서 「주인」의 「욕망」의 벡터 $\vec{D}$는 더 이상 노예의 벡터 $\vec{d}$를 끌어당길 수 없으며, 오히려 $\vec{d}$는 $\vec{D}$로부터 견인력을 제거하기 때문이다(그림3 참조). 직각이 되는 순간 반란자들은 이제는 공공연한 전쟁을 앞두고 있다. 「공선화」가 발생하고, 「임노동자」의 「활

---

294 [역주] 올바름을 뜻하는 불어 단어 droit는 동시에 '직각'임을 의미한다.

295 [역주] 고대 그리스어는 gnómōn(γνώμων)로서, 라틴어에서는 norma로 사 용되었는데, 이는 목수가 가지고 다니는 직각형 각도기(square)를 의미한 다. 이에서 '규범'(norm)이라는 말이 파생된 것이다.

동력」을 '돌려서' 「유용」(流用)함으로서 「정념의 착취」가 발생하였었다. 「직각화」(perpendiculaire)가 됨은 그러한 '돌려서 「유용」(流用)하였던 것을 원상태로 다시 돌려놓는 것이다. 「직각화」가 된다는 것은 「욕망」의 새로운 목적과 추구하고 노력하여야 할 새로운 방향을 만들어 내고 또 그것을 인정함으로써 「주인」의 '탈취'하려는 기도에 저항한다. 그때 새로운 방향이라는 것은 「주인」의 「욕망」의 벡터 $\vec{D}$가 완강하게 주장하는 그러한 방향에서 벗어나, 더 이상 그에 의하여 지시되지 않는 방향인 것이다.

§35. 탈고착화 (소외와 탈소외에 대한 비판)

우리가 추구하는 것은 어떠한 **원래적 상태**를 복구하거나 **원형**을 회복하는 바가 아니다. 더더욱이 원래의 자유나 혹은 순수한 자율성과 같은 자유주의적 개인주의가 주장하는 상상에서나 존재하는 그러한 것들은 절대로 아니다. 최근의 흥미로울 수도 있는 연구 중의 하나는 청년 마르크스를 재해석하는 시도들이다. 그러한 재해석들은 청년 마르크스가 이야기한 「소외」라는 개념을 주관주의적인 변명에 필연적으로 빠지지 않으면서 다시 부활시키는 바에 큰 관심을 보이고는 있다. 그런데, 그들의 시도는 [「소외」를] '무엇인가로부터 부족한 것', '무엇인가에서 상실된 것'이라고 하는 전제에서 출발하여 생각하며, 따라서 다시 그 완전한 그 무엇인가로 회귀함으로써 해방을 하는 것을 상상하고 있다. 그러한 견해에 의하면, 개인들은 그들이 가진 [원래적인] 활동하는 힘으로부터 단절되었을 때 「소외」가 되는 것이며, 궁극적으로 「탈소외」(désaliénation)라는 것은 다시 원래로 돌아가서 그 원래적인 것과 다시 일치하게 된다. 파스칼 세베락(Pascal Sévérac)이 지적하듯이[296] 들뢰즈(Deleuze)조차

---

[296] Sévérac(2005a, 2005b).

도 이러한 종류의 [그릇된] 생각의 대열에 합류하고 있다. 들뢰즈의 스피노자의 해석을 보건데, 윤리적 해방의 의미는 바로 완전한 개인이 가지고 있는 '힘의 재전용'(再轉用 réappropriation de sa puissance)에 있다고 보고 있다. 그런데 세베락이 언급하고 있듯이 이러한 '분리성(分離性)'을[297] 강조하는 것은, 스피노자 철학에서 가장 중심적인 원리이자 또한 들뢰즈 자신조차도 중요하게 여기는 소위 「내재성」(內在性 immanence)이라는 원리와 모순되는 점이라는 것을 강조하고 싶다. 스피노자의 「내재성」은 아리스토텔레스적인 '「가능태」(可能態 enpuissance)'와 '「현실태」(現實態 en-acte)'라는 [자의적] 구분에 대하여 절대적으로 반대하는 개념인 것이다. 스피노자에게 있어서는 즉각적이면서 완전하게 활동적인 힘(puissance)이 아닌 것은 존재하지 않는다. 즉, 스피노자의 존재론에 있어서는 어떠한 '유보되어 있는 것'은 존재하지 않는다는 것이다. 다시 말하자면 언젠가는 활성화되어지기를 뒤에 숨어 기다리는, 아직 충족되지 않았고 아직 실현화가 되지 않은 힘(puissance)은 없다는 것이다. 아무리 그 힘이 미약하다고 할지언정, 「코나투스」는 자신이 할 수 있는 모든 한도 내에서의 모든 것을 항상 소진시키고 있다.[298] 쥬라비치빌리(François Zourabichvili)가 스피노자식의 어법에 대하여 주목한 것은 아주 타당한 일이다.[299] 스피노자의 어법은 자신만의 신조어를 사용하고 있음에 추가하여 (예를 들면, 「정서」를 다시 명명하는 등) 자신만의 문법 또한 창조하고 있는데, 특히 동사의 활용 체계가 그러하다. 그의 체계에서는 '과거 조건문'

---

[297] [역주] 무엇인가가 완전한 것에서 떨어져 나감.

[298] 이때 '자신이 할 수 있는 모든 한도 내에서의'라는 표현은 다소 부정확할 수 있다는 점은 언급하고자 한다. 왜냐하면 이 말은 무(無)의 상태 내지는 거의 없는 상태에서 출발하여 가득 채워짐을 달성하는 것으로 오해할 수 있는 소지가 있기 때문이다.

[299] Zourabichvili(2002).

이라는 것은 존재하지 않는다. 즉, "나는 ~을 **할 수도 있었는데** (…)" 등의 표현은 스피노자에게 있어서는 무엇보다도 난센스적인 표현에 불과하다. '후회'를 나타내는 시제(時制)라는 것은 상상이 만들어낸 키메라(chimera)[300]에 불과하고, 그저 뒤를 돌아봄에서 나타나는 환영일 뿐이다. 즉, 「코나투스」는 그것이 가지고 있는 가능성을 (물론 이 '가능성'이라는 용어를 쓰는 것이 부적절하지만) 항상 모두 소진시키고 있다. 그리고, 「코나투스」가 '할 수 있었는데'라는 표현도 틀린 것이다. 왜냐하면 '할 수 있는 것'과 '하는 것'은 서로 다른 것이 아니기에, **과거에 '할 수 있었던' 것은 실제로 '하였던' 것일 뿐**이며 그 이상도 이하도 아니다. 스피노자가 세간에서 발생할 수 있는 오해의 여지를 남기면서까지 실재와 완전함을 동일시하는 명제를 『윤리학』 2부 정의 6에서 "나는 「실재성」과 「완전성」을 동일한 것으로 이해한다"라는 식으로 그렇게 강경하게 주장하였던 이유는, 따라서 어려운 길을 선택하였던 이유는 무엇인가? 그 이유는 다름아니라, 「내재성」이라는 것을 궁극적으로 주장하기 위하여서인 것이었다. 완전한 「내재성」은 어떠한 유보된 것도 없는 것이며, 어떠한 행위라고 하더라도 그것이 가진 힘(puissance)과 완전히 일치함을 의미한다. 그렇지 않다면, 과거에 '달성되지 못하였던 것' 이라는 개념 자체는 항상 '오류', '결함', 그리고 '악' 이라는 반대 개념을 다시 끌어들이게 된다. 그리고 그와 더불어 동전의 반대 면인 어떠한 '기준(norme)'이라는 것도 다시 도입하게 되는 것이며, 결국 다시 「초월성」(transcendance)이 등장하게 된다. 그 「초월성」은 스피노자가 그의 철학에서 절대적으로 배척하려고 노력하였던 소위 '신적인 왕'이라는 존재로 틀림없이 인도된다.

따라서 가장 전제적 형태의 「지배적 욕망」의 체제에서 살고 있다고 하더라도 각 개인은 그들이 가지고 있는 힘에서 '분리되어' 있는 것이

---

[300] [역주] 사자의 머리와 염소 몸통에 뱀 꼬리를 가진 그리스 신화 속 괴물.

아니라는 것이다. 그들은 단지 그 힘을 어떠한 특정한 방향으로만 나타내게 하도록 결정되어 있다. 「지배적 욕망」이 '공포'를 통하여 「지배」하는 것에 만족하는 경우에는 [피지배자들]에게 「슬픈 정서」를 수반하는 것이며, 「에피투메 생성작업」이 성공적인 경우에는 「기쁜 정서」를 수반한다. 그곳에 이미 없던 것을 다시 '찾는' 것이라고 함은 없다. 그 '힘' 이라는 것 자체가 바로 자신의 존재 그 자체라면, 개인은 힘을 잃거나 혹은 힘과 분리될 수 없다.[301] 그럼에도 불구하고, 이러한 논리는 힘의 크기에 관하여 크거나 작다고 이야기를 할 수도 없는 것은 아니다. 그 힘의 정도의 차이라고 정의할 수 있는 「정서」는 있는 것인데, 그 힘은 「기쁨」을 느끼는 경우 증가하고, 「슬픔」을 느끼는 경우에는 감소한다고 할 수 있다. 그러나, 이 경우 다음과 같이 반문할 수 있다. 즉, 「기쁨」을 느끼는 「임노동자」의 경우에 그 「기쁨」으로 인하여 그들의 힘이 증가하는 것이라고 한다면 도대체 불평할 수 있는 어떠한 여지가 있는가, 혹은 그들이 「소외」의 희생자라고 이야기할 수 있는 어떠한 근거조차 있는 것인가? 정답은 명백히 어떠한 근거도 없다는 것이다. 만약 우리가 「소외」를 개인이 주체로서 가지는 자율성을 상실하는 것으로 이해한다면, 그러한 자율성이란 존재하지 않는다. 「정념적 예속」은 세상 모든 곳에 편재하여 있다. 또한 「소외」를 자신이 가진 힘(*puissance*)을 상실하거나, 혹은 그것으로부터의 '분리'라는 신비스러운 모습으로서 생각한다면 우리의 이해를 위하여 얻을 수 있는 것은 없다. 그러나, 우리가 그것을 자신의 '나타나는 모습들의 협소화(*rétrécissement de ses effectuations*)'라고 이해한다고 하면 상황은 달라진다. 세베락(Pascal Sévérac)의 스피노자 재해석의 핵심에 놓인 아주 중요한 개념적인 작업은 이러한 '상실' 내지는 '분리'의(그리고 그에 더하여 그 반대적 개념인 '재결합' 내지는 자신과의 '재

---

[301] "각자가 그 자신의 존재 속에 보전하려는 노력은 사물의 실재적인 본질에 다름 아니다"(스피노자 『윤리학』제3부 정리7).

일치의') 개념을 제거하여 버리는 기반을 준비하였다는 점에 있다. 그럼으로써, 그들 자리를 **「고착화」**라는 개념으로 대체하려고 하였다. 자본주의의 「임노동관계」가 개인들을 생산수단 및 자신의 생산물로부터 분리시키더라도, 「정념의 착취」는 그들 개인을 그들이 가진 힘(puissance)으로부터 분리시킬 수는 없다. 우리는 해방이라는 것이 자신 스스로에게로 돌아가게 하는 어떠한 훌륭한 작용이라는 생각은 지금부터라도 제발 잊어야만 한다. 그러나, 「정념의 착취」라는 것이 그 힘으로부터 개인들을 분리시킬 수 없는 것이라고 하더라도, 반면 그것은 그 개인들의 힘을 아주 작은 몇 가지 대상들로 「고착화」시키는 것이다. 그것도 「지배적 욕망」에 의하여 지정되어 있는 그러한 대상들로만 「고착화」시키는 것이다. 따라서 그 「소외」라는 개념을 진정으로 구제하기 위하여서는 우리는 그것에 새로운 의미를 부여하여야만 한다. 즉, 그것이 '「경직된 정서」(affect tenace),[302] 내지는 **「홀려 있는 영혼」**(occupation de l'esprit),[303] 이라는 의미를 가지게 한다. 그것은 정신을 너무도 제약된 종류의 것으로만 완전히 채워 넣는 것을 의미하며, 또한 정신이 다른 어떠한 열린 바다를 향하여 전개되는 것을 방해한다. 이러한 의미에서 어떠한 때에는 '「기쁨」'을 가지고 '그들의' 단 하나의 [고정된] 대상에만 리벳처럼 「고착화」되어 있는 「임노동자들」이 「소외」되었다는 것은, 마치 자신의 정신이 분말의 이미지에 온통 사로잡혀 있는 코카인 중독자가 그렇다는 것과 같은 의미인 것이다.

스피노자에 있어서는 「활동력」(puissance)은, '정서적으로 **영향을 주면**

---

[302] "어떠한 「정념」 혹은 「정서」가 가진 역동(force)은 인간의 다른 행위, 혹은 힘을 능가하며, 그 「정서」는 경직스럽게 그 사람에게 고착이 된다"(스피노자 『윤리학』제4부 정리6).

[303] Sévérac(2005a).

서' 동시에 '정서적으로 **영향을 받는 「권력」**(pouvoir d'affecter et d'être affecté)',[304] 이라는 대칭성을 가지고 있다. 세베락의 스피노자 재해석에 의하여 제시된 이러한 전면적인 개념적 전환은 자주 간과되어지는 이러한 힘의 대칭성에 주목한다. 이때 수동태로 표현된 「정서적」으로 영향을 받는'다는 것이 가지는 선입견으로 인하여 그동안 힘이 가지는 대칭성을 파악하지 못하였던 것이며, 힘을 단지 '영향을 주는' 것으로만 이해하여 왔던 것이었다. 올바른 의미로 이해한다면, 힘을 구성하는 일부분은 자신이 가진 당연한 권리로서 자신을 많은 종류의 「정서」에 노출시키도록 하는 것을, 그럼으로써 「정서적」으로 자신에게 영향을 줄 수 있는 다양한 대상으로 자신을 활짝 여는 것을 포함한다. 이러한 맥락에서 스피노자가 식습관에 대하여 이야기한 주석 부분을 주목할 필요가 있다. 스피노자는 각자 자신들의 신체에게 그 신체의 복잡함에 상응하는 다양한 요소들을 제공할 것을 권장하고 있는데, 예를 들어 맛있는 음식은 당연하고, 그 이외에 기분 좋은 향기, 아름다운 음악, 그리고 기타 다양한 시각적 「기쁨」도 그에 포함되어 있다.[305] 「소외」는 **고착화**이다. 신체를 끌어당기는 것들의 빈약함, 자신이 「욕망」하는 대상의 협소화, 「기쁨」을 주는 레퍼토리의 빈약함, 그리고 자신의 힘을 어느 정하여진 한 곳으로만 고정시키는 집착 내지는 '귀신 들림', 이러한 것이 「소외」인 것이다. 이러한 「소외」는 그 「지배적 욕망」이 보고 있는 방향으로만 「예속편입」된 자들을 향하게 하는 「지배적 욕망」이 속박하는 결과들에만, 그리고 그에 따라서 모든 이들을 어떠한 정하여진 대상에만 고정시키는 것에 결국 의존하고 있다. 이러한 것들이 바로 「소외」라는 것이며, 「소외」는 **어떠한 것을 상실하는 것이 아니라**, [다양한 대상으로부터의] **닫혀짐**

---

[304] 스피노자『윤리학』제4부 정리38.
[305] 스피노자『윤리학』제4부 정리45 따름 정리2, 주석.

이면서 협소화이다. 「직각화」가 됨은 「탈고착화」(*défixation*)를 시작함으로 인하여 「욕망」이 향하는 범위들을 확장시키는 것을 의미한다.

§36. 불만의 역사 – 계급적 풍경의 혼란과 재구성

우리 각자 자신만이 「직각화」를 하고, 사회는 (혹은 사회 중 자신에게 상관이 없는 일부분은) 그냥 남겨두어, 그 사회는 어제처럼 오늘도 그저 똑같이 남겨질 수도 있다. 사회를 변화시키기 위하여서는 '집단적 「직각화」'가 필요하다. 그렇다면, 이러한 '집단적 「직각화」'는 어느 곳에서부터 유래될 수 있으며, 어떠한 경우에 자본주의의 역사를 재차 [과거 공산주의혁명처럼] 뒤흔들 수 있을까? 마르크스주의는 이러한 문제에 대하여 그것은 노사 간의 갈등에서 그 답을 찾을 수 있다고 대답한다. 그런데, 이러한 예상에는 어떠한 것이 부족할까? 물론 그 이론은 결코 완전하지 않다. 작가 루팡(François Ruffin)이 격렬하게 묘사한 광경이 이를 대변한다.[306] 루이비통 그룹의 하청업체에서 근무하는 여성 노동자들이 공장 이전에 따른 해고의 위협에 직면하자 주문을 발주하는 [루이비통] 본사의 주주총회에 들어가 회사 수익, 주식 배당금, 주식시장 현황 등을 주주들에게 프레젠테이션하고 있던 경영진과 직접 대치한다. 이러한 사태는 순수한 마르크스주의적인 광경이라고 할 수 있다. 그렇지만 그러한 광경은 놀랍게도 더욱 더 진기한 사건이 되고 있으며, 심지어는 신자유주의적 자본주의가 원래적인 야만성으로 점점 더 회귀하고 있는 것처럼 보임에도 불구하고 그러하다. 그러나, 이러한 원래적인 직접적 갈등의 모습으로 회귀하는 것은 그 빈도가 줄어듦에도 불구하고 현실에서 발생하고 있는 것도 사실이다. 하지만 그러한 측면이 존재는 하지만, 그것이 전부는 아니다. 왜냐하면 자본주의하의 사회의 풍경은 다

---

[306] Ruffin(2008).

른 방식으로 현저하게 변화하여 왔기 때문이다. '자본의 사람'임에도 불구하고, 기업의 최고 경영층을 「임노동자」의 일부라고 간주하는 순간 원래의 마르크스 이론은 난관에 봉착하기 시작한다. 그리고 우리가 소위 '경영의 부상'이라고 부르는 현상이 두드러짐에 따라 이러한 이론적 난관은 더욱 커져 간다. 점점 더 많은 「임노동자」가 부분적으로는 '자본의 편'으로 상징적으로 옮겨가기 때문이다.[307] 물질적으로는 자본에 속하지 않으면서, '상징적'으로 자본의 편으로 옮겨 간다는 것이 의미하는 것은 무엇인가? 그것은 다름아니라 그 문제시되는 개인들의 「정서적 구성」(composé affectif)이 현저하게 「기쁜 정서」쪽으로 옮겨가고 있으며, 그 자신들의 「활동력」을 회사에, 궁극적으로는 자본의 「욕망」에 가져가는 것이다. 마르크스주의 이론의 어려움은 더욱 가중되는데, 이러한 이행은 그러한 「임노동자들」이 자본의 측으로 옮겨가거나 아니거나 하는 양자택일의 문제가 아니라, 양극단 사이에 많은 스펙트럼이 존재하기 때문이다. 즉, 그 스펙트럼의 가장 낮은 곳에서는 불만을 가진 「임노동자」가 최소한으로 그것도 마지못하여 일하는 형태로 존재하는가 하면, 가장 높은 곳에서는 비록 단순히 자기의 이해를 위한 실용성에서 그럴 수도 있겠지만, 그럼에도 불구하고 그의 전 노동 시간을 전부 바치면서 혹은 그의 전 삶의 시간을 바치면서 회사의 성공을 위하여 헌신하고 있는 자들도 있다. 이러한 의미에서 '계급'이라는 풍경은 임노동의 「정념적」 풍경의 일란성 쌍둥이 형태인데, 그 「임노동관계」가 보다 복잡하여짐을 반영하는 것이기도 하고, 동시에 최초의 그 단순성은 더 이상 찾아보기 힘들다는 것을 의미하기도 한다. 따라서 현재의 「임노동관계」는 스펙트럼적인 양상을 띠고 있음에 기인하여 그 경계점이 희미하여지고 있는데, 그 스펙트럼은 궁극적으로 「정서」의 스펙트럼인 것이며, 「임노동자」의 삶에 있어서의 「기쁨」과 「슬픔」이라는 「정서」의 스펙트럼인 것

---

[307] 다음에서 차용한 용어이다: Duménil and Lévy(2003).

이다. 바로 이 점에서 스피노자가 마르크스를 만나고 마르크스를 수정한다. 이러한 수정은 이 두 사람이 사용하였던 용어들을 합성하여 이용함으로써 표현될 수 있는데, 즉, '상징적으로 자본의 편에 합류한다'고 함은 다름아니라 기쁘게 '실질적 복종'을 한다는 것이다.

그렇다면 종래에 보이던 뚜렷한 계급적 적대 관계라는 구분은 사라진 것인가? 개인들이 생생하게 경험하는 충성심이 단순히 사소한 것이며 단순히 주관적이고 피상적인 것에 불과하고 중요한 것은 오로지 물질적 조건이라는 것인가? 물론 그러한 생각은 틀린 것이다. 이러한 것들은 개인들이 경험하는 차원의 이야기지만 그럼에도 불구하고 「정서」라는 것에는 어떠한 주관적인 것이 개입될 수 없다. 그것들은 객관적으로 초래된 것이며 「코나투스」의 운동을 객관적으로 일으키는 것이다. 그리하여 스피노자는 그 「정서들」을 다음과 같이 간주하였다:

> [그 정서들은] 인간의 본성에 귀속되어 있는 특성으로서, 마치 어떠한 특성이 공기, 열, 폭풍, 번개 등에 속하여 있는 것처럼, 그것들이 아무리 성가신 것들이라고 하더라도 그럼에도 불구하고 필수적인 것이며, 또한 어떠한 명확한 원인들을 가지고 있다".[308]

고용관계에 있어서 「임노동자」가 가지는 주관적인 관계는 따라서 객관적으로 형성되는 것이며, 그 「임노동관계」의 조건 그 자체, 즉 「노동력」을 자본주의자인 고용주에게 팔아야만 하는 그 냉혹한 현실만으로는 임노동이라는 삶의 객관적 내용을 전부 설명하여 주지는 못한다 – 마치, 「임노동자」로서의 최고경영자[309]라는 경계선에 있는 노동과 그것이

---

[308] 스피노자 『국가론』 제1장 4절.

[309] 단 최근의 경향, 즉, 스톡옵션 등을 통하여 금융적 보너스의 형태의 보상을 늘리는, 따라서 보다 주주-경영자의 성향을 늘려가는 (임노동자-노동자의 형태가 아닌) 소위 탈임금화는 고려하지 않았다.

가지는 부조리성에 의하여 입증되듯이. 그런데, 그 경계선 위에 놓여 있는 경우와 일반적인 경우 사이에는 연속적인 스펙트럼이 존재한다.

이렇듯 원래적인 계급 간의 경계라는 풍경을 흐리게 하는 모습들이 아무리 심오한 영향을 끼치고 있다고 하더라도 계급관계가 적대적인 것으로 다시 설정하여 인식하는 것, 그리고 역사가 다시금 전진을 하게 하며, 보다 엄밀히 말하자면 자본주의를 극복하기 위한 운동을 전개하는 것을 방해하지는 못한다. 그러나 그때의 역사는 열려 있는 역사이며, 아직 쓰여지지 않은 역사이고, 그 역사에는 어떠한 목적론적인(teleological) 보증도 없다. 물론 이때 그 역사를 움직이는 적대관계라는 것의 과제는 자본을 전복시키는 것이라고 하더라도 (이때 자본이라고 함은 이미 화석화되어 버린 사회관계라고 함이 옳다), 그때의 적대관계는 단순히 노동과 자본 간의 그것은 더 이상 아니다. 그렇다면 이러한 새로운 적대관계를 구성하는 근본적 원칙은 무엇인가? 그것은 다름아니라 「정서」이다. 보다 정확히 말하자면, 어떠한 것도 변화시키기를 원하지 않는, 「기쁨」에 사로 잡혀 있고 그 「기쁨」을 더욱 많이 희구하는 「정서」와, 다른 어떠한 것을 희구하는 불만스러운 「정서」 간의 적대적 관계인 것이다. 「불만」(mécontentement)은 「정서」가 가진 사물의 질서를 바꾸는 역사적인 역동(force)인 것이다. 역사라는 것은 사회적 삶의 시간적 전개이며, 모든 사회적 삶이라는 것과 마찬가지로 「정서」에 의하여 움직여지는데, 역사의 분기점은 특히 「분노」라는 「정서」에 의하여 갈려지는 것이다. 위대한 전환을 가져오기 충분한 힘(puissance)을 소집할 수 있는 대중은 「불만」을 느끼는 대중이다. 따라서 일부 사회학에서는 시대의 자유주의적 조류에 맞춰 가급적 빨리 마르크스주의의 장(章)을 닫으려고 시도하고 있음에도 불구하고, 그와 달리 우리는 지속적으로 계급이라는 것에 대하여 언급하지 않을 수 없다. 계급은 계속하여 존재할 수밖에 없다. 왜냐하면, 각자의 경험은 그 개인들이 처한 사회적 상황에 의하여 강력하게 먼저 조건지워질 수밖에 없는 것이고, 그 경험들의 유사성(proximity)이라는 것은 느낌, 생각의 표출, 그리고 「욕망」함에 있어서의 유사성과 그러한 유사함에 근거한 집단을 만들어 낼 수밖에 없기 때문이다. 그러나 이러한 계급의 정의는 원래적인 계급이라는 용어가 의미하는 바의 이분법적인 단순함을 보이지는 않는다. 왜냐하면, 피고용인 계급에 (혹은 노동 계급에) 속한다는 것 그 자체는 이전과 같이 명쾌하게 사전적으로 결정되는 것이 아니며, 무엇보다도 그 이전의 역사적 변화의 (가능한) 주 동력원이었던 노동의 동질성은 더 이상 찾아보기 힘들기 때문이다. 그러나, 이러한 상대적인 계급 구조의 [여러 가지 다양한 형태로의] 단편화와 그로 인하여 사회적 모습들이 뚜렷하게 보이지 않게 되어졌다고 하여도 다른 원칙에 의하여 다시 노동의 동질성을 확인하는 시도를 포기하게 만들지는 않는다. 우리가 주장하는 새로운 원칙은 「불만」이라는 「정서적」 원칙이다. 따라서, 그 긴장은 단순히 잠재화되어 있고 어느 정도 안정화된 것도 아니고, 공개적인 대치를 의미한다는 의미에서의 계급 간의 투쟁이라는 것이 결코 사라진 것은 아니며, 단지 그것의 내용과 그것을 가르는 선들만이 변하였을 뿐이다. 그것이 지금은 「정서적 계급투쟁」(lutte de classes aflectives)이라는 차원에서 전개된다. 이러한 방식으로 주장하는 것은 혹자가 생각하듯, 단순히 마르크스주의를 입으로만 운운하면서 오히려 그것을 폐기하려는 시도는 아니다. 공통의 「정서」는 하늘에서 그냥 떨어지는 것이 결코 아니다. 우리는 항상 그러한 공통의 「정서」를 야기하는 선재하는 「변용」이 무엇인가를 물어야만 한다. 현재의 경우에는 자본의 측면에서의 고찰이 오히려 필요한 것인데, 이때는 자본을 단순히 적대적인 계급으로 간주하는 것이 아니라 (그것의 윤곽선과 경계는 보다 더 희미하여지고는 있으나 자본의 단단한 핵은 철저히 파악할 수 있도록 그대로 남아 있다), 사회적 관계로서의 자본, 그리고 궁극적으로는 사회적 삶의 바로 그 형태로 자본을 파악하여야만 한다.

하지만 현대의 자본주의가 가지는 패러독스는 그것이 고도의 정교함을 가지고 만족스러운 일의 현장을 만들기 위한 노력을 증가시키고 있는 바로 그 순간에도 그 이전 수십 년 동안에도 유래 없을 정도로 광범위한 범위와 강도로서「임노동자」를 몰(沒)취급하여 왔다는 사실에 있다. 그 자본주의가 그 자신을 사랑스럽게 만들려고 노력하는 반면, [의도하지 않게] 점차 증오의 대상이 되면서 자본주의는 불만을 확산시키고 있으며, 다중이 결집할 수 있는「공통의 정서」(affect commun)를[310] 배양하고 있다.[311] 물론, 찻잔을 입술로 가져가기 까지는 그 사이에 놓여 있는 간극이 존재한다. 고립된 불만의 경우들이 성공적으로 응집되고 따라서 역사적 변환을 가져올 수 있는 힘으로서의 일관성을 획득하기까지 필요한 특정한 제도적, 그리고 정치적인 조건들을 생각하여 내기 위하여서는 정치 사회학의 전 범위에 걸친 숙고가 필요한 것은 사실이다.[312] 그러나, 자본의「가치창조」의 과정이 '자본의 편에 서 있는「임노동자들」'이 배반할 수 있다는 위험에도 불구하고 그들에게까지 확산시키는, 그러한 점차적으로 더욱 가중되는 폭력적인 긴장이 존재한다는 사실을 부인할 수는 없다. 자본주의에 있어 존재하는 이러한「임노동자들」에 대한 몰취급이 일반화되어, 마침내 지금까지는 가장 충성을 맹세하였던 일단의「임노동자들」에게까지 적용되는 경우, 그러한「임노동자들」에 있어서의 물질적인 상황과「정서적」인 상황이 다시금 만나는 상황을 연출할 것이며, 즉, 그럼으로써 그들을 완전한 전형적인「임노동자」로서 다시「계급화」(réappartenance)하는 경향을 조장할 것이다. 이러한 경향은 다분 마르크스적인 경향이라고도 할 수 있다. 요약하자면, 임노동 계급 중 가장 지배적인 위치에 놓여 있는, 따라서 어떠한 의

---

[310] [역주]「집단적 정서」(affects collectifs)가 발생하는 과정에 대하여서는 역자 용어해설 275쪽을 참고할 것.

[311] 스피노자『국가론』제6장 1절 참고.

[312] 예를 들면 이하의 저작을 참조. Michel Dobry(1992).

미에서는 새장에 갇혀 있는 그러한 「임노동자」층에서의 불만의 증가는 [복잡하여지고 경계가 희미하여진] 계급 상황을 다시금 정화하는 효과를 가져올 것이며, 그리하여 원래적인 계급 갈등의 모습을 다시 복원할 것이다. 따라서 이렇듯 불만으로 인하여 동질화되어진 그리고 오히려 더 확장되어진 계급은 자본주의에 반대하는 위협을 가하기 시작할 것이며, 그리하여 역사는 다시금 움직이기 시작할 것이다.

§37. 공산주의, 욕망 그리고 예속

이렇듯 어떠한 특정한 상황에 의하여 재구성된 계급이라는 것이 자본주의적 질서를 뒤흔들고, 그것을 생산의 새로운 사회적 형태, 예를 들자면 「공동결사기업」(*récommune*)같은 것들로 대체하여 「지배적 욕망」과 같은 형태에 종언을 고할 수 있을 것인가? 애석하게도 다음의 두 가지 이유에 의하여 그럴 것 같지는 않다. 첫째, 그러한 새로운 사회를 구성하는 최초의 제안이 누구인가에 의하여 발안(發案)되는 경우, 그 [발안자의] 제안이 자리를 선점하고 버티고 있을 것이다. 그리고 [개인들의] 힘(*puissance*)들을 [결합하여 조직하는] 「구성」에 있어서 그러한 「구성들」을 어떠한 관계하에서 만들어야만 하는가에 대한 질문들이 (즉, 각자의 힘들이 대칭적인가 혹은 비대칭인 관계하에 놓이는 것인가, 또는 수평적인가 수직적 위계를 따르는가 등) 끊임없이 제기될 것이며, 동시에 노동의 분업이 끊임없이 배후에서 작동하여 [힘들을] 서열적으로 비대칭화하게끔 처음부터 몰고 갈 것이 당연하기 때문이다. 그런데, 우리가 우리 자신의 힘만으로는 할 수 없는 것을 「욕망」한다는 사실이 존재하는 한 노동의 분업은 우리가 벗어날 수 없는 지평이며, 마르크스가 이 노동의 분업이라는 문제에 대하여 단순히 경제학자로서만이 아니라 정치 사상가로서 그렇게도 깊은 주목을 하였다는 사실은 결코 우연이 아니다. 따라서 마르크스를 대충 읽고 단지 자본주의의 힘의 관계를 생산수단의 소유의 체제에만 국한하여 생각하고 노동의 분업의 문제를 도외시하는 일부 의견들은 심히 개탄스러울 수밖에 없는 것이 당연하다. 그런데 마르크스 자신은 이 노동의 분업이 가지는, '사회를 구성하는 효과'에 대하여 『독일 이데올로기』와 『자본론』에서 심도 깊게 검토하고 있다.[313] 물론, 자본의 사적 소유가 가지는 영향력은 거대하다. 하지만, 이러한 [노동의 분업이 가지는] 영향들은 비대칭적이다.[314] 즉, 보다 정확히 말하자면, 사적 소유를 재검토한다는 것은 단지 필요조건이지 [노동의 분업이 가지는 비대칭성에서 비롯되는 모든 결과들을 설명하기에는] 충분조건은 아니라는 이야기이다. 예를 들어, 소비에트에서는 국가가 모든 생산수단을 소유하였기 때문에 사회적인 생산 관계 자체도 바뀌었는가? 레닌은 그 당시 발흥하던 포디즘을 산업 조직의 전형적인 모델이라고 칭송하여 마지 않았다. 그런데, 그 모델은 소비에트에 적용된 지 단 1년도 지속되지 못하였다. 마르크스가 설명하였던 바, 이 노동의 분업은 그 스스로 내생적으로 「권력」(*pouvoir*)이라는 타액을 분비한다. 왜냐하면, 어떠한 직책은 전체 조직을 조정하고 종합하는, 따라서 다른 구성원들은 단지 부분적인 정보만 가지고 있음에 반하여 전체상을 볼 수 있는 모든 정보를 취합할 수 있는 우위에 있게 하는 것은 필연적이기 때문이다. 따라서 이러한 기능과 정보상의 비대칭성으로 하여금 「권력」은 끊임없이 집단적 생산 조직 내에서 자라나게 된다. 이러한 견해를 고려한다면, 과도하게 생산수단의 소유의 문제에만 집착하여 사회 변혁을 논의하던 종래의 입장을 재차 재검토할 수 있는 계기가 된다. 물론 자본주의하에서의 자본의 사적 소유는 철폐되어야만 하지만, 그럼에도 불구하고 우리는 [자본의 사적 소유의] '그 다음 순서로(*la suite*)' 또 다른 것을 날조하여서

---

[313] 특히 『자본론』 제1권 제14장 및 제15장.

[314] [역주] 노동의 분업으로 인하여 각 개인들과의 힘의 역학에 있어서 비대칭성이 필연적으로 발생한다.

배치하여서는 안 된다.

사람들이 흔히들 간과하고 있는 점은 스피노자 또한 이러한 노동의 분업에 대하여 관심이 있었다는 사실이다. 중요한 점은 사람들이 서로를 결합시키며 그럼으로써 하나의 사회집단을 만들게 하는 요인에 대한 그의 첫 번째 성찰에서 이 노동의 분업의 문제를 우선적으로 다루었다는 사실이다(『신학-정치론』(Theological-Political Treatise), 제5장).[315] 스피노자에게 있어서 노동의 분업은 인간에게 있어서의 최선의 것, 즉, 필수 불가결한 것으로서 이는 "사람보다 사람에게 더 유용(有用)한 것은 없다"는[316] 그의 언명에서 드러나며, 각자는 각자를 향하여 움직이게 한다는 것이다. 반면, 동시에 그것은 인간에게 있어서 최악인 것으로서, 그것들은 '각자가 무장하고 있는 힘'의 구성상의 불평등을 조장하는데 그것이 모든 「포획」의 근본 원인이 되기 때문이다. 그뿐만 아니라, 인간들이 「욕망」하는 바 또한 노동의 분업에 기인하여 불평등하게 된다. 선험적으로 볼 때 가장 이상적으로 평등한 규칙에 입각한 집단이라고 하더라도 다른 이에 비하여 더 원하는 개인은 존재하기 마련이며, 그러한 자는 그 집단이 추구하는 목표에 남들보다 더욱 큰 관심을 가지게 되고, 그리고 그 집단에서 나오는 이익 중 더 많은 것을 가지려 한다. 왜냐하면 어떠한 집단이건 획득할 수 있는 이익은 항상 존재하기 때문에 그러하다. 그리고 그 이익의 모든 것이 필히 금전적 보상의 범주에 해당하는 것은 아니다. 그러나, 어떠한 것도 「기쁨의 경제」(économie de la joie)를

---

[315] Spinoza(2007). 이 점에 있어서는, 『신학-정치론』의 제16장 및 제17장이 명료하게 '계약'의 문제를 다루고 있는 것에 더하여, 제5장은 대안적인 국가의 (그것도 내생적인) 구성 모델을 소묘하고 있다는 사실을 지적하여 준 모로(Pierre-François Moreau)의 견해에 의하여 도움을 받았다. Moreau(2005)를 참고할 것.

[316] 스피노자 『윤리학』제 4부 정리 18 주석.

벗어날 수 없다. 「코나투스」는 「욕망」하는 힘이다. 따라서 「코나투스」는 스스로가 지향하는 대상에 당연히 이해를 가질 수밖에 없는데, 그것은 다른 말로 표현하자면 「기쁨」의 추구이다. 금전이라는 형태 이외의 다양한 모습으로 나타나는 '「기쁨」의 이익'은 어떠한 행위가 지향하는 바로 그 목적점(*telos*)이며, 혹은 그 행위의 대가라고 할 수 있다. 즉, 그러한 「기쁨」이 가져다주는 이익의 크기로 인하여 어떠한 행위의 지속이나 아니면 중단의 여부를 결정한다. 따라서 금전적인 이익의 추구는 단지 일반적인 「기쁨의 경제」의 아주 특별한 경우일 뿐이며, 모든 행위는 (그것이 개인적이건 혹은 집단적이건) 「기쁨의 경제」안에 몰입되는 것이고, 그리고 그 안에서 각자는 행위의 경로를 찾게 된다.

그런데, 이러한 것들은 집단적 행위에 영향을 끼치는데, 그 정도는 이러한 행위가 「외재적 기쁨」(*joies extrinsèques*)들을[317] 추구할 때 특별히 강하게 나타난다. 즉, 어떠한 기도(企圖)에서 누리는 「기쁨」은 그 자체를 성취함에서만 얻어질 수 있는 「기쁨」이 아닌, '**다른 사람의 시선하**(*sous le regard des autres*)'에서 얻는 경우에 더 강하며, 일반 대중이 가지는 **평판에 의하여**(*à laface de l'opinion*) 인정을 받는 것이 주요한 목적인 경우 더욱 더 강하게 나타난다. 즉, 이는 어떠한 기도가 「인정의 경제」(*économie de la reconnaissance*)라고 하는 특수한 종류의 「기쁨의 경제」에 해당하는 경우이다. (비자본주의적) 「내재적 기쁨」(*joie intrinsèque*)의 경제는[318] 집단적으

---

[317] [역주] 「외재적 기쁨」이라는 표현은 「기쁨」의 근원이 외부에서 온다는 것을 뜻하는 것이 아니라, 「기쁨」을 어떠한 행위 그 자체가 성취한 것에서 얻는 것이 아니라, 타인의 반응 등을 즐기는 「기쁨」 등의, 그 행위 자체가 아닌 다른 것에 의하여 얻는 「기쁨」을 의미한다. 후속 문장이 이러한 의미를 더욱 명료하게 하여 준다.

[318] [역주] 위에 나오는 「외재적 기쁨」과 대비되는 단어이다. 즉 행위 그 자체에서 「기쁨」을 얻는 경우이다.

로 생산한 대상물들을 「비응시적 향유」(非凝視的享有 jouissance non-rivale)[319] 하는 「기쁨」임에 반하여, 이러한 「외재적 기쁨」(joie extrinsèque)을 추구함으로 인하여 보다 더 [남들과] 차별화시키면서 또한 [남들과] 경쟁적이 될 수밖에 없다. 따라서 집단적 기도(企圖)에서 필요시 되는 내부적 결집성(cohésion)은 「외재적 기쁨」을 목적으로 하는, 즉 [그 집단적 생산물을] 독점적으로 「유용」(流用)하려고 하는 「욕망」에 의하여 끊임없이 위협을 받게 된다. 그런데, 그 「외재적 기쁨」은 다름아니라 자신을 다른 사람의 「기쁨」의 원천으로 생각한다[320]:

> 어떠한 한 개인이 자신이 가진 미덕이나 혹은 「활동력」에 대하여 스스로 높이 평가할 때, 이러한 「기쁨」은 언제나 다시 솟아 나오고, 따라서 각자는 자기가 행한 바를 남에게 과시하기를 원하고, 그의 도덕적, 육체적인 모든 역동(force)을 뽐내며, (…) 따라서 인간은 서로에게 '고통스러운(pénible)' 존재가 되기 마련인 것이다.[321]

스피노자의 언명을 그 자구(字句)상의 의미를 넘어서 생각하자면, 그럼으로 인하여 생기는 '고통스러운 감정'이란 단순히 스스로 뽐냄이 남들에게 끼침에서 비롯되는 '고통스러운(pénible)' 감정이 아니라, 집단적

---

[319] [역주] 원문의 표현은 다소 혼동을 일으킬 수 있어서 수정한 표현이다. 타인의 시선을 의식하지 않고 그 행위 자체에서 「기쁨」을 얻는다는 의미이다.

[320] [역주] 다소 혼동스럽게 느낄 수 있는 대목인데, 이 의미는 자신이 다른 사람들의 행복을 위하여 공헌하다고 자만하면서 기쁨을 느낀다는 의미이다. 이하의 스피노자를 인용한 문구에 따르자면 그러한 행동이 오히려 타인에게는 짐이 되고 고통이 되는데, 이는 「외재적 기쁨」을 자신 혼자 독점하려는 행동이기도 하기에 그러하다.

[321] 스피노자 『윤리학』제 3부 정리 55 주석.

행위에서 발생하는「외재적 기쁨」이라는 이익을 부당하게 개인이「포획」하는 것에서 생기는 참기 어려운 감정이며, 또한 그에 따른 상호 간의 투쟁에서 야기되는 참기 어려운 감정인 것이다. 더욱이 자신이 가진 힘에 대한 남용만큼 더 쉬운 것도 없다. 예를 들자면, 다른 이들의 힘이 나의 힘에 추가되어 내가 어떠한 생산에 대한 공헌을 하였음에도 불구하고, 내가 그 생산물 전체를 나에게 귀속시키는 경우가 그것이다. 즉, "이 작업은 집단적으로 행하여 졌지만, 그럼에도 불구하고 이것은 내 작업이다"라는 식의 자세가 그 예이다. 그리고 이때「포획」이라는 것은 그 자체로서 볼 때, '귀속적 포획」(captation attributive)'인[322] 것이다.

자본주의와 '금전적'인「기쁨의 경제」로부터 상상 속에서만 탈출한다고 하여서 이러한「포획」으로부터 오는 위협이 단순히 사라져 버리는 것은 절대로 아니다. 왜냐하면 그「포획」은「인정의 경제」라고 하는 비금전적인 경제에서도 여전히 완벽히 작동할 것이기 때문이다. 더욱이 이러한 두 가지 다른 종류의「기쁨의 경제들」[323] 사이의 상호관계는 사실 놀라울 정도로 강하다. 두 종류 모두에 있어서 타인의 힘을 자신의 힘에 추가하고 따라서 생산된 결과를 향상시키고 그와 동시에 수반되는「외재적 기쁨」을 증가시킨다. 그리고 그것들은「포획」의 대상이 된다. 보다 높은 강도의「욕망」을 가지고 어떠한 집단에 참여한 자들은, 그리고 집단적 작업으로부터 나오는 인정이라는 이익에 대하여 다른 사람들보다 더 높은 가치를 부여하면서 타인보다 더 많이 그러한 이익을 요구하는 사람들은,「유용자」(流用者 appropriateur)가[324] 되고자 하는 후보들(aspirant)이며,「외재적 기쁨」을 독점적으로 향유하기를 원하는

---

[322] [역주] 모든 것을 다 나에게 귀속시킨다는 의미이다.

[323] [역주] 즉, 금전적 기쁨의 경제와「인정의 경제」.

[324] [역주] 남의 것을 빼앗는 자.

자들이다. 그리고 그들은 「지배적 욕망」의 새로운 모습으로서, 「포획」이 가지는 일반적 형식의 구조의 밖에서 즉, 「주도」관계라는 일반적인 구조를 벗어나서 형성되어진다.[325] 그러한 것들은 평등한 공헌이라는 원칙에는 반한다. 하지만 물론 외면적으로는 평등하게 보일 수 있는데, 왜냐하면 그 「욕망」의 강도들은 다르기 때문이다.[326] 따라서 「정념적」 이해관계가 가지는 역동은 '「포획」을 형식적으로 제도화하는 사회적 관계'의 외부에서 형성되는 것[327]이라고 할지라도, 그 자체로 너무도 강력하여 그 집단이 회피하려고 하는 바로 그것을 다시 만들어 낼 수 있다. 모든 집단은 모든 것을 그 자신의 손으로만 가져가려고 제안을 하는 그러한 구성원이 존재할 수 있다는 끊임없는 위험에 직면할 수밖에 없는데, 이러한 제안은 다른 구성원에게 경종을 울리게 할 수 있다. 왜냐하면, 그러한 제안은 「편향」(偏向 pronation)[328]으로서, 즉, 모든 것을 독점하여 자기가 차지하려는 의도의 통보로서, 또는 명령하는 「욕망」으로 쉽게 변질될 수 있는 '「유용」(流用)하려는 「욕망」'을 가지고자 하는 의도가 있는 것으로서 액면 상 해석될 수 있다.

우리는 이 책을 칸트적인 「괄호치기」로부터 시작하였다. 그것은 타인을 단지 수단으로서 사용하지 말라는 금언이었다. 우리는 유사한 방식으로 이 책을 마칠 수 있는데, 이러한 「포획」과 해방의 문제에 있어

---

[325] [역주] 「외재적 기쁨」은 일반적으로 「임노동관계」 등에서 볼 수 있는 일반적인 「주도」 관계 하에서의 「포획」의 형식을 가지고 있는 것이 아니라는 의미이다.

[326] [역주] 즉, 사람마다 이 「외재적 기쁨」에 대한 가치 부여의 정도가 다르다.

[327] [역주] 즉 형식적인 제도적 설정 (예를 들자면 임노동 관계 등)의 밖에서 생성되는 「외재적 기쁨」을 말한다.

[328] [역주] 회내(回內)라고도 불린다. 주석 264참고.

서 "우리가 어떠한 희망을 할 수 있도록 허용되는가"라는 질문을 제기할 수 있다. 이 질문에 대하여 우리는 있는 그대로의 답을 원한다. 사전적(事前的)인 희망이 크면 클수록 그만큼 실망의 고통도 크기 마련이다. 공산주의의 이념 혹은 자본주의로부터 단절하고자 하는 이념은 희망으로 가득차 있었다고 말하는 것은 다분히 너무도 절제된 표현일 것이다.[329] 있는 그대로를 이러한 방식으로 말하는 것은, 유물론이 가진 확고한 지적인 강점은 "자신들을 서로 기만하지 않는 것"(à ne plus se raconter d'histoires)[330] 이라고 알뛰세가 일찍이 정의하였던 바를 망각하지 않는 것이기도 하다. 스피노자는 이미 자신만의 방식으로 이에 대하여 대답을 하였다. 그는 그의 독자들에게 사람들을 "그들 자신이 스스로가 되고자 원하는 바가 아니라(tels qu'ils sont et non tels qu'[on] voudrait qu'ils fussent), 그들 자체로만" 보도록 우리를 초대하고 있다.[331] 이러한 사전 경고를 무시하는 정치학자들은 "키메라나 혹은 유토피아적인 세계, 또는 시인들의 황금기(à l'âge d'or des Poètes)에서처럼 그것이 아마도 가장 불필요한 비현실적인 때에서나 형성될 수 있을 만한 어떠한 것"[332] 이외에는 다른 어떠한 것도 만들어 낼 수 없다. 이 경고가 의미하는 바는 아주 명확하다. 자본주의와 마찬가지로 공산주의에서도, 물론 그 방식에 있어서는 전적으로 차이가 존재는 하지만 「욕망」 그리고 그것의 「정념」과 싸워야만 한다. 즉, 단지 「자발적 예속」이 가지는 개별적 특이성을 야기하는 것이 아니라, 보편적인 '인간 예속'의 항구화를 야기하는 「정서의 역동」(force

---

[329] [역주] 즉, 그러한 꿈이 너무 과도 하였으며, 따라서 그에 따른 실망의 고통도 크기 마련이었다는 의미.

[330] 클레망 로세에 의하여 인용되고 있다. Clément Rosset(1992: 22).

[331] 스피노자 『국가론』 제 1장 1절.

[332] 전게서.

des affects)'이라는 문제와 싸우지 않을 수 없다.³³³ 아무리 그것의 가능성을 위한 조건 차제가 우리와는 요원한 것처럼 여겨질지라도, 따라서 어떠한 의미에서 거의 부정적인 느낌마저 들 정도라고 하더라도, 스피노자는 진정한 공산주의에 대한 정의를 우리에게 제시하고 있다. '일방적인 「포획」의 요구에 더 이상 복종하지 않는 목표'를 향하여 사람들이 어떻게 그들의 공통의 「욕망」을 인도할 수 있을 것인가를 알게 되는 순간 「정념의 착취」는 종식될 수 있다는 것이다. 그리고, 그럼으로써 공산주의적인 기업을 형성할 수 있다. 즉, "'내가 원하는 것을 타인들도 소유하는 것'을 내가 원하는 것이 진정한 선"이라는 것을 사람들이 이해할 때야 비로소 그 「정념의 착취」가 종식될 수 있다는 것이다. 이것은 「이̇성̇」(*raison*)을 말한다. 즉, 모든 사람이 「이성」을 가급적 많이 소유하기를 원하여야 한다. 왜냐하면, "인간들이 「이성」이 인도하는 바에 따라서 사는 한에 있어서 인간들은 인간에게 가장 유용(有用)한 어떠한 것"이 되기 때문이다.³³⁴ 스피노자의 『윤리학』의 추구하는 바로 그 목적은 이러한 「욕망」의 방향 재설정과 사물에 대한 위와 같은 이해인데, 단 스피노자는 "이로 향하는 길은 아주 험난하다"라고 고백하고 있다.³³⁵

§38. '인간적' 삶

그런데 스피노자의 이 언급 자체조차도 [그 어려움을 이야기하기에는] 사실 충분하지 못하다. 왜냐하면 그 언급은 인간들이 「정념」에 의한 영향을 받기 보다는 「이성」에 의하여 인도 되어야 한다는 [비현실적인] 상황

---

333 스피노자『윤리학』제 4부의 이름이 이에 유래하였다.

334 스피노자『윤리학』제 4부 정리 37(제 1 증명).

335 스피노자『윤리학』제 5부 정리 42 주석.

을 상정하고 있기 때문이다. 「이성」의 인도하에서는(*ex ductu rationis*), "인간들은 자기 자신들이 희구하는 「기쁨」을 타자들도 향유할 수 있기를 무조건적으로 바라고", 그리고 "타인들이 가지기를 「욕망」하지 않는다면, 마찬가지로 자기 자신도 원하지 말아야 한다는 것"을 알 수 있다는 것이다.[336] 그런데 이러한 이야기는 공산주의의 가장 높은 원리이며, 이는 실재적인 상품에 대하여 일반화된 「비응시적」[337]인 원칙에 의거하고 있다. 이때 그 상품들은 진정으로 공동으로 생산되고 향유되어지는 것이다. 이는 각기 개인의 「욕망」이 가지고 있는 「정념적 삶」이 지속적으로 만들어 내는 「포획」에서 자유로운 그러한 상품을 의미한다. 이렇듯 이러한 「비응시성」(非凝視性 *non-rivalité*)에 입각하는 경우에서만 [인간은] 「지배적 욕망」에서 자유롭게 될 수 있다. 하지만, 이러한 이야기들은 인간들이 모두 「이성」에 의하여 삶을 영위하는 것을 전제로 하는 것이며, 이러한 가정은 극도로 비현실적일 수 있다. 단순히 자본주의를 전복시킨다고 하여서 이 같은 조건이 충족되는 것은 절대로 아니다. 왜냐하면, 자본주의적 사회구조는 「포획」이라는 것을 그 극단까지 몰고 가기는 하였지만, 자본주의 구조는 실상 그 이전부터 존재하였던 「정념적 삶」이 가지고 있던 여러 요소들에 기반하여 그러하였던 것이고, 그러한 요소들은 자본주의 이후에도 계속 존재할 것이기 때문이다. 따라서 그 「포획」은 그것을 제거하려고 하는 어떠한 선험적인 상황에서조차도 내생적으로 지속적으로 생성된다는 것을 우리가 파악할 수 있다면, 그 「포획」이 가지는 형식적인 구조는 마치 그 자신의 「코나투스」를 가지고 있는 것 같다고 결론지을 수도 있다. 혹은 보다 더 명시적으로 말하자면 그 「포획」은 「정념적 삶」에 있어서 아주 강력한 유인이다. 그것의 일례는 그것을 원하지 않았던 사람에게조차 「포획」이 [위로부터] 떨어져 내

---

[336] 스피노자 『윤리학』 제4부 정리 18 주석.

[337] [역주] 「비응시성」의 개념에 대하여서는 주석 319참고.

리는 극단적인 '사악'함이 관찰되는 경우에서 보여질 수 있다. 파스칼이 말한 조난자의 경우, 그의 난파선이 도달한 곳의 주민들에 의하여 그는 [원하지 않더라도] 왕으로 추대되었다.[338] 이것은 (쉽게 현실화될 수는 없는 그저 상상의 상황에서) 자본주의라는 것이 물러 간다고 하더라도, 바로 그 진정한 공산주의라는 것이 그 자리를 채우기 위하여 바로 도래하는 것은 아니라는 이야기이다. 물론 이때의 진정한 공산주의라는 것은 최소한 「지배적 욕망」이라는 모습으로부터 철저한 해방이 된 공산주의를 의미한다.

따라서, "각 개인의 자유로운 발전이 모든 이의 발전을 위한 시금석"이라는 마르크스와 엥겔스가 『공산당 선언』에서 말한 바는 생각처럼 그렇게 단순한 문제는 아니다. 해방이라는 단어를 구제하기 위하여 가장 절실한 것은 '해방을 위한 「위대한 밤」(grand soir)'이라는 환상에서 탈피하는 것이다. 즉, 그 이전까지 존재하던 인간과 사회관계를 철저히 벗어나 갑자기 그리고 기적적으로 분출되어 나타나는 그러한 「위대한 밤」이라는 환상을 떨쳐야 한다는 것이다. 물론 인간과 사회관계가 어느 하루아침에 완전히 변화될 수는 없다. 하지만 그럼에도 불구하고 어느 정도 중요한 의미에서 많은 변화가 야기될 수는 있다. 왜냐하면 「이성」에 의하여 인도되는 삶과 「정념」에 영향을 받는 삶이라는 두 가지 삶 간에는 근본적인 구분이 존재한다고 하여도, 「정념」의 삶의 영역에 있어서는 모든 것이 같다는 뜻은 아니며, 또한 그 두 가지 중 '나쁜 쪽'에 속하는 곳에서는 [어차피 나쁜 쪽에 속하기에] 모든 것이 대동소이하다는 것도 아니다. 물론 「정념적 삶」의 영역에는 예속이라는 것이 존재할 수밖에 없고, 「정념」은 외부적 원인과 사물에 「고착화」됨에서 비롯되는 「타율성」을 가질 수밖에 없다. 그러나, 그 안에서도 제도적 설정상

---

[338] 'Premier discours'(Pascal 1670/1999).

의 다양성이 있는 것이고, 그럼으로써 각 다양한 제도들은 서로 차이가 있을 수 있고 서열도 존재한다. 그러한 제도적 설정의 다양성 속에 인간의 「정념」이 끼워져 있는 것이며, 그러한 한에서 인간의 「정념들」은 이미 사회적 「정념」인 것이다. 또한 그러한 제도적 설정들이 모두 다 동일한 것은 아니다. 구조들과 제도들에 의하여 다양한 모습으로 형성되어진 「정념」은 다른 「정념들」과 상호 결합하거나 상호 작용하고, 그럼으로써 힘(puissance), 「욕망」, 「기쁨들」의 실로 놀라운 다양한 가능성들을 결정짓는다. 그 구성원들을 오로지 공포에 의하여서만 움직이게 하려는 제도적 설정을 가지고 있는 국가는, 그리고 "평화라는 것이 단지 그 신민의 나태에 의존하고, 그리고 그 신민들은 마치 소 떼처럼 이리저리 끌려 다니면서 노예 상태라는 것 이외에는 배우지 못한 그러한 국가는, 국가라고 불리기보다는 오히려 「고독」(solitude)'이라고 불리는 것이 더 타당하다".[339] 슬픈 감정의 멍에는 기쁜 감정의 멍에보다 '더' 속박을 하는 것은 아니다. 그럼에도 불구하고 그것은 '슬프다'라는 점에서 근본적으로 차이가 있고, 또한 그 둘은 삶에 있어서 같은 형식을 의미하는 것이 아니다. 왜냐하면 공포에 의하여 이끌리는 신민들은 개인적으로 혹은 집단적으로 가장 저급한 수준의 힘(puissance)에 「고착화」되어 있고, 공포에 의하기보다는 희망에 의하여 이끌리는 신민과 기본적으로 공포에 의한 압제하에 있는 대중들과의 차이는 즉각적으로 알아 볼 수 있기 때문이다. "전자는 자신의 삶을 갈고 닦으며(cultiver), 후자는 단지 죽음을 면하고자 할 뿐이다".[340] 「집단적 정념」(passionnelle collective)의 삶이 가지

---

[339] 『국가론』(제5장 4절). 참고로 나는 여기서 샤를 라몽(Charles Ramond)의 프랑스어 번역을 자유롭게 변경하였다. 특히 '광야(désert)'라는 단어를 이전 아푼(Charles Appuhn)의 역서에서 사용되고 있는 '「고독」(solitude)'이라는 말로 대체시켰다.

[340] 스피노자 『국가론』제5장 6절.

고 있는 다양한 형태의 체제들 간에 서열을 만드는 기준은 단지 「정념」이 가진 예속성이 얼마나 작은가 하는 것에 의하는 것이 아니다. 중요한 기준은 어떠한 제도적 상황에서 각 개인들이 얼마나 다양하게 「권한역량」(empuissantisant)을 부여받고 그로 인한 「기쁨」을 누릴 수 있는가 하는 것이다:

> 따라서, 우리가 최상의 상태라고 여기는 것은 개인들이 그들의 삶을 조화롭게 영위하는 것이라고 할 때, 그것은 단순히 혈액이 순환되는 것에 의하여,[341] 혹은 다른 동물과 공통적인 어떠한 성질에 의하여 정의(定義)가 된 인간의 삶이 아니라, 무엇보다도 「이성」에 의하여, 그리고 영혼(âme)과 그리고 영혼이 인도하는 삶의 진정한 미덕(vertu)에 의하는 삶인 것이다.[342]

자본주의적 사회관계를 종식시킨다는 것이 우리가 가지고 있는 「정념적 예속」 또한 종식시킨다는 것은 항상 아니다. 그렇듯 자본주의적 사회관계가 종식이 되더라도 단순히 「욕망」의 불규칙적인 폭력성과 그것이 가진 힘(puissance)의 분투함으로부터 자유롭게 하지는 못한다. 바로 이 점에서 스피노자의 「정념」의 실재론이 마르크스적 유토피아적 생각을 그 꿈에서 깨어나게(dégriser)하기 위하여 유용(有用)한 점이다. 계급관계를 최종적으로 종식시킴으로써 정치 또한 종언을 고하고 그 계급들 간의 투쟁 또한 종식시키는 것, 따라서 프롤레타리아 계급의 승리로 인하여 모든 종류의 적대감을 제거하는 것, 이러한 계급적 특수 이해관계를 철폐하는 비계급화 등의 이러한 상황들이 정치가 없어진 후에는 궁극적으로 등장할 것으로 믿는 것은 환영과도 같은(phantasmagoria) 이야

---

[341] [역주] '혈액'의 비유에 대하여서는 주석 150참고.

[342] 스피노자『국가론』제5장 5절.

기이며, 아마도 마르크스가 범한 가장 큰 인류학적인 오류이다.[343] 그 오류들을 믿으면서 폭력 또한 최종적으로 종식을 고하는 몽상을 하게 되는데, [그러한 종언은 요원한 이야기이며] 사실 가장 덜 폭력적인 형식을 찾는 것이 오로지 가능한 지평이다. 스피노자는, 만일 모든 이들이 다 현명하다면, 즉, 모두가 다 그들의 「이성」에 의하여 인도가 된다면, 그들은 법률이나 제도 따위는 더 이상 필요 없을 것이라고 이야기한 바 있다. 그러나, 애석하게도 정확히 말하자면 사람들은 그렇게 현명하지 않다. 따라서 그들은 「코나투스」의 「정념적」인 운동에 의존하는 것 이외의 다른 선택의 여지가 없으며, 그 「코나투스」의 운동은 "갈등, 증오, 분노, 간교, 혹은 자기 취향에 맞추는 아전인수격인 자세 등의 그 어떠한 것도 배제하지 않는 것이다".[344] 「공동결사기업」(récommune)의 성립이나 자본주의의 극복 등의 그 어떠한 것도 절대로 이러한 폭력의 요인들로부터 우리를 자유롭게 만들지는 못하며, 따라서 그러한 폭력성을 규제하기 위하여 [별도의] 제도적 장치를 만들어야만 한다. 우리가 근본적인 해방이라는 것에 대하여 어떠한 의미를 부여하고 싶다고 하더라도 공산주의라는 것은 오랜 인내와 부단한 노력을 요구하는 대상이며, 칸트의 말을 다시 빌리자면 그것은 아마도 오로지 우리의 '행동을 안내하는 관념(idée régulatrice)'일 수밖에 없는 이유이기도 하다. 따라서 우리가 해방이라는 단어를 말할 때, 단순히 주관적인 환영을 좇아서 그것을 '완전히 자율적인 자아의 주권(souveraineté)'이라고 생각하지는 말아야만 한다. 「정념적」인 「외부결정성」은 우리가 피할 수 없는 조건이기 때문이다. 또한 상호 의존이라는 관계를 최종적으로 종식시킨다는 망상 또한 버려야만 한다. 어느 누구에게 있어서도 다른 사람을 통하지 않고 실현

---

[343] Karl Marx(2012: 12).

[344] 스피노자『국가론』제2장 8절.

되는 이해(利害)란 없다. 그런데 다음과 같은 경우에는 [타자를 통하는 것이 기는 하여도]「지배」하는 효과는 없을 수도 있다: 즉, 사랑받고 싶은 이해는 (그것이 에로스라는 형태를 취하건 혹은 인정을 받고 싶은「욕망」에 의하든 간에) 그것이 가진 바로 그 본성에 의하여 어느 선택된 (개인이건 집단이건 간에) 제3자를 통하게 되어 있다. 이러한 '이해의 욕망'은「코나투스」가 가진 사랑의 논리와 그것이 가진「정념적 예속」의 바로 그 표현이며, 어떠한 때에는 거만하게 어떠한 때에는 폭력적으로 자신의 길을 스스로 찾아 간다. 단지 소유의 형태를 변혁하거나 집단의 관계들을 보편화함으로 인하여 그러한 '이해의 욕망'을 무력화시킬 수 있는 것은 아니다. 진정한 공산주의가 「이성」에 의하여 인도되는 삶에 기반을 두는 것이라면, 우리는 그 공산주의라는 것은 아주 멀리 존재하는, 따라서 우리가 향하여 걸어가는 지평일 뿐임을 이해하여야만 하며, 그것이 [이미 존재하는] 찬란한 사회라는 환상은 가급적 빨리 떨쳐 버려야만 한다.

그러나 **목적점**(telos)을 부인하는 것이 그 목적으로 향하는 모든 진보의 걸음 또한 부정하여야만 하는 것은 아니다.「정념」의 체제(régime)를 다시 설정함으로서「포획」이라는 형태를 조금 더 [바람직한 방향으로] 밀고 나갈 수 있게 하기 위하여서는 [목적점이라는 개념은] 그 자체로서 의미가 있다. 우리의 집단적 삶을 어떠한 방식으로 설정하여야만 그것이 우리가 가진「활동력」, 그리고 따라서 우리의 '사고하는 힘'이 성취할 수 있는 것들을 최대화할 수 있는가? 이것이 바로 스피노자의『국가론』(Traité politique)에서 제기하는 바로 그 핵심 질문이다. 그의『국가론』은 어떠한 의미에서 최초의 '실재주의자적 선언(manifeste réaliste)'인데, 그것은 일반적 [공산]당적 선언이 아닌 '공산주의자적 삶의 선언(manifeste de la vie communiste)'이며, 이때 '공산주의자적 삶'은「근본적 민주주의」의 다른 말이다. 이 질문은『국가론』의 전체에 걸쳐 흐르고 있는데, 많은 경우 명시적으로는 언급이 되어 있지 않고 함의되어만 있다. 왜냐하면 스피노자는 「권력」(*pouvoir*)의 모든 사실들, 즉 「포획」에 대하여 끊임없이 언급하고 있는데, 그러한 논의는 결국 '「다중의 힘」(*potentia multitudinis*)'[345]이라는 개념에 도달하기 위함이다. 「다중의 힘」에서 「유출」(*émination*)되어 나오지 않는 「권력」(*potestas*)은[346] 있을 수 없다.[347] 그러나, 그것은 [특정 이해를 향하여] '경로를 돌리는' 형태로, 그리고 가장 강한 「지배적 욕망」의 이해를 위하여, 즉, 주권을 가진 자의 「욕망」을 위하게 된다.[348] 그런데 이러한 다양한 정체(政體) 중에서 오직 「근본적 민주주의」만이 다중과 [민주주의] 자신이 가진 힘(*puissance*)을 재결합[349]할 수 있다. "나는 마침내 모

---

[345] [역주] 이 「다중의 힘」에 관하여서는 역자 용어해설 275쪽을 참고.

[346] [역주] 역자 용어해설 272쪽을 참고.

[347] Matheron(1988), Antonio Negri(1999).

[348] [역주] 공교롭게도 이 이야기는 비저의 「권력의 법칙」(비저 2023/1926)에서 반복되는 중요 테제이다.

[349] 신체가 그 힘에서 '탈분리한다'는(脫分離 *dé-séparation*, 분리된 상태에서 탈피하여 신체와 힘이 '재결합') 도식은, 힘과 신체는 분리될 수 없는 것으로서 그 가능성을 배제하였던 것을 상기할 때 일관성이 없다고 독자들은 느낄 수도 있다. 그러나 지금 문제 삼고 있는 대목은 어느 개인의 신체를 지칭하는 것이 아니고 「사회체」를 말하는 것이라는 점을 염두에 두어야만 한다. 따라서 '탈분리(재결합)'는 그 「사회체」의 부분의 관점에서 표현한 것인데, 그 부분들이 전체라는 개념을 이루고 있는 것이다. 모든 신체와 마찬가지로, 이 「사회체」는 그 자신이 할 수 있는 것을 제외하고는 어떠한 것도, 그 이상도 그 이하도 하지 못한다. 그럼에도 불구하고, 집단적 행위와 그 행위들이 야기하는 결과들은 그 개인들의 통제 밖에 있는 경우가 있다는 것을 사람들이 잘 깨닫고, 그럼으로써 그러한 경우들에 대한 어느 정도의 「지배력」을 다시 획득하기를 바란다는 것은 유의미하다고 할 수 있다.

든 것에 있어서 절대적인, 세 번째 형태의 「지배」 체계에 이르게 되었는데, 그것을 민주주의라고 부른다".[350] 그리하여 『국가론』에 미완성 형태로 남아 있는 제11장은 불투명하고 혼동스러운(vertigineuse) 서두로 시작된다 – '「완전하고 절대적인「지배」(omino absolutum imperium)'. 스피노자는 절대로 용어를 아무렇게나 사용하지 않는다. 이 「완전하고 절대적인「지배」라는 말을 사용하였을 때 그것이 의미하는 바는 바로 '다중이 그의 주권을 다시 획득하는 것'이다. 이 미완성의 『국가론』은 우리로 하여금 주권의 부활을 위한 조건을 발견하고 그것을 성취하는 길을 새로 만들어 내도록 하는 과제를 부여하고 있다. 다시 말하자면 그 과제라는 것은 궁극적으로 그것을 현실화하기 위하여 [부활을 위하여 필요한] 그 원래적인 '육화(肉化)의 순간(flesh-moment)'을 다시 발견하는 것이다. 그 순간이라는 것은 물론 상상 속의 것이기는 하지만 그럼에도 불구하고 개념적으로 유용(有用)하다. 그때 다중은 그 자신들의 주권적「권력」(pouvoir)을 재천명할 수 있게 된다 – 그 주권적「권력」이 다시금 즉시「포획」이라는 장치의 작동에 의하여 혹은 수직적「권력」(pouvoir)이 구성됨으로 인하여 순식간에 빼앗겨 버리기 전에. 최상위의「지배적 욕망」, 즉「주권적 욕망」(désir-maître principal)하에서는 다른 작은「지배적 욕망들」이 알을 부화하여 각각 자신들의「포획」의 몸짓들을 재생산하는데, 이러한 것들이 사회의 전반적 구조에 의하여 선호되어지고, 「정념적 삶」의 자발적인 역동(dynamics)같은 것은 무시하게 될 수 있다.「에피투메 생성작업」의 노력에 의한 결과들에 의하여 매개되어 야만적인 강압이 휘두르는 철의 주먹과, 그로 인하여 야기되는「주도자들」에 의한 압제가 이제는 기쁜 예속으로 변모되었다는 것을 [혹자는] 일종의 '진보'라고도 볼 수 있다. 그러나「지배적 욕망」과 그에 의한「포획」이라는 측면상에서는

---

[350] 스피노자『국가론』제11장 1절.

사실 변한 것이 없으며 결국은 동질적인 것이기에 그러한 변모는 본질적으로는 동일한 환경 내에서의 부차적인 성격의 진보성만을 가질 수밖에 없다. 즉,「정념의 착취」라는 면에서는 그 모두는 동일하다. 그 자신을 보다 효율적으로 실현하기 위하여 스스로에게 제공하는 그 모든「기쁨」이라는 겉치장에도 불구하고「정념적 예속」은 그 본질상「예속 편입」된 자들이 가진「활동력」을「지배적 욕망」이 지정한 궁극의 목표나 혹은 중간 목표에「고착화」시키는 것이며, 따라서 상대적인 '탈권한 부여'이다. 개인들을 그러한 감호(監護 tutelle)상태에서 자유롭게 하는 것은, 그리고 물론 그 최종적인 해방이라는 지평은 요원하더라도 가능한 최대로 그렇게 하도록 노력하는 것은,「포획」과 그것의 뒤를 따르는「지배」라는 행렬(cortège)이 가진 비대칭적 성격을 종식시키는 것일 뿐만 아니라, 개인들이 가진 힘(puissance)을 현실화할 수 있는 가능성들의 제 단계들을 다시금 열 수 있는 계기가 될 것이다.

우리는 외부적 결정에서 자유롭지 못할 운명이기에, 우리는「소외」라는 것의 외부에 존재할 수는 없다. 그럼에도 불구하고, 모든 종류의「소외」는 다 동일하다는 것이 아니다. 어떠한 것들은 개인들에게「욕망」과「기쁨」의 향유를 위한 더 많은 재량권들을 부여하면서「지배적 욕망」이 제시하는「고착화」되어 있는 관념에 따라 타인들이 살도록 강요되어지는 바에서 자유롭게 하여 준다.「공동의 삶」(vie commune)은 개인의 선택에 달린 것이 아니다. 개인들의「정념적 삶」이 가지는 내생적인 역동(force)은 그들로 하여금 그러한「공동의 삶」으로 필연적으로 인도하게 만든다.[351] 이는 우선적으로는 그들의 삶의 물질적인 재생산을 위하여 그러하다. 하지만, 이러한「공동의 삶」의 안에서 설정되는 관계들은 미리 씌어져 있는 것은 결코 아니며, 또한 영원히 정하여져 있는 것

---

[351] 스피노자『윤리학』제4부 정리37 주석 1, 2. 스피노자『신학-정치론』제5장 7절; 스피노자『국가론』제2장 5절.

도 아니다. 어떠한 관계의 형태가 다른 것보다 더 선호될 여지는 분명히 있다는 이야기이다. 역사적 실재의 안에 있어서 그러한 선호되어지는 형태의 관계들을 개발하고 또 만들어 내는 것은, ('정치'라고도 불리는) 「집단적 정념적 삶」이 가지고 있는 역동이 만들어 내는 것이며, 미리 예상할 수는 없는 결과들이다. 따라서 진보라는 말이 어떠한 의미가 있기 위하여서는, 일단 진보라는 것은 「기쁜 정서」 속에서 풍요롭게 되는 삶으로 향하여 나가는 것을 의미하는 것이며, 그리고 그것들 중 우리가 가진 「활동력」을 현실화시킬 수 있는 가능성의 범위를 보다 넓게 확장시키는 것이며, 그리고 그것들을 '진정한 선'으로 인도하는 것인데, 그 '진정한 선'이라는 것을 "나는 인간적 삶으로 이해한다(*j'entends par là une vie humaine*)"

역자 용어해설

(1) 스피노자의 『윤리학』의 주요 개념의 정의(定義)[352]

다음은 스피노자의 윤리학에서 나오는 개념들에 대한 정리이다. 각 용어들은 스피노자 철학에서 독특한 의미를 가지고 있고 우리가 통상적으로 사용하는 단어의 의미와는 차이가 있다. 따라서 본 역서에서 나오는 용어들에 대한 혼란을 피하기 위하여서는 아래의 주요 개념에 대한 설명을 일독하기를 권한다.

A. 「물체」(body, 라틴어 *corpus*)

스피노자『윤리학』의 용어. 어떠한 존재, 모든 「물체」는 그것을 구성하는 '바로 그 자체임'을 결정하는 본질을 가지고 있다. 모든 「물체」가 단순히 물리적 형태를 가져야만 하는 것은 아니다. 우리의 감정, 이미지도 「물체」에 포함된다.

B. 「변용」(變容 affection) 혹은 「감응」(感應)(라틴어 *affectio*)

스피노자『윤리학』의 용어. 「변용」은 어떠한 「물체」가 다른 「물체」에 의하여 영향을 받아서 그 「물체」의 「속성」이 변화됨을 말한다. 그런데, 이때 영향이라는 것은 비단 어떠한 「물체」가 직접적으로 주는 영향만을 말하지는 않고, 우리가 마음속에 표상한 것도 하나의 「물체」로서 우리에게 영향을 준다.

이를 개인에 적용시키자면, 어떠한 개인이 겪는 「변용」은 신체가 외

---

[352] 네덜란드 출신 스피노자의 저술들은 라틴어로 기술되어 있다. 독자들의 편의를 위하여 본 용어해설에 나오는 주요 개념들은 가급적 영어로 정리하였고, 필요한 경우 라틴어도 병기하였다. 스피노자의 철학에 대한 입문은 Lord(2010)를 참고할 것.

부의 「물체」에 반응하는 경우 겪게 되는 변화들이다. 이때 간과하면 안 되는 점은, 정신과 신체는 구별되는 두 실체가 아니라는 점이다. 정신이라는 것도 그 자신의 신체를 대상으로 하는 하나의 「관념」이며, 이 관념들은 신체에 일어나는 사건들을 느끼는 「변용」이다.

C. 「정서」(情緒 affect) 혹은 「정동」(情動)(라틴어로는 *affectus* 혹은 *adfectus*)

스피노자 『윤리학』의 3부 정의 3에 나오는 개념이다. 이것은 「변용」의 특수한 형태이다. 앞서 말한바 같이, 다른 외적인 「물체」와의 조우로 인하여 자신의 「신체」(body)의 상태가 수정되거나 변형되며, 즉 「변용」이 일어나는데, 이때 그로 인하여 신체의 「활동력」(*puissance*, 라틴어 *potentia*)이 증가되거나 감소되는 것을 말한다. 예를 들어, 음식을 먹으면, 영양분이 들어가서 신체의 활력이 증가되고, 독을 먹으면 반대의 결과가 나타난다. 즉 「변용」이 단지 변화된 상태만을 의미하는데 반하여, 그로 인하여 「활동력」이 변화하는 경우, 스피노자는 그것을 「정서」(*affect*; 라틴어 *affectus*)라고 명명하였다.

「정서」는 비단 외적인 사물에 의하여 야기되는 것만이 아니다. 우리는 외적인 사물에 대한 「이미지」를 우리 마음속에서 만들어 낼 수 있는데, 그로 인하여 우리의 정신 활동은 향상되거나 혹은 감소될 수 있다. 그리고 그에 영향을 받아서 우리는 어떠한 방향으로 행동하게 된다. 또한 우리는 다른 사람들에 의하여서도 영향을 받기에, 우리의 「정서」는 순전히 개인적인 것이 아니라 사회적일 수밖에 없다.

「정서」는 세 가지의 종류가 있다. 「활동력」을 증가시키는 것을 「기쁨」(혹은 쾌락), 감소시키는 것은 「슬픔」(혹은 고통)이다. 그리고 우리의 「활동력」을 증가시키려는 노력 내지는 성향으로서의 「욕망」이 있다. 이 세 가지가 인간을 구성하는 가장 근본적인 감정이다.

D. 「정념」(情念 passion)

스피노자 『윤리학』의 용어로서, 만약 우리가 외적인 사물에 의하여 수동적 영향을 받는 경우, 그때의 「정서」를 「정념」이라고 한다. 즉 「정념」은 「수동적 정서」(*affectus passivus*)이다. 반대로, 외부의 영향이 없이 오로지 우리의 본성에 의하여서만 우리의 신체가 변화를 하는 경우, 그때의 「정서」를 「능동적 정서」(*affectus activus*)라고 한다.

예들 들어 음식을 먹어서 신체의 활력이 증가되는 경우, 그 이유는 신체의 본성과 음식의 본성에 의하여 동시에 영향을 받게 된다. 이때 후자는 본인이 통제할 수 있는 것이 아니고, 따라서 이때의 「정서」는 「수동적 정서」, 즉 「정념」이다. 반대로, 우리가 우리의 몸을 움직이는 경우, 우리는 우리 신체의 「외연」(外延)을 정확히 알고 움직이는 것이며, 우리가 그 신체를 어떻게 움직이는 것을 이해한다. 이때, 우리의 몸을 움직인다는 것은 우리 신체의 본성에서만 나오는 것이고, 따라서 이것은 「능동적 정서」이다.

앞서 말한 바와 같이, 신체와 정신의 구분은 의미가 없기에 이때의 「정념」은 신체나 정신의 어느 한쪽에 위치하고 있는 것이 아니라, 양쪽에 동시에 있다.

E. 「코나투스」(라틴어 *conatus*)

스피노자 『윤리학』의 용어. '노력하다', '분투하다'를 뜻하는 라틴어 동사 *cōnor*가 어원인데, 각 사물이 자신의 존재를 유지하고자 노력하는 것을 「코나투스」라고 명명한다. 본 저서에 있어서 가장 핵심적인 개념이라고 할 수 있기에 각별히 주의를 기울여야만 한다.

이 용어를 굳이 번역하자면, 「자활보존노력」(自活保存努力)이 적당하다. 하지만, 본 번역에서는 라틴어 그대로 「코나투스」라고 번역하겠다. 이 단어는 영어에서는 간혹 striving으로 번역되기도 한다.

스피노자에 의하면, 우리는 자연적으로 우리의 생명력을 증가시키는

것을 원하고, 그것을 감소시키는 것을 회피하게 된다. 즉,

> 각 사물은 가능한 한 자기 존재를 유지하고자 노력한다(『윤리학』III, 정리 6).

스피노자에 의하면 이「코나투스」가 모든 사물의 본성이다. 즉, 모든 것은 근본적으로 생을 유지하기 위하여 노력하게끔 그렇게 설계되어 있다. 이때 모든 것이라는 것은 비생물까지도 망라한다. 이「코나투스」가 존재하는 이유는 존재하는 모든 것은 '무한'한 신의 '유한'한 현현(顯現)이며, 따라서 각 사물은 신의 무한히 존재하는「속성」을 닮았기 때문에 각자의 존재를 지속하고자 노력하기 때문이다.

이렇듯 생을 유지하기 위한 충동을 있게끔 하는 능력은「활동력」(라틴어 *potentia*)이라고 한다. 이「활동력」이 클수록, 우리의 생을 유지시키는 충동이 커지고, 다시 말하면, 우리가 생을 유지시키기 위하여 기울이는 노력, 즉「코나투스」가 더 커진다. 단, 명심하여야 할 점은,「코나투스」는 실제로 생을 유지하는 능력이 아니라, 생을 유지시키도록 하는 노력을 하게끔 하는 능력이다. 예를 들어 중병에 걸린 경우, 살려는 노력, 즉「코나투스」는 아주 큼에도 불구하고, 실제로 죽을 수도 있다.

유념하여야 할 점은, 스피노자에게 있어서는「코나투스」는 비단 생명체만이 아니라, 비생명체 내에서도 존재한다.

이러한 생을 유지하기 위하여 노력하는 것을 '자각'하는 것을「의지」(*volonté*, will, 라틴어 *voluntas*)라고 하며, 그러한 노력이 육체와 정신에 영향을 끼치는 것을「욕구」(*appétits*, appetite, 라틴어 *appetitus*)라고 한다. 그러한「욕구」를 의식하는 것을「욕망」(*désir*, desire, 라틴어 *cupidita*)이라고 한다.

F.「욕망」(*désir*, desire)(라틴어로 *cupidita*)

스피노자『윤리학』의 용어. 우리는 어떠한 결정을 하고, 그에 의하여 행동을 하게 된다. 그때 결정을 하게 하는 것은 우리의「욕망」이다. 예

를 들어 사과를 먹고자 하는 「욕망」에 의하여 우리는 사과를 먹는 결정을 하게 되고, 그에 따라서 우리는 신체를 움직여서 사과를 먹는다.

그것은 외적인 경험이나 우연에 의하여 생성될 수 있다. 그러나, 음식에 대한 「욕망」의 원인은 단순히 그 음식 자체의 본성에 있는 것이 아니라, 우리의 신체가 동시에 본능적으로 원하기 때문이다.

스피노자에 있어서의 「욕망」은 모든 생물체에 공통으로 존재하는, 삶을 유지하고자 하는 가장 기본적인 충동에서 비롯된다고 할 수 있다. 종래의 고전 철학에서 이야기하는 것처럼 결핍을 만족시키려는 충동이 「욕망」은 아니다. 스피노자의 「욕망」은 생을 유지시키려는 「욕망」이다.

우리는 어떠한 것이 좋다고 하여서 그것을 「욕망」하는 것이 아니라, 우리가 「욕망」하기 때문에 어떠한 것이 좋은 것이다. 즉, 우리가 어떠한 것을 「욕망」하는 것은 어떠한 것이 좋다고 먼저 결정되어있기 때문인 것이 아니다. 즉, 우리의 본성에 의하여 어떠한 것을 원하기 때문에 그것이 좋은 것이다. 「욕망」은 우리 안에서 나오는 것이지, 사물에서 나오는 것은 아니다. 우리가 어떠한 것을 「욕망」할 때, 그 「욕망」하는 대상은 사물이 아니라, 그 사물을 우리 안에서 결합함으로써 우리가 얻게 될 「행복」(happiness; 라틴어 *beatitudo*)인 것이며, 그로 인하여 우리의 생의 능력을 증가시킨다. 그런데, 우리의 사고는 불완전하기에, 결국은 우리에게 '나쁜 것'도 「욕망」할 수도 있다.

G. 「기쁨」과 「슬픔」

스피노자 『윤리학』의 용어. 「정서」의 일종으로서, 외부의 사물에 의하여 영향을 받아 나타나는 육체 및 정신활동은 「기쁨」(*joie*; 라틴어 *laetitia*)[353]과 「슬픔」(*tristesse*; 라틴어 *tristitia*)[354]이다. 전자는 육체와 정신을 보다

---

[353] 혹은 「쾌락」(pleasure).

[354] 혹은 「고통」(pain).

기운차게 만들고 후자는 그것들을 쇠락하게 만든다. 이것들은 수동적이라는 의미에서 모두 「정념」의 일종이다.

이렇듯, 「욕망」, 「기쁨」, 「슬픔」은 가장 근원적인 세 가지의 「정서」이며, 동시에 「정념」이기도 하다.

(2) 「권력」, 「힘」, 그리고 「지배」

A. 권력과 힘

영어에서는 「권력」과 「힘」 간의 구별 없이 모두 power로만 표기되는데, 불어에서는 *pouvoir*(라틴어 *potestas*)와 *puissance*(라틴어 *potentia*), 그리고 독일어에서는 *Macht*와 *Kraft*로 구분되어 사용된다. 불어에서 아주 대략적으로 양자를 구분하자면, *pouvoir*는 다분히 인위적으로 부여된 힘인 것에 반하여, 후자 *puissance*는 사물 자체의 본성에 존재하는 내재적인 힘이다.

스피노자적 용법에는 「역량」(*potentia*)과 「권력」(*potestas*)을 구분하여 사용한다. 후자는 어떠한 것이 다른 것을 통제하거나 어떠한 권한을 가질 때 사용되는데, 전자는 개체의 역량을 가리키며, 개체가 보유한 힘 내지는 본질, 본성이다. 스피노자적 용법은 프랑스어 번역에서는 전자는 *puissance*, 후자는 *pouvoir*로 각각 번역될 수 있다.

본 역서에서는 어떠한 주체가 타인에 대하여 영향을 행사하는 경우, 전자를 「권력」이라고 표기하기로 한다. 반면, 어떠한 주체가 자신이 가지고 있는 본원적인 힘을 사용하여 어떠한 일을 하는 경우는 *puissance*에 해당하는데, 이 경우는 본 번역에서는 필요와 문맥에 따라서 「활동력」(活動力)으로 번역하거나 혹은 그대로 「힘」으로도 번역하였다. 이와는 달리, 단순한 힘 자체를 의미하는 *force*는 「역동」(力動) 내지 「에네르기」라고 번역하였으나, 문맥에 따라서는 「힘」으로도 번역하였다.

참고로 현대적 권력 논의의 출발점이라고 할 수 있는 막스 베버의

고전적인 「권력」에 대한 정의를 번역하자면 다음과 같다:

> 「권력」(*Macht*)은, 어떠한 사회관계 내에서, 그 「권력」의 행사에 있어서 상대방의 저항이 있더라도 상대방에 대하여 (집합적이거나 개별적으로) 자신의 「의지」를 관철(*durchzusetzen*)시킬 수 있는 여하한 원천의 가능성(*Chance*)을 의미한다(Weber 1922: 28; 2019/1922: 134).

반면 스피노자는 권력이란 인간의 정서를 「지배」하는 힘이라고 정의하였는데, 이는 베버의 정의와 모순되지 않는다. 권력을 행사하는 자의 의지를 관철시키기 위하여서는, 그것이 무기에 의한 폭력적인 방법이라고 하더라도 '공포'라는 정서에 각인시키거나, 혹은 더 고차원적인 방법은 상대방으로 하여금 권력자의 의지가 바로 자신의 의지인 것처럼 조작하는 것이기 때문이다. 흥미로운 것은 스피노자의 권력에 대한 개념은 비저의 『권력의 법칙』(2023/1926)에서도 응용되고 있다는 점이다.

1970년대 이후의 권력에 대한 담론에 있어서 가장 중요한, 스티븐 루크스의 구분에 따르면(Lukes 2004), 권력은 세가지 차원으로 나눌 수 있는데, 1차원적 권력은 가장 직접적인 권력의 행사이고, 2차원적인 권력은 상대방이 따라야만 하는 어떠한 게임의 규칙 내지 환경을 설정하는 방식이고, 3차원적 권력은 이데올로기적인 권력이다. 이때 3차원적인 권력은 의식의 조작을 포함한다. 스피노자, 베버 그리고 루크스 간의 공통적인 메시지는 결국 가장 고차원적인 권력은 상대방의 의식 및 무의식, 혹은 스피노자식으로 말하자면 상대방의 정서에 작용하여 행사된다는 것이다.

참고로 막스 베버의 '「권력」(*Macht*)'의 정의에 대한 기존의 혼동과 그 정확한 의미에 관하여서는 Wallimann et al.(1980)를 참조할 것.

B. 「지배」

「지배」(*domination*, 독어 *Herrschaft*)라는 단어는 '소유' 혹은 '통제'를 의

미하는 *dominium*과 주인을 의미하는 *dominus* 등의 라틴어에서 유래한다. 라틴어 *dominium*은 원래 주인, 혹은 노예 소유자의 뜻이며, 이는 *domus*에서 (형용사로서 '가족의', '가계의'의 의미에서) 유래되었는데, 후자는 집에서 일하는 하인 내지는 노예를 지칭할 때 쓰였다 (영어 'domestic'과 어원이 같다). 이는 가족을 의미하는 *familia*가 *famulus*(노예)에서 연원하는 것과 유사하다. 하지만, *dominium*은 항상 사람과 사람 간의 관계에서만 사용되었다. 그런데 노예가 인간이 아니고 '물건'으로 간주되기 시작하자, 노예에 대하여 사용되던 「지배」라는 단어는 점차 사물에도 적용되기 시작하였다(Graeber, 2011: 201).

막스 베버에 의하면 「지배」(*Herrschaft*)'는 「권력」(*Macht*; *pouvoir*)'의 일종으로서 '권력」'을 행사하는 방식 중 대체로 비폭력적인 「권력」의 행사 방법을 일컫는데, 이는 크게 두 가지 범주가 있다(Weber 2019/1922: 471-3).[355] 첫째는 '권위(*Autorität*)'를 이용한 「지배」인데 이는 '명령할 수 있는 「권력」'과 '복종의 의무'에 기반을 둔다. (예를 들자면 군주와

---

[355] 이에 대한 해석의 여지는 분분하다. 하지만 많은 경우 비폭력적인 권력도 최후의 수단으로 궁극적으로는 무력에 의존하는 경우 (즉, 간접적인 무력의 사용)가 많다. 그런데 그 이외에도 「지배」에 대한 여러 상이한 해석이 존재한다. 심지어 권력과 「지배」를 같은 것으로 보는 견해도 있고, 「지배」는 (일시적인 것이 아니라 지속적이며, 규제나 규범, 법 등을 이용하여 행사된다는 의미에서) '제도화'된 권력으로 보는 견해도 있다(Imbusch 2006: 162. 173, Popitz 2017). 후자는 비폭력적인 권력과 대체로 유사한 내연을 가진다고 생각될 수 있다. 그와 동시에 베버는 대체로 '정당성'을 「지배」를 정의하는 범주로 간주하는데(Imbusch 2012: 24-25) 사실 비정당한 「지배」도 (예: 전제정치, 정통성 없는 자에 의한 왕위의 찬탈도) 있을 수 있다. 그리고 베버는 권력을 '무정형적'이라고 하였는데, 그렇기에 그는 그 형태에 대한 자세한 분류를 하지 않았다. 이는 '「지배」'에 대하여서 「유형」을 분류한 것과는 대조된다.

신하 간의 관계이다. 이미 막스 베버의 분류법으로 사회학에서 잘 알려진 전통, 법률, 그리고 카리스마에 의거한 「지배」 등이 이에 해당한다). 그런데 일반적으로 사람들이 막스 베버를 읽으면서 쉽게 간과하기 쉬운, 그러면서도 아주 중요한 「지배」의 형태는 두 번째 형태의 「지배」이다. 이는 **「지배」의 목적을 달성함에 있어서, 형식상으로는 「피지배자」가 마치 자유롭고 따라서 자신의 자유로운 이해를 따라서 행위를 하는 것처럼 느끼게 하는 방식이다**. 소유권에 근거한 「지배」(예: 자본가와 임노동자 간의 관계) 혹은 시장 「지배적」인 위치를 이용한 「지배」(예: 시장 독점) 등이 대표적인 예이다(Weber 1922: 604; 1978: 943).

본서에서는 「지배」를 「기쁨」을 느낄 수 있는 잠재력을 자신 스스로는 보유함과 동시에 다른 사람들을 그로부터 배제하는 능력이 부여됨에 의한 결과라는 스피노자식의 정의를 따르고 있다.

(3) 자기변용과 다중의 힘

중요한 개념임에도 불구하고 본 저서에서는 상세한 설명을 하지 않고 단지 다른 논문을 참고 하라고 하면서 지나치고 있기에 부득이 독자의 편의를 위하여 본 저서에서 언급된 두 논문의 내용을 중심으로 **「자기변용」**(*auto-affection*)과, **「다중의 힘」**(*potentia multitudinis*)에 대하여 정리를 하였다.

스피노자에 의하면:

> 우리와 유사한 어떠한 대상이 우리에게 어떠한 사전적으로 어떠한 영향을 줌이 없었음에도 불구하고 그 대상이 어떠한 정서를 느끼는 것을 우리가 상상함으로써 우리도 같은 정서를 느끼게 된다(『윤리학』3부 정리 27).

즉,

어떠한 사람이 어떠한 대상을 사랑하고 있다는 것을 우리가 상상할 수 있기 때문에 우리도 그 대상을 사랑하는 것이다(Lordon & Orléan 2008: 31).

인간은 그 자신 주위에서 가장 널리 확산되어 있는 정서를 모방하고자 한다. 이러한 모방은 인간이 자신을 둘러싼 모든 세계가 불확실할 때 준거할 수 있는 유일한 기준이 되기 마련이다. (이러한 면에서 케인즈가 말한 '관습적 판단(conventional judgment)'과 동일한 의미라고 할 수 있다). 이것을 「동정적 모방」(sympathetic emulation)이라고 한다. 이러한 「동정적 모방」은 일단 자신과 근접하고 있는 가장 가까운 이웃 내지는 지역사회로부터 시작한다. 그러한 최초의 모방 행위는 다소 의식적이고, 가시적일 수 있다. 하지만 그 좁은 영역을 넘어서 확산되기 시작하면, 각 개인은 어디에서 유래가 되었는지 모르는 단지 거대한 「집단적 정서」(affects collectifs)만을 느끼게 되기 마련이다. 이러한 인간들의 「동정적 모방」 행위가 수렴되고 확산되기 시작하면서, 그것을 통하여 사회적으로 승인되고 혹은 배척되는 기준들이 발생하고, 그 기준들이 사회 구성원에게 일률적으로 적용되기 시작한다. 어느 한순간에서 조망하여 보았을 때 각 개인은 무수히 많은 집단적 정서의 영향을 받으며, 동시에 부지불식간에 자기도 그 집단적 정서의 구성에 일조를 하게 된다. 즉, 각 개인은 어디서인가 끊임없이 자신으로 향하여 몰려오는 파도를 느끼면서, 동시에 자신들도 어디로 향할지 모르는 작은 파동을 일으키는데, 그것들이 모여서 어디서인가에서는 큰 파도가 되어 어떠한 이에게 닥치는 것이라고 할 수 있다(Lordon & Orléan 2008: 31).

이렇게 하여 생성된 「집단적 정서」가 각 구성원에 영향을 주는 것을 우리는 그 「사회체」의 **「자기변용」**이라고 부른다. 어떠한 다른 외적 요인이 개개인에게 영향을 주는 것이 아니라, 각 구성원 개인에게서 나와서 형성된 것이 다시 구성원에게 영향을 주는 것이고, 그 영향은 사회구성원 모두에게 적용된다는 의미이다. 또한 그러한 의미에서는 그 「자기변용」은 자기 내에 '닫혀 있다'라고 말할 수 있다. 그 구성원들에게 영향을 주는 어떠한 외부적 초월적인 존재는 없다는 의미이다. (참고로 이 「자기변용」은 '자기감응', '자가변용' 등으로 번역되기도 한다).

이때, 그렇게 발생하게 되는 「자기변용」은 이제는 구성원들을 구속하는 '「권력」(*pouvoir*)'이 된다. 이것이 소위 **「다중의 힘」**이라는 것이다. 이 「다중의 힘」은 사회 구성원들이 가진 '힘(*puissance*)'에서 비롯되지만, 이것이 사회 구성원 개인들의 힘을 능가하게 된다. 그리고 그 사회 구성원들에게 동질적으로 적용된다. 그것의 원천은 각 개인이지만, 그럼에도 불구하고 이제는 개인의 위에 군림하게 되어 개인들 각자의 힘(*puissance*)을 정하여진 방향(사회 규범 등)에 맞추어 움직이게끔 한다. 즉, 이 「다중의 힘」은 각자의 힘에 「정서적」(*passionnelle*)으로 영향을 가하는 「권력」(*pouvoir*)이다. 그리고 그 「권력」을 국가나 혹은 다른 정치 기관에서 찬탈하는 경우 '주권적(sovereign)' 「권력」이 된다. 아이러니하게도 이러한 「다중의 힘」은 그 힘의 원천이 궁극적으로는 개개인의 힘이라는 것을 사람들이 자각하지 못하는 한에서만 힘을 가지게 되는 것이고, 따라서 그 힘이 어떠한 초월적인 「의지」 내지는 어떠한 신성하거나 혹은 아주 자연스러운 어떠한 법칙에 의거하는 것처럼 사람들이 인식을 하고 있어야만 그 힘이 유지된다. 즉, 사람들의 무지 내지는 착각(misrecognition)이 바로 그 힘의 원천이다. 반면, 그러한 의미에서 그 「다중의 힘」은 취약하고 언제든지 붕괴할 수도 있다. 이 「다중의 힘」에 관한 보다 자세한 논의는 저자가 발표한 논문 Lordon & André Orléan(2008), Lordon(2010a)을 참고할 필요가 있다.

그리고 무지 내지는 착각이 「다중의 힘」을 유지하는 기반이라는 견해는 Dupuy(1989: 37-62)를 참고할 것.

(4) 부르디외의 중요한 철학 개념에 대하여

본서의 저자는 부르디외(Pierre Bourdieu)의 개념을 많이 사용하고 있기에, 독자의 이해를 돕기 위하여 간략히 부르디외의 주요한 개념들을 정리하고자 한다.

A. 아비투스(*habitus*)

「아비투스」(*habitus*)의 어원은 고대 그리스어의 *hexis*(؏ις)로서, 상대적으로 안정된 심적 상태 내지는 그러한 배치, 그리고 간혹 '습관'의 의미로 사용되었다. 이 단어가 라틴어에서「아비투스」로 바뀐 것이다. 이「아비투스」는 현대에 와서 부르디외 철학에서의 핵심개념이 되었다. 이러한 고대적인 의미와 부르디외의 사용법은 유사하다. 「아비투스」를 보다 정확히 이해하기 위하여서는 부르디외의 다음과 같은 언급을 인용할 필요가 있다:

> 이것은 항구화(恒久化)된 성향(性向), 즉 지속적인 태도, 말, 그리고 그로 인하여 지속화되는 느낌과 사고들의 일종으로서, 실현되고, 체화되고 또 변화되어버린 정치적 신화(political mythology)이다. 이러한 방식으로 체화된 원칙들은 의식이 파악하는 영역을 넘어서며, (…) 또 명백하게 드러날 수 없다(Bourdieu 1977: 93, 94).

부르디외의 평론가인 리차드 젠킨스(Richard Jenkins)에 의하면, 부르디외에 있어서「아비투스」는 행위자가 무의식적으로 항상 가지고 있는 행동, 태도, 그리고 스타일 등으로서, 그것은 개인과, '그들이 태어나고 자란, 그리고 그 속에서 다른 사람들과 같이 생활하는' 어떠한 체계화된 세계나 문화와 소통하는 '매개'의 역할을 한다(Jenkins, 1992: 46). 따라서 이「아비투스」는 습관(habit)과는 대비된다. 습관은 반복적인 행동을 통하여 체화된 것이며, 행동의 '결과'이다.

B. 필드(champ)

「필드」, 혹은 '장(場)'은 「아비투스」라는 개념과 함께 부르디외의 철학에 있어서 가장 핵심적인 개념 중의 하나이다. 이를 정리하자면 (1) 어떠한 특정한 이익을 추구하는 구성원들로 구성된 집합이 존재한다. (2) 그 특정한 이익을 통제하고, 배분하고 향유하는 것은 각 구성원들이 그 안에서 가지고 있는 「권력」의 배분에 의한다. (3) 그 집합 내에서의 각 구성원들의 위상은 그들이 가진 「권력」에 의하여 정하여진다. 그 위상들은 현재의 위상과 잠재적 위상을 가지고 있다. (4) 그리고 위상들은 상호 간에 어떠한 객관적인 관계를 가지고 있다. 예를 들어 「지배」, 복종, 「상동성」(相同性 homology: 어떠한 체계들 간에 1:1 상응을 하는 성질) 등이 그것이다. (5) 그 집단 안에서 그러한 위상들 간의 관계를 지속하기 위한 어떠한 규범이나 가치관 등이 생성되고 재생산된다. (6) 이러한 네트워크로서의 집단을 「필드」라고 한다. 즉, 「필드」는 일종의 투쟁의 '장(場)'이다.

참고로 다소 장황하지만, 와캉(Wacquant)과의 인터뷰에서 부르디외가 정의한 바를 번역하자면 다음과 같다:

> 나는 「필드」를, 객관적으로 규정된 위상들 간의 객관적인 관계들이 이루는 하나의 네트워크, 혹은 '설정'으로 정의한다. 어떠한 힘을 소유함으로 인하여 그 해당 「필드」에서 가장 중요한 어떠한 특정 형태의 이익들에 접근하는 것을 통제할 수 있을 때, 그러한 「권력」(혹은 자본)들을 [그 「필드」 내의 구성원들에게] 배분하는 구조에 있어서의 위상들의 현재와 잠재적인 위상들에 의하여, 혹은 그 위상들이 다른 위상들에 대하여 가지는 객관적인 관계에 의하여(「지배」, 복종, 「상동성」 등), 이 위상들은 그 위상 내에 거주하는 자들, 에이전트, 혹은 제도들에게 그들의 존재와 결정을 부과한다. 각 「필드들」은 그 「필드들」의 기능에 있어서 그 「필드」가 제공하는 가치에 대한 믿음을 전제하거나 혹은 생성한다(Wacquant 1989: 26-63).

C. 상징폭력(violence symbolique)과 상징권력(pouvoir symbolique)

이 「상징권력」과 「상징폭력」이라는 부르디외의 용어들에 대하여 간단히 설명하면 다음과 같다.

a. 「상징폭력」(violence symbolique)

직접 부르디외의 말을 인용하자면,

> 상징체계들은 「지배」의 수단 또는 「지배」의 합리화의 수단으로서의 정치적인 기능을 수행한다. 상징체계들은 자신이 이미 가지고 있는 힘을 강화하고, 그 강화된 힘을 기존의 힘의 역학관계에 추가함으로서, 따라서 막스 베버가 이야기한 바대로 '「피지배자들」을 사육화' 함으로서, 한 계급(*classe*)이 다른 계급을 「지배」하도록 도와준다 이것을 「상징폭력」이라고 지칭한다. (Pierre Bourdieu(1979/77) Symbolic Power, Critique of Anthropology 1979 4: p. 77).

이것은 베버가 말한 강권(*Gewalt*)이라는 개념을 더욱 확장시킨 것이라고 볼 수 있는데, 즉, 물리적인 측면에서의 힘의 행사는 이러한 「상징폭력」과 보조를 같이 하여야만 효율적으로 목적을 달성할 수 있다는 것이다. 이러한 「상징폭력」이 효과적으로 행사되는 경우, 「지배」-「피지배」 관계가 자연적이고 정당한 것으로 간주된다. 이러한 「상징폭력」의 예에는, 국가, 학교, 성차별, 그리고 심지어는 소비형태도 포함된다. 신자유주의는 이러한 「상징폭력」에 의존하고 있다.

b. 「상징권력」(pouvoir symbolique)

「상징권력」은 부르디외에 따르자면 "배후에 존재하는 진정한 「권력」의 역학을 은폐하고, 그 존재하는 「권력」의 관계에 정당한 의미를 부여할 수 있는 모든 종류의 「권력」"을 일컫는다. 이것은 위에서 언급한 「상징폭력」을 행사할 수 있는 「권력」이며, 「상징자본」(아래 참고) 이 가지고 있는「권력」이라고 할 수 있다. 이러한「상징권력」은 기존의 질서를 재생산하고 강화하는 기능을 수행한다. 현대 사회는 물리적 강제력보다 이러한「상징권력」을 이용하여 서열과 불평등을 유지시키는 것이다.

D. 상징자본(capital symbolique)

「상징자본」은 부르디외의 용어이다. 그는「자본」이라는 개념을 종래적인 마르크스의 자본 개념에서 생각하던 단순히 경제적인 것만을 넘어서 확장시켰다. 각「필드」(위 참고)에는 그「필드」에서 중요하게 생각하는 핵심적인「자본」이 있다. 예를 들어 경제적인「필드」에 있어서는 돈의 크기일 수 있고, 문화적 영역에서는 지적인 생산물이 (예를 들어 지적인 고상함이나 학문적인 위상 등이) 있을 수 있다. 부르디외를 따를 때, 이렇게 확장된 개념으로서의「자본」을 아주 크게 분류한다면 네 가지인데 그것은, 경제자본, 사회적 자본(혹은 사회적 네트워크), 문화자본, 그리고「상징자본」이다.

그런데 다른 자본들과는 달리, 이「상징자본」은 그 다른 자본들에 모두 관련되어 존재하는 하나의 형식으로서, 그 각「필드」의 구성원들이「인정」하는 종류의 소위 '명예' 내지는 '위상(status)'이라는 형식을 가지고 있다. (이 '위상'은 베버(Max Weber)가 주장하였듯이, '계급(class)'과 구분되는 소위 '지위(status)'와 유사하며 따라서 부르디외는 다분히 베버적이다). 이러한「상징자본」을 통하여 다른 종류의「자본」이 정당성을 부여받게 된다. 부르디외의 말을 빌리자면,「상징자본」은 어떠한 인지적 기반을 가지고 있는 자본인데, 그것은 (스스로의) 인지(cognition)와 (타인들에 의한)「인정」(recognition)에 근거하고 있다. 이에 대한 자세한 논의는 Bourdieu(1986) 참고.

E. 일루지오(illusio)

어떠한 게임은 할 만한 것이라고 생각하는, 즉 기대되는 이익에 대한 '믿음', 그리고 그에 대하여 노력과 열정을 「투자」하려는 「관심」을 지칭한다. 이러한 「관심」이 있음으로써, 즉, 「일루지오」가 있음으로써 각 구성원들이 게임에 참여하게끔 유인되며, 그러한 '공통 믿음'의 체계가 존재함으로써 각 구성원들은 그 「필드」 내에서 중요한 것을 구분할 수 있고, 그것에 의미를 부여함으로써 각자 간의 차이를 줄일 수 있다. 그런데 그 「필드」에 있어서의 「지배적」인 위치를 점하는 주체들은 자신들의 이익을 위하여 「일루지오」를 만들어낼 수도 있다.

(5) 엘리아스의 「의존관계의 사슬」(chaînes de dépendance)

노르베르트 엘리아스(Norbert Elias 1897-1990)는 중년 이후 영국에 정착한 독일 출신의 사회학자이다. 「의존관계의 사슬」은 그의 저서 『문명화의 과정』(The Civilizing Process)에 등장하는 개념인데, 문명화가 진행됨에 따라 상호의존과 연계성이 심화되고, 그럼으로써 폭력의 야만성이 감소하는 경향이 있다는 것이다. 과거 부족장들이나 군소 지방영주들은 소규모의 그룹에 의존하고 있었고, 그들의 행동이 미치는 파급효과는 크지 않았으며, 따라서 그들의 폭력적인 전쟁 등의 행위는 사회에의 파급력이 약하였다. 반면 근대에 들어서는 중앙정부가 들어서 기능적인 위계 체계가 확립되고 동시에 노동의 분업이 발전하고 상호 「의존관계의 사슬」이 길어지고 복잡하여지게 되는데, 이에 따라서 지도층의 폭력이 사회에 파급되는 영향력은 커져왔다. 따라서 폭력에 의존하는 방식은 감소하게 된다. 또한 이러한 상호 의존도가 커짐에 따라 습관이나 문화의 파급효과도 커지게 되고, 빠르게 전파되기 시작한다. 상층부에서 만들어 낸 관습 등도 빠르게 사회 하층에 파급된다.

이와 관련된 또 다른 중요한 개념이 「결합태」(結合態 figuration)인데, 이는 사람들 간의 상호의존성에 의존하는 '사회과정'이다. 천성적으로 주어지거나, 혹은 사회적 학습, 교육, 사회화, 그리고 사회적으로 발생되는 상호 간의 필요성 등에 의하여 인간 상호 간의 의존성이 심화된다. 이러한 사람들 간의 상호의존성의 네트워크에 의하여 사람들을 결합하는, 즉 의존성과 상호 지향성의 구조가 「결합태」이다.

반면, 엘리아스에 의하면 문명화의 추세는 절대로 불가역적인 것이 아니고, 야만성이 다시 발흥하는 경우 또한 존재하는데, 그 대표적인 예가 독일의 나치즘이라고 할 수 있다. 엘리아스는 부르디외보다 앞서서 「아비투스」라는 개념을 사용하였는데, 이것을 제2의 천성 내지는 체화된 사회적 학습으로 보았고, 어떻게 하여 한 국가의 흥망성쇠의 역사와 문화가 현재 개인의 「아비투스」에 체화되어 있는가, 그리고 그것들이 어떻게 하여 독일 국가의 형성과, 국민성, 그리고 히틀러의 발흥까지 연결되는가를 그의 또 다른 저서인 『독일인에 관한 연구』(Studies on the Germans 1989)에서 보여주고 있다.

(6) 에피스테메(epistēmē)

고대 그리스어 「에피스테메」(ἐπιστήμη; epistēmē)를 어원으로 하며 원래적인 의미는 '참된 지식'인데 이는 「독사」(δόξα; doxa)와 대비된다. 플라톤은 참된 지식 「에피스테메」와 「독사」를 구별하였는데, 후자는 '세간의 믿음(opinion)'에 해당한다. 또한 이것은 기술(技術)에 해당하는 「테크네」(τέχνη; techne)와도 구별된다. 반면, 푸코는 그의 저서 『사물의 질서』(The Order of Things)에서 이 용어를 특정 시대를 「지배」하는 인식, 혹은 특정 방식으로 그 시대에 따라 선험적(a priori)으로 존재하며 그 시대에 있어 사물의 질서를 부여하는 무의식적 체계로 정의하였는데, 이것에 의하여 우리의 인식과 실천이 가능하게 된다고 하였다. 이 개념은 간혹 토마스 쿤(Thomas Khun)의 「패러다임」(Paradigm)과 혼동되어 유사하게 사용되지만, 사실 후자를 포괄하는 용어이다. 즉, 후자는 단지 과학적 체계에 적용되고 의식적인 차원에 한정됨에 비하여, 푸코의 「에피스테메」는 과학적 차원을 넘어 정신과 사회의 전 영역에 적용됨과 동시에, 무의식적이며 원초적이고도 가장 근본적인 것을 포함하고, 물속에 사는 물고기가 물을 느끼지 못하는 것처럼 그 「에피스테메」의 안에 존재하는 구성원들에게는 보여지지 않는 것이다. 플라톤적 의미와는 달리, 부르디외나 푸코적 용법에 있어서는 「에피스테메」나 「독사」는 참과 거짓이라는 도덕적 기준과는 상관이 없게 된다. 특히 부르디외에 있어서의 「독사」는 우리의 일상생활에서의 실천을 가능하게 하는 자연스러움 같은 것이다.

참고로, 「독사」란 고대그리스어에 어원을 가지고 있는데, '보이다', 생각하다, 받아들이다'라는 단어인 'dokein'에서 나왔으며, 인기 있는 대중적인 믿음이나 의견을 의미한다. 플라톤에 있어서 이 「독사」는 하위의 인식으로서 진정한 지식에 대하여 대비되는 개념으로 사용되었고 궤변론자들의 의견들을 「독사」로 간주하고 있는 측면에서 보면 다분히 부정적인 용어로 사용되었는데, 반면 아리스토텔레스에 있어서는 오히려 「독사」를 실천적인 지식과 연결시키고 지식으로 나아가는 첫 단계로 간주하여 긍정적인 역할을 부여하였다. 부르디외에 있어서의 「독사」는 어떠한 사회에서 그저 당연한 것으로 간주되는 것, 따라서 자연적세계나 사회적세계가 그저 자명한 것으로 생각되게 하는 경험이고 일종의 사회화의 결과이다. 그의 용법에 있어서는 그 자체로 긍정적이거나 부정적인 뉘앙스가 있는 것은 아닌 듯하며, 우리가 일상생활을 함에 있어서, 즉 일상의 실천에 있어서 그 진실성에 대하여 비판이나 심각한 의문 없이 그저 자연적인 것으로 믿는 자세이다. 그것이 어떠한 경우에는 생활에 있어서 아주 유용한 수단이 되기도 한다. 그러한 의미에서 부르디외의 사용법은 다분히 아리스토텔레스적이다. 이 「독사」는 경우에 따라 믿음, 의견, 억견 등으로 번역되기도 하는데, 사실 이에 대한 적절한 한국번역어는 찾기 힘들다.

참고 서적

원저의 참고서적

Aglietta, Michel and André Orléan

    (1982) La violence de la monnaie, PUF.

    (1998)(eds.) La monnaie souveraine, Odile Jacob.

    (2002)(eds.) La monnaie entre violence et confiance, Odile Jacob.

Alis, David(2009) Travail émotionnel, dissonance émotionnelle et contrefaçon de l'intimité – Vingt-cinq ans après la publication de Managed Heart d'Arlie R.Hochschild', in Isabelle Berrebi-Hoffmann, Politiques de l'intime. Des utopies sociales d'hier aux mondes du travail d'aujourd'hui, La Découverte.

Artous, Antoine(2003) Travail et émancipation sociale. Marx et le travail, Éditions Syllepse.

Balibar, Étienne(2008) Spinoza and Politics, Verso.

Baranski, Laurence(2001) Le manager éclairé, pilote du changement, Éditions d'Organisation.

Barthes, Roland,(1981, reprint 2010) Camera Lucida: Reflections on Photography, Hill and Wang.

Bidet, Jacques and Gérard Duméni(2007) Altermarxisme. Un autre marxisme pour un autre monde, PUF.

Boltanski, Luc and Eve Chiapello(2007) The New Spirit of Capitalism, Verso.

Bourdieu, Pierre(1987) Choses dites, Minuit.

Bove, Laurent,

    (1996) La stratégie du conatus. Affirmation et résistance chez Spinoza, Vrin.

    (2006)'Éthique, partie III', in Moreau, Pierre-François and Charles Ramond(eds), Lectures de Spinoza, Ellipses.

Boyer, Robert, Regulation Theory: The State of the Art, Routledge, 2002.

Caillat, Gérald and Pierre Legendre(2007) Dominus Mundi, L'empire du management, DVD, Idéale Audience, ARTE France.

Camus, Albert(1962) Caligula and Other Plays, trans. Justin O'Brien, Vintage.

Cette, Gilbert, Jacques Delpla and Arnaud Sylvain(2009) Le partage des fruits de la croissance en France, Rapport du CAE n°85, La Documentation Française.

Citton, Yves(2010) Mythocratie. Storytelling et imaginaire de gauche, Éditions Amsterdam.

Coutrot, Thomas(1998) L'entreprise néolibérale, nouvelle utopie capitaliste?, La Découverte.

Dardot, Pierre and Christian Laval(2009) La nouvelle raison du monde. Essai sur la société néolibérale, La Découverte. English translation:(2014) The New Way of the World: On Neoliberal Society, Gregory Elliott(tr.), Verso.

Deleuze, Gilles

(2004) Proust and Signs, University of Minnesota Press;

(1970) 'Proust et les signes', coll. Quadrige, PUF.

Delumeau, Jean(1990) L'aveu et le pardon, Fayard.

Damasio, Antonio(1995) L'Erreur de Descartes, Odile Jacob.

Denord, François and Antoine Schwartz(2009) L'Europe sociale n'aura pas lieu, Éditions Raisons d'agir.

Dobry, Michel(1992) Sociologie des crises politiques, Presses de Sciences-Po..

Dujarier, Marie-Anne(2006) L'idéal au travail, PUF.

Duménil, Gérard and Dominique Lévy(2003) Économie marxiste du capitalisme, La Découverte.

Durand, Jean-Pierre and Marie-Christine Le Floch(eds.)(2006) La question du consentement au travail. De la servitude volontaire à l'implication contrainte, L'Harmattan.

Durkheim, Émile(2010) Sociology and Philosophy, Routledge.

Elias, Norbert(2000) The Civilizing Process: Sociogenetic and Psychogenetic Investigations, Blackwell, 2000.

Falafil(2006) 'Quel paradigme du don? En clé d'intérêt ou en clé de don? Réponse à Frédéric Lordon', in(2006) De l'antiutilitarisme. Anniversaire, bilan et controverses, Revue du MAUSS semestrielle 27 2006.

Fischbach, Franck(2009) Sans objet. Capitalisme, subjectivité, aliénation, Vrin.

Foucault, Michel(1982) 'The Subject and Power', in Hubert L. Dreyfus and Paul Rabinow(1982) Michel Foucault: Beyond Structuralism and Hermeneutics, Harvester Press.

Gasparini, William(2006) 'Dispositif managérial et dispositions sociales au consentement. L'exemple du travail de vente d'articles de sport', in Durand and Le Floch(eds.)(2006) La question du consentement au travail, L'Harmattan

Gauléjac, Vincent de(2004) La société malade de la gestion, Seuil.

Gillot, Pascale(2007) L'esprit, figures classiques et contemporaines, CNRS Éditions.

Guilhaume, Geneviève(2009) L'ère du coaching. Critique d'une violence euphémisée, Syllepse.

Hayek, Friedrich A.(2012) 'The Persistence of Constructivism in Current Thought', in Law, Legislation and Liberty, Routledge.

Johnson, Simon(2009) 'The Quiet Coup', The Atlantic', thetlantic.com. doc/200905/imfadvice.

Kant, Immanuel(1993) Grounding of Metaphysics of Morals, 3rd ed., James W. Ellington(trans.) Hackett.

Lahitton, Joseph(1910) Deux conceptions divergentes de la vocation sacerdotale. Exposé. Controverse. Conséquences pratiques, Lethielleux.

La Boétie, Étienne de(2012) The Discourse of Voluntary Servitude, Hackett.

Levi, Primo(1995) Survival at Auschwitz, Touchstone.

Limann, Teodor, Morts de peur(2007) La vie de bureau, Les empêcheurs de penser en rond, 2007.

Lordon, Frédéric

(2002) La politique du capital, Odile Jacob.

(2003) Et la vertu sauvera le monde. Après la crise financière, le salut par 'L'ethique'?, Raisons d'Agir.

(2006a) 'Le don tel qu'il est et non qu'on voudrait qu'il fût', in De l'anti-utilitarisme, Revue du MAUSS semestrielle 27(2006).

(2006b) L'intérêt souverain. Essai d'anthropologie économique spinoziste, La Découverte, 2006.

(2007) 'La légitimité n'existe pas. Éléments pour une théorie des institutions',

Cahiers d'Économie Politique 53.

(2009) La crise de trop. Reconstruction d'un monde failli, Fayard.

(2010a) 'La puissance des institutions', Revue du MAUSS permanente(April 2010), journaldumauss.net.

(2010b) 'L'empire des institutions', Revue de la Régulation 7(2010), regulation.revues.org.

(2010c) 'Homo passionalis æconomicus', Actes de la Recherche en Sciences Sociales, conference paper given at 'Economie et fabrique de la subjectivité', Association française de psychiatrie, Paris, 2010.

Lordon, Frédéric and André Orléan(2008) 'Genèse de l'État et genèse de la monnaie: le modèle de la potentia multitudinis', in Citton, Y. and F. Lordon, Spinoza et les sciences sociales. De la puissance de la multitude à l'économie des affects, Éditions Amsterdam.

Maître, Jacques(1994) L'autobiographie d'un paranoïaque, Anthropos.

Marx, Karl, Capital

(1992 reprint) Volume 1: A Critique of Political Economy, Penguin.

(2012) Critique of Hegel's Philosophy of Right, Aristeus Books.

Marx, Karl, and Friedrich Engels(1846/1998) 'The German Ideology', in The German Ideology including Theses on Feuerbach, Prometheus Books.

Matheron, Alexandre(1988) Individu et communauté chez Spinoza, Minuit.

Menger, Pierre-Michel(2006) Portrait de l'artiste en travailleur. Métamorphoses du capitalisme, Seuil.

Moreau, Pierre-François(2005) 'Les deux genèses de l'État dans le Traité théologicopolitique', in Spinoza, État et religion, ENS Éditions.

Nagy, Piroska(2000) Le don des larmes au Moyen-Âge, Albin Michel.

Negri, Antonio(1999) Savage Anomaly: The Power of Spinoza's Metaphysics and Politics, University of Minnesota Press.

Orléan, André(2000) 'L'individu, le marché et l'opinion: réflexions sur le capitalisme financier', Esprit(November 2000).

Ould-Ahmed, Pepita(2008) 'Monnaie des anthropologues, argent des économistes: à chacun le sien?' in E. Baumann, L. Bazin, P. Ould-Ahmed, P. Phélinas, M.

Selim, R. Sobel(eds.)(2008) L'argent des anthropologues, la monnaie des économistes, L'Harmattan.

Pascal, Blaise

  (1670/1999) 'Three Discourses on the Condition of the Great', Samuel Webb(trans.), marxists.org/reference/archive/pascal/1630.

  (2008) Pensées and Other Writings, trans. Honor Levi, Oxford University Press.

Perret, Gilles(2006) Ma mondialisation, DVD, Les Films du Paradoxe.

Plato(1986) Gorgias, trans. Donald Zeyl, Hackett.

Poster, Winifred(2007) 'Who's on the Line? Indian Call Center Agents Pose as Americans for US-Outsourced Firms', Industrial Relations 46, n°2.

Postone, Moishe(1996) Time, Labor, and Social Domination: A Reinterpretation of Marx's Critical Theory, Cambridge University Press.

Prévieux, Julien(2000) Lettres de non-motivation, Archon.

Rancière, Jacques

  (1989) The Nights of Labor: The Workers' Dream in Nineteenth-Century France, John Drury(trans.), Temple University Press; Jacques Rancière(1981) La nuit des prolétaires, Fayard.

  (2004) Disagreement: Politics and Philosophy, University of Minnesota Press.

Rosset, Clément(1992) En ce temps-là. Notes sur Louis Althusser, Minuit.

Rouaud, Christian(2007) Les Lip. L'imagination au(pouvoir), DVD, Les Films du Paradoxe.

Ruffin, François(2008) La guerre des classes, Fayard.

Schelling, F. W. J.(2009) 'Du Moi comme principe de la philosophie', in Premiers écrits, PUF, 1987

Sévérac, Pascal

  (2005a) 'Le devenir actif du corps affectif'. Astérion 3(September 2005), asterion.revues.org.

  (2005b) Le devenir actif chez Spinoza, Honoré Champion.

Spinoza, Benedict de

  (1883) Political Treatise, trans. A. H. Gosset, G. Bell & Son. html version: constitution.org. 국가론

(1994) Ethics, in A Spinoza Reader, The Ethics and Other Works, trans. Edwin Curley, Princeton University Press. 윤리학

(1995a) On the Improvement of the Understanding, the Ethics, Correspondence, trans. R. H. M. Elwes, Dover.

(1995b) The Letters, trans. Samuel Shirley, Hackett.

(2007) Theological-Political Treatise, Michael Silverthorne(trans.), Cambridge University Press. 신학 정치론

Théret, Bruno(2007) 'La monnaie au prisme de ses crises d'hier et d'aujourd'hui', in B. Théret(ed.)(2007) La monnaie dévoilée par ses crises, Éditions de l'EHESS.

Tietmeyer, Hans(1999) 'Économie sociale de marché et stabilité monétaire', Economica.

Viallet, Jean-Robert(2009) La mise à mort du travail, DVD, Yami2 Productions.

Vinciguerra, Lorenzo(2005) Spinoza et le signe. Genèse de l'imagination, Vrin.

Zourabichvili, François(2002) Spinoza, une physique de la pensée, PUF.

역자가 추가로 인용한 문헌

김성순(2016) 한국인의 '공동체 지향성'과 결사(結社): 향도, 동계, 협동조합, 『한국학논집』제64집

까뮈, 알베르(1999) '칼리굴라-오해', 김화영 역, 책세상

라 보에티, 에티엔 드(2014) 자발적 복종. 박설호 역, 울력

레비, 프리모(2014) 가라앉은 자와 구조된 자 - 아우슈비츠 생존 작가 프리모 레비가 인생 최후에 남긴 유서. 돌베개

부아예, 로베르(2017) 자본주의 정치경제학 조절이론 매뉴얼 - 기초와 발전. 서익진, 서환주 역. 한울아카데미.

비저, 프리드리히 폰(2023) 권력의 법칙, 현동균 역, 진인진

아렌트, 한나(1996) 인간의 조건, 이진우 역, 한길사.

엘리아스, 노르베르트(2002), 문명화과정, 박미애 역, 한길사

파스칼, 블레즈(2009), 팡세, 하동훈 역, 문예출판

Aglietta, Michel(2018) Money: 5,000 Years of Debt and Power, Verso

Alary, Pierre; Blanc, Jérôme; Desmedt, Ludovic and Théret, Bruno(eds.)(2020) Institutionalist Theories of Money - An Anthology of the French School, Palgrave Macmillan

Bourdieu, Pierre

(1977) Outline of a Theory of Practice, Cambridge University Press

(1979/77) 'Symbolic Power', Critique of Anthropology 1979 4: 77

(1986) 'The Forms of Capital', In J. Richardson,(ed.)(1986) Handbook of Theory and Research for the Sociology of Education, Greenwood.

Callon, Michell(1986) 'Some Elements of a Sociology of Translation: Domestication of the Scallops and the Fishermen of St. Brieuc Bay', in John Law(ed.)(1987) Power, Action, and Belief: A New Sociology of Knowledge? Routledge & Kegan Paul.

Cartelier, Jean

(2007) 'The hypostasis of money: an economic point of view', Cambridge Journal of Economics 2007, 31

(2018) Money, Markets and Capital - The Case for a Monetary Analysis, Routledge

Clegg, Stewart(1989) Framework of Power, Sage Publication

Dallery, T.(2009) 'Post-Keynesian theories of the firm under financialisation'. Review of Radical Political Economics, 41(4), December, 492-515.

Dupuy, Jean-Pierre(1989) 'Common Knowledge, Common Sense', Theory and Decision 27

Elias, Norbert(2000) The Civilizing Process: Sociogenetic and Psychogenetic Investigations, Blackwell.

Foucault, Michel(1982) 'The Subject and Power', Critical Inquiry, Vol. 8, No. 4(Summer, 1982)

Imbusch, Peter

(2006), 'Macht und Herrschaft', in Korte, Hermann & Schäfers, Bernhard(eds.) (2006), Einfuhrung in Hauptbegriffe der Soziologie, 6 Auflage, VS Verlag für Sozialwissenschaften.

(2012), 'Macht und Herrschaft in der wissenschaftlichen Kontroverse', in Imbusch, Peter(ed.)(2012) Macht und Herrschaft-Sozialwissenschaftliche Theorien und Konzeptionen(ed.), 2 Auflage, Springer VS.

Jenkins, R.(1992) Pierre Bourdieu(Key Sociologists), Routledge

Knapp, G. F.(2023/1926), The State Theory of Money, , tr. by Hans D Hyun, Shoin House

Laum, Bernhard

(1924) Heiliges Geld, Eine historische Untersuchung ueber den sakralen Ursprung des Geldes(Sacred Money, A historical study about the sacred origin of the money), Verlag Von J C B Mohr, Tübingen

(2023) Sacred Money, tr. by Hans D Hyun, Shoin House.

Lord, Beth(2010) Spinoza's Ethics, Edinburgh University Press

Lukes, Steve(2004) Power: A Radical View, 2nd ed., Palgrave Macmillan.

Mauss, Marcel(1914), 'Les origines de la notion de monnaie'. Communication faite à l'Institut français d'anthropologie. 《Comptes-rendus des séances》, II, tome I, supplément à l'Anthropologie, 1914, 25, pp. 14 à 19.

Orléan, André(2014) The Empire of Value - A New Foundation for Economics,

MIT Press.

Popitz, Heinrich

(1986) Phänomene der Macht. Autorität-Herrschaft-Gewalt-Technik, Tübingen.

(2017) Phenomena of Power-Authority, Domination and Violence, tr. by Gianfranco Poggi and ed. by Andreas Göttlich & Jochen Dreher, Columbia University Press.(위의 1986의 영역판).

Rabinovich, J.(2021) 'Financialisation and the supply-side face of the investment-profit puzzle', Journal of Post Keynesian Economics, Volume 44- Issue 3.

Stockhammer, E.(2004) 'Financialisation and the slowdown of accumulation', Cambridge Journal of Economics, 28(3), 371-404.

Tanke, Joseph J. and Ranciere, Jacques(2011) An Introduction. Philosophy, Politics, Aesthetics, Continuum International Publishing Group

Wacquant, Loic J. D.(1989) 'Towards a Reflexive Sociology: A Workshop with Pierre Bourdieu', Sociological Theory, Vol. 7, No. 1(Spring, 1989)

Wallimann, I., Rosenbaum, H., Tatsis, N., & Zito, G.(1980) 'Misreading Weber: The Concept of 'Macht', Sociology 1980 14: 261

Weber, Max

(1922) Wirtschaft und Gesellschaft, J.C.B Mohr(Paul Siebeck).

(1978) Economy and Society, Guenther Roth et al.(eds.), University of California Press.

(2019/1922) Economy and Society, Keith Tribe(ed./tr.), Harvard University Press.

Wieser, Friedrich von(2023/1927), Theory of Money – General Study of Moneym Hans DG Hyun(tr.). Original title: Theorie des Geldes(Allgemeine Lehre vom Gelde), In Ludwig Elster, Adolf Weber and Friedrich von Wieser(eds.), Handwörterbuch der Staatswissenschaften, Fourth, Completely Revised Edition, Vol. 4(681 – 717), Jena Verlag Von Gustav Fischer, 1927

색인

참고: *이탤릭체*는 프랑스어, 라틴어 혹은 독일어를 표시한다.

가능태 可能態(*enpuissance*, potentiality), 237
가역성 可逆性(*réversibilité*, reversibility), 81
가치
   교환가치(exchange value), 124, 126
   실재적 가치(*valeur substantielle*), 195
   잉여가치(*valeur ajoutée*, surplus value), 24, 125, 193, 196, 200, 201, 204
   자본의 가치창조과정(valorisation of capital), 184
   재가치화(*revalorisation*), 123
가치(*valeur*), 34, 119, 120, 121, 123, 125, 184, 193, 194, 195, 198, 200, 202, 204
가치론, 120, 196, 200
가치론적(*axiologique*, axiological), 122
가치론적 양태(*complexion axiologique*, axiological complexion), 122
가치증식(*valorisation*), 48
가치창조(*axiogenesis*), 121, 195, 206, 223, 247
가치창조적(*axiogène*, axiogenic), 121
가치화(*valorisation*), 121, 124, 126, 196
감응작용 感應作用(*affectaction*), 12, 106
강압, 117, 154, 157
강제된 협력(*coopération forcée*, forced cooperation), 78

강제적 통과점(*point de passage obligé*, obligatory point of passage), 31, 33
객관적 발생(*objectivité génétique*, genetic objectivity), 118
결정론(*déterminisme*), 104, 225, 229
결정성(*détermination*), 111, 118
결합태 結合態(figuration), 52, 282
경직된 정서(*affect tenace*, stubborn affect), 240
계급화(*réappartenance*), 247, 260
고독(*solitude*), 259
고르기아스(Gorgias), 162, 163
고스플랜(Gosplan), 165
고착화
   탈고착화(*défixation*), 236, 242
고착화(*fixation*), 29, 61, 64, 185, 201, 240, 241, 258, 265
공공의 것(*res public*), 220, 221
공동결사기업 共同結社企業(*recommune*), xv, 212, 220, 223, 248, 261
공동의 것(*res communa*), 220
공동의 삶(*vie commune*), 220, 265
공산당 선언(*Manifest der Kommunistischen Partei*), 258
공산주의, 225
공산주의자, 215, 218, 262
공산주의자가 풀어야하는 방정식 (*équation communiste*, communist equation), 217
공산주의자적 삶의 선언(*manifeste de la vie communiste*), 262

색인 **295**

공선화 共線化(*colinéarisation*, colinearity), 67, 93, 96, 100, 114, 116, 128, 134, 169, 173, 184, 201, 212, 235
공손(*obsequious*), 132
공순 恭順(*obsequium*), 114, 118, 128, 132, 232
공통의 정서(*affect commun*), 247
공화정(*république*, republic), 220, 221
과타리(Félix Guattari), 12
관리의 가설(management hypothesis), 6
관습적 판단(conventional judgment), 276
관심(*intérêt*, interest), 95, 282
교환가치(exchange value), 124, 126
구상 構想(*imaginaire*), 65, 94, 96, 216, 217, 218
구상노동 構想勞動(conception labour), 203, 217
구성
    정서적 구성(*composé affectif*, affective composition), 167, 243
    정서적 구성주의(*constructivisme affectif*), 167
구성 構成(*constitution*), 213, 215, 220, 248
구성상의 편견(*partialité constitutive*, constitutive bias), 198
구성적, 15
구성주의 構成主義(*constructivisme*, constructivism), 160, 162, 164, 166
구성주의자(*constructiviste*), 167
구조주의(*structuralisme*), 5, 13
국가론(the Political Treatise), 11, 113, 115, 134, 162, 190, 192, 244, 247, 255, 259, 260, 261, 262, 264, 265, 290
국제금융자본, v
국지적으로 현실화(*réalisations locales*, local actualisations), 137
권력
    내적 권력(*innere Macht*), 114
    상징권력(*pouvoir symbolique*, symbolic power), 176, 280
권력(*pouvoir*, *potestas*), 2, 4, 31, 34, 57, 66, 73, 76, 80, 85, 101, 113, 115, 116, 117, 165, 169, 175, 177, 190, 204, 223, 230, 234, 241, 249, 263, 272, 273, 274, 277, 279, 280
권한역량감소(*impuissantisation*, disempowerment), 218
권한역량증대(*empuissantisation*, empowering), 217
귀속적 포획(*captation attributive*, attributive capture), 253
근본적 민주주의(*démocratie radicale*, radical democracy), 221, 262
금속 페티시즘(*fétichisme métallique*, metal fetishism), 34
금융자본(finance capital), 80, 125, 160
금융화(financialization), 73
기 氣(*énergie*), xiii, 21, 22, 37, 59, 106, 201, 204, 205, 230
기도 企圖(*entreprendre*, enterprise), 16, 17, 22, 23, 25, 87, 96, 99, 106, 161, 166, 178, 201, 203, 204, 213, 214
기도의 자유, 23
기본적인 힘의 법칙(*la loi de puissance élémentaire*, the law of elementary power), 178
기부적 인간(*homo donator*), 27

기쁜 정서(*affect joyeux*), 62, 98, 112, 118, 129, 133, 158, 159, 161, 169, 173, 177, 181, 185, 187, 193, 201, 207, 239, 243, 266
기쁨
  내재적 기쁨(*joie intrinsèque*), 251
  외재적 기쁨(*joie extrinsèque*), 251, 252, 253, 254
기쁨(*joie*, joy, *laetitia*), xv, 6, 32, 36, 42, 59, 60, 83, 98, 111, 112, 113, 117, 123, 127, 128, 129, 130, 131, 133, 158, 159, 172, 178, 181, 183, 186, 187, 189, 203, 206, 239, 241, 243, 245, 251, 252, 253, 257, 265, 268, 271, 272, 275
기쁨의 경제(*économie de la joie*, economy of joy), 250, 251, 253
기쁨의 재발흥 再發興(*réenchantement*), 119, 128
기저적 욕망(*désir basal*, basic desire), 31, 45, 49, 60, 66
낯선 자기(*étrangeté à soi*, strangeness of self), 135
내면(*intériorité*), 103, 143, 144, 154, 166
내면성(*intériorité*, interiority), 154, 156
내면화(*intériorisation*, internalisation), 154, 166
내재성(*immanence*), 194, 196, 237
내재적 가치(*valeur intrinsèque*, intrinsic value), 34
내재적 기쁨(*joie intrinsèque*), 251
내적 권력(*innere Macht*), 114
내적 일관성(*consistance interne*), 146
내적 內積(inner product), 68, 235

네오푸코, 16
노동, 45, 124, 128, 149, 205, 224
  구상노동 構想勞動(conception labour), 203, 217
  수행적 노동(execution labour), 203, 217
  추상적 노동(*travail abstrai*, abstract labour), 34, 124, 128, 193, 194
노동가치론(labour theory of value), 120, 193, 194, 196, 200
노동력(labor-power), 6, 8, 16, 30, 32, 45, 47, 48, 87, 127, 149, 182, 193, 200, 205, 244
노동의 분업(*division du travail*, division of labour), 23, 32, 38, 183, 190, 203, 204, 213, 217, 218, 223, 248, 249, 250, 282
노동의 탈취(*dépossession d'œuvre*, dispossession of labour), 201
놀라움(*sidération*), 36, 225, 228
능동적 정서(*affectus activus*, affectus activus), 269
다르도(Pierre Dardot), 144
다중결정성 多重決定性(*hétérodétermination*, hetero-determination), 107
다중의 힘(*potentia multitudinis*, power of multitude), xiii, 12, 263, 275, 277
대리 여자 친구 서비스(girlfriend experience), 145, 148
대우명제 對偶命題(*a contrario*), 38, 164
대중적 소비(*consommation de masse*), 61
대화 서문(*Avant-propos dialogué*), 175
데카르트(René Descartes), 154, 155
도구화(*instrumentalisation*), 51, 56, 87
독립적 통일성(*unité indépendante*, Inde-

pendent unity), 86, 87
독사(*doxa*, δόξα), 283, 284
독일 이데올로기(*Die Deutsche Ideologie*), 249
독일인에 관한 연구(Studies on the Germans), 283
독재(*despotique*), 85, 86, 161
독점적 통과점(*le point de passageexclusif*), 31
돈(*argent*), 33
동기부여적 관리체계(*managériales qui motivent*), 8
동원 動員(*mobilisation*), 5, 8, 16, 17, 25, 26, 56, 57, 58, 59, 66, 67, 73, 74, 75, 78, 99, 106, 116, 149, 202, 205, 209, 211, 217
동원체제(*régime de mobilisation*), 6, 66, 142, 152
동정적 모방(sympathetic emulation), 276
뒤르켕(Émile Durkheim), 14, 118, 196
들뢰즈(Gilles Deleuze), 2, 12, 26, 158, 236
등방성 等方性(*isotropie*, isotropy), 122
딱딱한 지배(*domination dure*), 187
라 보에티(Étienne de La Boétie), 3, 38, 44, 50, 51, 291
라몽(Charles Ramond), 259
라발(Christian Laval), 144
라이프니츠(Gottfried Wilhelm Leibniz), 155
라투르(Bruno Latour), 106
라플라스(Pierre-Simon, marquis de Laplace), 228
라플라스의 악마(*démon de Laplace*, Laplace's demon), 228
랑씨에르(Jacques Rancière), 213, 218
레닌(Vladimir Lenin), 249
레비(Primo Levi), 123, 124, 291
레피두스(Lepidus), 88
로세(Clément Rosset), 255
루인느 공작(Duke of Luynes), 190
루팡(François Ruffin), 242
리차드 3세(Richard III), 216
립 투쟁(Lip), 233
마르크스(Karl Marx), i, iii, v, xiii, xiv, xv, 1, 4, 5, 6, 8, 9, 13, 14, 15, 16, 17, 30, 34, 45, 48, 49, 66, 71, 93, 120, 127, 135, 149, 165, 182, 194, 196, 200, 203, 223, 236, 242, 246, 247, 248, 258, 260, 281
마르크스주의, xiv, 6, 8, 13, 66, 124, 193, 196, 200, 204, 211, 242, 245
마르크스주의자, 24, 97, 120, 193, 194, 218, 224
말브랑슈(Nicolas Malebranche), 155
멜빌(Herman Melville), 151
모로(Pierre-François Moreau), 250
모방
　동정적 모방(sympathetic emulation), 276
　정서의 모방(*mimétisme des affects*, affective mimetism, *imatatio affectuum*), 136, 188
모방 가능성(*imitabilité*), 160
모스(Marcel Mauss), 14, 35
목적없는 욕망(*désir sans objet*), 40
무관계성(*non-relation*), 86
무력감(*impuissance*), 187, 188, 189, 190

무의존성(*non-dépendance*), 86
문명화의 과정(The Civilizing Process), 282
물상화 物象化(*chosification*, reification), 146
물신주의 物神主義(*fétichisme*), 165
물질적 재생산, 30, 31, 32, 48, 49, 60, 64, 71, 79, 80, 87, 111, 115, 201, 206, 215
물체(*corpus*), 156, 267, 268
민주주의, xvi, 221, 263
   근본적 민주주의(*démocratie radicale*, radical democracy), 221, 262
   숙의민주주의 熟議民主主義(*délibérative-démocratique*), 211
바르트(Roland Barthes), 106
바트루비(Bartleby), 151
반란(*mouvement réactionnel*, reactionary movement), 231, 235
반시게라(Lorenzo Vinciguerra), 42
반정렬(*désalignement*), 235
발리바(Étienne Balibar), 218
벌거벗은 삶(*la vie nue*), 30, 173
베버(Max Weber), 33, 101, 165, 187, 272, 273, 274, 280, 281
변용
   자기변용(*auto-affection*, self-affection), 136, 163, 275, 276, 277
변용 變容(*affection*, *affectio*), 14, 40, 41, 44, 106, 113, 136, 156, 163, 177, 231, 246, 267, 268, 277
보브(Laurent Bove), 40, 53, 131
보티첼리(Sandro Botticelli), 42
본원적 자본축적(*accumulation primitive*, primitive accumulation), 49

볼탕스키(Luc Boltanski), 210
부드러운 지배(*domination douce*), 187
부르디외(Pierre Bourdieu), xiv, xvi, 7, 14, 36, 53, 93, 95, 120, 135, 172, 175, 185, 190, 192, 278, 279, 280, 281, 283, 284
부적합한 원인(*cause inadéquate*, inadequate causality), 104
분노(*indignation*), 231, 232, 245
분수 分數(*ordre*, order), 84, 85, 186, 188, 189, 190
불만(*mécontentement*, discontent), 245
불확실성, 54, 88
비껴남(*clinamen*), 71
비알레(Jean-Robert Viallet), 144
비응시성(*non-rivalité*, non-rivalry), 257
비응시적 향유 非凝視享有(*jouissance non-rivale*, non-rival enjoyment), 252
비저(Friedrich von Wieser), vii, xiii, xiv, xvi, 35, 114, 263, 273, 291
사고(*pensée*, thought), 154, 159
사랑받음을 갈구(*demande amoureuse*), 134
사랑받음을 통한 인정에의 갈구(*la quête amoureuse de reconnaissance*), 133
사랑스러운 자(*ma chérie*, my darling), 87
사랑에 대한 갈구(*quête d'amour*, quest for love), 130, 131, 132
사물의 질서(The Order of Things), 245, 283
사전적 순응화 事前的順應化(*prénormalisation*), 151, 159
사전적 정렬화(*précolinéarisation*), 140, 141, 143

사회시장경제(*Die sozialen Mark-twirtschaft*), 62
사회적 삶(*la vie sociale*), 5, 94, 196, 245
사회적 상상력의 생산(*production imaginaire sociale*, social imaginary production), 192
사회체 社會體(*le corps social*, the social body), 12, 136, 163, 230, 263, 276
상동성 相同性(*homology*), 279
상징권력(*pouvoir symbolique*, symbolic power), 176, 280
상징자본(*capital symbolique*, symbolic capital), 137, 280, 281
상징폭력(*violence symbolique*, symbolic violence), 7, 185, 188, 280
새로움(*nouveauté*), 225, 227, 229
선욕망 先欲望(*désir ante*, ante-desire), 40
세베락(Pascal Sévérac), 236, 239, 241
셸링(F. W. J. Schelling), 227
소명 召命(vocation), 135, 136, 138, 140
소외
    탈소외(*désaliénation*), 236
소외 疎外(*aliénation*, alienation), 4, 8, 9, 44, 59, 107, 108, 109, 111, 117, 127, 133, 159, 181, 182, 236, 239, 241, 265
속성(*attribut*), 155, 267, 270
송과선 松果腺(*glande*), 155
수동적 정서(*affectus passivus,affectus passivus*), 269
수행(*exécution*), 217, 218
수행권(*réalisatorat*), 203
수행적 노동(execution labour), 203, 217

숙명론(*fatalisme*), 226
숙명적 사랑(*amor fati*), 167, 169, 171
숙명적 주관주의(*subjectivisme fatal*), 175
숙의민주주의 熟議民主主義(*délibérative-démocratique*), 211
순응화
    사전적 순응화 事前的順應化(*prénormalisation*), 151, 159
순응화(*normalisation*), 117, 144, 151, 164, 167, 168, 173, 176, 207, 209
스피노자(Baruch Spinoza), i, iii, v, xiii, xiv, xvi, 1, 2, 4, 5, 9, 11, 12, 13, 14, 15, 17, 21, 22, 24, 27, 32, 37, 39, 40, 41, 42, 43, 44, 53, 54, 55, 61, 65, 103, 104, 105, 109, 110, 111, 112, 113, 114, 115, 116, 117, 118, 119, 122, 123, 127, 128, 129, 130, 131, 134, 136, 137, 139, 154, 155, 156, 160, 161, 162, 164, 169, 177, 178, 181, 185, 186, 187, 188, 189, 190, 191, 192, 194, 195, 196, 201, 218, 226, 231, 237, 239, 240, 241, 244, 247, 250, 252, 255, 256, 257, 259, 260, 261, 262, 264, 265, 267, 268, 269, 270, 271, 272, 273, 275
스피노자주의적 탈무드학, 13
슬픈 정서(*affects tristes*), 55, 64, 80, 98, 118, 123, 131, 158, 161, 173, 177, 181, 185, 187, 201, 207, 239
슬픔(*tristesse*, sadness, *tristitia*), xv, 42, 54, 55, 111, 113, 116, 127, 231, 232, 239, 243, 268, 271, 272
시계태엽 오렌지(A Clockwork Orange),

99
시장으로부터의 소외, 61
신자유주의, iii, 7, 11, 76, 80, 87, 97, 98, 100, 112, 142, 143, 146, 148, 162, 166, 167, 169, 177, 178, 207, 209, 212, 229, 280
신자유주의기업, 73, 74, 75, 96, 100, 141, 142, 143, 147, 207
신자유주의자, 99, 234
신자유주의적 자본주의, 75, 147, 242
신자유주의적 주체들의 제조 공장(*fabrique des sujets néolibéraux*, the factory of neoliberal subjects), 144
신정적 神政的(*mythocratique*, mythocratic), 138
신체(body), 268
신축성(*flexibilité*, flexibility), 81
신학-정치론(Theological-Political Treatise), 2, 250, 265
실재성(*réalité*, reality), 194, 195, 238
실재적 가치(*valeur substantielle*), 195
실질적 포섭(*reale Subsumtion*, real subsumption), 11, 15, 16, 17
실체(*substance*), 155
심리화(*psychologisation*), 133
아글리에타(Michel Aglietta), 34
아렌트(Hannah Arendt), 224, 291
아르막(Alfred Müller-Armack), 63
아르투스(Antoine Artous), 223
아리스토텔레스(Aristotle), 163, 213, 237, 284
아비투스(*habitus*), 50, 53, 278, 279, 283
아푼(Charles Appuhn), 259
알뛰세(Louis Althusser), 135, 255

약조 約條(*engagement*, commitment), 81
양적 포획(*la captation quantitative*), 75
양태(*modalité*), 228
에르하르트(Ludwig Erhard), 63
에피스테메(*epistēmē*, ἐπιστήμη), 93, 283
에피투메(*epithume*), 93, 94, 95, 96, 97, 98, 162, 168, 169, 170, 174, 183, 184, 201, 205, 206, 207, 214, 239, 264
에피투메 생성작업(*epithumogenesis*), 96, 97, 98, 162, 168, 169, 171, 174, 183, 184, 205, 206, 207, 214, 239, 264
엘리아스(Norbert Elias), 51, 52, 124, 282, 283, 291
엥겔스(Friedrich Engels), 203, 258
역량(*potentia*), 260, 272
역선 力線(*ligne de forces*, line of forces), 122
연관(*connexité*, connectedness), 136
연상(*association*), 41, 136
연장 延長(*extension*), 154
예속(*servitude*), 8, 16, 38, 44, 111, 116, 135, 158, 214, 262
예속의 서열적 구조(*structure hiérarchique de la servitude*), 51
예속편입(*enrôlement*, enlisting), 23, 24, 26, 27, 37, 38, 45, 49, 55, 60, 66, 67, 68, 71, 73, 78, 87, 93, 98, 116, 119, 123, 124, 140, 142, 143, 148, 175, 181, 183, 201, 203, 204, 207, 214, 216, 221, 231, 234, 235, 241, 265
예속화(*asservissement*, servitude), 3

오르레앙(André Orléan), 120
오이켄(Walter Eucken), 63
완전성(*perfection*), 142, 194, 195, 238
완전한 긍정(*parfaite positivité*, perfect positivity), 194
외부결정(*exo-determination*), 108
외부결정성(*exodétermination*, exodetermination), 161, 261
외연, 269
외재적 기쁨(*joie extrinsèque*), 251, 252, 253, 254
욕구(*appétits*, appetite, *appetitus*), 64, 96, 230, 270
욕망
    기저적 욕망(*désir basal*, basic desire), 31, 45, 49, 60, 66
    선욕망 先欲望(*désir ante*, ante-desire), 40
    주권적 욕망(*désir-maître principal*), 264
    지배적 욕망(*désir-maître*, master desire), 26, 72, 78, 83, 86, 87, 93, 97, 99, 116, 128, 134, 146, 167, 173, 175, 181, 182, 185, 186, 193, 201, 203, 204, 206, 207, 214, 221, 223, 238, 241, 248, 254, 257, 263, 265
    초욕망 超欲望(*métadésir*, meta desire), 33, 36, 72, 81, 83, 128
욕망(*désire, cupidita*), iii, 4, 5, 9, 12, 13, 14, 16, 17, 19, 21, 22, 23, 24, 25, 26, 27, 28, 29, 30, 32, 33, 34, 35, 37, 38, 39, 41, 43, 44, 45, 49, 51, 52, 53, 54, 55, 56, 57, 59, 60, 61, 64, 67, 68, 69, 70, 73, 75, 80, 81, 83, 84, 85, 87, 93, 94, 95, 97, 98, 106, 107, 108, 109, 111, 112, 116, 117, 119, 120, 124, 125, 127, 130, 131, 133, 136, 137, 138, 140, 142, 144, 145, 148, 149, 151, 152, 154, 159, 160, 161, 167, 169, 170, 172, 174, 177, 178, 181, 182, 184, 186, 187, 189, 192, 193, 195, 197, 201, 204, 205, 206, 207, 209, 212, 215, 216, 217, 222, 234, 235, 239, 241, 243, 246, 248, 250, 252, 253, 255, 257, 259, 260, 263, 265, 268, 270, 271, 272
욕망의 논리(*logique du désir*), 53
욕망의 분배(*division du désir*, division of desire), 187, 190, 192, 201, 203, 217, 219
욕망의 삶(*la vie du désir*), 41
욕망의 체제(*régime de désir*, regime of desire), 93, 96, 162
욕망하는 에토스(*ethos désirant*), 217
우선적 결정권 優先的決定權(*surdétermination*), 57
올드-아메드(Pepita Ould-Ahmed), 33
원시적 축적(*l'accumulation primitive*), 37
원초적 의지(*volonté originaire*), 139
위대한 밤(*grand soir*), xv, 258
유동성 流動性(*liquidité*, liquidity), 78, 80, 83, 87, 125, 126, 148
유용
    재유용 再流用(*réapproprié*), 128
유용 流用(*appropriation*), xiii, 24, 84, 142, 174, 193, 200, 202, 209, 236, 252, 254

유용성 有用性(*utile propre*, own usefulness), 146, 149, 185, 206
유용자 流用者(*appropriateur*, appropriator), 253
유출(*émination*, emination), 263
유한계급론(The Theory of the Leisure Class), 136
윤리학, 104, 105, 111, 117, 120, 123, 189, 195
은혜의 눈물(*don des larmes*, gift of tears), 145, 147
응시
   비응시성(*non-rivalité*, non-rivalry), 257
   비응시적 향유 非凝視享有(*jouissance non-rivale*, non-rival enjoyment), 252
의존관계의 사슬(*chaînes de dépendance*, chain of dependency), 51, 56, 59, 134, 282
의지
   원초적 의지(*volonté originaire*), 139
   자발적 의지(*vouloir spontané*), 214
   자유의지(*libre-arbitre*, free will), 38, 44, 71, 99, 102, 110, 155, 208, 209, 226, 229, 232
의지(*volonté*, will, *voluntas*), iii, 38, 43, 44, 51, 100, 105, 110, 158, 161, 208, 226, 229, 234, 270, 273, 277
이브 시튼(Yves Citton), 138
이성(*raison*, reason), 256, 258, 260, 261
이시점 간 조정 異時點間調整(*arbitrage intertemporel*, intertemporal arbitration), 52
이익(*interesse*), 26, 27, 28, 29, 37

이중 구속(double bind), 147, 174
이중적 소외 二重的疎外(*double séparation*, double separation), 4, 23
이차적 지배(*domination secondaire*), 50
이차적 지식(*deuxième du deuxième genre*), 118
인간 행위에 있어서의 사랑의 구조(*la structure amoureuse du comportement*, the amorous structure of behaviour), 131
인간의 조건(The Human Conditions), 224, 291
인도행위들에 대한 인도행위(*conduite des conduites*, conduct of conducts), 113
인정(*reconnaissance*, recognition), 28, 130, 203, 205, 281
인정받는 것에의 의존성(*dépendance à la reconnaissance*, dependence on recognition), 134
인정에의 갈구(*quête de reconnaissance*), 133
인정의 경제(*économie de la reconnaissance*, economy of recognition), 251, 253
인정의 분배 認定(*division de la reconnaissance*, division of recognition), 203
인클로저운동(*enclosure*), 30
일루지오(*illusio*), 95, 282
일반적 등가성 一般的等價性(*équivalent général*, general equivalent), 81
일직선 정렬화, 78
일차적 지배(*domination principal*), 50
일차적 지식(*la connaissance du premier*

genre, the first-hand knowledge), 117
잃어버린 시간을 찾아서(*À la recherche du temps perdu* - In Search of Lost Time), 42
임노동(*salariat*, wage labour), 3
임노동관계(*rapport salarial*, employment relationship), 4, 9, 15, 23, 25, 26, 30, 31, 37, 38, 39, 46, 49, 50, 55, 58, 60, 62, 64, 78, 97, 100, 111, 128, 131, 133, 135, 141, 146, 151, 173, 177, 184, 201, 204, 210, 213, 216, 217, 223, 231, 233, 240, 243, 244, 254
임노동관계의 사회화(*la socialisation salariale*), 132
임노동자(*prolétaire*), xiv, 4, 6, 31, 37, 46, 57, 59, 60, 62, 66, 74, 75, 77, 79, 87, 97, 98, 99, 112, 119, 124, 126, 133, 142, 145, 146, 147, 153, 169, 173, 177, 178, 181, 183, 184, 187, 190, 199, 201, 206, 207, 209, 210, 211, 231, 234, 236, 239, 243, 244, 247, 275
잉여가치(*valeur ajoutée*, surplus value), 24, 125, 193, 196, 200, 201, 204
자기 개선(*travail sur soi*), 169
자기 실현(*réalisation de soi*), 16, 178
자기로부터의 분리(*séparé de lui-même*, separate from itself), 135
자기변용(*auto-affection*, self-affection), 136, 163, 275, 276, 277
자기중심성(*égocentrisme*, egocentricity), 72, 84, 197, 214
자기초월(*auto-dépassement*, self-transcendence), 211

자발적 복종(*Discours de la servitude volontaire* - The Discourse of Voluntary Servitude), 50, 291
자발적 예속(*servitude volontaire*), i, iii, xv, 1, 8, 37, 38, 44, 66, 100, 255
자발적 의지(*vouloir spontané*), 214
자본
　국제금융자본, v
　금융자본(finance capital), 80, 125, 160
　상징자본(*capital symbolique*, symbolic capital), 137, 280, 281
　화폐 자본(*capital-argent*, money capital), 48
자본론(*Das Kapital*), 249
자본의 가치창조과정(valorisation of capital), 184
자연성화 自然性化(*naturalisation*), 165
자유의 위대한 순간(*magnifique moment de la liberté*), 226
자유의지(*libre-arbitre*, free will), 38, 44, 71, 99, 102, 110, 155, 208, 209, 226, 229, 232
자율적(*intransitive*), 40, 98, 112, 124, 171
자율적 결정(*autodétermination*), 139, 168
자율적 중심(*noyau dur d'autonomie*, core of autonomy), 135
자활보전노력 自活保存努力(*vis existendi*, conatus), 12, 123
장소성(*topologie*, topology), 156
재가치화(*revalorisation*), 123
재유용 再流用(*réapproprié*), 128
재정렬화(*recollinearisation*), xv, 144

재투기 再投企(*réinvestir*), 123, 124
재특정화(*relocalisation*), 166
저작권(*autorat*, authorship), 202
적대적 모순의 원칙(*principe antagoniste*, antagonistic principle), 211
적합
    부적합한 원인(*cause inadéquate*, inadequate causality), 104
적합도(*idonéité*, idoneity), 175, 177
전략(*stratégies*), 52, 53
전략적 매개(*médiations stratégiques*, strategic mediation), 52
전략적 이해관계(*intérêts stratégiques*), 133
전제
    주권적 전제(*souverain-tyran*, sovereign-tyrant), 86
전제 專制(*tyrannie*, tyranny), 84, 85
전제군주(*tyran*), xiii, 88, 93, 161
전제적, 85, 158, 238
전체주의 全體主義(*totalitarisme*, totalitarianism), 141, 142, 144, 207, 212
절대적 충만함(*parfaite positivité*, perfect positivity), 194
정념
    집단적 정념(*passionnelle collective*), 5, 259, 266
    집단적 정념의 삶(*la vie passionnelle collective*), 5
정념 情念(passion), iii, 5, 6, 9, 13, 15, 16, 44, 54, 55, 59, 65, 66, 93, 97, 100, 117, 119, 130, 142, 167, 172, 176, 185, 189, 204, 218, 225, 230, 232, 240, 255, 256, 258, 260, 262, 269, 272

정념복합체(*complexe passionnel*, passionate complex), 133
정념의 구조주의(*structuralisme des passions*, passionate complex), v, vi, 13
정념의 역학(*dynamique passionnelle*), 232
정념의 착취(*exploitation passionnelle*), xvi, 193, 204, 206, 236, 240, 256, 265
정념적, 59, 61, 66, 107, 111, 123, 125, 126, 132, 134, 172, 174, 176, 184, 205, 243, 254, 261
정념적 삶(*vie passionnelle*), 43, 53, 83, 177, 181, 204, 257, 258, 264, 265
정념적 예속(*servitude passionnelle*), 44, 51, 107, 111, 117, 134, 163, 172, 182, 214, 239, 260, 265
정동 情動(*affectus*), 268
정렬
    반정렬(*désalignement*), 235
    재정렬화(*recollinéarisation*), xv, 144
정렬 整列(*alignement*), 66, 67, 68, 70, 71, 72, 78, 96, 97, 114, 128, 134, 167, 170, 178, 204, 209, 234, 235
정렬화
    사전적 정렬화(*précolinéarisation*), 140, 141, 143
정렬화(*colinéarisation*, collinearity), 67, 73, 78, 93, 97, 100, 134, 141, 143, 144, 149, 150, 153, 169, 172, 174, 176, 178, 206, 207, 234, 235
정서
    경직된 정서(*affect tenace*, stubborn affect), 240
    공통의 정서(*affect commun*), 247

기쁜 정서(affect joyeux), 62, 98, 112, 118, 129, 133, 158, 159, 161, 169, 173, 177, 181, 185, 187, 193, 201, 207, 239, 243, 266

능동적 정서(affectus activus, affectus activus), 269

수동적 정서(affectus passivus, affectus passivus), 269

슬픈 정서(affects tristes), 55, 64, 80, 98, 118, 123, 131, 158, 161, 173, 177, 181, 185, 187, 201, 207, 239

집단적 정서(affects collectifs, collective affect), 32, 247, 276

행위와 정서의 재교육(rééducation comportementale et affective), 144

희망이라는 정서(affects d'espoir), 159

정서 情緖(affects), iii, 4, 5, 9, 13, 14, 15, 17, 36, 40, 41, 42, 43, 44, 53, 54, 55, 60, 61, 65, 71, 79, 94, 95, 97, 98, 106, 107, 111, 112, 114, 115, 117, 119, 128, 131, 134, 135, 139, 144, 146, 148, 154, 156, 161, 163, 168, 173, 177, 178, 181, 184, 187, 188, 193, 204, 207, 212, 218, 230, 232, 237, 239, 240, 241, 243, 244, 245, 268, 269, 271, 272

정서의 결정화 結晶化(cristallisation affective), 233

정서의 모방(mimétisme des affects, affective mimetism, imatatio affectuum), 136, 188

정서의 역동(force des affects, force of the affects), 43, 255

정서적, vi, 15, 16, 111, 117, 130, 134, 140, 146, 168, 182, 241, 246, 247, 277

정서적 감수성(affective susceptibilities), 66

정서적 계급투쟁(lutte de classes affectives), 246

정서적 구성(composé affectif, affective composition), 167, 243

정서적 구성주의(constructivisme affectif), 167

정서적 삶의 법칙(lois de la vie affective), 44

정서적 작용(mécanisme affectif), 164

정서화시키는 기술(art d'affecter, art of affecting), 114

정신의 유동 流動(fluctuatio animi), 54

정치, 212, 213

정치적, 212, 215

조건화(conditionnement, conditioning), 163, 165, 171, 184

조절학파(école de la régulation, régulation school), xiii, 35, 56, 62

존재를 지속함(persévérance dans l'être, perseverance in being), 40

존재의 부재(n'existe pas), 108

주관성들의 순응화(normalisation subjectivante, subjectivising normalisation), 168

주권적 욕망(désir-maître principal), 264

주권적 전제(souverain-tyran, sovereign-tyrant), 86

주도
 화폐 주도권(initiative monétaire), 44

주도 主導(patronat, bossing), 23, 25, 26, 27, 67, 202, 205, 254

주도권(*initiative*), 49
주도자 主導者(*patron*, boss), 4, 26, 124, 202, 204, 214
주도적 욕망으로서의 욕망(*désir comme désir-maître*), 82
주인(*maître*, master), xv, 67, 68, 69, 70, 71, 78, 80, 82, 87, 99, 128, 129, 154, 181, 201, 235
주체의 진정성(*authenticité du sujet*), 154
중간 관리자, 6
쥬라비치빌리(François Zourabichvili), 118, 237
즐거운 소외(*aliénation joyeuse*), 64, 66
증오의 정서(*affects de haine*), 164, 166, 234
지도력(*idée directrice*, directing ideas), 202
지배
    딱딱한 지배(*domination dure*), 187
    부드러운 지배(*domination douce*), 187
    이차적 지배(*domination secondaire*), 50
    일차적 지배(*domination principal*), 50
    피지배(*domination*), 7, 280
    피지배자(*subordonné, dominé*), xv, 7, 37, 50, 51, 55, 67, 72, 85, 93, 117, 143, 185, 188, 275
지배(*domination*), xiii, xiv, 2, 7, 8, 15, 37, 39, 46, 49, 51, 54, 55, 57, 66, 71, 78, 84, 85, 101, 116, 165, 167, 170, 172, 179, 181, 182, 185, 186, 187, 189, 203, 221, 234, 239, 262, 264, 272, 273, 274, 275, 279, 280, 283
지배자(*subordonnant, dominateur*), xv, 2, 37, 50, 51, 55, 67, 72, 85, 87, 143, 172, 182, 201
지배적 욕망(*désir-maître*, master desire), 26, 72, 78, 83, 86, 87, 93, 97, 99, 116, 128, 134, 146, 167, 173, 175, 181, 182, 185, 186, 193, 201, 203, 204, 206, 207, 214, 221, 223, 238, 241, 248, 254, 257, 263, 265
지시자 指示者(*directeur*, director), 72
직각화(*perpendiculaire*), 236, 242
질로(Pascale Gillot), 28, 39, 154
질적 포획(*la captation qualitative*), 16, 75
집단적 상상력(*imagination collective*), 190
집단적 정념(*passionnelle collective*), 5, 259, 266
집단적 정념의 삶(*la vie passionnelle collective*), 5
집단적 정서(*affects collectifs*, collective affect), 32, 247, 276
착취(*exploitation*), iii, 8, 9, 16, 24, 26, 66, 97, 120, 193, 199, 204, 207, 240, 256
체계효과(*effet de système*, system effect), 165
초욕망 超欲望(*métadésir*, meta desire), 33, 36, 72, 81, 83, 128
초월성(*transcendence*), iii, 194, 238
추동력 推動力(*impetus*), 22, 226
추상적 노동(*travail abstrai*, abstract labour), 34, 124, 128, 193, 194

추종(*sequor*), 119
축소(*décroissance*, de-growth), 65
충동(*élan*, impetus), 22
치아펠로(Eve Chiapello), 210
카테리에(Jean Cartelier), 120
카토리코스(*katholikos*), 147
칸트(Immanuel Kant), 3, 87, 254, 261
칼롱(Michel Callon), 31
칼리굴라(Caligula), 87, 88, 291
케인즈(John Maynard Keynes), vii, 81, 162, 276
코나투스(*conatus*), xiv, 12, 14, 21, 24, 26, 29, 37, 40, 41, 55, 56, 58, 59, 61, 67, 68, 70, 71, 73, 75, 78, 83, 95, 106, 107, 111, 114, 115, 121, 123, 124, 125, 131, 132, 136, 173, 184, 185, 197, 201, 204, 206, 230, 234, 235, 237, 244, 251, 257, 261, 269, 270
코나투스의 전략(*stratégies du conatus*), 53
코칭(coaching), 168, 171
쿠트로(Thomas Coutrot), 78
쿤(Thomas Khun), 283
타율성(*hétéronomie*, heteronomy), 30, 32, 37, 39, 43, 44, 71, 103, 111, 159, 160, 169, 258
타율적(*transitive*), 40, 112, 173
탈고착화(*défixation*), 236, 242
탈소외(*désaliénation*), 236
탈취(*dépossession*), 202
테크네(*techne*,τέχνη), 283
텔로스(*telos*,τέλος), 163
통일적 전체를 절대화한 독립적 일자 (*l'un de l'unité*, the one of 'unity'), 86
투기
  재투기 再投企(*réinvestir*), 123, 124
투기(*investir*, investment), 120, 121, 127, 142, 195, 207
파스칼(Blaise Pascal), 84, 85, 86, 154, 190, 236, 258, 291
패러다임(paradigm), 80, 81, 83, 283
페리클레스(Pericles), 162, 163
편위 偏位(*clinamen*), 71
편향 偏向(*pronation*), 199, 254
포디즘(Fordism), 56, 61, 62, 66, 74, 76, 79, 97, 112, 249
포디즘적 기업, 74
포디즘적 자본주의, 56
포스터(Winifred Poster), 145
포스톤(Moishe Postone), 223
포획
  귀속적 포획(*captation attributive*, attributive capture), 253
  실질적 포획(*reale Subsumtion*, real subsumption), 11, 15, 16, 17
  질적 포획(la captation qualitative), 16, 75
포획(*capture*, captation), 24, 25, 26, 39, 62, 70, 71, 87, 116, 143, 166, 169, 174, 181, 193, 200, 201, 202, 205, 206, 209, 212, 214, 235, 250, 253, 254, 257, 262
포획자(*captateur*, capturer), 26
폴라니(Karl Polanyi), 30
푸코(Michel Foucault), xiv, 93, 101, 113, 168, 283
프레비유(Julien Préviux), 150, 151
프롤레타리아의 밤(*nuits des prolétaires*),

218, 219
프루스트(Marcel Proust), 42
플라톤(Plato), 85, 162, 283, 284
피지배(domination), 7, 280
피지배자(subordonné, dominé), xv, 7, 37, 50, 51, 55, 67, 72, 85, 93, 117, 143, 185, 188, 275
필드(champ, field), 95, 279, 281, 282
합의(consentement), 7, 8, 99, 100, 102, 103, 107, 108, 109, 110, 111, 116, 117, 133, 135, 140, 154, 157, 167, 169, 177, 181, 185, 193, 207
해석학적 解釋學(herméneutique, hermeneutics), 65
행동을 안내하는 관념(idée régulatrice, regulatory idea), 261
행복(beatitudo, happiness), 271
행복한 복종(obéissance heureuse, happy obedience), 116
행위들에 대한 행위(action sur des actions, action on actions), 101, 113
행위소 行爲素(actant), 106
행위와 정서의 재교육(rééducation comportementale et affective), 144
행위하게 하는 기술(art de faire faire), 113
현실태 現實態(en-acte, actuality), 237
홀려 있는 영혼(occupation de l'esprit, occupation of the mind), 240
홉스(Thomas Hobbes), 115
화폐(monnaie), 33, 48
화폐 자본(capital-argent, money capital), 48
화폐 주도권(initiative monétaire), 44
환상적 사실(fantasme, fantasy), 78, 81, 82, 87
활동(activité, activity), 224
활동력(puissance, power of acting, potentia), 23, 25, 40, 55, 74, 80, 93, 100, 107, 116, 123, 127, 131, 143, 156, 185, 201, 204, 208, 210, 212, 223, 231, 236, 240, 243, 252, 262, 266, 268, 270, 272
흔들리는 영혼(fluctuatio animi), 177
희망이라는 정서(affects d'espoir), 159

자본주의와 자발적 예속
스피노자와 마르크스의 욕망과 정념의 사회학

Frédéric Lordon, *Capitalisme, désir et servitude - Marx et Spinoza*, 2010

초판 1쇄 발행 | 2024년 9월 1일

지은이 | 프레데리크 로르동(Frédéric Lordon)
옮긴이 | 현동균
발행인 | 김태진
발행처 | 진인진
등　록 | 제25100-2005-000003호
주　소 | 경기도 과천시 관문로 92 101-1818
전　화 | 02-507-3077-8
팩　스 | 02-507-3079
홈페이지 | http://www.zininzin.co.kr
이메일 | pub@zininzin.co.kr

ⓒ 현동균 2024
ISBN 978-89-6347-608-7 93320

* 책값은 표지 뒤에 있습니다.

역자 **현 동균**

역자는 서울대학교 경제학과를 졸업한 후 영국 런던정치경제대학 및 케임브리지 대학원에서 포스트케인지언 경제학및 정치 경제학을 전공하였으며, 과거 30년동안 아시아 금융 허브에서 해외 대형투자은행의 투자은행 분야의 임원으로 재직하였다.

현재는 독립연구자로서 경제학 이론, 금융 현장에서의 경험, 그리고 사회철학을 융합하려고 시도하고 있으며, 포스트 케인지언 및 제도학파의 시각에서 투자이론, 화폐이론 등에 대한 다수의 논문을 해외의 저명한 저널에 영문으로 발표하였다. 한글 역서로는 "케인즈 경제학을 찾아서" (마크 헤이스), "포스트 케인지언 경제학에의 초대" (존 킹), "권력의 법칙" (프리드리히 폰 비저)," 그리고 저서로는 "앨리스의 이상한 나라 경제학 퇴치 가이드 – 정치인과 대중을 위한 새경제학 여행"이 있으며, 영문 역서로는 "Sacred Money" (신성화폐, L. Laum), "The State Theory of Money" (국정화폐론, G.F. Knapp), 그리고 "The Theory of Money" (화폐론, Friedrich von Wieser)가 있다.

표지설명

François-Auguste Biard (1799-1882): 프랑스 식민지에서의 노예해방 (L'Abolition de l'esclavage dans les colonies françaises 1849). 그런데 노예해방은 또 다른 예속의 시작은 아닌가?